AF342844

LA
DÉMOCRATIE

ET

LE RÉGIME FISCAL

A ATHÈNES, A ROME & DE NOS JOURS

PAR

G. PLATON

PARIS

V. GIARD & E. BRIÈRE

LIBRAIRES-ÉDITEURS

16, Rue Soufflot, 16

—

1899

LA DÉMOCRATIE

ET LE RÉGIME FISCAL

LA DÉMOCRATIE

ET

LE RÉGIME FISCAL

A ATHÈNES, A ROME & DE NOS JOURS

PAR

G. PLATON

(Extrait du *Devenir Social*).

PARIS

V. GIARD & E. BRIÈRE

LIBRAIRES-ÉDITEURS

16, Rue Soufflot, 16

1899

VIRO CLARISSIMO

HENRICO MONNIER

RERUM BYZANTINARUM INDAGATORI STRENUO

HAS, QUIBUS CONSTITUTIONES
IMPERATORIÆ ACCURATE
PERLUSTRANTUR, DISSERTATIONES,

UT SINT PUBLICO

AMICITIÆ ET PLURIMÆ OBSERVANTIÆ

TESTIMONIO

D. D. D.

G. PLATON.

TABLE DES MATIÈRES

TROISIÈME PARTIE

ROME

QUATRIÈME PARTIE

Chapitre I.

p. 77 ; ni d'une manière générale, comme le veut *Kuhn*, quiconque détient un bien fonds en vertu d'un droit propre et non pas, comme le colon, du chef d'autrui, p. 77. — Le *possessor* est celui qui détient une *possessio* ou διακατολή, c'est-à-dire un bien ne pouvant être l'objet de la part du détenteur d'un véritable droit de propriété, mais d'une simple possession, le dominium restant à l'État ou au municipe, p. 78-80. — Opinion analogue de Godefroy, p. 78. — Ces *possessiones* peuvent se trouver entre les mains des *plebeii*, des curiales, des *honorati*, des sénateurs, p. 81-82. — C'est de l'Administration Centrale qu'elles relèvent, p. 84 ; non sans soutenir certains rapports avec les cadres administratifs inférieurs, p. 85. — Les *Possessores* ne constituent pas essentiellement une classe, tout au moins ou début, p. 82 ; avec le temps les puissants écartent les petits de la location des *fundi fiscales* : les *possessores* tendent de plus en plus à se confondre avec la classe la plus élevée, p. 82-83.

§ III. — Classe des *Senatores* qui paient la *follis*, p. 86-87. — Prœdia senatorum, « gleba senatoria. » Droits des sénateurs sur ces biens et limites de ces droits, p. 87.

§ IV. — *Veterani*, classe de soldats héréditaires, p. 87-90. — Biens militaires tenus à charge du service militaire, p. 88-90.

§ V. — *Plebeii*, p. 90-108. — Les *Plebeii* sont ceux qui paient la *capitatio plebeia*. Qu'est-ce que la *capitatio plebeia?* p. 90-99. — Opinion de Zachariœ : la *capitatio plebeia* un impôt de classe payée par la dernière classe de la population libre ; continuation de l'impôt payée par cette classe sous l'ancien régime du *tributum civile*, p. 91 et 99. — Opinion de Rodbertus, p. 91-95. — Les grandes lignes de l'histoire de l'institution fiscale romaine telles qu'il les conçoit, p. 91-93. — La *capitatio plebeia, illatio capitalis*, est pour lui une *capitatio humana servile*, débris de l'ancien *tributum capitis* que continuent à payer pour leurs esclaves les nouveaux citoyens de la Constitution de Caracalla, et que, avec l'introduction du nouveau régime fiscal, paient également les anciens, p. 93-95. — Pour Savigny la *capitatio plebeia* est une redevance commune à l'esclave et à ceux des *libres plebeii* que ne touche pas l'impôt foncier, p. 93. — Réfutation de l'opinion de Savigny par Zachariœ, p. 95-96. — Réfutation de l'opinion de Rodbertus, p. 97. — Zachariœ a raison, 97-98. — Histoire de la *capitatio plebeia*. En principe, toute la plèbe libre soumise à cette *capitatio* parfaitement distincte de la *capitatio humana* servile, p. 98-99. — La plèbe urbaine, par tout l'Orient, exemptée sous le règne de Dioclétien du paiement de la *capitatio plebeia*, p. 98. — Il est douteux que la plèbe urbaine de l'Occident ait joui de la même immunité, p. 99. — La raison *probable* de l'exemption de la Plèbe orientale est que, population industrielle, elle paie déjà le chrysargyre, p. 100-101. — Même en Orient la population des campagnes, la plèbe non industrielle, continue à payer la *capitatio plebeia*, p. 102.

La *Plebs*, soumise à la *capitatio plebeia* devient ainsi essentiellement la *plebs rusticana*, p. 102. — Cette plebs habite les villages libres, les vici publici, les κῶμαι μεγάλαι de Libanius, p. 103. — On la retrouve dans une novelle de Tibère, p. 103. — Les grands empereurs du xe siècle la défendent contre l'oppression des grands, p. 104-105. — Νόμος γεωργικὸς, p. 105. — De bonne heure le caractère d'ingénuité de cette partie de la population s'efface; leur condition se rapproche de celle des colons, p. 105-106. — Au ve siècle, on distingue parmi les *plebeii* les *plebeii* riches et les *plebeii* pauvres, p. 106-107. — Rôle de la plèbe dans l'économie générale de ce monde, p. 107-108. — Biens des *plebeii*, p. 107.

§ VI. — Les *Collegiati* et les *corporati*, d'après M. Waltzing, p. 108-112. — La distinction à établir entre *collegiati* et *corporati*, p. 108. — Les corporations au ive et ve siècle. Les principes généraux, p. 108. — Corporations de l'*annone*, p. 109. — Autres corporations, p. 110. — Leur personnalité civile. Patrimoine corporatif des corporations, p. 112. — Biens particuliers des membres des corporations, p. 111.

Chapitre II.

Comment se présente le droit de propriété, au ive et ve siècle, dans les différents groupes de propriétaires ou détenteurs de biens fonds, p. 113.

§ I. — Le droit de propriété au sein du groupe des décurions, p. 113-123. — Le cas d'un plébéen *riche* devenu decurion. Ses biens propres frappés d'inaliénabilité sauf autorisation préalable du gouverneur de la province, p. 113-115. — Dans le cas de vente, droit de préférence des membres de la curie, p. 115. — Attribution à la curie du quart de la succession d'un curiale, au cas où les héritiers n'appartiennent pas à la curie, p. 115-117. — A l'héritier désigné pour continuer la personne du défunt, il doit être attribué au moins un quart de la succession, p. 117.

Autres dispositions plus énergiques, p. 117-122. — La *lucrativa descriptio*, une redevance analogue à notre droit de franc-fief, à payer par tous individus non curiales en possession, à un titre quelconque, de terres curiales, p. 121-122. — Justinien décide que les 3/4 au lieu de 1/4 de la succession des curiales resteront à la curie à défaut d'héritiers curiales, p. 117-118. — Abandon, dans l'intérêt du service curial, des anciens principes sur la filiation légitime, p. 118; et sur le mariage entre deux individus de condition inégale, p. 119. — Restrictions apportées à la faculté pour le curiale de disposer de ses biens à titre gratuit par donation simple, p. 117-121. — Caractéristique générale de la propriété curiale, p. 122-123.

§ II. — La propriété privée des *collegiati* et des *corporati*, p. 123-134. Droits des membres des corporations de l'*annone*, p. 128-133. — Les naviculaires : limites du droit de libre disposition des biens affectés au service public qui leur est confié, p. 123. Le droit de la corporation sur leurs biens, p. 125. — Aliénation au tiers sous condition pour ce dernier de remplir les charges qui grèvent le bien et qu'il soit *idoine*. p. 125-126. — Faute d'un acquéreur *idoine* et diligent le corps reste généralement tenu, p. 127.

La masse des biens naviculaires forme une *symmorie réelle*, sur laquelle la charge naviculaire retombe directement; les détenteurs de ces biens forment une *symmorie personnelle* tenue *ob rem*. Cette *symmorie personnelle* est le groupe des naviculaires régulièrement inscrits sur l'*album* de la corporation. — Ce caractère de *symmorie personnelle* ne s'accuse pas également dans toutes les corporations suivant l'importance inégale, dans chacune d'elles, de la charge *patrimoniale* proprement dite par rapport à la charge *personnelle*, p. 127-128. — C'est pour cela que les biens des naviculaires peuvent passer entre les mains d'*extranei* ne figurant pas sur l'album, p. 127-128.

Dans le service des boulangers, la charge *personnelle* l'emporte sur la charge *réelle* : les biens « adscripta corpori » ne peuvent passer qu'aux personnes inscrites sur l'album, p. 129 et 131. — Défenses expresses aux *senatores* et aux *officiales* de venir en possession de ces biens, p. 129-130. — 3 sortes de biens de boulangers: a) biens *corporatifs*, b) biens *propres*, c) acquêts, p. 130-133. — Efforts du législateur pour conserver les biens dans la même famille, p. 131-132. — Droits de *préférence* en faveur des parents au cas de dispositions testamentaires, de donation ou de vente, p. 132-133. — Tendance des acquêts à se comporter comme des propres, p. 132. — Caractère fermé de la corporation, p. 133.

Les autres corporations de l'annone présentent plus ou moins les mêmes caractères, p. 134-135.

§ III. — Etat du droit de propriété dans les vici publici, κωμαι, habités par la *plebs rusticana*, p. 134-142. — Les *vici publici* d'Egypte : leur condition au point de vue du droit public, p. 135. — Le vicus collectivement responsable du montant de ses impositions, p. 135. — Le droit du *vicanus* sur les biens qu'il détient dans le territoire du vicus, p. 136-140. — L'acquisition de ces biens interdite aux puissants, p. 136-140; à tous autres qu'aux *covicani* et, à leur défaut, aux habitant de la *métrocomie*. — Droit de retrait parfaitement organisé et avec plusieurs classes de *retrayants :* 1º les *proximi*, 2º les *consortes*, 3º les *vicani*, 4º les habitants de la *métrocomie*, p. 138-139; tout comme à Byzance. p. 140. — Les restrictions au plein droit de propriété, encore plus développées au sein du *vicus* que dans les corporations proprement dites, p. 140.

Une autre pratique de la vie juridique des *vici publici*, c'est l'*adjectio* ou ἐπιβολή, p. 140-142. — Les habitants du village étant tous solidairement responsables de l'impôt, tous doivent avoir dans leur exploitation un juste mélange des différentes qualités de terre. L'*adjectio*, c'est-à-dire l'attribution de la quantité voulue de terres *incultes*, a pour objet de rétablir cette juste proportion et semble emporter un remaniement périodique des rapports de propriété au sein du village, p. 141. — Cette ἐπιβολή des *vici* ne se confond pas avec l'ἐπιβολή classique de Justinien.

§ IV. — Le droit des *possessores* ou *conductores*, p. 142-179. — L'ἐπιβολή du vicus a pour pendant dans le groupe des *possessores* la *peræquatio*, p. 143-148. — L'ensemble des domaines publics situés dans un même territoire semble former une même masse soumise à une redevance unique dont le montant répond au nombre total des *juga*, et il est naturel que le lot de chaque adjudicataire comprenne une même proportion de terres de différentes espèces, p. 143-144. — La *peræquatio* a pour objet le maintien de cet équilibre entre les différentes catégories de terre d'une même *possessio*, p. 145. — Procédure de la *peræquatio*, p. 147-148. — La sentence du *peræquator* a pour effet d'arrêter la composition de la *possessio* et de fixer les obligations du *possessor*, p. 148-149.

Dans cette décision du *peraequator* investissant le *dominus* ou *conductor* est la racine de l'ἐπιβολή de Justinien. Les différentes parties de la *possessio* restent solidairement tenues de la redevance totale; et toute partie qui s'en détache est immédiatement comme ramenée de force au tout dont elle faisait primitivement partie. C'est la première espèce d'ἐπιβολή classique : l'ἐπιβολή ὁμοδούλων, p. 151-152.

Analyse et histoire de l'ἐπιβολή ὁμοδούλων, p. 152-154. — Les antécédents dans la première moitié du IVᵉ siècle, p. 155-156. — Extension de l'ἐπιβολή des « *fundi patrimoniales in conditione propriâ constituti* » aux « *fundi patrimoniales privato jure salvo canone empti* », p. 155.

Deuxième sorte d'ἐπιβολή classique : l'ἐπιβολή ὁμοκήνσων, p. 157-184. — Distinction dans les textes de l'ἐπιβολή ὁμοδούλων et de l'ἐπιβολή ὁμοκήνσων, p. 157-158. — L'ἐπιβολή ὁμοκήνσων serait définie par la détermination de la condition juridique de ἀγροὶ ὁμοκήνσοι, p. 159. — Marche à suivre, p. 159-160. — De même que la législation justinienne distingue une ἐπιβολή ὁμοδούλων et une ἐπιβολή ὁμοκήνσων, la législation des empereurs byzantins au Xᵉ siècle sur la προτίμησις distingue une προτίμησις des biens κοινωνοι ou ἀναμεμιγμένοι et une προτίμησις des biens ὁμοτελεῖς. Les biens κοινωνόι de la législation byzantine et les ἀγροι ὁμοδούλοι de Justinien sont une seule et même catégorie de biens : les biens ὁμοτελεῖς ou συντελεσταί ne seraient-ils pas les mêmes, que les biens ὁμοκήνσοι ? p. 160.

Pour Zachariæ et Monnier, la question ne saurait faire doute. Pour Zachariæ, les ἀγροὶ ὁμοκήνσοι sont les biens « portés au cens sans nom de propriétaire, par conséquent comme constituant un tout indivisible, une *Zemeindeflur*; les biens des libres paysans du territoire assis sur l'ensemble des terres et solidairement responsables »; et ces biens ὁμοκήνσοι ne sont pas essentiellement autres que les biens ὁμοτελεῖς de la novelle de Romain le Vieux, qu'il définit, d'après le commentateur byzantin, ceux qui paient redevance à un même maître. — Monnier pense que c'est l'« ensemble des biens ruraux d'un village autonome, d'une métrocomie formant un tout, une unité cadastrale et fiscale »; et il ne ferait sans doute pas difficulté d'admettre que ces biens « ὁμοκήνσοι » tombés par la suite à la qualité de villages dépendants peuvent très bien figurer dans la législation byzantine sous le nom d'ὁμοτελεῖς, p. 161-162. — Mais : 1º il faudrait démontrer que le fait que les biens ὁμοτελεῖς sont des terres faisant partie de villages *dépendants* est une circonstance insignifiante pour l'objet qui nous occupe, p. 162; 2º les constitutions du xe siècle distinguent et opposent : a) les villages libres : χωρία ὁμοτελῆ, ὁμάδες χωρίων de Zachariæ et Monnier, b) les ὁμοτελεῖς, qui paient redevance à un même maître, c) une catégorie particulière de συντελεσταί. — C'est à cette dernière classe que se rapportent les ἀγροὶ ὁμοκήνσοι de l'ἐπιβολὴ justinienne, p. 162-163.

Analyse du concept de cette dernière ὁμοτέλεια ou συντελεία, p. 163-175. — Extension du concept aux biens des soldats, des puissants, p. 163-164. — Emplois divers du mot συντελεστής, p. 165. — Sens fondamental conforme à l'étymologie, p. 166. — Les συντελεσταί sont ceux qui paient sous le même ὑποτεταγμένος ou *censitor*, p. 167-168 et 169; — les συντελεσταί sont les « *participes possidendi* », qui sont en même temps « *Socii in functionibus* », p. 171. — Autant de catégories distinctes et séparées de la matière imposable soumises à des redevances particulières et exercées par des agents fiscaux différents, autant de classes distinctes de συντελεσταί, p. 170. — Sens large de συντελεία ou ὁμοτέλεια, p. 170-171. — Les différents groupes de συντελεσταί étant responsables de l'impôt à défaut les uns des autres, les membres de *tous* ces groupes sont συντελεσταί entre eux; curiales, *possessores minores*, senatores et soldats sont tous συντελεσταί entre eux, p. 171-175.

A cette notion large de la συντελεία se rattache celle des ἀγροὶ ὁμοκήνσοι. — Au début, la notion semble généralement être restée propre à un groupe restreint dont l'origine remonte aux réformes fiscales de Dioclétien : le groupe des *possessores minores* pour les impôts duquel répond le curiale transformé en ὑποτεταγμένος, en *censitor*, et qui finit par s'appeler τὸ ὑποτεταγμένον, p. 175-180. — Le devoir de responsabilité fiscale du décurion, analogue à celui des προεισφέροντες athéniens, lui confère sur la personne du *minor possessor* ATTRIBUÉ un pouvoir d'ordre public et sur ses biens une sorte de droit réel qui fait de l'ensemble de ces biens une *dominatio*, p. 179-180 et 183. Cette dominatio, voilà primitivement nos biens ὁμοκήνσοι.

CINQUIÈME PARTIE.

§ I. — Les principes qui président à cette organisation sont ceux du droit public athénien, parvenus à Rome à leur plein développement. Ici et là fractionnement du capital fiscal en *symmories* réelles, p. 185. — Rome a constitué pour chaque prestation particulière une *symmorie propre*; en même temps, la *symmorie réelle* immobilise la symmorie personnelle, p. 185. — De là la formation des classes sociales héréditaires au ive et ve siècle. La distribution de la population industrielle et commerçante en corporations fermées et héréditaires procède de la même cause, bien qu'il s'agisse là de charges personnelles, de *munera personalia*, p. 186. — Origine de la corporation et formation du droit corporatif, p. 186-187. — Théorie de l'*immunité*, p. 187. — Nature des corporations anciennes, p. 189.

Un autre trait de la constitution sociale du Bas-Empire c'est la transformation, également en germe à Athènes, de l'*honor* en *munus*, p. 189-198. — L'exercice des fonctions administratives devient une liturgie que l'État impose comme une liturgie forcée aux plus aptes, aux *idonei*, p. 190-191 : — l'ἀντίδοσις à Rome, p. 191. — De là les règles de la responsabilité encourue par le citoyen romain du fait de cette liturgie des fonctions publiques, p. 192-198. — Responsabilité des magistrats pour leur propre gestion, p. 192-194. — Responsabilité pour les actes de leurs successeurs : jus *nominandi potiorem*, p. 194-196. — Responsabilité pour les actes de leur collègue, p. 196-197. — Le « Magistrat », p. 196. — Obligation pour le magistrat de constituer des cautions, p. 197-198. — La curie, l'ancien Sénat municipal électif en est venu à n'être qu'une *symmorie* ayant pour tâche obligatoire d'exercer le pouvoir dans la cité et de répondre pour tous de l'accomplissement des liturgies, p. 198.

§ II. — Causes de cette transformation : la conquête romaine, p. 198. — Les symmories fiscales grecques avaient répondu du paiement de l'εἰσφορά vis-à-vis de la cité : dans l'Empire romain il y eut, à côté des anciennes liturgies municipales, les liturgies d'État ayant pour objet les obligations de la cité vis-à-vis de l'Empire, qui devinrent naturellement les principales. — Constitution politique et sociale de l'Empire, p. 199-202. — Naissance des *classes* d'Empire : Sénat et ordre équestre, p. 199-200. — Hiérarchie politique et centralisation politique, p. 200-201. — Appauvrissement de la cité : — l'État a besoin d'une cité prospère et il ruine la cité, p. 202. — Les modifications forcées dans la constitution de

LE MOUVEMENT DÉMOCRATIQUE & LE DROIT FISCAL DE NOS JOURS

CONCLUSION.

CHAPITRE I.

Chapitre II

La Démocratie et le droit fiscal dans l'antiquité et particulièrement à Athènes.

Mauri (Angelo). — i cittadini lavoratori dell' Attica nei secoli Vo e IVe A. Chr. Hoepli, Milano, 1895 gd 8o [96 p.]

C'est la pratique des partis vainqueurs de tous les temps de s'imputer à vertu leur triomphe et d'imputer à vice à leurs adversaires le malheur de la défaite : un moyen commode de justifier les violences et les injustices commises et trop souvent l'absence de scrupules qui les a faits vainqueurs.

Deux fois vaincue, à Athènes et à Rome, la démocratie ne saurait avoir échappé au sort commun des vaincus. L'histoire courtisane, ou plutôt le lettré, l'érudit écrivant pour le succès et la faveur des grands, a vite fait de lui jeter à la face le *væ victis*. Et c'est ainsi qu'à l'usage des Modernes bien pensants et bien posés, qui éprouvent le besoin de s'admirer rétrospectivement, a surgi de longues et fort érudites études l'image d'une démocratie antique au bagage de vertus fort mince, en revanche fort riche en vices, et qui n'aurait pas même eu ce mérite négatif, si commun de nos jours et si indispensable, d'avoir aimé le travail. La démocratie antique n'aurait été qu'un ramassis de paresseux, de politiciens bons uniquement à baguenauder sur l'agora ou le forum et considérant comme la honte et l'avilissement suprême de travailler manuellement. Il est resté entendu que ce citoyen a toujours vécu comme de l'air du temps,

des deux ou trois oboles que lui rapportent ses fonctions de juge.
Quant à ses vices ils sont inhérents à sa nature. De même que
l'aristocrate est bon et vertueux de naissance, le démocrate est bas et
vil d'instinct. Il ferait beau lui voir adjuger le bénéfice des circonstances atténuantes !

Ces circonstances atténuantes de ses vices existent pourtant pour
le prolétaire antique comme pour le prolétaire moderne. La démocratie antique tout comme la démocratie moderne a dû travailler
pour vivre ; elle a aimé le travail, elle l'a pratiqué longtemps. Si
elle a pris à la longue des habitudes de paresse, c'est, on peut dire,
à corps défendant, peu à peu et sous la pression des circonstances.
Longtemps elle a résisté, comme elle a pu, aux causes de ruine physique et morale qui la menaçaient ; elle a tenté des efforts sérieux,
elle s'est ingéniée pour écarter d'elle la pauvreté avilissante et le vice ;
et si elle est devenue la canaille insolente et vile, et désespérément
paresseuse, ce n'est que tout à fait à la fin, quand le milieu économique et social s'est révélé plus puissant que les volontés individuelles
et que, lasse de lutter en vain, elle est résignée à finir.

Ce sont ces circonstances atténuantes, ces causes toutes puissantes
de l'abaissement de la démocratie antique que M. Mauri dans son
excellente étude essaie de nous dire. Et je voudrais à la suite essayer
de montrer les moyens, qui furent d'ordre fiscal surtout, que la démocratie trouva d'instinct pour lutter contre leur effet désastreux.

Se dégage-t-il un enseignement quelconque pour la démocratie
moderne du spectacle de l'histoire de la démocratie antique ? C'est ce
que j'examinerai en terminant.

PREMIÈRE PARTIE

§ I.

Tout le mal vient, avons-nous besoin de le dire, du développement
économique. Les forces économiques qui se sont dégagées dans les
milieux antiques, comme elles l'ont fait dans les milieux modernes,
livrées à elles-mêmes ont bouleversé la cité ; travaillé à la ruine de son
droit public ; finalement perdu les populations.

L'étude de Mauri le démontre clairement pour l'Attique. Avant d'être
une populace, le peuple Athénien a été un peuple de travailleurs

énergiques et sobres; et s'il a dégénéré, c'est sous la pression du milieu économique.

En effet, comme les fruits de la terre et les produits de l'industrie ne viennent pas à l'homme sans fatigue et sans effort, il a bien fallu travailler pour les avoir. Ces produits de l'industrie qu'Athènes répand de la Chersonèse Taurique aux bords de l'Étrurie et dans les plaines de la Sicile, il faut bien qu'elle les fabrique de ses mains pour une grande part. Ces vins, ces huiles, qu'elle va échanger au loin contre d'autres productions manquant à son sol ingrat ou trop restreint, c'est aux soins de vaillants et sobres travailleurs ruraux qu'elle les doit. Il fut un temps, — le temps où s'élaboraient silencieusement les éléments de sa future grandeur, où Athènes se préparait à lutter contre la Perse, — où le travail était en grand honneur. La terre venait d'être émancipée des droits seigneuriaux de l'aristocratie primitive; la vie urbaine naissait avec ses complications, ses besoins multiples; l'industrie se développait; les mœurs conservaient des temps antiques du sérieux et une certaine rudesse, qui faisaient l'énergie grande et les caractères sûrs. Un trait qu'il faut ajouter encore : un certain équilibre dans l'État et dans l'économie nationale de l'élément urbain et de l'élément rural. C'est le beau moment d'Athènes. L'orgueil Perse vient expirer contre la bravoure de ce petit peuple jeune et sain.

Plus tard, à l'époque qui a particulièrement occupé M. Mauri, au v⁰ et iv⁰ siècles, on retrouve bien encore ces éléments de grandeur mais non plus intacts.

Le temps et les lois de l'économie ont fait leur œuvre. Le bel équilibre entre les divers facteurs, qui ont fait la grandeur d'Athènes à cette première époque et sa force invincible devant l'ennemi, est rompu. Avec la prépondérance politique d'Athènes, son industrie et son commerce ont pris un développement sans contrepoids, son économie est devenue exclusivement monnayée; les conditions économiques de la vie ont changé pour tous.

Que devient notre démocratie rurale: ces petits propriétaires émancipés de l'ancien patron vivant la vie du paysan de tous les temps, de pain, d'ail et d'oignon, aidés dans leur exploitation d'un esclave ou deux ou d'une libre servante venue de Thrace ? Les guerres Médiques lui ont porté le premier coup; les luttes de la fin du v⁰ siècle ont fini de l'épuiser et de le ruiner. On touche la chose du doigt dans maints passages d'Aristophane. Plusieurs fois, dans un court espace de temps, le paysan de l'Attique a dû renouveler son matériel d'exploitation. Puis un autre fléau est venu s'ajouter : un fléau, non plus passager mais permanent, dont l'effet à partir de ce moment se fera incessamment sentir : les fluctuations arbitraires des prix dépendant des spéculations du commerce. Le contact de la vie urbaine, la multiplication et le bon marché re'atif des produits d3 l'industrie affinent les goûts du paysan de l'Attique, accroissent ses besoins, l'enlèvent tout doucement et invinciblement à son ancien genre de vie simple et fruste; et en revanche ses produits agricoles ne se vendent pas, ou se vendent mal, avec des sautes de valeur, surtout des baisses inexplicables qui le déroutent, le ruinent, le mettent dans l'impossibilité de satisfaire les besoins nouveaux de sa vie. Et tou· jours la guerre avec ses calamités et ses charges vient finir ce que le jeu du commerce a si bien commencé. Combien d'existences rurales furent par toutes ces causes, surtout au cours de la guerre du Péloponèse, déracinées et rejetées dans le prolétariat urbain !

Cependant Athènes, comme il arrive pour toutes les villes commerçantes et industrielles, voit s'accroître sans cesse sa population. Les séductions de la vie urbaine exercent leur attraction; les métèques affluent de tous les coins de la Grèce. Presque aussitôt après les guerres Médiques, la brillante carrière de la République Athénienne comme puissance industrielle et commerciale se trouve si nettement indiquée pour l'avenir qu'Aristide *le Juste*, s'il faut en croire un passage de la πολιτεία Αθηναίων d'Aristote (Ch. 24), ne craint pas de donner à ses concitoyens ce conseil dont l'audace confond (Ch. 24) : « La République s'enhardissant et les richesses y affluant déjà de toutes parts, Aristide conseilla aux Athéniens de s'emparer de l'hégémonie de la Grèce et de *descendre des campagnes pour venir habiter la ville :* il y aurait de quoi nourrir tout le monde, soldats en campagne, troupes en garnison, fonctionnaires publics; et ainsi rassemblés ils seraient les maîtres de la confédération. Les Athéniens goûtèrent ce conseil et prirent en mains l'Empire. »

Entre ce développement économique et le développement économique moderne quelle différence ? Une seule. La grande industrie existe; dès le milieu du vᵉ siècle, nous avons à Athènes des manufactures occupant des centaines d'hommes ; les bienfaisants effets de la loi de la division du travail sont bien connus. Mais la machine fait défaut; on ne connaît pas cette productivité particulière qui vient au travail moderne de l'agglomération d'une grande quantité de bras autour d'un même moteur mécanique décuplant et centuplant l'efficacité de l'effort industriel.

Cette absence de machine rend bien moins grand, qu'il ne l'est de nos jours, l'écart existant quant aux résultats entre la grande industrie et la petite. L'outillage restant à peu près le même pour tous, il s'en faut que la productivité du travail varie dans les mêmes proportions que de nos jours de la petite industrie à la grande. D'autre part l'absence des frais généraux d'installation et de surveillance inséparables de la grande industrie constituent en faveur de la petite des avantages marqués qui sembleraient devoir lui permettre de se défendre plus longtemps.

Et en effet la petite industrie lutte de son mieux. M. M... nous la montre se maintenant et fonctionnant en face de la grande (p. 18). Cette dernière s'applique de préférence aux grandes entreprises qui nécessitent des capitaux : mines, travaux publics. La petite tente tant bien que mal de se maintenir sur le terrain des industries qui nécessitent de faibles avances : lampes, literies (p. 18), fabriques d'armes, d'instruments, etc. Un système d'allotement de certains grands travaux publics semble même trahir la pensée nettement arrêtée du législateur de permettre au petit artisan de prendre part à l'adjudication des grands travaux de l'État (p. 25). Plusieurs artisans s'associent, mettent en commun leur travail et leurs petits capitaux, et parviennent ainsi à se maintenir plus ou moins longtemps à l'état de travailleurs indépendants et libres.

C'est ainsi que nous pouvons voir s'agiter devant nous aux jours d'assemblée la foule des savetiers, des foulons, des menuisiers, des forgerons, des charpentiers, des maçons (p. 26) ou enfin des vigoureux porte-faix et hommes de peine, n'ayant pour vivre que leur vigueur physique, connu sous le nom générique de *Thètes* et attendant l'heure de l'embauchage sur le monticule de Colone près de l'Eurusaceion.

Mais cette foule de petit artisans libres a sa situation de plus en plus menacée. La grande industrie gagne du terrain ; elle a déjà envahi les branches qui semblaient réservées à la petite et que nous venons de citer : fabriques d'armes, instruments, literie, etc... Enfin si elle n'a pas la machine et ne connaît qu'une division du travail restreinte, elle a l'esclave, qu'elle substitue de plus en plus au travailleur libre. Le travail de l'esclave, par ses conditions particulières, a sur la petite industrie de l'antiquité le même effet que le fonctionnement de la machine sur la nôtre.

L'esclave est un homme dont on a commencé par éliminer systématiquement les propriétés qui ne servent pas à la production ; il n'est ni homme, ni époux, ni père ; c'est une machine, l'*instrumentum vocale*, dont le prix de revient est bien moindre que celui de l'ouvrier libre et qui produit par conséquent au meilleur marché possible. L'emploi de l'esclave doit fatalement avoir sur le travail libre l'effet déprimant de l'emploi de la machine sur les prix de l'industrie moins avancée. La concurrence de l'esclave achève le mal qu'a commencé de faire celle du métèque venu à Athènes de toutes les régions de la Grèce et de l'Asie Mineure.

M. M..., utilisant les travaux de ses devanciers, a tenté de faire toucher du doigt ces redoutables conséquences de l'intrusion du travail servile (p. 85-86). Le prix de revient de l'esclave, l'amortissement du capital qu'il représente compris, serait d'après lui d'une drachme et une obole par jour. Les frais d'entretien de l'homme libre, calculés au plus juste, sont de une drachme et demie, une drachme trois oboles. C'est donc en faveur de la main d'œuvre servile une différence de deux oboles par jour, soit 0 fr. 30 (1).

On comprend combien doit peser sur le travail libre le redoutable voisinage de cette population servile de plus en plus nombreuse. « Avec le développement de la vie économique et l'accroissement continuel de la foule des ἀνδράποδα introduits à Athènes pour faire concurrence au travail des libres citoyens, dit M. M..., p. 90, c'était le triomphe complet de l'économie à base esclavagiste; et l'effet déprimant de sa concurrence sur les prix du marché avait pour conséquence de faire baisser le taux normal du salaire de l'ouvrier libre, je devrais dire, de le faire tomber au niveau de la valeur moyenne quotidienne de la main-d'œuvre servile. »

Le travailleur athénien à la fin du v° siècle recevait une drachme de salaire par jour; dans les 30 dernières années de iv° une drachme et demie (p. 76 et suiv.). Mais le médimne de blé coûte au temps de Socrate, 3 drachmes, le médimne d'orge 2 drachmes. A l'époque de Démosthènes, le médimne de blé se vend 5 drachmes; le médimne d'orge 3 drachmes.

Les dépenses de première nécessité d'une famille de 4 membres (le père, la mère et 2 enfants) représentent, d'après M. Mauri rectifiant

---

(1) Il est vrai qu'il semble établi que la productivité de l'esclave est sensiblement inférieure à celle du travailleur libre.

Du Mesnil Marigny va jusqu'à prétendre qu'on ne saurait obtenir de l'esclave plus d'un 1/3 des efforts dont est susceptible le travailleur libre.

Boeckh(1) (p. 80-81), au déclin du v° siècle une somme de 400 drachmes et une somme de 525 à la fin du iv°. Or, si nous limitons à une vingtaine par année le nombre des jours fériés où il ne travaille pas, nous trouvons que l'ouvrier athénien, chef de famille, a pour faire face à ses dépenses nécessaires, à la fin du v° siècle, environ 340 drachmes et à la fin du iv° une moyenne de 510. Ses revenus sont donc sensiblement inférieurs à ses dépenses. Encore ne tenons-nous pas compte du chômage qui sévissait à Athènes comme dans toute cité industrielle. Les grands travaux publics, systématiquement entrepris par Périclès pour permetre de gagner leur vie à la foule des travailleurs athéniens, sont un témoignage irréfragable de la condition précaire des travailleurs attiques ; et le mal n'a certainement pu qu'empirer au temps de la décadence d'Athènes, quand un coup mortel eut été porté à sa vitalité industrielle et commerciale.

M. M... conclut : on voit donc que si le travailleur sans famille pouvait encore jouir d'un certain bien-être, une mine et demie ou deux mines lui suffisant à la rigueur, selon les époques, pour la satisfaction de ses stricts besoins, le travailleur marié, ayant des enfants, a toutes les peines du monde à subvenir aux plus indispensables besoins des siens. Qu'est-ce lorsqu'il y a 3 ou 4 enfants? et que peut le porte-faix dont le gain journalier n'aurait pas dépassé, si l'on en croit le témoignage de Pollux, 4 oboles?

Politiquement victorieuse, la démocratie athénienne se retrouvait donc au terme de l'évolution économiquement vaincue. Ce roi de l'Agora, devant lequel tremblaient et courbaient l'échine les plus fiers ambitieux, était bien obligé, en présence des difficultés de sa vie matérielle, de la peine qu'il avait à vivre, de s'avouer au fond un pauvre hère, dont la voix toujours acquise au riche capable de le payer, ne pesait pas lourd dans la réelle direction des affaires de son pays et de son temps. L'Économie monnayée, l'argent, comme de nos jours, comme toujours et partout dans l'histoire, la grande force de l'argent, abandonnée à elle-même, s'est retournée contre l'homme. Le salaire du producteur, de l'ouvrier libre est tombé à ce minimum où l'ouvrier gagne juste ce qu'il lui faut pour s'entretenir et se reproduire dans la

---

(1) Boeckh évalue à 396 drachmes au temps de Socrate les dépenses annuelles strictement indispensables d'une famille de 4 personnes, soit 1 drachme et une demie obole la dépense journalière ; et à 486 drachmes les dépenses annuelles du temps de Démosthènes, soit 1 drachme et 2 oboles par jour.

limite de son utilisation immédiate. La vérité de la loi d'airain de Lassalle, dont il est de bon goût de rire dans les milieux distingués de l'Économie officielle, se trouve dans le monde antique sensiblement vérifiée. L'esclavage a fait ce que fait de nos jours la machine.

« Cet état de choses, dit M. M..., qui donnait lieu à de fréquentes crises, était une conséquence directe de la coexistence constante des deux systèmes d'économie opposés entre eux : le système esclavagiste et le système du travail libre, inconciliables au fond, dont on ne conçoit la coexistence que pour une courte période de transformation. Comment l'industriel aurait-il payé plus cher le journalier libre, lorsque s'offrait à lui sur le marché du travail d'autres travailleurs sur lesquels il acquérait des droits de nature réelle, un droit de propriété absolue avec tous les avantages accessoires? » Comment le petit industriel libre aurait-il pu payer de plus forts salaires, alors que le propriétaire d'esclaves pouvait jeter incessamment sur le marché des produits d'un prix de revient sensiblement inférieur ?

M. M... pose la question sur son véritable terrain lorsqu'il ajoute : Pour arracher les citoyens salariés à leur misérable condition, Athènes aurait dû imiter l'exemple de la Phocide, qui s'opposa énergiquement à l'introduction de l'esclavage. Athénée VI. 264, raconte que les phocidiens se soulevèrent contre l'ami d'Aristote Mnason, lorsqu'il voulut introduire en Phocide un millier d'esclaves achetés et lui reprochèrent de vouloir affamer les habitants libres. « Maintenant, ajoute, avec raison M. M..., ce qui pouvait se faire en Phocide où faisait défaut toute façon de commerce, et où ne se faisait pas sentir le contre-coup de la concurrence des pays où florissait l'esclavage, était-il possible à Athènes, engagée comme elle l'était dans la voie de l'industrie et du commerce; qui en vivait; et qui en se privant des avantages de la main-d'œuvre servile se serait trouvée dans un état d'infériorité désastreux vis-à-vis des autres centres de production peuplés d'esclaves? » (p. 94).

Telles sont les conclusions de M. Mauri. Ce sont de plus en plus celles qui tendent à prévaloir dans la science, et auxquelles paraît conduire une étude sérieuse de l'économie antique. Il n'y a pas bien longtemps dans cette revue même, nous exposions tout au long les vues de M. Pöhlmann sur ce sujet et sa conviction profonde qu'un rapprochement entre l'économie antique et l'économie moderne est parfaitement légitime.

§ II.

Tout récemment encore M. Ed. Meyer exprimait des vues analogues
dans un important article des « Jahrbücher für Nationalökonomie
und Statistik » de *Hilldebrand et Conrad* (Tome 64, p. 696) : Die wirths-
chaftiche Entwicklung des Altertums, dont on nous saura certainement
gré de donner une analyse rapide.

Après un court exposé de l'état du commerce et de l'industrie
au viiie siècle, déjà considérables, M. Ed. Meyer constate que cette
industrie et ce commerce subissent bientôt une transformation
profonde. L'industrie nouvelle, la production en vue de l'échange
commercial, quelle qu'elle soit : culture de la vigne, de l'olivier ou
élevage du bétail, réquiert des forces de travail en nombre de plus
en plus grand. Alors commence un mouvement d'importation d'esclaves, qui va croissant dans les mêmes proportions que l'industrie et
le commerce eux-mêmes. Athènes, pas plus que Milet (p. 711), Corinthe, Egine, Chalcis, et tous les autres places de commerce ne peuvent
se passer de l'esclave, dont le nombre dépasse bientôt celui de la population libre.!

Avec le commerce s'implante de plus en plus en Grèce l'économie
monnayée et le rôle toujours plus considérable de l'argent. La monnaie que la Grèce a empruntée à la Lydie devient l'indispensable moyen
de toute transaction commerciale : toutes les marchandises sont
mesurées à cet étalon et s'échangent entre elles d'après leur rapport
de valeur à l'étalon monétaire. A peine connue la monnaie se répand
vite de la Lydie par tout le monde grec et italique, avec plus de len-
teur et de difficulté dans l'Empire perse et parmi les peuples cultivés
de l'Orient.

Ce rôle de l'argent et la naissance d'un commerce international
embrassant tous les états et tous les territoires du monde connu bou-
leversent de fond en comble les rapports économiques et les rapports sociaux. De là la crise sociale des viie et vi^e siècles et le mouvement révolutionnaire qui conduit au renversement de la vieille
aristocratie. L'introduction de l'économie monnayée ruine les anciens
rapports patriarcaux ; précipite le paysan dans l'abîme des dettes ;
enfin assure la complète prépondérance du point de vue capitaliste
dans l'économie de la grande propriété. Le paysan n'échange plus
directement les produits de sa culture contre les autres produits dont

il a besoin. Il lui faut passer par l'intermédiaire de l'argent ; et les prix
du marché sont dépendants des coalitions du grand commerce et de
l'importation des produits d'outre-mer... Que le citoyen, que le paysan
le veuille ou non, et quels que soient ses goûts personnels, il a besoin
de l'or pour maintenir son rang et sa situation sociale dans une société
dont les conditions fondamentales sont tout autres qu'elles n'étaient.
La valeur des produits de l'agriculture baisse d'une manière continue,
en partie parce que l'importation pèse sur le marché, en partie
parce que les nouvelles branches de production donnent des profits
beaucoup plus considérables, par là rendent la vie toujours plus chère ;
et que la valeur réelle de l'or tombe ainsi d'une manière continue.
Les nobles commencent alors à prendre part au commerce et à la
navigation : c'est l'époque de Solon. L'or est encore relativement rare.
La faim en est grande. « L'or fait l'homme, dit le proverbe du temps
χρήματ' ἀνήρ. » La même crise se produit plus tard à Rome au
v⁰ et ıvᵉ siècle.

Mais bientôt naît, intermédiaire entre la noblesse et les paysans, un
nouvel état d'industriels habitant les villes : négociants, marchands,
matelots, tous les travailleurs libres qui vivent des nouvelles branches
de la production. Alliés aux paysans, ils renversent la domination de
la noblesse pour mettre à la place la bourgeoisie.

C'est la belle époque de la démocratie athénienne. « Depuis le moment où Thémistocle a assuré à Athènes l'empire de la mer, et que le
combat contre l'Empire perse lui a valu la domination sur toutes les
côtes et toutes les îles de la mer Egée, la politique d'Athènes est complètement dominée par les intérêts de son commerce : son objectif est
d'embrasser tout le monde grec, d'écraser ses rivales, de soumettre à
sa domination un domaine toujours plus vaste, jusqu'à l'Italie, jusqu'à
la Sicile, jusqu'à Carthage elle-même. Pour s'assurer la domination
des mers, on ne recule pas devant une guerre sanglante qui aura pour
effet d'abandonner aux fureurs de l'ennemi tout le territoire de l'Attique. Tous les efforts de la population rurale, pour faire prévaloir
des intérêts diamétralement opposés, n'auront qu'une action tout à
fait passagère. »

Page 717 : « L'intérêt de l'industrie et du commerce sont si bien les
intérêts de tous, et par là-même ceux des classes inférieures ; les
commerçants et les industriels le comprennent si bien et savent si
bien le faire comprendre, qu'on ne voit se dresser contre eux et leur
domination aucune opposition systématique. Ainsi en est-il à Corinthe,
à Carthage, plus tard à Rhodes. — A Argos, à Syracuse, à Tarente et

surtout à Athènes, le gouvernement et la direction des affaires viennent aux mains de la foule urbaine. Tous privilèges reposant sur la fortune, l'importance des services rendus à l'État sont supprimés; les droits sont les mêmes pour tous; tous les citoyens sont également reconnus aptes à exercer n'importe quelle fonction. Et pour s'assurer la possibilité d'exercer ses droits et de prendre part activement à la vie politique, la démocratie inaugure le régime des fonctions salariées. Les citoyens se font payer pour remplir les fonctions de sénateurs, de juges, plus tard même pour prendre part aux assemblées du peuple. »

La démocratie paraît donc triompher sur toute la ligne; il semble qu'on ait sous les yeux, dans toute la force du terme, une démocratie pacifique et travailleuse qui n'honore rien tant que le travail, et ne met rien au-dessus du mérite que donne à l'homme une occupation régulière. — Ceci est la théorie; la pratique est toute autre. De nos jours aussi, toute différence entre les classes a été mise de côté par la législation démocratique; mais l'abîme social entre les propriétaires fonciers, les commerçants, les membres des classes libérales et les subalternes qu'ils occupent : ouvriers manuels, employés, travailleurs des champs, ne devient-il pas de jour en jour plus difficile à combler? Le savant moderne, le théoricien le plus convaincu de la vérité du droit démocratique verrait-il de sang-froid son fils embrasser un métier manuel? Dans nos villes de commerce les plus démocratiques, le négociant n'a pas peu de dédain pour le petit marchand et le boutiquier.

Il en est de même à Athènes; à cette différence près que les publicistes de l'antiquité, moins prudes et moins hypocrites que nous, osent dire tout haut ce que nous pensons tout bas. Pour eux, depuis Xénophon jusqu'à Aristote, le citoyen seul digne de ce nom est celui que sa situation de fortune rend indépendant des tâches matérielles. Le travail corporel déshonore; il fait le citoyen semblable à l'esclave, le même genre de vie lui inculquant les mêmes vices et l'empêchant de se livrer à l'occupation qui est par excellence celle du citoyen : la culture de la vertu. Aristote, pour qui il ne fait pas doute pratiquement que les travailleurs, qui vivent du travail de leurs mains et qui n'ont aucune propriété foncière, fassent partie de l'État (*Politique*, II, 4; 13.5, 6) se demande ailleurs, lorsqu'il cherche à dégager les conditions de l'État le meilleur, si les βάναυσοι doivent être citoyens, si la vertu ἀρετή leur est accessible (I, 5.10; III, 2.8.31).

C'est que le grand fait de la dépendance économique du βάναυσος leur crève les yeux à tous : le citoyen pauvre, qui n'a pas de quoi vivre, dépend du citoyen riche qui l'emploie; son indépendance comme citoyen est illusoire; les droits dont il jouit sont une apparence. A ce point de vue, la différence est moindre qu'on ne l'imagine entre Athènes et par exemple des villes comme Egine, Corinthe, plus tard Rhodes ou enfin Carthage. Pour qui ne s'en tient pas aux apparences, ici et là, partout, c'est l'aristocratie commerçante et industrielle qui gouverne sous des formes plus ou moins démocratiques. — Carthage exprime le type le plus parfait de la cité antique grandie au sein de ce commerce international et dans cette époque d'économie monnayée. A la tête des affaires, une aristocratie de riches et puissants marchands possédant dans la banlieue de la ville de vastes propriétés, des domaines immenses que cultivent des esclaves; au-dessous, la masse de la population urbaine dépendant de la classe dirigeante juridiquement et dépendant d'elle en fait plus encore qu'en droit. Les intérêts du commerce et de l'industrie sont naturellement comme à Athènes, si possible plus qu'à Athènes, les intérêts dominants. Comme à Athènes, la population libre éprouve le douloureux contre-coup de la concurrence servile.

M. Meyer, on le voit, n'est pas d'un autre avis que M. Mauri. L'aboutissant de l'économie monnayée antique, abandonnée à elle-même, est aussi pour lui la défaite de la démocratie, prise dans l'engrenage de ces redoutables forces économiques que l'homme évoque, magicien prestigieux, des profondeurs de la vie sociale.

DEUXIÈME PARTIE

§ Ier.

Par quels moyens la démocratie athénienne a-t-elle tenté de conjurer le sort? de sauvegarder, contre la toute puissance de l'argent, son pain et sa dignité?

Nous éprouvons un vif regret que M. Mauri n'ait pas traité la question. A peine note-t-il en passant (p. 95) que « les revendications populaires manquèrent de netteté et de logique. Sous l'impulsion du besoin pressant, on procéda un peu au hasard dans le choix des remèdes. De temps en temps, on appliqua sur les plaies économiques et sociales qui affligeaient les classes inférieures des palliatifs peu efficaces qui n'avaient pour effet que d'exciter, de rendre plus aigu encore le désir de remèdes plus puissants, sans toucher en rien à la cause du mal. »

Au nombre de ces palliatifs figure cette multiplication des fonctions rétribuées qui marque le triomphe de la démocratie athénienne. Dans l'*Assemblée des femmes*, le Comique peut placer dans la bouche du chœur cette accusation sanglante : « Non, sous l'archontat du généreux Myronide, nul n'eut osé faire payer les soins qu'il donnait aux affaires publiques; chacun apportait son repas : du pain, deux oignons, trois olives et du vin dans une petite outre. Mais, aujourd'hui, on court gagner ses 3 oboles comme un gâcheur de mortier. » Les flatteurs de la multitude, si l'on en croit le témoignage quelque peu suspect d'Aristophane (Chevaliers, v. 797), promettent plus encore. Cléon veut que le peuple règne sur tous les Grecs; car les oracles prédisent que, s'il est patient, il doit un jour siéger comme juge en Arcadie avec 5 oboles pour salaire. » Ailleurs, *op. cit.*, v. 1350, il est dit : « Il y a mieux, si de deux orateurs, l'un proposait d'équiper une flotte de guerre, l'autre d'employer la même somme à salarier les citoyens, c'était ce dernier qui l'emportait toujours. »

En fait, le citoyen d'Athènes se fait payer pour être sénateur, pour remplir les fonctions de juge, pour assister à l'assemblée populaire, pour remplir toutes ses fonctions de citoyen (1). Dans les moments de crises particulièrement graves, à cette ressource ordinaire de sa paye comme juge et membre de l'assemblée s'ajoute, pour le citoyen d'Athènes, la ressource extraordinaire d'une distribution directe de fonds à titre de secours. C'est ce qu'on appela la diobélie, c'est-à-dire la distribution de 2 oboles par tête. Ces distributions furent imaginées par Cléophon, au plus fort des ravages de la garnison lacédémonienne de Décélie sur tout le territoire de l'Attique, et portées vers la fin de la guerre par Callicrate (Aristote, *Politique des Athéniens*, 28) à 3 oboles

---

(1) L'habitude d'accorder un jeton de présence aux assemblées serait, si l'on en croit Aristote (Pol. Ath. c. 41), de quelques années postérieure au début de la guerre du Péloponèse (E. Meyer, *op. cit.*, p. 717, note 2) et aurait eu pour but de dédommager les citoyens de leur perte de temps. Primitivement fixée à une obole, la valeur de cette médaille de présence aurait été bientôt portée à 2 oboles, puis à 3 oboles en 391. Elle monta du temps d'Aristophane jusqu'à 1 drachme et pour les 10 principales réunions annuelles (ἐκκλησίαι κυρίαι) à 1 drachme et demie. Il faut voir là, ajoute Meyer, tout à la fois une preuve grandissante de l'influence prépondérante de la masse et aussi de la baisse continue de la valeur de l'argent.

par tête. Une inscription, C.I.A. 189., nous les montre fonctionnant encore, un jour entre autre, en 407/406.

Le plan audacieux, conçu par Aristide et proposé à ses concitoyens comme le but suprême de leur activité, se trouvait presque réalisé de toutes pièces. « On institua, peu à peu, est-il dit dans la *Politique des Athéniens* (chap. xxiv), comme Aristide l'avait inauguré, de nourrir aux frais publics la majorité de la nation : plus de 20,000 citoyens vécurent du produit des tributs et des droits prélevés sur les alliés. Il y avait sur ce nombre, 6,000 juges, 1,600 archers, 1,200 cavaliers, 500 sénateurs, 500 gardes des arsenaux et 50 gardes de l'acropole, environ 700 magistrats dans la mère-patrie et autant dans les possessions d'outre-mer ; à cela, il fallut ajouter, lorsque la guerre éclata, un effectif de 2,500 hoplites ; 20 vaisseaux gardes-côtes et d'autres navires chargés de transporter les troupes de garnison désignées par la fève, qui s'élevaient à 2,000 hommes ; enfin les personnes nourries au Prytanée, les orphelins publics, les geôliers. Tout ce monde tirait sa subsistance des revenus de l'État ; ainsi l'on pourvut à l'entretien du peuple » (1). Et, sans doute, toujours selon le plan et le conseil d'Aristide, de plus en plus la campagne « descendait vers la ville » : « καὶ καταβάντας ἐκ τῶν ἀγρῶν οἰκεῖν ἐν τῷ ἄστει. »

Tous les citoyens fonctionnaires, tel semble être à ce moment le rêve, l'idéal secret de la démocratie athénienne ; et ce rêve est bien près d'être réalisé : sur 25 ou 30,000 citoyens une vingtaine de mille, si l'on en croit Aristote, fonctionnaires ou assistés. N'est-ce pas un résultat curieux ?

En même temps que son pain la démocratie athénienne tâche de sauvegarder son plaisir. Elle se fait allouer des jetons de présence pour l'assistance aux fêtes religieuses et aux représentations théâtrales. Périclès avait fait distribuer aux citoyens pauvres pour leur permettre d'assister aux représentations théâtrales des Dionysies, qui duraient trois jours, deux oboles par jour. Ces deux oboles furent dans la suite distribuées aux citoyens pauvres lors de toutes les grandes fêtes. A partir de 355 sur la proposition d'Eubule on distribua sous forme de jetons de théâtre tous les reliquats de la Caisse publique (θεωρικόν) ; et l'ha-

---

(1) κατέστησαν δὲ τοῖς πολλοῖς εὐπορίαν τροφῆς. συνέβαινεν γὰρ ἀπὸ τῶν φόρων καὶ τῶν τελῶν καὶ τῶν συμμάχων πλείους ἢ δισμυρίους ἄνδρας τρέφεσθαι ..... ἅπασι γὰρ τούτοις ἀπὸ τῶν κοινῶν ἡ διοίκησις ἦν.

bitude une fois prise se maintint au plus fort même de la guerre contre Philippe. Il s'agissait de concilier par ces mesures au nouvel état de choses la faveur des masses; et de leur faire accepter la prépondérance des classes possédantes dans le gouvernement (V. Beloch, Die attische Politik seit Pericles, p. 178).

Ainsi méritait de plus en plus son mauvais renom de démocratie besogneuse et quémandeuse, en quête de fonctions publiques, de distributions gratuites et d'allocations pour l'accomplissement des moindres devoirs de la vie politique, la démocratie athénienne. Comme de nos jours le développement du fonctionnarisme et de l'assistance publique avait marché de pair avec les progrès de la démocratie.

Mais pour être juste et apprécier comme il convient les mœurs nouvelles de ce qui avait été autrefois le peuple athénien, et son graduel abaissement, il ne faut pas perdre de vue sa véritable situation économique. La démocratie athénienne s'est rejetée vers les multiples pratiques de la mendicité légale parce qu'il lui a bien fallu vivre; et qu'elle ne pouvait vivre autrement.

Le même poète qui reproche au citoyen de se faire payer pour exercer ses prérogatives de membre de l'État, comme le maçon ou le gâche-mortier pour ses services, ne met-il pas dans la bouche d'un personnage des Guêpes le langage suivant : « Eh quoi! avec mon chétif salaire de juge, il faut que je me procure le pain, le bois, la viande, et tu me demandes encore des figues! Et si l'archonte ne convoque pas le tribunal, où donc prendrai-je de quoi manger? » Voilà la vraie condition du citoyen d'Athènes. Comment de cet homme attendre de la fierté, de la dignité? Le premier besoin, la première règle pour l'homme c'est de vivre. A moins d'être un héros ou un saint, l'homme aux abois s'y prend comme il peut. Il en est des collectivités comme des individus. Les casuistes, tant décriés du snobisme libéral, n'ont pas hésité à reconnaître à l'homme en mal de faim le droit au vol, et leur solution est la seule humaine et la seule juste.

Pour une démocratie politique, acculée à la misère par le jeu naturel de l'économie monnayée, il n'y a pas de milieu. Il lui faut comme nous venons de le voir pour la démocratie athénienne, accepter la dégradation croissante de l'assistance publique, ouverte ou déguisée; se faire reconnaître, moitié crainte, moitié pitié, sur le capital national un droit assez peu défini qui est en tout cas le droit du pauvre honteux; tomber ainsi à la condition de plèbe vile dont les vices justifient tous les dédains. Ou bien, au contraire, ne pas se résigner aux résultats mauvais du jeu de l'économie, et plier les choses aux exigences de la moralité et du droit politique. Politiquement libre, le citoyen doit rester économiquement libre; la dépendance économique entraîne fatalement la dépendance politique. Au citoyen, pour rester libre et digne, on ne saurait trop le répéter à nos générations frivoles, il faut la ferme assiette des droits réels. Le soldat qui a la propriété de son grade, malgré toutes les rigueurs de la discipline militaire, est cent fois plus libre que l'ouvrier bambocheur qu'aucune considération n'arrête, qui sans raison du jour au demain peut abandonner son patron.

Le droit politique doit être plus fort que l'économie libérale; ou l'économie monnayée tue le droit politique. Pour tout esprit droit, pour toute conscience honnête le dilemme se pose avec une implacable rigueur. Certaines circonstances peuvent, sans doute, empêcher un peuple de descendre aussi rapidement qu'un autre la pente de la dégradation politique et morale. Un peuple est comme un homme dans une situation sans issue que des conseils d'amis soutiennent et font lutter vaillamment jusqu'au bout. Si elle est d'une trempe morale supérieure, la population aux prises avec des difficultés économiques plus fortes qu'elle, n'abdiquera la lutte qu'au dernier moment. Parfois même, si les circonstances imprévues s'y prêtent, l'impossible se fera; le malade, contre toute prévision, se reprendra à la vie; et la guérison parfaite pourra s'ensuivre.

Et voilà pourquoi, à l'encontre de bien d'autres, nous croyons fermement à l'importance de ce que nous appellerons, pour employer le langage de la vieille école, le facteur moral; et nous nous réjouissons pour le présent de toute influence morale quelle qu'elle soit, philosophique ou religieuse, qui ramasse l'homme en lui-même, et lui fait un devoir de se tirer au clair, de s'imprimer une direction définie. Ce dont nous manquons le plus pour les réformes à venir, n'est-ce pas, tout le monde en convient, d'hommes dignes de ce nom, qui ne se précipitent pas comme des pourceaux sur l'auge à la poursuite du pouvoir, qui sachent ce qu'ils veulent, et qui s'entêtent?

Ces influences morales bonnes, capables de retenir un pays sur le penchant de la ruine, manquèrent à la Grèce, comme elles semblent devoir faire défaut malgré l'apport sérieux des mœurs chrétiennes à la démocratie moderne. La démocratie athénienne ne sut pas ou ne put pas, dès le principe déjà vaincue par la prépondérance de l'argent, formuler nettement le programme des revendications sociales nécessaires. Elle ne sut que s'engager, nous venons de le voir, dans la voie humiliante et stérile de l'accroissement sans mesure des fonctions rétribuées et d'un système de mendicité générale sous forme d'assistance publique largement développée.

Le plus avant qu'elle soit allée dans la voie des réformes sociales, c'est l'organisation d'un véritable système de pensions d'État pour les enfants orphelins et les incapables. Les enfants des soldats morts dans la bataille recevaient un subside quotidien variant entre une ou deux oboles (Boeckh. Staatshaushaltung, I, 310 et 309). Les incapables avaient droit à une obole au moins, à deux au plus; (Boeckh, p. 344-345, II, chap. xvii); et tous les travailleurs qui n'avaient pas un métier suffisamment rémunérateur ou ne pouvaient l'exercer pour cause de chômage, n'ayant pas d'autre part un capital supérieur à trois mines, recevaient également un subside variable. Ce subside s'accordait par un vote populaire, lorsque le conseil des cinq-cents avait admis le bien fondé de la demande.

§ II.

L'effort le plus ingénieux, le plus digne de l'attention des modernes, qu'ait tenté la démocratie antique pour échapper aux conséquences funestes de l'économie du temps, est son système d'impôt qui n'a cessé de se rapprocher de l'impôt nettement progressif, ménageant le plus possible les petites fortunes pour peser de tout son poids sur les grandes. On est tout surpris, — agréablement surpris — de constater que ce principe de la proportionalité pure et simple, auquel la bourgeoisie moderne se cramponne avec l'énergie du désespoir, l'histoire antique et particulièrement la démocratie athénienne à la plus belle époque l'ont pour ainsi dire ignoré! On a toujours considéré comme une chose toute naturelle que ceux qui avaient le plus, qui étaient en possession du superflu, contribuassent aux charges publiques dans une proportion plus forte que les citoyens jouissant du strict nécessaire. Il y a un minimum de besoins dont la satisfaction normale est pour l'homme une condition absolue de santé physique et morale. Il y a, au contraire, un degré de bien-être qui se retourne contre l'homme, entraînant à sa suite la satiété, le dégoût et, avec la possibilité de les satisfaire le déchaînement de tous les mauvais instincts. C'est une question d'hygiène publique, de moralité, je dirai de justice que l'État prenne pour la satisfaction de ses besoins ici plutôt que là. Il ne peut entreprendre

là sans toucher aux sources mêmes de la vie physiologique et morale;
à prendre ici, il court le risque bienfaisant de faire rentrer dans
les conditions normales de l'existence, qui sont la nécessité du travail
et les préoccupations, sources de discipline et de moralité, des classes
dont le plus grand ennemi est leur fortune même. Un gouvernement,
digne de ce nom, conscient de ses devoirs et de la redoutable tâche
qui lui incombe, ne saurait hésiter. Dans la droiture de sa jeune com-
préhension, non encombrée encore des mensonges intéressés élaborés
au cours des siècles et qui font trop souvent des membres distingués de
nos classes libérales de simples débiteurs de sornettes, la pensée
antique pas un instant ne s'est dérobée à ces évidences.

Une des causes qui ont le plus contribué à ce résultat de conserver
le plus longtemps à la pensée antique le sens vrai des choses, c'est
que l'impôt est tout le temps resté chez les anciens ce qu'il est chez
tous les peuples jeunes : une aide passagère, la ressource d'un moment
du corps des citoyens contre le danger imminent mais éphémère.
Quand la maison brûle on ne s'inquiète pas, pour sauver une aile, de
savoir si les flots d'eau qu'on lance dégraderont des meubles ou non.
De même quand le corps social est en danger — (et c'est bien le cas
dans les guerres antiques, où de bonne foi le vainqueur se reconnaît
tous les droits sur le vaincu) — chacun fait, pour se sauver lui-même
en sauvant l'État, tout ce qui dépend de lui. On n'a pas le temps de
remarquer si le voisin agit exactement ou non comme on agit soi-même.
Chacun fait ce qu'il juge utile au résultat final; ses sacrifices sont en
raison de son intelligence et du sentiment plus ou moins vif qu'il a du
danger collectif encouru. Dans ces conditions l'impôt reste tout près de
la *contribution volontaire.* On sait qu'à Athènes la contribution volontaire sous le nom de ἐπίδοσις resta jusqu'au dernier temps une institution légale. On provoquait publiquement dans l'assemblée la généro-
sité des citoyens, et ceux qui voulaient répondre à cette invitation
faisaient leur déclaration à l'instant même ou plus tard devant le
Sénat. Dès que leur nom figurait avec l'indication de leur don (en argent
ou en nature) sur la liste de souscription, ils ne pouvaient plus se soustraire à l'obligation de se libérer. Chez nous, il en a été cela presque
tant qu'a duré l'ancienne monarchie; c'est de ce point de vue qu'il faut
envisager les Aides et Contributions votés par les États provinciaux et surtout les subsides accordés à la Royauté par les anciens
corps constitués.

Lorsqu'avec le progrès des institutions juridiques les contribuables, individus ou corps, perdent le droit de se taxer eux-mêmes, et que la contribution, de volontaire qu'elle était tout au moins formellement, devient *contribution forcée*, un véritable impôt, l'assiette de la contribution n'en reste pas moins la même très longtemps encore, et dans l'antiquité toujours. Comme par le passé, le contribuable donne non pas autant que les autres, mais selon son pouvoir plus ou moins. L'essence de la *liturgie* n'est pas autre; et l'impôt antique a toujours affecté ce caractère de liturgie. La liturgie, c'est la charge sociale en argent ou en nature rejetée sur ceux qui peuvent le mieux la supporter, sur les plus capables (1) et par une conséquence toute naturelle passant avec une facilité extrême de l'un à l'autre, de manière à établir entre les citoyens les liens les plus étroits de solidarité. La liturgie, telle qu'elle se présente à nous, ne va pas en effet sans la solidarité la plus complète des citoyens entre eux. Étant ce qu'elle est,

---

(1) Cette proposition va directement à l'encontre des affirmations de Boeckh, (Buch. iii, c. 21. 1ʳᵉ édition, p. 594-595), qui ne veut pas qu'on assimile aux liturgies proprement dite l'εἰσφορά : « woraus allein schon geschlossen werden kann, dasz zu den Leiturgien nur *unmittelbar geleistete Dienste* gehörén, wie Choregie, Trierarchie und dergleichen, nicht aber die Vermögenstouer (εἰσφορά) wie schon Heraldus bemerkt. » ...... « Nur der Vorschusz der Vermögensteuer für andere (προεισφορά) wurde als eine von der Vermögensteuer selbst wesentlich verschiedene Leistung als Liturgie angesehen ». Il n'y a, dit-il, que quelques expressions douteuses « etliche schielende Ausdrücke in alten Schriftstellern, » d'après lesquelles « wonach die Vermögensteuern köauten Liturgien genannt scheinen. » La distinction de B. est légitime et l'εἰσφορά ne se présente bien sûr pas *matériellement* identique aux liturgies proprement dites. La liturgie est essentiellement et exclusivement un service dont on s'acquitte directement vis-à-vis de l'Etat soit par soi-même ou par une tierce personne avec laquelle on a traité à cet effet. « Der Name bezeichnet einen Dienst für das gemeine Wesen (λήϊτον, λῆτον, λεῖτον) auch einen solchen, welchen der gedungene oder dem Staate eigene Diener (ὑπηρέτης δημόσιος) leistet » ; et on ne saurait proprement donner le nom de liturgie à toute charge qui ne serait pas un service ou une prestation en nature. Mais ici le point de vue *matériel* s'efface devant le point de vue formel; et c'est à ce dernier point de vue que nous nous plaçons. Ce qui importe ce sont les principes qui président à l'assiette de l'impôt; et nous prétendons que ce sont les mêmes principes qui président à l'assiette des liturgies et de l'εἰσφορά. En ce sens peut-on dire, comme nous le faisons dans le texte, que l'impôt antique a toujours affecté le caractère d'une liturgie.

poursuivant la satisfaction immédiate d'un besoin pressant de l'État, il lui faut, pour atteindre son but, la faculté de se procurer de n'importe quelle façon les agents nécessaires. « Si l'État antique peut prendre ce qu'il veut, où il le veut et autant qu'il le veut »; « si c'est un principe pour lui de ne jamais se borner dans ses revendications fiscales à l'individu, mais de s'attaquer au groupe, et de proclamer solidaires des insolvables les solvables »; il ne faut pas dire pour toute explication comme fait Rodbertus (1), p. 346, « que l'État est tout puissant et que contre sa volonté la propriété privée du citoyen n'a pas de consistance », que « juridiquement le pouvoir fiscal de l'État ne connaît aucune limite ». C'est au contraire dans le caractère que nous venons de signaler, de l'impôt *liturgique* que se trouve la raison vraie du caractère fiscal de l'État antique. C'est à ce point de vue qu'il faut se placer si l'on veut comprendre quelque chose à sa fiscalité et aux deux principes qui la dominent : une *progressivité rigoureuse* et une *solidarité aes citoyens devant l'impôt*, qui n'abdique devant aucun droit de l'individu.

Déduisons les conséquences de ces principes :

1° La liturgie, l'impôt étant une prestation destinée à satisfaire un besoin pressant de l'État, sera toujours une charge accidentelle extraordinaire. L'impôt ne sera pas une institution normale de l'État. L'État normalement ne recouvrera pas d'impôts, il touchera les revenus de ses biens. A Athènes, en effet, il existe un riche domaine national, comprenant surtout les mines d'argent du Laurium qu'on concède par bail héréditaire moyennant une redevance annuelle du 24e des produits. Le domaine national comprend encore des terres, des maisons. Très sensiblement l'idéal de l'État antique est pendant longtemps l'idéal du particulier sage et prudent, qui règle ses convoitises sur ses moyens, et entend ne pas dépenser plus que ses revenus.

2° Puis lorsque décidément les produits de ses terres et de ses mines ne suffisent plus à ses besoins, — suivant la loi, qui est celle des peuples comme des individus jeunes et sains, que charité bien ordonnée commence par soi-même, — la cité, avant de songer à s'imposer des sacrifices propres, fait payer les autres : les étrangers, établis chez elle, qui prétendent bénéficier des avantages de sa vie nationale :

---

(1) Zur Geschichte der römischen Trii ts-steuern seit Augustus, dans les *Jahrbücher für Nationalökonomie* de Hildebrand, t. iv, p. 347.

c'est le μετοικιόν, une redevance annuelle de 12 drachmes par personne.

3º Elle ne se retourne contre les citoyens pour la première fois
qu'à l'occasion d'avantages exceptionnels dont certains d'entre eux
jouissent par son fait. Je place ici le droit d'ἐλλιμένιον, payé par ceux
qui se servent du port (Gilbert, Handbuch der griechischen Staats-
alterthümer, t. I, p. 333), la πεντηκοστή, un impôt du 50ᵉ sur la valeur
de tous les articles de commerce qui entrent ou qui sortent du port
d'Athènes; l'εἰκοστή un droit d'importation du 20ᵉ établi en 413/2;
enfin le droit bien autrement ancien et intéressant de l'ἐπώνιον, un droit
de vente sur la valeur des choses vendues, qui semble avoir été le plus
souvent de 1 0/0 : Pollux, VII, 15. τά δε καταβαλλόμενα ὑπὲρ τῶν πιπρα-
σκόμενων τέλη ἐπώνια λεγουσιν.

Quel est au juste le sens de ce droit de vente? Notre renseignement le plus explicite sur ce point est un texte de Stobéc. Floril. XLIV,
22). οἱμὲν οὖν ὑπὸ κήρυκος κελεύουσι πωλεῖν καὶ προκηρύττειν ἐκ πλειόνων
ἡμερῶν, οἱδὲ παρ ἀρχῇ τινι, καθαπερ καὶ Πιττακοσ παρὰ βασιλεῦσι καὶ πρυτάνει.
ἔνιοι δὲ προγραφειν παρὰ τῇ ἀρχῇ πρὸ ἡμερῶν μὴ ἐλαττόνων ἢ ἑξήκοντα,
καθάπερ Ἀθήνησι, καὶ τὸν πριάμενον ἑκατοστὴν τιθέναι τῆς τιμῆς, ὅπως
διαμφισβητῆσαι τὰ ἑξῆ καὶ διαμαρτύρασθαι τῳ βουλομενῳ, καὶ ὁ δικαίως ἐωνημένος φανερὸς ᾖ τῳ τέλει.

Le transfert de propriété ne saurait être l'œuvre exclusive des volontés individuelles ; la société tout entière se trouve intéressée au
déplacement des fortunes et des biens ; les choses n'appartiennent pas
tellement en propre à l'individu qu'il n'y ait pas lieu de sauvegarder
par des dispositions les droits des tiers ; il faut qu'à chaque changement de mains des propriétés, ces tiers puissent faire valoir leurs
droits et leurs réclamations : ὅπως διαμφισβητῆσαι τὰ ἑξῆ καὶ διαμαρτύρασθαι τῳ βουλομενῳ et que l'État sachant quel est le légitime acheteur puisse en toute sécurité défendre son droit : καὶ ὁ δικαίως ἐωνημένος
φανερὸς ᾖ τῳ τέλει (1). Ces dispositions s'appliquent aux immeubles et
aux esclaves (2). Au début la vente a sans doute partout été entourée
de formalités compliquées qui en ont fait un acte à beaucoup d'égards
public.

Nous en avons pour le rameau germanique, surtout dans les lois
anglo-saxonnes, des preuves surabondantes. La vente du bétail ayant

---

(1) V. E. Meier et P. Schömann, édit. II. Lipsius, p. 812.
(2) Meier und Schömann, *loc. cit.* [Addition de l'éditeur].

pour effet un transfert de propriété ne peut se faire sans témoins et sans l'intervention des autorités. V. Schmidt, Lois anglo-saxonnes, p. 15. — *Hlothar et Gadric*, 16. Wenn ein Kenter in London Gut (Vieh) kauft, so habe er dann für sich zwei oder drei redliche Männer zum Zeugnisz oder des Königs wikgerefen.

Dans Edm. III. 5 (p. 181) : « Nemo barganniet vel ignotum pecus recipiat, qui non habeat testimonium summi prepositi vel sacerdotis vel ordalii vel portireve. »

Dispositions analogues dans *Guillaume. III*, §§ 10-11, p. 355. — I, § 45 (p. 349).

Un des textes qui font peut être le mieux saisir l'infirmité primordiale de la vente et le rôle si important des témoins et de l'autorité publique dans la formation du contrat, est une disposition d'Edgard IV, 4-6 (p. 197).

§ 4. Fur iede Burg sollen 33 zur Zeugenschaft erkosen werden.

§ 5. Fur kleine Bürgen und iede Hundertschaft 12, ausser wenn ihr wollt.

§ 6. Und Jedermann kaufe und verkaufe mit ihrem Zeugnisz iedes Gut (Vieh), das er kauft oder verkauft sei es in einer Burg oder einem Wapentake; und ieder von ihnen, wenn mann ihn zuerst zur Zeugenschaft erkiest, leiste den Eid dasz er niemals weder für Geld noch aus Gunst noch aus Furcht, irgend etwas vom Dem verleugnen wolle, wobei er als Zeuge war, und dasz er nichts anderes bezeugen wolle, auszer Dem allein, was er sah oder hörte; und so beeidigter Manner seien zwei oder drei bei iedem Kauf zum Zeugniss.

Le mécanisme juridique est encore si peu perfectionné que non seulement l'expression seule de la volonté ne saurait établir un lien de quelque force entre les individus, mais qu'il suffit à peine pour cela du concours de tiers plus ou moins nombreux, appelés en qualité de témoins sous le contrôle de l'autorité publique, en un lieu déterminé. En règle générale la vente n'est permise que dans les villes ou sur les marchés devant témoins; ce n'est qu'exceptionnellement qu'il est permis au marchand de traiter une affaire devant témoins dans le plat pays. Ine, 25, p. 33 et Guillaume I, § 45, p. 310. Nemo emat vel vivum vel mortuum ad valentiam IIII den. sine 4 testibus, aut de burgo aut de villa campestri ».

La vente chez les Francs semble avoir eu les mêmes caractères essentiels. « Les transactions commerciales, dit Waitz, t. III, p. 58, sont particulièment frappées; il est expressément dit que c'est l'achat et la vente qui peuvent seuls donner lieu au paiement d'une redevance; en sorte que le Tonlieu paraît être, comme on disait plus tard, une redevance que paie toute marchandise vénale et qu'on doit la percevoir presque exclusivement dans les lieux de marché. »

L'État se fait naturellement payer le service qu'il rend en donnant à la vente une consistance et une perfection juridique qu'elle ne saurait avoir sans lui.

C'est ce droit aussi ancien que l'État et que la vente elle-même que représente l'ἐπώνιον, que l'on trouve encore quelquefois désigné sous le nom de ἑκατόστη; et l'on ne s'étonnera pas de voir ce prix de services rendus aux particuliers dans ces circonstances données figurer parmi les revenus ordinaires de l'État à une époque où n'existe pas l'impôt proprement dit.

§ II *bis*.

Ce n'est que lorsqu'il a épuisé complètement les ressources qui lui viennent de ses revenus ordinaires; lorsqu'il a fait payer aux étrangers le prix des bienfaits que leur assure sa protection; lorsqu'enfin il a fait payer aux sujets le prix des services exceptionnels qu'il rend à chacun; ce n'est qu'alors, aux moments de crise et de nécessité pressante, qu'on a recours proprement à l'impôt direct, qui naturellement ne se distinguera pas *formellement* des liturgies. Comme pour la liturgie, la prestation en nature, chacun donne dans la mesure de ses moyens. Toutes les constitutions politiques qui nous sont parvenues de la haute antiquité mettent le fait hors de conteste.

Toutes, en effet, ont pour objet principal de répartir le corps des sujets en classes diverses suivant leur capacité propre de prestation, en vue de faire face aux nécessités de la défense nationale; et l'impôt prend ainsi nettement le caractère d'un impôt progressif.

Prenons, par exemple, la constitution de Solon à Athènes. Nous trouvons le corps des citoyens réparti en 4 classes :

La 1re classe (πεντακοσιομεδιμνοι) comprenant ceux qui ont chaque année le revenu net de 500 médimnes de céréales ou 500 métrètes d'huile et de vin :

La 2e (ιππεις) ceux qui ont le revenu de 300 mesures;

La 3e (ξευγιται) ceux qui ont celui de 200 à 250 mesures.

La 4e, la classe des Thètes, tous ceux qui ont un revenu moindre.

Un médimne de blé valant à l'époque de Solon une drachme, et le rapport de valeur moyen du revenu net au capital qu'il représente étant de 8 1/3 0/0, on a respectivement pour le capital de chacune des 4 classes de la constitution de Solon, un capital minimum de :

1re classe — 1 talent.

2e classe — 3,600 drachmes.

3e classe — de 2,400 drachmes à 1,800.

4e classe — au-dessous de 1,800 drachmes.

Le législateur assoira-t-il son impôt sur le capital vrai pour lui imprimer le caractère d'un impôt strictement proportionnel? — Au capital vrai on substitue un capital fiscal, qui ne représente pas pour chaque classe la même quote-part du capital vrai. La première classe figure sur le registre cadastral pour tout le capital exprimant le montant de sa fortune; la seconde pour les 5/6; le zeugite pour les 5/9.

On a le tableau suivant qui exprime dans ses grandes lignes l'organisation fiscale athénienne :

	Revenu net	Capital réel	Capital fiscal	Rapport du capital fiscal au capital réel
1re classe :	500 drachmes	1 talent	1 talent	6/6
2e —	300 —	3600 drach.	3000 drach.	5/6
3e —	150 —	1800 drach.	1000 drach.	5/9

Comment dans ce système se levait l'impôt? — Rien de plus simple. Connaissant le montant du capital fiscal total et la somme qu'il s'agissait de prélever, on déterminait le rapport de ces deux sommes ; l'on disait alors prélever le 20e, le 50e, le 100e du τιμημα c'est-à-dire du capital fiscal total. Chacun devait alors fournir la même quote-part (1).

Ce mécanisme fiscal paraît s'être maintenu intact jusqu'à l'époque de la guerre du Péloponèse et au-delà; et avant l'année 378/7, date des graves modifications de l'archonte Nausinikos, on ne constate d'autre changement que celui résultant du fait que les meubles devaient à l'avenir figurer à côté des immeubles comme éléments constitutifs de la fortune des individus.

On ne s'étonnera pas de retrouver dans le pays jusqu'ici démocra-

---

(1) Böckh. Die Staatshaushaltung der Athener. 2te Ausg. Buch iv. 5, auquel j'emprunte tous ces résultats et qui a élucidé ces points d'une manière définitive.

tique par excellence, la Suisse, un mécanisme fiscal à peu près de tous points identiques. « A Zurich, dit M. Leroy-Beaulieu dans son traité de la *Science des finances*, t. Ier, chapitre 2 (3e édit., p. 160) la taxe sur le capital (Vermögensteuer) et la taxe sur le revenu (Einkommensteuer) ont le caractère progressif; la forme qui a été adoptée pour la progression est la plus ingénieuse que nous connaissions : pour les 20,000 premiers francs, la moitié seulement, soit 10,000 francs supporte l'impôt; — les 6/10 des 30,000 francs qui suivent sont imposables; — les 7/10 des 500 qui suivent sont taxés; — puis les 8/10 des 100,000 au-delà des sommes précédentes; — puis les 9/10 des 200,000 qui suivent; enfin les 10/10 de l'excédent de fortune au-delà des sommes précédentes.

« Tous les capitaux inscrits, d'après la règle que nous venons d'exposer, sur le registre des contributions paient d'ailleurs le même taux d'impôt. Supposons une personne ayant 500.000 francs de fortune.

Sur les 20.000 premiers fr.	=	1/2	=	10.000	seulement sont taxés.
30.000 suivants		6/10	=	18.000	—
50.000 —		7/10	=	35.000	—
100.000 —		8/10	=	80.000	—
200.000 —		9/10	=	180.000	—
100.000 —		10/10	=	100.000	—
sur les 500.000				423.000	sont imposés.

« Ainsi une personne qui aura 500.000 francs sera inscrite dans le livre des contributions pour un capital imposable de 423.000 francs, tandis qu'une personne ayant 20.000 francs ne sera inscrite que pour 10.000 francs, et une personne ayant 50.000 francs n'y sera inscrite que pour 28.000 francs; mais ces trois personnes paieront respectivement sur les 423.000 francs, les 10.000 francs ou les 28.000 francs taxés, *exactement le même taux d'impôt.*

« L'impôt sur le revenu ou Einkommensteuer qui existe dans le même canton de Zurich, à côté de l'impôt sur le capital, est organisé d'après le même principe. Sont imposables :

2/10 seulement des	1.500	premiers francs de revenu.
4/10 —	1.500	suivants.
6/10 —	3.000	—
8/10 —	4.000	—
10/10 au delà de	4.000	—

« Tous les revenus reconnus imposables après les déductions indiquées paient tous le même taux d'impôt. »

.˙.

Il ne semble pas qu'à Rome la constitution timocratique à laquelle reste attaché le nom de Servius Tullius, qui forme le pendant de la constitution de Solon, repose sur des principes autres. Le principe qui domine le système des liturgies et du *tributum civile* est toujours le principe de la progression ; les citoyens servent l'État dans la mesure de leur pouvoir, c'est-à-dire de leurs ressources économiques. Nous avons non seulement le témoignage formel de Tite-Live, I. 43 : « Censum instituit, rem saluberrimam tanto futuro imperio : ex quo belli pacisque *munia non viritim ut ante* sed pro habitu pecuniarum fierent. — I, 43. Hœc omnia in dites a pauperibus inclinata onera » ; mais celui de Denys d'Halycarnasse, IV, 43, caractérisant comme il suit la réaction systématique de Tarquin le Superbe contre la législation servienne. « Il mit fin au système d'impositions établies d'après le cens et rétablit l'ancien état de choses. Avait-il besoin de se procurer des ressources ? Le pauvre devait contribuer dans *les mêmes proportions que le riche* : τὸ ἴσον διαφορον ὁ πενεστατος τῳ πλουσιωτατω κατεφερι.)

De renseignements précis sur le mécanisme fiscal et le fonctionnement du *tributum civile*, le pendant exact de l'εισφορα Athénienne, nous n'en avons pas. Les auteurs *n'ont envisagé* dans la constitution servienne que l'organisation du service militaire ; c'est de ces données indirectes qu'il nous faut tenter de déduire les principes sur lesquels repose la constitution, et qui ont servi à établir l'assiette du *tributum civile*.

On connaît les grandes lignes de la classification de Servius Tullius.

Equites		18 centuries	cens	=	100.000 as
	1ʳᵉ classe	80 centuries	id.		100.000 as
	2ᵉ —	20 —	id.		75.000 as
Pedites	3ᵉ —	20 —	id.		50.000 as
	4ᵒ —	20 —	id.		25.000 as
	5ᵉ —	30 —	id.		12.500 as
Capite censorum		1 centurie.			
Total		189 centuries.			

Auxquelles il faudrait ajouter les quatre centuries d'artisans et de musiciens.

On sait encore que chaque classe avait son équipement particulier et son service militaire différemment établi.

Ce qui importe maintenant ce sont les deux témoignages de Cicéron : De Republica, II, ch. 22 (39-40). (J'adopte le texte de Richtschelius donné en note dans la grande édition d'Orelli, G. Baiter et Halm : « Nunc rationem videtis esse talem ut equitum centuriis cum sex suffragiis et primæ classi, addita centuria quæ ad summum usum urbis fabris tignariis est data, VIII Centuriæ solæ si accesserunt, confecta est vis populi universa, reliquaque multo major multitudo VI et LXXXX centuriarum (tot enim reliquæ sunt) neque excluderetur suffragiis.... Illarum autem sex et nonaginta centuriarum in una centuria tum quidem plures censebantur quam pœnè in prima classe tota. Ita nec prohibebatur quisquam jure suffragii et is valebat in suffragio plurimum, cujus plurimum interat esse in optimo statu civitatem »; et de Denys d'Halycarnasse, IV, ch. 19 : « ita factum est ut illi quorum maximus esset census, quod pauciores essent et in plures centurias essent divisi sœpius militarent sine ulla intermissione et pecuniæ majorem summan quam alii conferrent.... illi vero qui exiguas ac modicas opes possiderent quamvis plures numero, tamen in pauciores descripti (1) raro et per vices militarent et exigua penderent tributa. »

Nous n'avons naturellement pas à faire une étude complète de ces textes dont le premier surtout est loin de nous être arrivé dans un état satisfaisant. Le fait qui nous intéresse et qui ressort nettement est celui-ci. Une centurie quelconque *des quatre dernières* classes compte à elle seule plus de citoyens que les quatre-vingt-dix-huit centuries de chevaliers et de fantassins de la première classe réunies. Pendant que le citoyen de la première classe est constamment appelé à partir en campagne, le citoyen des classes inférieures n'est appelé qu'à son tour en vertu d'un roulement établi ἐκ διαδοχῆς. C'est sans doute la condition de ce dernier qui se trouve visée dans cette phrase de Tite-Live : (V. ch. 67). « Pedestris ordo operam Reipublicæ *extra ordinem* polliceri in Veios seu quo alio ducere velint. » Le Sénat les remercie et déclare « placere omnibus his voluntariam extra ordinem professis militiam

____

(1) Συνέβαινεν οὖν τοῖς τὰς μεγίστας ἔχουσιν οὐσίας ἐλάττωσι μὲν οὖσιν, εἰς πλείονας λόχους μεμερισμένοις... τοῖς δὲ τὰ μέτρια καὶ μικρὰ κεκτημένοις πλείοσιν οὖσιν ἐν ἐλάττοσι λόχοισ....... στρατεύεσθαί τε καὶ ὀλιγάκις καὶ ἐκ διαδοχῆς καὶ βραχείας συντελεῖν εἰσφορὰσ.....

æra procedere. » Ces enrôlés volontaires, ce sont des citoyens des classes inférieures dont le tour n'est pas venu de faire campagne.

On saisit le but et le résultat poursuivi par la législation. L'armée en campagne comprenant dans une proportion donnée toujours la même un nombre de soldats des différentes classes, et les citoyens appartenant à chacune de ces classes étant distribués en un nombre de centuries d'autant moindre que les citoyens sont moins fortunés et par suite plus nombreux, il s'ensuit que la charge du service militaire se trouve rejetée de préférence sur les hommes de la première classe formant à elle seule presque autant de centuries que tous les hommes des autres classes réunies. Les hommes de la première classe, comme l'indique expressément Denys d'Halycarnasse combattent presque sans cesse, tandis que les hommes des classes inférieures ne combattent que rarement et tour à tour. Rien en tout cela que de très clair ; et nous ne comprenons pas pourquoi Lange (Röm. Alterthümer, t. I, p. 403) et Mommsen, au lieu de voir dans cette proportion entre le nombre des centuries de la première classe et celui des autres un résultat artificiel, un effet voulu de la constitution servienne, prétendent y trouver l'expression du rapport existant réellement entre la population respective des cinq classes ; en sorte que la première classe compterait les 8/17 de la population civile ; la 2ᵉ, 3ᵉ et 4ᵉ chacune les 2/17 ; la 5ᵉ les 3/17. Cette manière de voir vient se briser contre une conséquence que Lange lui-même formule (p. 422) : « Si la première classe comprend les 8/17 des *assidui*, le cens de cette classe ne doit pas être la richesse, mais tout au plus la moyenne aisance. Par là s'explique que tous les patriciens collectivement appartiennent à la première classe ; d'autre part le cens de la cinquième classe devait descendre jusqu'à la plus extrême pauvreté. » Or il est difficile, après les belles études de M. Belot dans son « *Histoire des Chevaliers Romains* », de mettre en doute que les indications des auteurs relatives au cens des différentes classes ne visent pas l'*as* sextantaire ou triental mais l'*as grave*, et que le cens de la première classe représente ainsi un chiffre de fortune relativement très élevé. Admettre avec Lange et Mommsen que le nombre des hommes a été primitivement le même dans toutes les centuries et que c'est au cours des âges seulement que la ruine économique des familles a poussé un nombre *de citoyens* de plus en plus considérable dans les cadres immobiles des centuries des classes inférieures, admettre cela, dis-je, c'est admettre l'hypothèse la plus invraisemblable de toutes.

La réforme servienne a dû sensiblement s'inspirer des mêmes prin-

cipes et avoir les mêmes effets que les réformes de Charlemagne relatives à l'organisation de l'armée. Avant lui le service militaire semble
avoir affecté le caractère d'une charge personnelle; tout homme libre
indistinctement participant à l'État doit le service militaire. Avec Charlemagne, la charge militaire devient de personnelle *réelle*. Le libre ne la
doit que dans la mesure de ses moyens. Tout individu possédant quatre
manses vêtus doit le service militaire complet; ceux qui n'ont pas cette
fortune territoriale s'unissent à leurs congénères pour parfaire l'étendue de cette possession. L'un d'eux fait campagne aux frais des autres. « Capit. de exercitu promovendo (c. I.) Boretius, p. 137. Ut
omnis libér omo qui 4 mansos vestitos de proprio suo sive de alicujus
beneficio habet, — ipse se præparet et per se in hostem pergat sive
cum seniore suo, si senior ejus perrexerit, sive cum comite suo. — Qui
vero 3 mansos de proprio habuerit, huic adjungatur qui unum mansum
habeat, et det illi adjutorium ut ille pro ambobus pergere possit. —
Qui autem 2 habet de proprio tantum, jurgatur illi qui similiter 2 mansos habeat et unus ex eis altero alterum juvante pergat in hoste. —
Qui etiam tantum unum mansum de proprio habet adjungantur ei tres
qui similiter habeant et dent ei adjutorium et ille pergat tantum,
tres vero qui illi adjutorium dederunt, domi remaneant » (1).

Quatre manses *vestiti* doivent donc le service militaire complet, voilà le principe ; peu importe que ces quatre manses soient
aux mains d'un seul individu ou de plusieurs. Les quatre manses, au
point de vue du droit public, forment une sorte de fief indivisible tenu
contre redevance du service militaire (2). Une unité militaire quel-

---

(1) Il faut remarquer en passant qu'au point de vue de l'obligation au
service militaire la possession d'un bénéfice est assimilée à celle de l'alleu.

(2) L'avoir mobilier commence lui aussi à être tenu de la charge du service
militaire. Les personnes ne possédant pas de terre sont 6 à supporter ensemble les charges du service militaire. Celui qui part reçoit de chacun
des 5 autres 6 sous, soit 25 sous des 5. Les frais de campagne se trouvent de la sorte évalués à 30 sous. — Il serait intéressant de savoir
exactement la valeur en argent des 4 manses représentant au point de vue
du service militaire l'unité fiscale imposable. Ce sont là des questions qu'il
n'est pas aisé de résoudre. V. Waitz, Verfassungsgeschichte, t. II, p. 278. On
trouve encore assez souvent, à cette époque, rapprochés sous le rapport de
la valeur le manse et le wergeld. Par exemple l'expression : Unam hobam
compositionis meæ, trad. Sangall. 400. II. p. 21. Les indications plus précises
font défaut. On trouve seulement que le manse comprend en moyenne 30 ou

conque analogue à la centurie romaine représentera donc un nombre plus ou moins grand de citoyens suivant que les quatre manses auxquels est attachée la charge militaire sont entre les mains d'une, de deux, de trois, de quatre personnes. Le nombre des citoyens compris dans cette division militaire peut être dans un cas quatre fois plus grand que dans l'autre. Dans le premier cas le possesseur de quatre manses doit théoriquement prendre part à toutes les campagnes qui peuvent se faire. Dans le second, le possesseur d'un seul manse semble ne devoir partir qu'une fois sur quatre, quand vient son tour. En fait le choix de celui qui part pour les autres reste subordonné à leur libre accord, sauf sans doute l'agrément du comte, chargé de défendre les intérêts du roi et de veiller à ce que les libres faisant campagne soient aptes au service.

C'est quelque chose d'analogue qu'on rencontre dans la constitution servienne. La centurie représente l'unité militaire ; elle a pour assiette réelle une certaine portion de la fortune publique, et tout naturellement comprend un nombre de citoyens plus ou moins grand suivant que ces derniers sont plus ou moins fortunés et, pour parfaire cette portion de la fortune publique que représente une centurie, sont dans l'obligation de s'associer un plus grand nombre.

La charge du service militaire retombe donc inégalement sur le riche et le pauvre ; le riche est personnellement touché beaucoup plus grièvement que le pauvre ; et Tite Live a raison de dire que la constitution servienne eut pour effet de rejeter les charges publiques des pauvres sur les riches (ch. 43). « Haec omnia in dites a pauperibus inclinata onera. »

Y a-t-il proprement progression et dans quelle limite ? En d'autres termes, le service militaire étant devenu une charge réelle, le poids de cette charge est-il proportionnellement moindre à mesure que les ressources sont plus modiques ? Plusieurs données nous manquent pour résoudre catégoriquement la question. Il nous faudrait

---

40 journaux ; que la valeur oscille entre 2 sous et 6 sous, soit une moyenne de 4 sous. Le wergeld aurait représenté la valeur du manse avec tout l'instrumentum, c'est-à-dire la vêture : instruments aratoires, bétail, esclaves, dépendants. — On relève pour la même époque les prix suivants : vache, 1 sou ; bœuf, 1-2 sous ; taureau, 3 sous ; cheval, 6-10 sous ; étalon, 12 sous ; esclave, 12-15 sous.

connaître exactement le nombre des hommes figurant respectivement dans chaque classe *par centurie*. Ce nombre des hommes multiplié par le chiffre du cens de chacun exprimerait la part de la fortune publique représentée par chaque centurie; et il serait facile de voir si la fortune des hommes faisant campagne correspond pour toutes les centuries à une même portion de la fortune publique. — Ou il faudrait être bien fixé encore sur la question de savoir si les chiffres du cens que nous ont transmis les auteurs anciens expriment le capital vrai, qui serait en même temps le capital fiscal imposable, ou seulement un capital fiscal.

Les textes font malheureusement défaut. La plupart des auteurs modernes ont vu dans les chiffres du cens transmis par les anciens l'indication du capital vrai. Mais on ne sait pas exactement s'il s'agit d'as *librales*, d'as trientaux ou d'as sextantaires; quelques-uns même prétendent, non sans vraisemblance, que la fortune des citoyens n'a commencé à être évaluée en argent qu'à la fin du v° siècle avant Jésus-Christ (403) ou du iv° (312) (1). Il ne paraît pourtant pas impossible que les chiffres en question aient exprimé un *capital fiscal*; le langage ordinaire de Denys d'Halycarnasse n'y répugne pas (2); la

---

(1) Voir Lange, t. i, p. 429, qui rapporte l'initiative de la chose à Furius Camillus 351/403 ou à Appius Claudius Caecus 442/312.

(2) Rappelons d'abord la définition que donne Suidas du mot τιμημα : ταις ουσιαις δε εκαστου — τιμημα προς λογον της δυναμεως επιθεις — δικαιοτατον πολιτευμα εισηγησατο. Evidemment ici la τιμημα n'est pas la valeur vraie de l'ουσια. Il s'agit d'une valeur προς λογον τῆς δυναμεως « ad rationem facultatis », c'est-à-dire *intuitu personæ*, eu égard à beaucoup de choses, à toutes sortes de convenances de personne et de situation. Et c'est justement parce qu'on tient compte de toutes ces choses que l'organisation sociale est la plus juste « δικαιοτατον πολιτευμα ». — Le cens n'est-il pas le même dans Denys d'Halycarnasse, IV, 16. 2 : μιαν αφειλεν εξ απαντων μοιραν, ἧς το μεγιστον ἦν τιμημα της ουσιας ουκ ελαττον εκατον μνῶν.... Αὕτη πρώτη σύνταξις ἦν. — 2me classe ἑτέραν ἀφῄρει μοιραν, οἷς ἦν ἐντὸς μὲν μυρίων δραχμῶν, οὐ μεῖον δε πεντε καὶ ἑβδομηκοντα μνῶν το τιμημα? Je prie qu'on prête particulièrement attention à l'expression : « ἧς τὸ μέγιστον ἦν τιμημα τῆσ ουσίας. Le sens est-il, comme le veut le traducteur « cujus census erat maximus non minor centum minis » ou plutôt : « Cujus census *facultatum* maximus erat præ ceteris; » en français « dont les facultés avaient été taxées pour le cens au chiffre le plus élevé ». Avec cela concorde assez le langage de Tite Live, I, 43. Il n'est jamais directement question d'un chiffre proprement dit de biens

taxation arbitraire de certaines catégories de biens, dans certains cas, rend la chose encore plus compréhensible (1). Enfin il est un passage de Denys d'Halycarnasse qui n'a de cens satisfaisant que si l'on admet qu'il s'agit d'un capital fiscal distinct du capital réel. (L. IV, 19). Il est question de la répartition entre les centuries du contingent total des soldats à fournir et des contributions.

Τὰς μὲν τῶν στρατιωτῶν καταγραφας κατὰ τὴν διαιρεσιν ἐποῖειτο τὴν τῶν λόχων, τὰς δε τῶν εἰσφορῶν επιταγας κατα τὰ τιμήματα τῶν βιῶν. Ὁπότε γὰρ αυτῷ δεήσειε μυριῶν ἢ δισμυριῶν εἰ τύλοι στρατιωτῶν, καταδιαιρῶν τὸ πλῆθος εἰς τοὺς 193 λοχους, τὸ ἐπιβάλλον ἑκαστῳ λοχῳ πληθος ἐκέλευε παρέχειν εκαστον λόχον. — Τὴν δε δαπανην τὴν εἰς τὸν ἐπισιτισμὸν τῶν στρατευομένων καὶ τὰς ἄλλας χορηγιάς τὰς πολεμικὰς επιτελεσθησομενην, συμμετρησάμενος ὁπόση τις ἀρκοῦσα ἔσται, διαιρῶν τὸν αὐτὸν τρόπον εἰς τοὺς εκατόν ενενηκοντα τρεις λόχους τὸ ἐκ τῆς τιμησεως επιβαλλον ἑκαστῳ διαφορον — ἅπαντας ἐκέλευσεν εἰσφερειν.

La répartition du contingent des hommes et des contributions entre les centuries semble donc d'après ce texte ne pas se faire de la même manière. La répartition du contingent des hommes se fait suivant un rapport simple : τὸ ἐπιβάλλον ἑκαστῳ λοχῳ πληθος ἐκέλευε παρέχειν εκαστον λόχον. Comme dans un dîner chacun paie son écot, chaque centurie fournit un égal contingent d'hommes. Pour la répartition du contingent d'impôts on semble procéder autrement. Chaque centurie n'a pas purement et simplement sa quote-part du contingent à fournir; elle paie εξ τῆς τιμησεως : pro censu facultatum suarum pecuniæ summam

---

mais seulement d'un *cens* de tant ou tant d'as... Secunda classis intra centum usque ad quinque et septuagenta millium censum instituta... — Tertiæ classis in quinquaginta millium censum esse voluit ». — Je reconnais au reste qu'il ne serait pas difficile de relever dans Denys d'Halycarnasse, et en plus grand nombre, des expressions indiquant qu'il s'agit d'un *capital réel*. Par exemple IV, 17 : Τὴν δὲ πεμπτην μοῖραν, οἱς εντὸς εικοσι καὶ πεντε μνῶν αχρι δώδεκα καὶ ἡμίσους μνῶν ὁ βίοσ ἦν... A noter encore dans ce sens, V. ch. 75. πρῶτος ἐπέταξε ποῖησαι Ρωμαίοις ἁπασι τιμήσεις κατὰ φυλὰς τῶν βιῶν...

(1) Je fais allusion à la taxation particulière des objets de luxe sous la censure de Caton, T. L. XXXIX, ch. 44. « In equitatu recognoscendo, L. Scipioni Asiageni ademptus equus. In censibus quoquo accipiendis tristis et aspera in omnes ordines censura fuit. Ornamenta et vestem muliebrem et vehicula quæ pluris quam quindecim millium œris essent, in censum referre juratores jussi... Item mancipia minora annis viginti, quæ post proximum lustrum decem millibus œris, aut eo pluris venissent, uti *ea quoquo decies tanto* pluris quam quanti essent aestimarentur; et his omnibus rebûs terni in millia œris attribuerentur!

imperabat (1). Si donc sous le rapport du contingent militaire à fournir une centurie en vaut toujours une autre et donne purement et simplement sa quote-part ; sous le rapport de la capacité à supporter les charges financières il y a inégalité entre les centuries résultant de l'inégalité de leur cens total respectif. Et comment cela pourrait-il être si le τιμημα de la centurie ne présentait pas suivant les classes une fraction différente du capital vrai? alors qu'au point de vue de la charge du service militaire on compense par l'attribution d'un plus grand nombre d'hommes à chaque centuries l'insuffisance des ressources de chacun et on met ainsi toutes les centuries sur un pied d'égalité. Rien de plus simple que d'avoir au point de vue fiscal comme au point de vue militaire des centuries de tous points équivalentes; si on n'avait précisément voulu assurer à chacune d'elles au point de vue fiscal un traitement particulier ayant pour but l'application d'un système d'impôt progressif.

L'opposition signalée par Denys d'Halycarnasse entre le mode de répartition de la charge militaire et celui de la charge fiscale (2) et l'inégalité des centuries au point de vue de la capacité fiscale ne s'expliquent pas autrement (3).

---

(1) On pourrait aussi bien comprendre que ce sont les hommes qui paient chacun ἐκ τῆς τιμησεως.... ἅπαντας ἐκέλευσεν εἰσφέρειν..... [ανδρας ou λόγους.] Le résultat serait le même.

(2) Le traducteur du Denys de la collection Didot atténue cette opposition entre le mode de répartition de la charge militaire et celui de la charge fiscale par une fausse interprétation d'un passage du texte. Il comprend « et eodem modo *dividens populum in centum nonaginta* tres centurias, unicuique centuriae, etc... » Ce serait plutôt : *Dividens sumptus faciendos in commeatus* militum et alios bellicos usus in *centum nonaginta tres centurias...* Τὴν δε δαπανην τὴν εἰς τὸν ἐπίσιτίςμὸν τῶν στρατευομενων..... διαιρῶν τὸν αυτὸν τρόπον εἰς τοὺς ἑκατόν ενενηκοντα τρεις λόγους.

(3) Sur ce point comme sur tant d'autres, comme l'a surabondamment démontré Belot, *les Chevaliers*, t. I, p. 283, tous les efforts de la critique allemande n'ont abouti qu'à l'incohérence et à la contradiction. Mommsen, par exemple écrit (S. R., t. 3, p. 230, note 3) : « Le service militaire romain qui comporte une certaine égalité moyenne de la prestation comporte l'existence des classes avec un minimum de fortune (Stufen mit minimalbeträgen). L'impôt romain ne connaît pas les classes; mais de tous les mille as perçoit une fraction donnée....,. Si la quotité à prester n'était pas la même pour tous, alors, oui, il faudrait admettre que la classification des citoyens romains

Il faut, pour la claire intelligence des institutions de l'époque, que l'institution fiscale connaisse les classes tout comme l'institution militaire ; et il n'est pas nécessaire pour cela, comme nous l'avons vu par l'exemple de la Suisse, que le tribut se perçoive sur un taux différent. Il suffit que le minimum de fortune de chaque classe exprime le capital fiscal de cette classe, au lieu d'exprimer le capital vrai. A cette condition, le taux de perception peut-être le même pour toutes les classes : 1/000, 2/000, 3/000 ; et cependant les classes sont toutes différemment frappées.

Le fait qu'à l'époque plus ou moins légendaire de Servius Tullius il n'existait pas encore à Rome de monnaie proprement dite, et que l'évaluation des fortunes des particuliers n'a conséquemment pu se faire en monnaie, ne saurait servir à prouver l'impossibilité de la chose. D'abord, l'existence de la monnaie, d'une marchandise servant de commune mesure aux autres, n'est pas indissolublement liée à l'existence d'un *œs signatum*. Le cuivre, l'argent ou l'or en barre peuvent

---

d'après l'importance des biens a été établie également dans un but fiscal ; mais comme il n'en est pas ainsi, on est bien forcé de conclure, pour peu qu'on réfléchisse, que la classification des citoyens romains d'après l'importance des biens n'a pas été instituée pour des buts fiscaux. » — Cela ne l'empêche pas d'ajouter quelques lignes plus bas « que c'est un même principe qui reçoit seulement ici et là des applications différentes. » « Les corvées et les impôts, tout comme l'obligation au service militaire, dit-il encore, sont traités comme une charge touchant tous les citoyens en proportion de leurs biens, et cela d'autant plus qu'elles ne servent pas moins que le service militaire lui-même à la défense du pays. » — Tout cela, si je ne m'abuse, n'est pas de la dernière clarté. Si l'institution fiscale ne connaît pas la distinction des classes, tandis que cette classification des citoyens d'après l'importance respective de leur fortune est essentielle à l'institution militaire ; comment peut-on voir ici et là des applications — mêmes différentes — d'un même principe ? — Si l'impôt Romain ne connaît pas les classes, que fait-on des témoignages des auteurs anciens d'après lesquels les charges fiscales et militaires furent par l'effet de la constitution servienne rejetées des pauvres sur les riches ?

A voir dans le cens de la constitution servienne un capital fiscal représentant suivant les classes une fraction différente du capital vrai, toutes les difficultés s'évanouissent ; l'impôt connaît les distinctions par classes tout comme l'institution militaire ; et cependant de tous les mille as l'État perçoit une fraction donnée.

exactement jouer le même rôle que le cuivre, l'argent ou l'or monnayé. Rien n'empêchait d'apprécier, de réduire en livres de cuivre
brut la valeur des objets composant la fortune des particuliers et de
prendre comme capital fiscal n'importe quelle fraction de cette valeur.

La constitution de Solon nous reporte à un état de l'économie athénienne qui n'est pas très sensiblement différent. Là aussi, la fortune
n'est pas tout d'abord évaluée en argent monnayé. Solon établit ses classes sociales d'après l'importance des revenus en grain. Mais n'est-ce pas
tout comme s'il établissait sa classification des citoyens d'après l'importance même du bien? Il y a, sans doute, pour chaque pays un rapport constant entre une certaine étendue de terres et un certain nombre
de mesures de grains ou de liquide à produire; et il est, en un certain
sens, absolument indifférent de prendre, comme mesure, l'un ou l'autre
terme du rapport.

Que les estimations serviennes aient donc été primitivement faites,
comme le veut Mommsen (*S. R.*, t. III, p. 247 (1), en étendues de terre
et non en argent, cela ne doit donc pas nous étonner outre mesure et
n'est pas plus inconciliable avec l'établissement d'une institution
fiscale à base de capital fiscal, que le système de classification
de Solon reposant sur le revenu en nature ne l'a été avec une institution semblable. Entre les deux constitutions de Solon et de Servius,
il y a seulement cette différence que, pour l'une, la constitution de
Solon, les auteurs nous ont conservé le point de départ : le revenu des
différentes classes, c'est-à-dire le capital *réel;* puisque, connaissant ce
revenu et sa valeur marchande, nous n'avons, pour obtenir le capital
réel, qu'à capitaliser la valeur de ce reven" par le taux connu de capitalisation. Pour l'autre, au contraire, pour la constitution servienne, nous
connaissons le capital fiscal, sans aucune donnée sur le capital réel.

Il s'en faut au reste qu'on soit d'accord sur la question. Mommsen
et Lange sont d'un avis tout contraire (*St. R.*, t. III, pp. 247-248);
Römische-Alterthümer (t. Ier, p. 427). A les en croire, le capital fiscal,

---

(1) Indem diese sogennanten Servianischen Ansetzungen gehorĕn frühestens in die Zeit des ersten punischen Krieges, denn sie nach dem damals eingefuhrten As von 1/11 denar rechnen; es sind also ältere verschollen, und
diese sind vermuthlich nicht in Geld, sondern in Landmass ausgedruckt
gewesen. Einmal reicht die Einrichtung wahrscheinlich in eine Zeit zurück,
wo nicht einmal das Kupfer nach dem Gevvicht als allgemeiner Werth
·messer anerkannt war.

c'est-à-dire le cens de la classe la plus élevée, tel qu'il se présente chez les auteurs, exprime précisément la valeur de l'exploitation agricole assez considérable pour emporter la pleine obligation du service militaire : le cens de la première classe est l'équivalent de valeur de la *hufe*, l'analogue du *mansus* du Moyen-Age. Les membres des quatre autres classes sont respectivement les individus possédant les trois quarts, la moitié, le quart ou une fraction encore plus petite de manse. La plus petite parcelle de terre, qu'on voie figurer dans la confection du cens est l'heredium de deux *jugera*. Cet heredium de 2 jugères constitue la possession de la 5ᵉ classe; 20 jugères forment la possession des citoyens de la 1ʳᵉ classe. — Le jugère équivaudrait, pour Lange, à 1,000 as librales ; et les chiffres, exprimant le capital de chaque classe seraient respectivement de 20,000, 15,000, 10,000, 5,000; et pour la 5ᵉ classe 2,000 as (Lange, t. Iᵉʳ, p. 427).

Malheureusement, cette façon de se représenter les choses ne fait rien moins que cadrer avec les autres données que nous avons sur les premiers temps de l'histoire romaine. On ne voit pas trop comment concilier l'existence de cette démocratie rurale, dont les membres les plus riches ne possèdent pas plus de 25 jugères, avec ce que nous savons de la prépondérance et du rôle de l'élément aristocratique à Rome à cette époque. Nous devons maintenir que plus vraisemblablement le cens que nous donnent les auteurs exprime non le capital réel de chacune des classes de la constitution servienne, mais le capital fiscal; et que ce capital fiscal lui-même est beaucoup plus considérable que ne le veulent ces historiens.

* *

En faveur d'une étroite analogie de la constitution servienne et de la constitution athénienne de Solon, nous avons, au reste, un témoignage grave : celui de Cicéron. Maintes fois, ce grand esprit est revenu sur les problèmes de constitution politique; la difficulté des temps où il a vécu et son rôle politique ont aiguisé la pénétration naturelle de son génie; et il y a le plus grand intérêt à s'enquérir toujours de son opinion.

En quels termes Cicéron parle-t-il de la constitution servienne? — Tout d'abord, il constate que le caractère du règne de Servius n'est pas celui des règnes antérieurs (*De Republica*, L. II, chap. XXI; édition Orelli, p. 803, lig. I) : « Servius Tullius injussu populi regnavisse traditur... § 38. Cum Tarquinius insidiis Anci filiorum interisset Serviusque, ut ante dixi, regnare cœpisset *non jussu* sed voluntate atque concessu civium, quod, — cum Tarquinius ex vulnere æger fuisse et vivere falsò diceretur, — ille regio ornatu jus dixisset, obæratosque pecuniâ suâ liberavisset, multâque comitate usus-jussu Tarquinii se jus dicere probavisset non commissit se patribus sed, Tarquinio sepulto, populum de se ipse consuluit jussusque regnare legem de imperio suo *curiatam* tulit. »

La royauté de Servius se présente, chez Cicéron, comme une royauté presque illégitime, établie par des procédés inusités et révolutionnaires. Ce prétendant à la royauté ne sollicite pas son intronisation du corps tout puissant du Sénat : « Non commisit se patribus »; il n'attend pas, pour s'emparer de la couronne, le *jussus* du Sénat agissant comme dispensateur légitime du pouvoir. Le premier de tous les rois, il vient à la royauté de lui-même, de sa propre initiative qui constitue légalement une usurpation : « Injussu, non jussu; » où, comme le veut une variante du même texte *injustus* (*id*. Orelli, injustus C'), contrairement au droit. Il prend les insignes royaux, « ornatu regio », remplit un certain temps les fonctions judiciaires de la royauté au nom du roi, se concilie la faveur populaire en payant les dettes d'un grand nombre de son propre argent; et lorsqu'il s'est ainsi recruté une fidèle et forte clientèle, levant le masque et méconnaissant le pouvoir du Sénat, il demande révolutionnairement la confirmation de son pouvoir non pas aux Pères, « Patres », mais au peuple, régulièrement convoqué et réuni en assemblée curiate. « Populum de se ipse consuluit », « jussusque regnare legem de imperio suo curiatam tulit. »

Servius laisse donc complètement de côté le Sénat; — il demande à l'assemblée curiate de le créer roi d'abord, c'est-à-dire de lui confirmer la royauté; et ensuite, par une loi particulière, de lui confirmer l'imperium.

D'un autre côté Servius Tullius ne semble pas appartenir par sa naissance et son éducation à la tradition nationale. (*De Rep.*) L. II, ch. XXI, § 38. « Itaque Tarquinius qui admodum parvos tum haberet liberos, sic Servium diligabat ut is ejus vulgo haberetur filius atque eum summo studio omnibus iis artibus, quas ipse didicerat, ad *exquisissimam consuetudinem* Grœcorum erudiit. » Il est élevé selon la mode grecque; ce sont les mœurs et la civilisation de la Grèce qui prennent avec lui possession du pouvoir; et cette affirmation représente pour Cicéron quelque chose de parfaitement net et précis. « Le trait le plus remarquable de l'apothéose de Romulus, dit-il au chapitre x de ce même livre II de la République, c'est que toutes les autres ont eu lieu dans des siècles peu éclairés, où la fiction était facile puisque l'ignorance disposait les esprits à la crédulité; mais Romulus vivait il n'y a pas 600 ans, à une époque où le développement des lettres et des sciences avait déjà dissipé les erreurs et la grossièreté des premiers âges; car si, comme on le trouve dans les annales de la Grèce, Rome fut fondée dans la seconde année de la deuxième olympiade, le siècle de Rome coïncida avec l'époque où la Grèce était pleine de poètes et de musiciens et n'ajoutait plus foi aux fables antiques ». On sait encore qu'en 450 lorsque Rome éprouva le besoin de réformer sa législation et de la compléter, on envoya à Athènes une ambassade de trois patriciens : « Jussi inclutas leges Solonis describere et aliarum Græciæ instituta civitatum, mores juraque noscere... Jam redierant legati cum atticis legibus » : T. L. III, chap. xxxii que confirme Denys d'Halycarnasse. Antiquitates, I. 2. 2 § 4. Placuit publicâ auctoritate decem constitui viros per quos peterentur leges a graecis civitatibus et civitas fundaretur legibus... Quarum legum ferendarum auctorem fuisse decemviris Hermodorum quemdam Ephesium, exsulantem in Italia, quidam retulerunt. »

Ce qu'il faut retenir de tout cela c'est que la Grèce est depuis très longtemps entrée dans une ère de civilisation et qu'elle ne manque pas d'exercer sur les populations d'alentour le plus grand prestige. Il n'y a aucune invraisemblance à admettre que son influence ait pu se faire sentir dès une époque reculée sur le développement de la vie nationale romaine. Il paraît bien certain que la royauté de Servius s'est présentée avec un caractère tout nouveau; et il n'est nullement impossible que le roi formé aux mœurs et à la civilisation de la Grèce ait sciemment voulu reproduire dans ses institutions nouvelles quelque chose des institutions grecques.

Solon donne des lois aux Athéniens vers 594, et meurt en 558 à l'âge de 80 ans. Aristote ou le pseudo-Aristote, auquel on doit la πολιτεία Ἀθηναίων récemment découverte, passant brièvement en revue les différents changements survenus dans la constitution athénienne (Πολιτεία Ἀθηναίων, édit. Blas; p. 58) dit que la troisième révolution considérable fut le changement survenu sous Solon, et que ces réformes marquèrent le commencement de la démocratie : τρίτη δὲ ἡ μετὰ τὴν στάσιν ἡ ἐπὶ Σόλωνος, ἀφ' ἧς ἀρχὴ δημοκρατίας ἐγένετο. Après la tyrannie de Pisistrate, la réforme de Clisthènes rend la constitution plus démocratique encore : Δημοτικωτέρα της Σόλωνος. —

Or, Servius règne de 578 à 534. Les mêmes influences qui ont provoqué l'apparition de la démocratie à Athènes peuvent donc parfaitement se faire sentir à Rome ; et il est tout naturel qu'ici comme là la fortune et le cens jouent un rôle prépondérant dans la constitution intérieure de la cité.

TROISIÈME PARTIE

§ I.

Nous avions raison de le dire, la règle de l'impôt antique a été partout une progression rigoureuse. Un autre de ses caractères qui semble ne pas avoir été moins constant c'est, nous l'avons indiqué, celui d'être collectif, de s'attacher moins aux individus qu'aux groupes. L'obligation de l'individu vis-à-vis de l'État disparaît dans l'obligation du groupe, ou pour mieux dire dans l'obligation des individus les plus capables de supporter la charge fiscale. Comme il s'agit de besoins urgents à satisfaire, c'est une habitude constante de l'État de s'en prendre au premier venu pour l'accomplissement de la charge fiscale.

C'est là le sens de l'établissement de ces groupements destinés à faciliter l'accomplissement des liturgies : *naucraries, symmories* ; qu'on trouve à Athènes dès une haute antiquité, qui ont persisté jusqu'à la fin de plus en plus compliquées et perfectionnées, et qui ont donné à la Rome du Bas-Empire bien des traits, non les moins curieux, de son étrange organisation.

Déjà dès l'époque de Solon, antérieurement peut-être (1), on constate l'existence de la *naucrarie* ; et la *naucrarie*, si l'on en croit des témoignages sérieux, c'est essentiellement la *symmoria* de plus tard. Photius Lex. Ναυκραρία : τὸ πρότερον οὗτως ἐκάλουν, ναυκραριά καὶ ναύκραρος. ναυκραριά μὲν ὁποῖον τι ἡ συμμορία καὶ ὁ δῆμος, ναύκραρος δε ὁποῖον τι ὁ δήμαρχος, Σόλωνος οὕτως ὀνομάσαντος, ὡς καὶ Ἀριστοτέλης φησι.... ὁ Κλείδημος ἐν' τη τρίτη φησίν, ὅτι Κλεισθένους δέκα φυλὰς ποιήσαντος αντι τῶν τεσσάρων, συνέβη καὶ εἰς πεντήκοντα μερή διαταγῆναι. αὐτοὺς δε ἐκάλουν ναυκραριάς, ὥσπερ νῦν εἰς τὰ ἑκάτον μέρη διαιρεθέντα καλοῦσι συμμορίας (V. Fragmenta Aristotelis, coll. Didot, t. IV,

____

(1) Voir en ce sens : Gilbert. Handbuch der griechischen Alterthümer, t. I, p. 134.

p. 226) : Naucraria idem fere valet quod symmoria et demus : naucra-
rus idem fere quod demarchus.... Quum Clisthenes decem tribus subs-
tituisset quatuor illis, quæ antea fuerant, factum est ut in quinquaginta quoque partes Athenienses dividerentur, eosque ita divisos vo-
cabant naucrarias, ut nunc in centum partes divisos vocant sym-
morias.

Cela n'empêche pas la naucrarie de Solon d'avoir subi des transformations. Comme le marque le texte que nous venons de citer, on ne
compte au temps de Solon que 48 naucraries (Aristote. Πολιτεία Ἀθηναίων,
ch. viii), et Clisthènes en établit 50, 5 par φυλή, qui auraient compris, ainsi l'admet Gilbert sur je ne sais quels témoignages (1),

---

(1) Gilbert, *op. cit.*, p. 143. Und ordnete sie unzweifelhaft so dasz immer
zwei Demen eine Naucrarie bildeten. — Il faut admettre que l'organisation
proprement politique ne coïncide pas avec l'organisation fiscale. Clysthènes
établit 30 trytties. (Aristot. Πολιτεία Ἀθηναίων, ch. 21), qu'il distribue par la
voie du sort entre les 10 φυλαι, 3 par φυλη. Au point de vue fiscal, au contraire,
il établit, au témoignage de Photius, 50 naucraries. La *Politeia* d'Aristote
ne parle pas expressément des *naucraries* de Clysthènes. Le renseignement
se présente sous cette couleur : ch. 21, 4. Καὶ δημότας ἐποίησεν ἀλλήλων τοὺς
οἰκοῦντας ἐν ἑκάστῳ τῶν δήμων, ἵνα μὴ πατρόθεν προσαγορεύοντες ἐξελέγχωσιν τοὺς νεοπολίτας, ἀλλὰ τῶν δήμων ἀναγορεύωσιν... κατέστησε δὲ καὶ δημάρχους, τὴν αὐτὴν ἔχοντας
ἐπιμέλειαν τοῖς πρότερον ναυκράροις. Καὶ γὰρ τοὺς δήμους ἀντὶ τῶν ναυκραριῶν ἐποίησεν.
Evidemment, la division en *phyle* et *tryttics* d'une part et un *dèmes* de l'autre répondait à des buts divers. La première avait pour but avoué de mêler
plus intimement les éléments divers de la population, les peuples de trois
régions : paraliens, diacriens, et habitants de la plaine. La délimitation des
30 tryttics terminée, en mettait leurs 30 noms dans une urne et la voie du
sort décidait lesquelles d'entre ces 30, au nombre de 3, devaient entrer dans
la composition de telle ou telle tribu. La tribu, comme à un certain moment la tribu romaine, devenait une formation d'ordre purement administratif, tout à fait factice, et ne répondant à aucune division territoriale. La
tryttie, elle, représentait forcément un district véritable, une division territoriale réelle. Du temps de Solon elle avait compris 4 *naucraries* (*Politeia
Ath.*, ch. viii). La *phyle* comprenant 3 *tryttics* et chaque *tryttia* 4 *naucra-
rics*, la *naucrarie*, comme nous le disent plusieurs textes, était la 12ᵉ
partie de la *phylé*. District territorial distinct, ayant son individualité
bien marquée et au point de vue fiscal se suffisant pleinement lui-même,
la *naucrarie* à toutes les époques, à l'époque de Solon sous son propre
nom comme à l'époque de Clisthènes sous le nom de *dème*, la naucrarie s'était trouvée directement en rapport avec l'Etat et avait rempli les
fonctions qui lui étaient dévolues en dehors de tout secours et de tout con-

et aussi Schömann (1), chacune 2 dèmes. D'autre part la base
sur laquelle elle repose n'est plus la même ici et là. Tandis que la *phyle*
qui, dans la constitution de Solon, formait une division territoriale,
devenait dans celle de Clisthènes une division toute administrative
sans assiette territoriale proprement dite, la *naucrarie*, où semble originairement avoir prévalu l'élément personnel, essentiellement com-
posée de personnes ayant un statut personnel déterminé, réunis-
sant certaines conditions de pureté de sang et d'origine, se transfor-
mait en division *territoriale*. La ναυκραρια, comme le dit très bien Aristote
dans sa *Politeia Athen.* ch. 21, devenait le *dème*. C'est toute une révolution qui se marque par cette phrase caractéristique : Καὶ δημότας ἐποίησεν ἀλλήλων τοὺς οἰκοῦντας ἐν ἑκάστῳ τῶν δήμων, ἵνα μὴ πατρόθεν προσαγορεύοντες ἐξελέγχωσιν τοὺς νεοπολίτας, ἀλλά τῶν δήμων ἀναγορεύωσιν. ὅθεν
καὶ καλοῦσιν' Ἀθηναῖοι σφᾶς αὐτοὺς τῶν δώμων... καὶ γὰρ τοὺς δήμους ἀντὶ τῶν
ναυκραριῶν ἐποίησεν. « Les habitants d'un même dème furent démotes
les uns des autres; Clisthènes ne voulut pas qu'en appelant officiellement les citoyens par leurs noms patronymiques on pût signaler les
nouveaux citoyens. Il ordonna qu'on désignât chacun par le nom de
son dème, et c'est ainsi que font encore les Athéniens dans l'usage
quotidien. » Le fait du domicile et non plus la descendance décida de
la condition politique des habitants et de leurs charges vis-à-vis de
l'État. Mais la *naucrarie* ou *dème*, au point de vue fiscal, ne changeait
pas de nature ; ses fonctions restaient les mêmes. Le but de l'institution était toujours d'assurer une meilleure rentrée des impôts et de
faciliter aux citoyens la prestation en temps opportun de la trière et
des deux chevaux que devait chaque naucrarie. (Pollux, viii, 108).
Τὰς δ'εἰσφορὰς τὰς κατὰ δῆμον διελειροτόνουν οὖτοι καὶ τα' ἐξ αὐτῶν ἀναλώματα.
Ναυκραρία δι ἑκάστη δυο ἱππέας παρεῖλε καὶ ναῦν μιάν, ἀφ' ἧς ἴσως ὠνόμαστο.
— Hesychius Ναυκλαροι. Δήμαρχοι... ἀφ' ἑκάστης φυλῆς δώδεκα, οἵτινες ἀφ'

---

tact étranger. La *naucrarie* entre dans la composition de la *tryttie* mais en
qualité d'unité territoriale seulement ; nullement en qualité d'unité finah-
cière. L'institution fiscale ne connaît pas la *tryttie*. C'est la *naucrarie* ou le
dème qui supportent tout l'organisme financier. Aristote, *Pol. Ath.*, ch. viii, 3.
ἐπὶ δὲ τῶν ναυκραριῶν ἀρχὴ καθεστηκυῖα ναύκραροι, τεταγμένη πρὸς τε τὰς εἰσφορὰς καὶ
τὰς δαπάνας τὰς γιγνομένας. διὸ καὶ ἐν τοῖς νόμοις τοῖς Σόλωνος οἷς ουκέτι χρῶνται
πολλαχοῦ γέγραπται, 'τοὺς ναυκράρους εἰσπράττειν' καὶ 'ἀναλίσκειν ἐκ τοῦ ναυκραρικοῦ
ἀργυρίου. Les naucrares font rentrer les contributions et effectuent les
paiements sur les fonds de la naucrarie.

(1) Schoemann. Griechischen Alterthümer, t. II, p. 384.

ἑκάστης χώρας τὰς εἰσφορὰς ἐξέλεγον. Les démarques ou naucrares font rentrer les contributions et effectuent les paiements sur les fonds de la naucrarie, dit Aristote (Pol. Ath., ch. viii). « τους ναυκράρους εισπράττειν καὶ ἀναλίσκειν ἐκ τοῦ ναυκραρικοῦ αργυριου. L'εἰσπράττειν d'Aristote, plus tard employé dans les textes byzantins, avec le sens de « recouvrer les impôts » et le « τας εισφορὰς ἐξέλεγειν » d'Hésychius se rencontrent donc pour désigner comme la fonction principale du démarque ou naucrare celle de collecteur des impôts et parallèlement de trésorier payeur. Le témoignagne de Pollux paraît dire quelque chose de plus. Il semble à l'expression διελειροτόνουν que les naucrares ont un rôle actif dans la répartition du montant total de l'εισφορα entre toutes les naucraries. Ce qui tend à confirmer cette hypothèse c'est que tous les naucrares paraissent avoir formé un collège en possession de délibérer sur les finances de l'État (V. Schœmann, I, p. 338). Hérodote, V. 71, parle à propos de la conspiration de Cylon « des prytanes des naucrares qui alors administraient la cité » et qui garantirent la vie à Cylon suppliant et aux siens. Οἱ πρυτάνιες των ναυκράρων οἵπερ ἔνεμον τοτε τὰς Ἀθήνας.

Qu'est au juste cette fonction de collecteur de l'εισφορα ? — Faut-il l'envisager comme une liturgie ? Et dans quelle mesure, dès lors, s'affirme, pour les différents éléments du groupe, le principe de la solidarité ? — Il semble bien qu'il faille répondre affirmativement à la première question. En l'absence de tout texte précis nous avons le sentiment à peu près unanime des auteurs. Schömann, I, p. 338, admet comme allant de soi qu'on choisît les « présidents des districts, c'est-à-dire les nauclares parmi les plus riches » ; et Gilbert, p. 136, fait dépendre le droit à cette fonction de l'importance du capital fiscal. « Das Amt des Nauclaros war nach einem solonischen Gesetzesfragmente zu ertheilen von der Höhe des Steuerskapital abhangig. » Peut-être faut-il encore interpréter en ce sens le passage de Photius : Καὶ ἐν τοῖσ νόμοις δε « ἄν τις ναυκραρίας αμφισθητῇ » (Fragmenta Aristot, t. IV, p. 226); dans lequel Gilbert voit l'indication d'un honneur que se disputent des adversaires (1), tandis qu'il serait peut-être mieux d'y voir une charge, une liturgie dont on cherche à se débarrasser sur un autre.

---

(1) P. 136. « Auf die Weise erklärt sich die Thatsache dasz Sreitigkeiten darüber entstehen konnten, wer von mehreren Bewerbern zur Verwaltung des Amtes des Naucraros berechtigt sei ». — Je reconnais au reste que le sens ordinaire du mot αμφισθητειν se prête assez mal à mon interprétation. Meier und Schömann, ed. Lipsius, p. 608-609.

Mais tout cela ce ne sont que simples conjectures ne reposant sur aucun témoignage précis. La présomption la plus forte que nous ayons de voir dans la naucrarie une liturgie comportant pour le naucrare l'obligation de répondre pour tout le groupe, c'est l'assertion de Photius « ναυκραρία μὲν ὁποῖον τὶ ἡ συμμορία καὶ ὁ δῆμος, ναύκραρος δὲ ὁποῖον τι ὁ δήμαρχος. Il faut attendre l'apparition des συμμορίαι, sous l'archontat de Nausinikos 378/377 pour être bien fixé sur le système.

A ce moment les citoyens redevables de l'εἰσφορά formèrent 20 groupes dont le capital imposable fut, pour tous, sensiblement le même, conséquemment soumis aux mêmes charges. On appela ce groupe une συμμορία : une autre forme manifestement de l'ancienne ναυκραρία. Ces groupes des *symmories* furent sans doute, comme la naucrarie, composés de dèmes voisins réunis ensemble de manière à représenter une fraction de tout le capital fiscal sensiblement la même. Un passage du discours de Démosthènes contre Polyclès, 1208 § 8, me paraît l'indiquer ainsi nettement : Δόξαν γὰρ ὑμῖν ὑπὲρ τῶν δημοτῶν τοὺς βουλευτὰς ἀπενεγκεῖν τοὺς προεισοίσοντας τῶν τε δημοτῶν καὶ τῶν ἐγκεκτημένων, προσαπηνέχθη μου τοὔνομ᾽ ἐν τριττοῖς δήμοις διὰ τὸ φανερὰν᾽ εἶναι μου τὴν οὐσίαν » : Quum enim visum est vobis ad demotarum utilitatem ut senatores tam e demotis quam ex iis qui in aliis demis prœdia haberent (?) eos designarent qui principes pro aliis collaturi essent ; prœterea relatum fuit nomen meum in tribus pagis propterea quod manifestœ erant meœ facultates. » Très vraisemblablement c'est pour leurs concitoyens, les habitants de leur dème ou des dèmes voisins, et non pour les habitants de dèmes lointains et inconnus que les individus désignés par le Sénat font l'avance de l'impôt. Remarquer comme Boeckh (*op. cit.*, IV, 9, p. 688) que les personnes qui font partie d'une symmorie peuvent appartenir à des phylès différentes c'est ne rien dire qui contredise notre assertion. Nous avons déjà vu que la division par *phyle* et *trytties* poursuit un autre but, repose sur une toute autre base ; et deux personnes n'appartenant pas à la même *phyle* peuvent très bien faire partie de la même symmorie.

Les citoyens dont le capital fiscal forme le capital de la symmorie, ou pour mieux dire la symmorie même sont divisés en plusieurs classes. Il y a les petites gens (1). Et il y a les *Riches*, nettement dis-

---

(1) Boeckh, p. 687. L. iv, 9. — Démosthènes contre Androtion, 606, et particulièrement 611.21. Exegit iste a Leptine Caeleo quatuor et triginta drach-

tingués de ces derniers ; qui forment proprement la symmorie. Nous devons à Ulpien, le commentateur de certains des discours de Démosthènes, ce renseignement qu'ils sont en tout dans l'État 1200 : chaque tribu forme deux symmories ; on choisit les 120 personnes les plus riches de chaque phyle, on les partage en deux groupes ; on a finalement des symmories de 60 personnes chacune.

Sur ces 1200 personnes formant proprement les symmories, les 300 plus riches, au nombre de 15 par symmorie, ont une situation particulière. Démosthènes les mentionne expressément dans son discours sur la Couronne 285, 13(171) : Καίτοι εἰ μὲν τοὺς πλουσιωτάτους παρελθεῖν ἔδει. Οἱ τριακόσιοι. Quod si surgendum fuisset iis qui rempublicam salvam voluissent ; omnes vos ceterique Athenienses consurrexeretis et ad suggestum accessissetis. Omnes enim, scio, incolumem esse eam volebatis ; sin ditissimis ; trecenti : (V. Boeckh, p. 683) ; et aussi dans la deuxième olynthienne 26,29. πρότερον μὲν γαρ, ὦανδρες Ἀθηναῖοι, εἰσφέρετε κατὰ συμμορίας, νυνὶ δὲ πολιτεύεσθε κατὰ συμμορίας. Ῥήτωρ ἡγεμων ἑκατέρων, κὰι στρατηγος ὑπὸ τουτῳ καὶ οἱ βοησόμενοι, τριακόσιοι. Οἱ δὴ αλλοι προς-νενέμησθε οἱμὲν ὡς τούτους, οἱδ'ὡς ἐκεινους : « Olim, enim, Athenienses, per classes tributa conferebatis, nunc per classes rempublicam geritis : orator utrorumque dux est, et imperator illi subjectus, et trecenti qui clament ; reliqui attributi estis, alteri his, alteri illis » (1). Sur les 60

---

mas, a Theoxeno Alopecensi septuaginta drachmas et paululum proeterea, a Callicrate Eupheri filio et a Telestae adolescentulo (nomen enim non occurit) et omnium ferè a quibus exegit (ne singulare prosequar) haud scio an ultra minam ab ullo exigent debitam.

(1) Les abus visés ici sont expliqués et définis un peu plus loin : Si aliquibus tanquam vestri regnum possidentibus imperandi licentiam dabitis, aliis instruendarum triremium conferendi, militandi necessitatem imponetis, aliis id concedetis, ut contra hos decreta duntaxat faciant aliàque in re nullâ operam navent..... — Notre passage de la deuxième olynthienne se retrouve avec une variante, qui a son intérêt, dans le περι συνταξεως (172.20) : καὶ πρότερον μεν κατὸ συμμορικς εἰσφερεσθε, νυνὶ δὲ πολιτεύεσθε κατὰ συμμορίας. Ῥῆτωρ ἡγεμών καὶ στρατηγὸς ὑπὸ τούτῳ καὶ οἱ βοησόμενοι « μεθ᾽ ἑκατέρων » οἱ τριακόσιοι, οἱ δε ἀλλοι προς νενιμησθε εἰ μὶν ως τούτους, οἱὸρ' ως ἐκεινου; . Ce texte ne présente aucune difficulté ; et donne un sens très satisfaisant. Le mot ἑκατέρων, qui fait la difficulté du texte de la 2e olynthienne, a changé de place et se comprend fort bien dans son nouveau contexte. C'est l'un et l'autre, l'ἡγεμων et le στρατηγος, que suivent effectivement quelque peu au hasard et avec confusion les personnages importants de la symmorie : les 300, souvent n'agissant pas autrement que le δημος sans trop savoir pourquoi et bons pour brailler. C'est bien

symmorites en titre qui composent chaque symmorie 15 constituent
donc une élite à la tête de la symmorie, ayant la haute main sur la
direction de toutes ses affaires, et bientôt aussi exclusivement responsables vis-à-vis de l'État pour toute la symmorie. Qu'il faille ainsi se
représenter les choses et non admettre avec certains que les 300 plus
riches forment une seule et même symmorie chargée de faire les avances de l'impôt pour les autres classes de l'État, cela est beaucoup plus
vraisemblable.

Tout indique que chaque συμμορία a son individualité fiscale bien
déterminée. Les συμμορίαι des métèques ont leur ταμίας, Pollux, viii, 144.
Et le passage de Démosthènes cité plus haut : 26-29, devient facile à
comprendre dans notre système, sauf une légère correction que je
proposerai de ἑκατέρων en ἑκάστων. L'orateur dit aux Athéniens que les
συμμορίαι qui n'avaient autrefois qu'un simple rôle fiscal sont devenus
comme un État dans l'État. Les maux qui travaillaient autrefois
l'État se sont tous glissés en chacune d'elles. Comme les partis dans

---

ainsi que paraît l'avoir entendu la traduction latine du περὶ συντάξεως (coll.
Didot). Dux est et imperator huic obnoxius et qui vociferentur cum utrisque,
trecenti. — Stiévenart : OEuvres complètes de Démosthène et d'Eschine.
Paris, Didot, 1842; en traduisant, p. 43 : « Chaque parti a pour chef un orateur, aux ordres duquel est un général, avec les 300 et leurs vociférations »
fait un contre-sens. Ce n'est pas de parti qu'il s'agit ici, mais de symmories
qui ont pour chef l'ἡγεμών faisant office d'orateur avec un général sous lui »;
l'ἡγεμών et le stratège entraînant à leur suite la foule inconsidérée et inintel-
ligente des 300 riches. Qu'il faille entendre ainsi le passage, c'est ce que nous
enseignent, à n'en pas douter, les mots du peu intelligent commentateur de
Démosthènes, Ulpien, dans son analyse de la seconde olynthienne: Oratores
attici édit. Mueller (coll. Didot) : Τότε οὖν, φησίν, ἐμερίζον ἑαυτοὺς διὰ πλείονα
σπουδὴν τοῦ εὐκαίρως εἰσφέρεσθαι τὰ χρήματα. Νῦν δὲ δι' οὐδὲν ἄλλο μερίζεσθε εἰς συμμορίας
ἢ διὰ τὸ πολιτεύεσθαι ὃ ἐστι διὰ τὸ στασιάζειν. Au reste, le commentaire d'Ulpien n'est rien moins que lumineux, et c'est peut-être d'une autre
phrase assez obscure que des copistes trop érudits ont tiré l'ἑκατέρων du texte
de la 2ᵉ olynthienne. — M. Weil ne me paraît pas avoir serré d'assez près
la pensée de Démosthènes dans la note consacrée à notre passage de la
2ᵉ olynthienne, dans son édition des Harangues. « Chaque symmorie avait
un chef nommé ἡγεμών; c'est à ce chef que Démosthènes compare l'orateur
qui conduisait chacun des deux partis politiques en présence, etc. » C'est
plutôt le contraire qui a lieu ; c'est l'ἡγεμών de la symmorie qu'il compare à
l'orateur du parti politique.

l'État, chacune a son ἡγεμών, son στρατηγὸς, subordonné à l'ἡγεμων, qui semble être l'homme d'action, le courtier électoral habile qui, sans le don de la parole, s'entend aux basses manœuvres et aux inavouables maquignonnages. Les τριακοσιοι représentent la foule qui crie, qu'agite toutes sortes d'incohérents et vains desseins. C'est l'indépendance complète des συμμοριαι et c'est l'anarchie.

Ce collège restreint des 15 plus riches a à sa tête pour le représenter et conséquemment représenter la συμμορια un ἡγεμών et un ἐπιμελητης. Il y a aussi le διαγραφεὺς qui détient la liste de recensement de la συμμορια, telle qu'elle lui est remise par le stratège. Aristote : Pol. Athen., ch. 61, 13, (bien qu'il s'agisse des symmories triérarchiques) ; Démosthènes 39, 8 ; et Harpocrate au mot διαγραμμα, qui définit on ne peut plus nettement ses fonctions. Διαγραφεὺς μέντοι ἐστι ὁ καθιστάμενος ἐν ταῖς συμμορίαις ἐπὶ τῳ διακρῖναι πόσον ἕκαστος ἀνὴρ εἰσενεγκεῖν ὀφείλει. Le διαγραμμα est défini un peu avant « τὸ ταττόμενον ἐν ταῖς συμμορίαις ὁπόσον ἑκαστον ἄνδρα εἰσφέρειν δεῖ'. ἐταττετο δὲ οὐ τὸ αὐτὸ πᾶσιν ἀλλὰ πρὸς τὴν τίμησιν τῆς οὐσίας. »

Ce n'est qu'à partir de 362/1 que l'institution de la symmorie est dans son plein fonctionnement et que les 15 plus riches sont pleinement et légalement obligés d'avancer l'impôt pour les autres. La fonction de collecteur des impôts est devenue une liturgie qui de droit retombe sur le plus apte et dont on se débarrasse en proposant l'ἀντίδοσις c'est-à-dire l'échange de biens contre les biens de celui qu'on prétend mieux à même de la remplir. Au début il semble que ce soient tout d'abord les sénateurs qui, pour chaque εἰσφορα nouvelle, aient dû choisir parmi les démotes ceux qu'ils estimaient les plus aptes à remplir cette charge du recouvrement de l'impôt. C'est ce qu'indiquerait le passage du discours contre Polyclès, que nous avons déjà cité : 50, 8. Mais comme c'était toujours les mêmes personnes qui s'imposaient au choix des sénateurs, on en vint peu à peu à décider que de droit ce seraient désormais les 300 plus riches, c'est-à-dire les 15 plus riches par symmorie, qui répondraient pour tous les membres de la symmorie du recouvrement de l'impôt ; ou, plus exactement, qui seraient tenus d'en faire l'avance sous le nom de προεισφορα. C'est cette dernière transformation qui est un fait accompli vers 362/1, et comme toute autre liturgie, la προεισφορα comporte la procédure de l'ἀντίδοσις. Tout le discours ὁ πρὸς φαίνιππον περὶ ἀντιδόσεως roule sur une action d'ἀντίδοσις intentée contre Phénippe par un autre citoyen qui, membre des 300, s'est ruiné à remplir la liturgie de la

προεισφορα (1). L'accusateur reproche en outre à Phénippe de lui avoir
délivré trop tard, bien après les délais légaux, l'inventaire obligé de
sa fortune, d'avoir contre tout droit brisé les scellés apposés par le
demandeur pour emporter de sa maison l'orge et les autres objets de
valeur; enfin d'avoir exagéré l'importance des dettes à déduire. (V.
Argumentum et 1039, 4, 5).

Dès ce moment le principe de la solidarité des citoyens vis-à-
vis des charges fiscales est pleinement établi et reçoit toutes les applications qu'il comporte. Les riches, πλουσιοι, πλουσιοτατοι font l'a-
vance de l'impôt pour les pauvres, et cessionnaires de la créance de
l'État, véritables fermiers des redevances publiques, se font ensuite
rembourser par tous les moyens légaux ou illégaux. Il semble bien en
effet que de nombreux et graves abus ne tardèrent pas à se glisser
dans le recouvrement des avances faites par les riches. La fonction
de collecteur de taxes fut bientôt considérée par certains comme un
moyen de réaliser de gros bénéfices. Nous voyons, par un discours de
Démosthènes, l'orateur Androtion se faire substituer par décret populaire à Euctémon dans les fonctions de collecteur de l'arriéré des impôts, 607, 27. Οὗτος Εὐκτήμονα φήσας τας' ὑμετέρας ἔχειν εισφόρας, και τοῦτ'
εξελέγξειν ἤ παρ'ἑαυτου καταθήσειν ὑποσχόμενος, καταλύσας ψηφίσματι κληρωτὴν
ἀρχὴν ἐπὶ τη προφάσει ταυτη, ἐπὶ τὴν εἴσπραξιν παρέδυ. 611, 17. Τί ποθ' ὑμῖν
οὗτος ὑπέσχετο και τί ποιεῖν ἀυτὸν ἐχειροτονήσατθ' ὑμεῖς; Χρήματ' εισπράττειν :
Is Euctemonem tributa vestra tenere seque id aut ostensurum quum
dixisset aut de suo pecuniam numeraturum pollicitus esset, per decretum magistratu, qui sorte obvenerat, eâ specie abrogato, ad exactionem
obrepsit..... Quid tandem iste vobis recepit et quod vos ei mandastis
munus ? ut pecuniam exigeret.

Puis, officiellement chargé de faire rentrer l'arriéré des impôts,
Androtion arrache au peuple des décrets illégaux contraires aux lois
anciennes, et, muni de nouveaux moyens de contrainte, déploie
dans cette chasse aux retardataires une rigueur inconnue jusqu'alors.
« Il a contraint, continue l'orateur, les Onze à lui servir d'instrument
de sa cupidité. Il va accompagné de ces redoutables exécuteurs et se
jette sur vos maisons. Rien ne lui est sacré (609.12). Le domicile de
chacun est devenu une prison, qu'il ouvre de force aux suppôts des
prisons. Et Athènes a la douleur et la honte de voir des citoyens pau-

---

(1) Il est vrai que quelques-uns mettent en doute l'authenticité de ce discours.

vres ou mêmes riches, que de grandes dépenses ont pu mettre au
dépourvu, obligés, pour n'être pas saisis et emprisonnés, pour sauver
leur liberté, de passer par dessus le toit chez leur voisin, de se cacher
sous leur lit, ou de descendre à d'autres bassesses, dignes des seuls
esclaves; tout cela sous les yeux d'une épouse à laquelle ils avaient
garanti leur titre d'hommes libres, de citoyens ». Le résultat de tout
cela? dans la cité une terreur qu'Athènes n'a pas connue, même sous
la tyrannie des Trente (609.5), et pour Androtion des exactions sans
précédents, des vols sans nombre. 608.12. ψηφίσματα δεινὰ καὶ παράνομα
δι' ὧν ἠργολάβει καὶ πολλὰ τῶν ὑμετερῶν κέκλοφε, τοὺς ἕνδεκα γράψας ἀκολου-
θεῖν μεθ' ἑαυνοῦ. Tout cela au mépris des lois de finance en vigueur; et
contre les principes du droit public les plus certains (609, 24).

Est-ce donc la propriété ou la personne qui doit la contribution ?
609, 24. Καίτοι, εἰ τις ἔροιτ' αὐτὸν τὰς εἰσφορὰς πότερον τὰ κτήματα ἤ τὰ
σώματ ὀφείλει, τὰ κτήματα φήσειεν ἄν, εἴπερ ἀληθῆ λέγειν βούλοιτο : « Quod
si quis eum interrogaret, corporane an possessiones tributa debeant,
possessiones responderet, si verum fateri voluerit. » C'est la propriété; c'est sur elle que la taxe est levée. L'εἰσφορα est une charge
réelle ἀπὸ τούτων εἰσφέρειν. Pourquoi donc, en vertu de quel droit
Androtion substitue-t-il à l'exécution réelle l'exécution personnelle ?
« Pourquoi donc, au lieu de confisquer, d'afficher les terres et
les maisons, n'avais-tu pour les citoyens et les malheureux métèques
que des outrages et des fers ? Pourquoi les traiter plus cruellement
que tes propres esclaves. Chez l'esclave le corps répond pour toutes
les fautes; quels que soient les crimes du citoyen, sa personne est
inviolable; et le plus souvent c'est sur ses biens qu'on doit le punir.
Androtion a fait le contraire ; c'est sur l'homme, comme s'il lui était
vendu, qu'il a déployé ses rigueurs; ce tyran déhonté, d'une main
tirait de prison sans paiement, sans acquittement, son père détenu
pour dette publique; et de l'autre y plongeait le citoyen, le contribuable qui se trouvait dans l'embarras » (610.10). Que dis-je ? Son inso-
lence, non contente de s'exercer contre les citoyens, est allée jusqu'à
s'en prendre à des personnes qui n'ont jamais dû quoi que ce soit au
fisc. « Il a exigé des gages de Sinope et de Phanostrate, courtisanes qui
ne doivent rien au fisc. Il a abusé de la circonstance pour forcer tyran-
niquement les maisons et enlever les meubles de qui ne doit rien. »

D'autres, au contraire, plus timides ou plus honnêtes, comme Apollodore, l'accusateur de Polyclès, lorsque vient le moment de recouvrer
les avances faites par eux, ne trouvent plus où se prendre pour le

recouvrement de leurs créances. 1209.5 ὕστερον δὲ καταπλεύσας καταλαβεῖν τὰμὲν εὔπορα ὑφ' ἑτέρων προεξελεγμένα, ἀδὲ ἄπορα ὑπόλοιπα... Il lui est absolument impossible de recouvrer ses avances. 1209.4. οὐκ εἰσεπραξάμην. Ceux chargés comme lui de recouvrer le montant de l'εισφορα et de la contribution de la flotte en ont témoigné par écrit. 1209.10. αναγνωσιται τὰς μαρτυριάς τῶντε τὰ στρατιῶτικα τοτε εἰσπραττόντων καὶ των ἀποστολέων.

La solidarité entre les membres du groupe et la responsabilité des riches pour ceux qui ne le sont pas et qui peuvent momentanément se trouver dans la gêne, est pleinement organisée. Avons-nous sur la constitution et le fonctionnement de la συμμορια tous les renseignements que nous désirerions avoir ?

Les quinze plus riches de la symmorie sont-ils collectivement solidaires du paiement de la part d'εισφορα afférente à leur symmorie ? Au contraire, chacun n'est-il responsable que pour une portion déterminée. — L'ἡγεμων répond-il pour les autres membres; et cette fonction incombe-t-elle à tour de rôle à chacun des quinze? L'oratio adversus Polyclem ferait supposer que, vers 360, la charge des avances à faire incombait à chacun des quinze riches, suivant un certain roulement, pour une portion déterminée. 1208.25 : un passage que je dois redonner encore : δοξαν ὑμῖν ὑπερ τῶν δημοτῶν τοὺς βουλευτὰς ἀπενεγκειν τοὺς προεισοντας τῶντε δημοτῶν καὶ τῶν ἐγκεκτημένων προσαπηγγέλθη μου τοὔνομα ἐν ὀριττοῖς δήμοις διὰ τὸ φανερὰν εἶναι μου τὴν ὀυσίαν. Les symmories comprenant un certain nombre de dèmes, chacun des quinze riches devait répondre, semble-t-il, pour un ou plusieurs dèmes, en tout cas toujours pour celui ou ceux où se trouvaient les propriétés qu'il possédait à titre de démote ou d'étranger : « τῶν τε δημοτῶν καὶ τῶν ἐγκεκτημένων ἐν ὀριττοῖς δήμοις ».

Nous avons dit comment la désignation du collecteur du dème cessa peu à peu d'être aux mains du Sénat (des boulètes). Le sort put, un certain temps, décider qui, parmi les riches de la symmorie, répondrait pour le dème : ainsi s'expliquerait la qualification de κληρωτὴν ἀρχὴν donnée dans le discours contre Androtion aux fonctions de collecteur dont Eudémon se trouve originairement investi et qu'Androtion se fait, au mépris de la loi, attribuer par un décret illégal du peuple. 607.20 et 608.1 et sqq. καταλυσὰς ψηφίσματι κληρωτην ἀρχὴν ἐπὶ τῇ προφάσει (1). Puis l'institution subit un dernier changement; et à la

---

(1) La date du discours contre Androtion se trouve ainsi reportée à une

désignation par le sort paraît avoir été substitué, en dernier lieu, un classement permanent des membres de la symmorie, répartis en groupes divers d'après leur capacité fiscale : on aurait eu dans les symmories, superposés les uns aux autres, des groupes de moins en moins nombreux, le groupe le moins nombreux répondant solidairement des redevances du groupe immédiatement inférieur et plus nombreux.

C'est ainsi qu'il faut comprendre ce passage du discours sur la Couronne 260.5, où Démosthènes dit que pour obtenir de lui qu'il retirât sa proposition de loi sur la nouvelle organisation de la liturgie triérarchique, les ἡγεμόνες, les δεύτεροι et les τρίτοι (1) des symmories étaient prêts à en passer par toutes ses exigences. Καίτοι πόσα χρήματα τοὺς ἡγεμόνας τῶν συμμοριῶν ἢ τοὺς δευτέρους καὶ τρίτους οἴεσθε μοὶ διδόναι, ὥστε μάλιστα μὲν μὴ θεῖναι τὸν νόμον τοῦτον, εἰδὲ μή, καταβαλόντ' ἐᾶν ἐν ὑπωμοσίᾳ. (Il s'agit ici, il est vrai, de la liturgie triérarchique, mais l'organisation étant la même pour toutes les liturgies, le renseignement de notre texte vaut sans doute pour la προεισφορα).

Les ἡγεμόνες, qui sont certainement plusieurs en nombre et qui se confondent probablement (2) avec les quinze plus riches à la tête de la symmorie, répondent pour les δεύτεροι ; les δεύτεροι répondent pour les ὀρίττοι.

§ II

C'est dans l'organisation de la *liturgie triérarchique* que les principes

---

date postérieure à celle du discours contre Polyclès. Cette conclusion paraît d'autant mieux fondée que le discours contre Polyclès est de 360. C'est un des premiers discours de Démosthènes, âgé alors de 25 ans.

(1) « Evidemment, dit Weil : Les Plaidoyers domestiques de Démosthènes, p. 470... 5, les δεύτεροι et les τρίτοι tenaient le second et le troisième rang par leur fortune, et le rôle qu'ils jouaient dans l'administration des symmories. »

(2) Ainsi Schoemann, p. 475. — Mais Sch. pourrait bien avoir tort de faire des ἡγεμόνες des administrateurs ayant des fonctions analogues aux ἐπιμεληταί et aux διαγραφεῖς ou ἐπιγραφεῖς. — Le passage du κατὰ Μειδίου, 565, 14, ne prouve pas la multiplicité des ἡγεμόνες.

de solidarité fiscale, que nous venons d'exposer, ont reçu leur plus complète application et qu'on suit le mieux le fonctionnement de l'institution.

'On peut dire de la flotte athénienne qu'elle constitue la véritable armée de la cité. La liturgie de la triérarchie peut-être comparée à la commission délivrée par le roi, sous l'ancien régime, et officiellement constatée sur brevet, à un colonel de lever un régiment. Le roi s'engage le plus souvent à fournir les vivres tout le temps de la campagne, la solde, une prime d'engagement, et parfois aussi un certain noyau de troupes fournies par les communautés. Moyennant quoi le colonel s'engage à tenir remplis les cadres du régiment et à maintenir l'effectif des troupes au complet et en bon état de service. On sait comment les gentilshommes zélés, par amour-propre et point d'honneur, — cet honneur dont Montesquieu fait le principal ressort des gouvernements monarchiques, cet amour de la réputation, ce besoin coquet de plaire au monarque — se ruinent quelquefois à maintenir leurs régiments en état et à suppléer à l'insuffisance des allocations du Pouvoir. On trouvera tous les détails nécessaires à l'intelligence de la *Commission* de l'ancien régime dans le livre de d'Avenel : Richelieu et la monarchie absolue, t. III, p. 9 et s., et dans Rousset, *Vie de Louvois* t. I, p. 163.

Quant à sa nature juridique on a longuement discuté au xvie et xviie siècle pour savoir au juste quelle elle était. Sigonius et Gruchy eurent d'abord une discussion célèbre, au cours de laquelle, dit Loyseau, « ils se sont tous deux tellement embarrassés par plusieurs répliques que par leur trop grande altercation, ils ont plutôt égaré que trouvé la vérité ». Bodin reprit la question au 2e et au 3e chapitre du livre III de la République. Enfin Loyseau en son traité *des Offices*, l. IV, ch. V, après avoir critiqué la définition de Bodin conclut que « tandis que les vrais officiers et magistrats ordinaires de Rome étaient ceux qui, tout ensemble, étaient permanents en tout temps, et avaient une charge et fonction ordinaires : les *curations* ou magistrats extraordinaires étaient ceux ou qui n'étaient pas permanents, ou desquels la fonction était extraordinaire. Lesquelles deux marques ou différences peuvent être comprises sous ce mot *ordinaire et extraordinaire* qu'on peut entendre *vel ratione temporis vel ratione subjecti* ». Au reste, il faut distinguer, dit-il au § 6, « deux sortes de commissions. Il y a les curations qui sont les moindres commissions, qui n'attribuent pas de commandement, et les magistrats extraordinaires qui sont les grandes commissions emportant commandement. Comme celles du dictateur, du magistrat de la cavalerie, des trois hommes pour établir la République, de deux hommes pour juger le crime de perduellion, des questeurs, des parricides, du prévost des vivres, du prévost du guet, et autres semblables ».

On peut dire que Loyseau en notant deux espèces de commission, les commissions « avec commandement » et les commissions « sans commandement », et en considérant comme le caractère distinctif de la commission, comme ce qui la distingue de l'office, de la magistrature ordinaire, le fait qu'elle n'est pas permanente, a dit l'essentiel sur la commission et en a bien établi la nature juridique. Dans les commissions « avec commandement », le commissionné par le fait de sa commission se trouve accidentellement investi d'une portion de la puissance publique pour un certain temps, qui n'a pas besoin et qui souvent ne peut pas être déterminé d'une manière précise. La commission lui sera par exemple délivrée pour toute la durée de la guerre, quelle que soit la durée. Durant ce temps, le commissionné se trouve investi de droits qui n'ont rien de commun avec ceux qui peuvent venir à un homme sur un autre du fait de conventions privées. Les hommes qui se trouvent momentanément sous sa dépendance et qui collaborent avec lui à l'accomplissement de sa tâche sont par cela seul soustraits à l'empire du droit commun. Il a non-seulement le droit, mais le devoir d'appliquer les dispositions d'un code pénal spécial, beaucoup plus rigoureuses que celles qui frappent les mêmes crimes et délits des simples particuliers non soumis à son pouvoir. Lui-même est soumis vis-à-vis de ses chefs immédiats et de l'Etat à tout un ensemble de règles qui ne sauraient également dériver de conventions d'ordre privé, et qui diffèrent de celles qui régissent les rapports d'un simple particulier vis-à-vis de l'Etat. Le commissionné est un fonctionnaire public dont la fonction n'est pas permanente. La plupart du temps le caractère temporaire de la commission s'explique par le caractère passager du besoin qui provoque son apparition. Il peut même se faire que pour des raisons particulières, une certaine inexpérience administrative et le fait des tâtonnements inséparables de tout début, on préfère, pour satisfaire à un besoin permanent, recourir à une succession ininterrompue de commissions temporaires. Mais le commissionné, dans ces conditions, ne tarde pas à devenir dans un laps de temps plus ou moins considérable un véritable fonctionnaire, c'est-à-dire un commissionné permanent. L'évolution parfois ne s'arrête pas là ; la fonction tend à se perpétuer dans les mains des mêmes familles : ce sont les scandales du népotisme qui ouvrent la voie à la reconnaissance légale de l'hérédité des fonctions. L'histoire occidentale, non moins que de l'histoire antique, offrirait à cet égard bien des sujets de méditation.

La liturgie triéarchique antique c'est la commission moderne de l'ancienne administration royale. Entre la liturgie antique et la commission royale il y a pourtant cette différence importante, qui tient à la diversité des gouvernements. Dans l'ancienne société monarchique, toute imprégnée d'éléments féodaux, les commissions militaires sont considérées par la classe supérieure, guerrière encore d'instinct, comme une faveur suprême et une éclatante marque de distinction de la part du souverain, qu'on se dispute avec une jalouse avidité. Généralement, on ne regarde pas pour mériter la faveur du prince à la grandeur de la dépense et au dérangement de sa vie et de ses intérêts. Aussi bien y a-t-il, pour soutenir ce zèle, outre le sentiment de l'honneur, la connaissance nette ou confuse que le souverain étant la source de toute grâce, le distributeur des faveurs et de l'argent, ne laissera pas se débattre dans d'inextricables difficultés un serviteur fidèle, sans lui venir en aide; et saura bien, quand le moment sera venu, remettre toutes choses en état.

A Athènes, c'est le peuple qui est le souverain, le développement de la civilisation urbaine a depuis longtemps amené la disparition d'une classe proprement guerrière. Le grand objet de l'existence riche et puissante est bien ici encore de se disputer la faveur du souverain ; et d'une manière générale on ne s'y épargne pas ; mais les avantages de cette faveur ne sont pourtant pas assez grands pour assurer le recrutement volontaire du nombre de commissionnés nécessaires à la satisfaction des besoins de la vie sociale. Il a fallu depuis longtemps, que la loi transformât en charge civique, en obligation absolue l'acceptation des *commissions*, militaires ou non.

De là le rigoureux ensemble de règles qui régissent la matière des liturgies, qui tiennent une si grande place dans le droit public grec et plus tard dans le droit public de l'empire romain.

Ceci dit et la nature de la *liturgie* expliquée, revenons à notre *liturgie triérarchique*.

L'État pose d'abord solennellement dans l'assemblée du peuple la question, si personne d'entre les citoyens n'est disposé à faire gracieusement don à la cité des trirèmes équipées dont elle peut avoir besoin. La liturgie est alors complète, ou plutôt il n'y a pas liturgie, il y a *contribution volontaire*, don des particuliers à l'Etat : επιδοσις (1). Oratio in Midiam 366, 23. Ἐγένοντο εἰς Εὔβοιαν ἐπιδόσεις παρ'ὑμῖν πρῶται, τούτων οὐκ ἦν Μειδίας, ἀλλ'ἐγώ καὶ συντριήραρχος ἦν μοι ψιλῖνος ὁ Νικοστράτου. Ἕτεραι δεύτεραι μετὰ ταῦτα εἰς Ὄλυνθον. Οὐδὲ τούτων ἦν Μειδίας. Τρίται νῦν αὗται γεγόνασιν ἐπιδόσεις. ἐνθαῦτα ἐπέδωκεν πῶς ; — ἐν τῇ βουλῇ γιγνομένων ἐπιδόσεων παρὼν οὐκ ἐπεδίδου τότε. Mais ayant entendu dire que nos soldats de Tamynes étaient cernés et que l'archonte avait préparé le décret de mise en campagne de la cavalerie de réserve dont il faisait partie, Midias alors « τηνικαῦτα φοβηθεὶς τὴν στρατειάν ταύτην, εἰς τὴν ἐπιοῦσαν ἐκκλησίαν, πριν καὶ προέδρους καθίζεσθαι, παρελθών ἐπέδωκεν ναῦν », sur lequel il ne manque pas, du reste, de mettre comme triérarque un étranger, un Égyptien : 567, 13. « οὐκ ἀνέβαινεν ἐπι τὴν ναῦν, ἣν ἐπέδωκεν, ἀλλὰ τὸν μέτοικον ἐξέπεμψε τον Αἰγύπτιον Πάμφιλον, ἀυτος δὲ μένων ἐνθάδε »... Le reste du passage n'est pas moins intéressant : « Lorsque le général Phocion mande les cavaliers d'Argoura pour relever sa division, Midias, ce lâche, cet homme exécrable, abandonne son poste, se jette dans son vaisseau et refuse de partir avec ces mêmes cavaliers dont il avait sollicité près de vous le commandement. Ainsi n'agirent pas Nicératos, fils de Nicias, d'une complexion si débile, ni Euctémon, fils d'Esion, ni Euthydème, fils de Stratoclés. Quoique chacun d'eux eût volontairement offert une trirème, aucun n'a fui cette expédition. Mais, après avoir fait à la patrie le don gratuit d'un vaisseau prêt à mettre à la voile, ils crurent devoir payer de leur personne là où la loi les appelait. 567, 27. Ἀλλ ἀυτῶν ἕκαστος ἑκὼν ἐπιδοὺς τριήρη, οὐκ ἀπεδρα ταυτὴν τὴν στρατείαν, ἀλλὰ τὴνμὲν, ἐπίδοσιν, ἐν Χάριτος μέρει καὶ δωρεας παρεῖλον πλέουσαν τῇ πόλει, οὗ δὲ ὁ νόμος προσέταττεν, εντα͞υθα τοῖς σώμασιν ἀυτοι λειτουργεῖν ἠξίουν.

---

(1) On pourrait se demander si l'équipement pour la course de nos navires marchands et la délivrance des lettres de marque n'est pas quelque chose d'analogue. Je n'oserais me prononcer pour la négative, bien que le cas ne se présente pas de tous points le même. Il semble bien que dans certains cas le donateur d'une trirème en conserve le commandement pendant la guerre; en sorte que la trirème est à peu près dans la situation d'un navire armé pour la course.

Mais, naturellement, ces dons volontaires le plus souvent ne suffisent pas; et il faut avoir recours à la *liturgie triérarchique* forcée,
réglée par l'État. C'est elle qu'il nous faut étudier ici.

Nous avons dit que la liturgie triérarchique était une *commission* de
commandant de vaisseau que le citoyen n'est pas en droit de décliner,
qu'il doit accepter quand vient son tour et qu'il remplit les conditions requises. Il y a donc lieu de distinguer, dans une étude de cette
liturgie, les obligations de l'État : les moyens et ressources que l'État
met à la disposition du commissionné, et les obligations du *commissionné* lui-même.

L'État met à la disposition du commissionné le navire et les agrès,
et s'engage en outre à fournir la solde des rameurs et des matelots et
les sommes nécessaires à la nourriture de tout l'équipage. Un passage
du discours de Démosthènes sur les *Symmories* 183.25, distingue assez
nettement ces divers éléments de la prestation de l'État.

Τὴν μὲν δαπάνην καὶ τὰ σκάφη καὶ τοὺς τριηράρχους καὶ τὴν τῶν σκευῶν
εἴσπραξιν οὕτως ἂν ἄριστ' ἡγοῦμαι καὶ πορισθῆναι καὶ παρασκευασθῆναι, —
πλήρωσιν δὲ, ἣ καὶ σαφής ἔσται καὶ ῥᾳδία, μετὰ μετὰ ταῦτα λέγω.

Comment l'État se procure-t-il lui-même les éléments de ces multiples prestations faites au commissionné? Nous allons voir, en ce
qui les concerne, des distinctions curieuses et chacune d'elles soumise
à des règles toutes différentes.

1° L'État fournit au triérarque le personnel des matelots, l'équipage;
c'est ce qu'on appelle la πλήρωσις. D'où tire-t-il ce personnel qu'il met
à la disposition du triérarque? Dans son discours sur les *Symmories*,
qui n'est, on le sait, qu'un plan de réformes, imparfaitement réalisé
plus tard, Démosthènes expose, 184. 1. 1 et s., que c'est la *tryllie* qui
doit être chargée de la πλήρωσις. Chaque *tryllie* doit pourvoir à l'équipement de 10 trirèmes : Censeo ab imperatoribus navalium decem loca
esse deligenda atque videndum ut quam proxime inter se absint œdi-
ficia, quorum singula triginta triremium sint capacia. Quod ubi fecerint,
binas classes et tricenas triremes horum locorum singulis attribuant,
deinde sortito tribus assignent, taxiarchum autem singulum in singulum
navale, ut sint binæ classes, triremes tricenæ, tribus una. L. 10, § 23.
ὃν ἂν ἡ φυλὴ τόπον λάχῃ, διελεῖν τρίχα καὶ τὰς ναῦς ὡσαύτως, εἶτ' ἐπικληρῶσαι
τὰς τριττῦς, ὅπως ἂν τῶν μὲν ὅλων νεωρίων ἐν ἑκάστῃ μέρος ᾖ τῶν φυλῶν, τοῦ δὲ
μέρους ἑκάστου τὸ τρίτον μέρος ἡ τριττὺς ἔχῃ, διδῇ', ἂν τι δέῃ, πρῶτον μὲν
τὴν φυλήν, ὅπου τέτακται, μετὰ ταῦτα δὲ τὴν τριττύν, εἶτα τριήραρχοι τίνες καὶ
τριήρεις ποῖαι, καὶ τριάκοντα μὲν ἡ φυλή, δέκα δ' ἡ τριττὺς ἑκάστη, τριήρεις
ἔχῃ : Qu'il s'agisse bien là de la πλήρωσις et non de toute autre prestation pour l'équipement des galères, la suite du discours l'indique fort

bien. L'orateur dit expressément (183. l. 25, § 22) que, dans ce qui suit on entend parler de la πλήρωσις « πλήρωσιν δε, ἡ καὶ σαφὴς ἔσται καὶ ῥᾳδία, μετὰ ταῦτα λέγω »; après qu'on a parlé dans le paragraphe précédent de la prestation de la trirème et des agrès. Le personnel nécessaire aux trirèmes qu'on équipe est donc fourni par la φυλή et la τριττύς. Ce sont les anciennes divisions du peuple que Démosthènes veut qu'on utilise.

Ce principe de l'utilisation des anciens cadres pour le recrutement de l'équipage a-t-il été appliqué dans la réalité, après ou avant le plan de réformes de Démosthènes? Aucun document ne nous permet de nous prononcer pour l'époque postérieure.

Pour l'époque antérieure, nous voyons clairement, par un autre discours de Démosthènes contre Polyclès, que c'est au dème qu'incombe la charge de fournir ce personnel nécessaire. 1208. 11. ἐγὼ δὲ (dit Apollodore, l'accusateur de Polyclès) ἐπειδή μοι οὐχ ἦλθον οἱ ναῦται οἱ καταλεγέντες ὑπὸ τῶν δημοτῶν, ἀλλὰ ἤ, ὀλίγοι καὶ οὗτοι ἀδύνατοι ; Postquam mihi nautæ non venerunt delecti a demotis (per demarchos et senatores) nisi pauci iique imbecilles. Voilà les hommes fournis par le *dème* : au dème Démosthènes propose qu'on substitue la *trittye*, et qu'on lui impose la charge de fournir au recrutement du personnel nécessaire à un groupe de dix trirèmes. Comment le dème et la trittye recrutent-ils les hommes à fournir au triérarque? Les démotes doivent-ils eux-mêmes, en personne, le service de la flotte ? Ou la loi militaire n'impose-t-elle au dème que la prestation d'un contingent déterminé, sans toucher directement et nominativement l'individu? Le détail ajouté par Démosthènes ἀλλ᾽ ἤ ὀλίγοι καὶ οὗτοι ἀδύνατοι nous porterait plutôt à admettre la seconde proposition. Chaque dème a un contingent d'hommes à fournir, qu'il recrute comme il veut et comme il peut, parfois même, semble-t-il, au meilleur compte possible. Le fait qu'Apollodore, en présence de ces hommes achetés au rabais, peu nombreux et peu robustes, prend le parti de les renvoyer et de s'en procurer d'autres à ses frais, qu'il choisit les plus robustes et les plus habiles possible, semble inconciliable avec l'hypothèse d'un service personnel obligatoire. Les démarques font sans doute l'enrôlement, et les *bouleutes*, défendant les intérêts de l'État, contrôlent ou doivent contrôler les aptitudes physiques du personnel ainsi recruté. (1208. 5.) ἐξηγρίσασθε τοὺς βουλευτὰς καὶ τοὺς δημάρχους καταλόγους ποιεῖσθαι τῶν δημοτῶν καὶ ἀποφέρειν ναύτας.

Dans le personnel de l'équipage faut-il comprendre les rameurs? Il ne semble pas. Les rameurs paraissent toujours avoir été distingués

de l'équipage, des ναῦται proprement dits, et il faudrait plutôt
se demander s'ils ne doivent pas figurer parmi les agrès. La
seule chose que nous puissions dire, c'est qu'ils paraissent avoir
été fournis par l'État au commissionné : Discours contre Polyclès,
1208. 16 et s. ὑπηρεσία τοίνυν ἣν ἐδυνάμην κρατίστην ἐμισθωσάμην. La mention des rameurs vient à la suite de la mention d'autres prestations :
équipages, agrès, etc., fournies par l'État, et auxquelles Apollodore
en substitue d'autres plus à sa convenance. Rien n'indique qu'il ne
lui ait pas été préalablement fourni des rameurs tout comme des
agrès ou des matelots (1).

2° Outre les matelots et les soldats nécessaires, l'État fournit les trirèmes. Dans ce même discours contre Polyclès, que nous
avons cité plusieurs fois, nous trouvons dit qu'à la suite de mauvaises
nouvelles, venues de toutes parts à Athènes, ordre est donné aux triérarques de mettre les trirèmes à flot et d'attendre au port le moment
du départ général. 1208.3. ἐψηφίσασθε τὰς ναῦς καθέλκειν τοὺς τριηράρχους
καὶ παρακομίζειν ἐπὶ τὸ χῶμα. Ces trières qn'on tire de l'arsenal, ce sont
les σκάφη du discours des *symmories*, la carcasse de la trière, la trière
nue, non munie de ses agrès. 183, 22. Τὴν μὲν δαπάνην καὶ τὰ σκάφη.....

Avec la trière, le triérarque reçoit encore les agrès. 183, 18. Τὰ νῦν
ὀφειλόμενα τῶν σκευῶν ἐπὶ τὰς τριήρεις τιμήσαντας ἅπαντα ἐκ τοῦ διαγράμματος
νεῖμαι κελεύω μέρη εἴκοσιν, ἔπειτα ταῖς μεγάλαις ἐπικληρῶσαι συμμορίαις μέρος
ἓν χρήστων ἑκάστῃ, τῇ δὲ συμμορίαν ἑκάστην διανεῖμαι τῶν ἑαυτῆς μερῶν
ἑκάστῳ τὸ ἴσον, τοὺς δὲ δώδεκα τοὺς ἐν ἑκάστῳ τῷ μέρει ταῦτ' εἰσπράξαντας, —
τὰς τριήρεις, ἂν ἕκαστοι λάχωσι, παρεσκευασμένας παρέχειν. A ces agrès
fournis par l'État, il peut au reste, s'il lui plait, substituer tels agrès
qu'il voudra, meilleurs et plus commodes que ceux qu'il a reçus.
Ainsi on use notre Apollodore du discours contre Polyclès. 1208. 17.
ἔτι δὲ σκεύεσιν ἰδίοις τὴν ναῦν ἅπασι κατεσκεύασα, καὶ τῶν δημοσίων ἔλαβον
οὐδέν, κόσμῳ ὡς οἷόν τε ἦν κάλλιστα καὶ διαπρεπέστατα τῶν τριηράρχων. Quand
sa triérarchie prend sa fin, un des points les plus délicats à régler de
sa succession sera la question de savoir si son successeur désigné
Polyclès voudra prendre à forfait les agrès fournis par lui ou s'il pré-
férera les agrès que la cité lui offre. Voir encore 1215. 2.

3° Enfin l'Etat doit au commissionné les vivres et la solde des
rameurs et des matelots. 1214. 20. ἐκέλευσεν... ἀποπλεῖν ὡς τῶν ἀναλωμάτων πολλῶν ὄντων, ἃ καθ' ἡμέραν ἑκάστην πρὸς τῷ παρὰ τοῦ στρατηγοῦ
σιτηρεσίῳ εἰς τὴν ναῦν διδομένῳ ἀνηλίσκετο... — 1209. 10 et s. Ταῖς ὑπηρεσίαις

---

(1) Cf. *Cartault*. La trière athénienne. Paris, 1881, p. 236.

καὶ τοῖς ἐπιβάταις κατα μηνα ἐδιδουν, παρα τῶν στρατηγῶν σιτηρεσίον μόνον λαμβάνων, πλὴν δυοῖν μηνοῖν μόνον μιςθὸν ἐν πεντε μησὶ καὶ ἐνιαυτῷ.

Nous avons vu comment l'État se fait livrer le personnel de l'équipage et des soldats par les anciennes divisions du dème et de la trittye. Nous devons nous demander maintenant d'où viennent à l'État ces trirèmes ou la valeur de ces trirèmes et de ces agrès qu'il met à la disposition du triérarque. Et nous allons constater qu'ici entrent en jeu des principes tout autres. Quand il s'agit de matelots à fournir, de services personnels à rendre, ce sont les anciennes divisions de la cité, plus ou moins basées sur la parenté et les rapports personnels, qui servent à l'assiette de la charge. Dès qu'il s'agit de contributions en argent ou en nature, ces mêmes divisions ne paraissent plus propres à atteindre le but et il fut nécessaire de remédier à leur insuffisance; c'est là, probablement, ce qui a constitué le noyau et le sens des réformes de Nausinicos.

Autrefois, dans la vieille constitution de Solon, chaque *phylè* comprenait trois *trittyes*, et chaque *trittye* quatre *naucraries*. Or, c'est la naucrarie, comme le nom l'indique, qui reste chargée de la prestation des trirèmes nécessaires à l'État. Pollux, viii, 108. Ναυκραρία δ' ἑκαστη δύο ἱππέας παρεῖχε καὶ ναῦν μίαν, ἀφ' ἧς ἴσως ὠνόμαστο. Chaque naucrarie fournissait donc un navire et deux cavaliers. Elle avait à sa tête le ναύκλαρος dont Hésychius dit que « κφ' ἑκάστης χώρας τὰς εἰσφορὰς ἐξέλεγον » et Pollux, viii, 8. « τὰς δὲ εἰσφορὰς τὰς κατὰ δήμους διεχειροτόνουν οὗτοι καὶ τὰ ἐξ αὐτῶν ἀναλώματα.

Quel a été postérieurement le rôle de la *nauclérie* dans la prestation des trirèmes et des agrès? Un texte de Photius nous apprend que : Τὸ πρότερον οὕτως ἐκάλουν ναυκραρια καὶ ναυκραρος. Ναυκραρία μὲν ὁποῖόν τι ἡ συμμορία καὶ ὁ δῆμος; ναυκραρὸς δὲ ὁποῖον τι ὁ δήμαρχος, Σολωνος οὕτως ὀνομάσαντος, ὡς καὶ Ἀριστοτέλης φησι. Photius explique ensuite que la division fut introduite par Clisthènes. Il reste que la naucrarie est devenue dans la suite des temps la *symmorie triérarchique*. Mais en même temps qu'elle changeait de nom, elle changeait de nature, et l'assiette de cette prestation des trirèmes qui restait toujours l'objet principal de l'établissement de cette division devenait tout autre.

La naucrarie, comme le dème encore, est un groupement de nature plutôt personnelle, reposant dans l'une sur des rapports très lointains de parenté, dans l'autre sur des rapports de voisinage. Dans la *symmorie*, c'est moins les personnes qui sont groupées que les biens; c'est le capital national, plus exactement cette portion du capital national déclarée imposable et constituant comme la masse que forment les membres de l'État pour satisfaire aux besoins de la communauté, c'est cette portion du capital national que l'on divise en un certain nombre de parties égales, pour que chacune d'elles supporte également les charges de la communauté et tout particulièrement prenne sa part des charges afférentes à la prestation des trières. Il y a, ce semble, quelque inexactitude à dire, comme Gilbert, Handbuch d. griech. Staatsaltherthümer, Bd. I, p. 349, « que l'ensemble des contribuables fut divisé en un certain nombre de symmories ». Il est vrai que notre auteur ajoute aussitôt « que la symmorie avec un ἡγεμών à la tête représente une partie approximativement égale du capital fiscal national (Gesammtschatzung).

On sait que les *symmories syntriérarchiques* furent introduites sur le modèle des symmories proprement fiscales par une loi de Périandre, de 357/6.

Les deux réformes des *symmories fiscales* et des *symmories triérarchiques* ont d'étroits rapports. Ce sont les mêmes principes que l'on trouve appliqués dans l'une et l'autre, dans la dernière avec plus de sûreté peut-être que dans l'autre. Si on veut comprendre à fond la réforme de Nausinicos 378/7, en bien saisir la direction et le sens, c'est dans l'organisation des *symmories triérarchiques* qu'il faut aller chercher, nettement exprimés, les principes qui servent de base à l'institution, et peut-être plus encore qu'ailleurs, dans le discours περὶ συμμοριῶν de Démosthènes, qui paraît résumer les *desiderata* les plus chers du parti démocratique.

Dans la réforme de Périandre et le discours sur les *symmories*, la prestation de l'équipage reste seule une charge *personnelle* des dèmes et des trittyes, ces groupements *personnels* de l'ancienne Attique. La prestation des *trières*, des *agrès*, de la *solde*, de tout ce qui n'est pas le personnel, devient exclusivement une charge *réelle*, retombant directement sur le capital imposable; et comme la fraction du capital vrai pris pour capital imposable varie suivant les classes toujours constituées d'après le cens, on a sous les yeux dans la charge triérarchique le fonctionnement parfait d'un *impôt progressif sur le capital*.

Dans son discours contre Androtion, Démosthènes pose nettement le principe que l'εἰσφορά est une charge *réelle*, une charge des biens, une charge du *capital*. 609.23. Quod si quis eum interrogaret corporane an possessiones tributa debeant, possessiones responderet, si verum fateri voluerit. De his enim tributa pendimus. — Dans son discours sur les *symmories*, c'est bien l'application des mêmes principes, que

nous trouvons, à la matière des *prestations triérarchiques.* 183. 5.
Κελευώ, ἐπειδὴ τὸ τίμημα ἐστί τὸ τῆς χώρας ἑξακισχιλίων ταλάντων, ἵν' ὑμῖν
καὶ τὰ χρήματα ᾖ συντεταγμένα, — διελεῖν τοῦτο καὶ ποιῆσαι καθ' ἑξήκοντα
τάλαντα—ἑκατον μέρη, — εἶτα πέντε ἑξηκονταταλαντίας εἰς ἑκάστην τῶν μεγάλων
τῶν εἴκοσι συμμοριῶν ἐπιπληρῶσαι, τήνδε συμμορίαν ἑκάστῳ τῶν μερῶν μίαν
ἑξηκονταταλαντιάν ἀποδοῦναι, ὅπως, ἐάν μεν ὑμῖν ἑκατὸν δεῇ τριήρων, τὴν μεν
δαπάνην ἑξήκοντατάλαντα συντελῇ, τριήραρχοι δε' ὦσι δώδεκα, — ἐάν δὲ διακοσιῶν
τριάκοντα μὲν ᾖ τάλαντα τὴν δαπάνην συντελοῦντα, ἓξ δε σώματα τριηραρχοῦντα,
— ἐὰν δὲ τριακοσίων, εἴκοσι μὲν ᾖ τάλαντα τὴν δαπάνην διαλύοντα, τέτταρα δὲ
σώματα τριηραρχοῦντα : Jubeo, quum regionis nostræ æstimatio sit
6000 talentium, ut et pecuniæ certus ordo ineatur, eam dividi et
centum fieri partes quarum singulæ sexagena talenta contineant,
deinde quinquies sexagena talenta singulis magnis viginti classibus
sorte attribuenda esse, classem autem singulam singulis quinariis
sexagena talenta reddere debere, ut, si vobis centum triremibus fuerit
opus, sumptum 60 talenta contribuant et trierarchi sint duodecim;
— sin ducentis, triginta talenta sumptum contribuant et sex sint trierarchi; — sint trecentis, viginti talenta sumptum contribuant et quatuor sint trierarchi. »

Ce ne sont pas les personnes qu'on nous représente comme supportant
les charges et prestations triérarchiques dues à l'État. Il est dit plusieurs fois en toutes lettres : ὅπως... τὴν δαπάνην τάλαντα συντελῇ...
τάλαντα τὴν δαπάνην συντελοῦντα.... εἴκοσί μὲν ᾖ τάλαντα τὴν δαπάνην διαλύόν-
τα..... Ce sont les talents, le capital fiscal qui paient... Le citoyen n'est
tenu que *ob rem*, comme détenteur d'une portion du capital fiscal.

Nous allons voir le caractère *réel* de la *symmorie triérarchique* s'accuser encore plus, à mesure que nous pénètrerons davantage dans les
détails de l'organisation projetée par Démosthènes.

Pour commodité plus grande et pour fixer une fois pour toutes la répartition de ces charges réelles, Démosthènes veut qu'on fractionne le
capital imposable en 100 parties, chacune de 60 talents; et dorénavant ces 60 talents, quelle que soit l'importance de la charge à prester,
resteront l'unité fiscale, le véritable sujet que touche le droit fiscal.
Normalement cette fraction du capital doit fournir à la construction
et à l'entretien d'une trière, mais suivant les besoins, suivant qu'il faut
200 ou 300 trières, c'est de 2 ou 3 qu'on peut rejeter l'entretien sur
elle. Dans ces deux derniers cas la charge d'une trière retombe sur
30 ou 20 talents au lieu de 60; comme le dit le texte : Τὴν μὲν δαπάνην
ἑξήκοντα τάλαντα συντελῇ... τριάκοντα μὲν ᾖ τάλαντα τὴν δαπάνην συντελοῦντα...
εἴκοσι μὲν ᾖ τάλαντα τὴν δαπάνην διαλύοντα.

Cette fraction de la συμμορία, qui est ainsi solidairement responsable de la prestation d'une trière, et qui peut être, nous l'avons vu, des 3/3, de 1/2 ou du 1/3 de la symmorie; de 60, 30 ou 20 talents, c'est proprement ce qu'on appelle une συντελεια. Ce sont les talents, qui « συντελῇ »... « ἢ συντελοῦντα. » C'est une inexactitude de langage et presque une erreur de dire comme le scholiaste Ulpien (p. 577) que ce sont les hommes qui, au nombre respectivement de 12, 6 ou 4, fournissent un navire, « καὶ τὴν τριήρη παρελέτωσαν δωδεκα,... ἑξ,..... τετταρες » La συντελεια, de même que la συμμορια, est essentiellement *réelle* et non pas personnelle, et c'est cette συντελεια qui rigoureusement est le sujet immédiat du droit fiscal.

La fraction de capital fiscal que représente la *symmorie* n'est pas cependant sans conserver, si je puis dire, son individualité marquée. C'est par symmories que l'État fait le départ des trirèmes à fournir. 182. 26. Τὰς δὲ τριήρεις πῶς; — Τὸν ἁπαντα ἀριθμὸν κελεύω τριακοσίας ἀποδέιξαντας κατά πεντεκαιδεκαναίαν εἴκοσι ποιῆσαι μέρη, τῶν πρώτων ἑκατόν — πεντε, καὶ τῶν δευτέρων ἑκάτον — πεντε, καὶ τῶν τρίτων εκατον — πεντε — ἑκάστῳ μέρει διδοντας, εἶτα συγκληρῶσαι συμμορίᾳ σωμάτων ἑκάστη — τὴν πεντεκαιδεκαναίαν — τὴν δὲ συμμορίαν ἑκαστῷ τῳ μέρει σφῶν αὐτῶν τρεις ἀποδοῦναι τριήρεισ : Triremes autem quomodo? Universum numerum trecentas designari jubeo, et in viginti partes, quarum singulœ quindenas naves contineant distribuendas et e primâ centuriâ navibus quinque, et e secundâ centuriâ quinque, et e tertiâ centuriâ quinque cuique parti attributis, dein singulœ virorum societati quindenas naves attribuendas ut societas suis singulis partibus ternas triremes distribuat ». L'attribution des trirèmes à fournir ne se fait donc pas par trirème unique et syntelie, mais par 20° des prestations à fournir et symmorie représentant la 20ᵉ partie des citoyens. S'il faut 300 trirèmes comme c'est le cas pris pour exemple par Démosthènes, on fait 20 parts de 15 trirèmes chacune; s'il en faut 200, on fait 20 parts de 10 trirèmes chacune; enfin les parts sont de 5 lorsqu'il n'en faut que 100.

Puis chaque lot de 15, 10 ou 5 trirèmes est attribué à chacune des 20 symmories représentant elles-mêmes chacune la 20ᵉ partie du capital fiscal national.

On remarquera, à ce point de notre exposition, que la charge triérarchique essentiellement *réelle*, nous l'avons démontré, semble cependant bien près d'affecter un caractère personnel. Dans le passage que nous venons de citer on trouve des expressions comme celle-ci : « εἶτα συγκληρῶσαι συμμορίᾳ [σωμάτων] ἑκάστη τὴν πεντεκαιδεκαναίαν » qui désignent nettement la *symmorie* personnelle, et c'est cette symmorie *personnelle* qui semble bien partager entre ses différentes parties la totalité de la charge. « τὴν δὲ συμμορίαν ἑκαστῷ τῷ μέρει σφῶν αὐτῶν τρεις ἀποδοῦναι τριήρεις. »

Symmorie réelle, symmorie personnelle, sont comme les deux faces d'une même chose. Les détenteurs de la fraction du capital fiscal qui constitue la *symmorie* réelle forment de toute nécessité une *symmorie personnelle*; et quand on dit que la symmorie *réelle* distribue entre ces 5 parties comprenant 60 talents chacune le nombre des trièmes dont la prestation lui a été imposée en bloc, il faut évidemment entendre que ce sont les détenteurs de la *symmorie réelle*, de cette fraction de 300 talents du capital fiscal national, qui font cette répartition. Mais ils ne figurent là, il ne faut pas le perdre de vue, que comme représentants et pour ainsi dire porte-parole de la symmorie réelle. — Et de même, tout ce que nous avons dit de la *symmorie*, peut-il se dire de la *syntélie*.

Le caractère *personnel* de la symmorie, tout comme celui de la *syntélie*, ne se marque nettement que lorsqu'il s'agit de la triérarchie *proprement dite* c'est-à-dire du commandement du navire et son maintien en bon état de campagne. Il faut bien distinguer, en effet, entre ces deux choses, qui n'ont rien de commun, la prestation en nature des trirèmes, des agrès, peut-être des rameurs, qui sont proprement une charge *fiscale*, et qui constituent une charge *réelle* grevant directement le capital fiscal et la *liturgie personnelle* des triérarques recevant le navire gréé des mains de l'État, avec l'obligation d'accepter la commission qui les institue commandants de ce navire pour un laps de temps déterminé. Cette distinction entre ces deux charges essentiellement distinctes est nettement faite dans les textes : 183.5 ὅπως, ἐὰν μὲν ὑμῖν ἕκατον δέῃ τριήρων, τὴν δαπάνην ἑξήκοντα τάλαντα συντελῇ, — τριήραρχοι δὲ ὦσι δώδεκα... etc... Les talents fournissent aux dépenses et les hommes servent. Sont-ce les mêmes individus qui sont préposés à la levée des deniers nécessaires, à la construction des navires, à fournir et à la triérarchie proprement dite ? Les τριηραρχοι solidairement chargés du commandement et du maintien en état du navire, sont-ils en même temps responsables de la levée des deniers à prélever sur le capital fiscal; en d'autres termes, la *syntélie réelle* et la syntélie *personnelle*, au point de vue des personnes qui la représentent ou la composent, se confondent-elles ? Les textes ne nous l'indiquent pas suffisamment. Ce qu'ils nous montrent bien, c'est la charge personnelle de la liturgie triérarchique organisée d'une manière suffisamment disctincte. On sait comment c'est aux 1,200 (ou suivant le plan

de réforme de Démosthènes 2,000 plus riches réduits toujours à 1,200
par les multiples cas d'exemption) qu'incombent les fonctions de
triérarques. Chacune des 20 symmories, entre lesquelles sont divisés
ces 1,200 riches, compte 60 membres, sur lesquels retombe le service de triérarchie des vaisseaux, en quelque nombre qu'ils soient, que
doit fournir la symmorie *réelle*. 183. 11. ὅπως, ἐάν μὲν ὑμῖν ἑκατὸν δέη
τριήρων, τὴν μὲτ δαπάνην ἑξήκοντα τάλαντα συντελῇ, τριήραρχοι δ'ὦτι δωδεκα...
etc.... Quand il faut 200 trières et que 30 talents doivent faire la dépense, le nombre des triérarques par navire est de 6 ; quand il faut
300 trirèmes et que la charge retombe sur 20 talents, on en compte 4.
Il s'agit bien ici d'une liturgie toute *personnelle*.

* *

Les grands principes qui se dégagent de cette étude et dont on ne
saurait s'exagérer l'importance, c'est d'abord : 1° la très nette distinction des liturgies en liturgies *personnelles* et liturgies *réelles*. La prestation des trirèmes et des agrès est une liturgie *réelle*, la triérarchie
proprement dite est une liturgie *personnelle*.

2° L'apparition et le développement d'une double solidarité : une
solidarité *réelle*, c'est la fraction du capital fiscal déterminée par voie
législative qui supporte la charge fiscale et chacune des parties qui la
composent répond solidairement pour le tout. Cette *solidarité réelle* se
traduit évidemment par une *solidarité personnelle apparente* des détenteurs des biens englobés dans cette même fraction du capital fiscal national pris pour unité fiscale. — De cette *solidarité réelle* d'un ensemble
de biens vis-à-vis du fisc *pourront peut-être sortir les limitations les plus
inattendues au droit de propriété individuel.*

3° La liturgie personnelle développée sur le type de la liturgie réelle,
née d'elle on a vu comment à propos de la συμμορια et de la συντελεια
réelles, entrainera une solidarité analogue entre les personnes. Chacun des co-obligés sera tenu de remplir la charge tout entière, sauf
recours postérieur contre son co-obligé. Le discours contre Polyclès
aborde en plusieurs endroits et résout nettement cette question, sans
compter d'autres, qui, bien que accessoires, ont leur importance.

Polyclès, nommé pour remplacer Apollodore dans la charge de
triérarque, ne s'est pas rendu à son poste au temps fixé, et même
après son arrivée à Thasos, le lieu de rendez-vous de la flotte, se refuse
à entrer en fonctions. Quelle est sa raison ? C'est qu'il a un

collègue, que ce collègue n'est pas encore arrivé sur les lieux et qu'il ne veut pas monter à bord sans lui. Apollodore soutient au contraire qu'il doit immédiatement, déjà en retard de quatre mois, prendre la succession du commandement; et que de savoir s'il peut compter pour l'accomplissement des obligations de la triérarchie sur son collègue désigné, c'est une affaire entre eux. Tout ce qu'il peut faire, lui Apollodore, c'est de consentir à actionner le collègue de Polyclès plutôt que Polyclès lui-même. Ils sont solidairement responsables vis-à-vis de lui des avances faites pour eux; et il peut à son gré poursuivre l'un ou l'autre. Cette solidarité des deux triérarques désignés doit à plus forte raison exister vis-à-vis de l'État. — Mais le fait le plus remarquable c'est qu'Apollodore ne peut se décharger de sa fonction de triérarque, même le temps de sa commission écoulé, tant que son successeur n'a pas été, par la tradition volontairement acceptée du navire entre ses mains, régulièrement investi du commandement. « Polyclès, dit Apollodore l'abordant avec quelques hommes de son équipage qui étaient *Athéniens*, et qui pouvaient régulièrement témoigner, Polyclès, je te somme de prendre à l'instant le commandement de ma trirème et de me rembourser les dépenses que j'ai faites à ta place pendant ces quatre derniers mois. » Polyclès se dérobe aux instances d'Apollodore qui conserve malgré lui le commandement du navire. Même tentative quelque temps plus tard de la part d'Apollodore et même insuccès final. Apollodore se trouve condamné à remplir indéfiniment la charge de la triérarchie sauf recours contre les successeurs désignés pour le recouvrement des dépenses faites en leur nom. C'est qu'il s'agit avant tout de servir les intérêts du souverain et que la commission délivrée en son nom soit *remplie au mieux*. Le service du peuple pas plus que celui du roi ne comporte obstacle ni délai : aucune raison particulière, aucun droit individuel ne sauraient prévaloir contre. Les syntriérarques se trouvent donc solidairement obligés συντελεῖσθαι vis-à-vis de l'État; et non seulement ils sont solidaires entre eux, mais encore solidaires de leurs successeurs. Si leurs successeurs ne peuvent pas ou ne veulent pas remplir la commission temporaire dont ils ont été investis à leur tour, ce sont eux qui restent chargés de cette obligation sauf recours contre le successeur incapable ou peu zélé et les sévérités de la loi.

Tels sont les principes qui se développent dans le droit public athénien et qui donnent à son droit fiscal un caractère particulier. Quelles conséquences auront à la longue ces principes et quel fruit inattendu portera plus tard cet arbre tard venu transplanté sur un sol étranger? C'est ce que nous essaierons de dire plus tard.

Ajoutons ici que les principes de ce droit fiscal, tel que nous venons de le dégager des projets de réforme de Démosthènes (discours sur les symmories) et de son discours contre Polyclès, sont bien les principes réels du droit fiscal athénien. Ne nous laissons pas égarer par certains textes. Postérieurement au discours contre Polyclès (an 360) et au discours sur les symmories (354), vraisemblablement vers 340/339, une réforme a été accomplie sur l'initiative de Démosthènes. On se rend compte, pour peu qu'on l'examine, que cette réforme n'a été que la confirmation et le développement des principes posés.

De cette réforme, Démosthènes parle en ces termes dans son discours sur la couronne, 260.12. « Voyant votre marine dépérir, les riches s'exempter des charges à peu de frais, les pauvres et ceux d'une médiocre fortune ruinés, la République manquer par là les occasions, je portai une loi qui força le riche à faire son devoir, tira d'oppression le pauvre et procura le plus grand avantage à la patrie, des préparatifs faits à temps. » Les avantages et l'économie de la loi, voici comment il les expose : « D'après la loi précédente, les riches pour acquitter leur taxe, ne payaient rien ou peu de chose et écrasaient le pauvre; d'après ma loi, chacun paie suivant ses facultés, et tel, qui auparavant ne contribuait que d'un seizième à l'armement d'un seul navire, se vit obligé d'en équiper deux. Aussi ne s'appelaient-ils pas triérarques mais co-imposés. Pour détruire cette mesure, pour se soustraire à cette juste obligation, il n'est rien qu'ils n'eussent donné : ὁρῶν γὰρ τοὺς μὲν πλουσίους ἀτελεῖς ἀπὸ μικρῶν ἀναλωμάτων γιγνομένους, τοὺς δὲ μέτρια καὶ μικρὰ κεκτημένους τῶν πολιτῶν τὰ ὄντα ἀπολλύοντας..... ἔθηκα νόμον, καθ' ὃν τοὺς μὲν τὰ δίκαια ποιεῖν ἠνάγκασα, τοὺς πλουσίους, τοὺς δὲ πένητας ἔπαυς' ἀδικουμένους..... ἦν γὰρ αὐτοῖς ἐκ μὲν τῶν προτέρων νόμων συνεκκαίδεκα λειτουργεῖν, αὐτοῖς μὲν μικρὰ καὶ οὐδὲν ἀναλίσκουσι, τοὺς δ' ἀπόρους τῶν πολιτῶν ἐπιτρίβουσιν, ἐκ δὲ τοῦ ἐμοῦ νόμου τὸ γιγνόμενον κατὰ τὴν οὐσίαν ἕκαστον τιθέναι, καὶ δυοῖν ἐφάνη τριήραρχος ὁ τῆς μιᾶς ἕκτος καὶ δέκατος πρότερον συντελής. Οὐδὲ γὰρ τριηράρχους ἔτι ὠνόμαζον ἑαυτοὺς ἀλλὰ συντελεῖς.

Que signifie au juste le passage? Et quel est le sens et la portée de la réforme de Démosthènes? La réforme porte-elle sur les prestations de trirèmes que l'État met à la disposition du commissionné, c'est-à-dire sur les dépenses que nécessite la construction et le renouvellement des navires? Il ne semble pas. On peut supposer que la charge de fournir à l'État, qui les confie ensuite aux tiérarques, les navires nécessaires, reste après comme avant la réforme une charge *réelle* retombant directement sur les symmories réelles. La réforme n'affecte que les *symmories personnelles*, c'est-à-dire le service de la triérarchie proprement dite, et elle a pour objet de transformer cette charge *personnelle* le plus possible en charge *réelle*.

Au regard du service de la triérarchie, les 1,200 citoyens, membres des *symmories* sont tous mis sur le même pied, considérés comme absolument égaux. Or, l'orateur lui-même apprend qu'on distingue parmi eux plusieurs catégories 260.22. τοὺς ἡγεμόνας τῶν συμμοριῶν ἤ τοὺς δευτέρους καὶ τρίτους. Et selon toute vraisemblance, l'aristocratie des ἡγεμόνας se distingue comme une aristocratie très restreinte en nombre, qu'on voit de loin en loin apparaître, et concentrant entre ses mains la plus grosse part de la fortune nationale. Il arrive dès lors que ce petit nombre de riches se tirent de leur part de triérarchie avec des dépenses insignifiantes, si on considère la grandeur de leur fortune, 260.11. τοὺς μὲν πλουσίους ἀτελεῖς ἀπὸ μικρῶν ἀναλωμάτων γιγνομένους; 260.28, ἀτελεῖς μικρὰ καὶ οὐδὲν ἀναλίσκουσι...; et qu'il n'y a aucune proportion entre leurs charges et leurs fortunes. Pour les personnes, au contraire, moyennement aisées, τοὺς δὲ μέτρια ἢ μικρὰ κεκτημένους; ou pauvres, 261.1. τοὺς δ' ἀπόρους τῶν πολιτῶν ἐπιτρίβουσιν, ce même service est la ruine. Il suffit de la lecture du discours contre Polyclès pour se convaincre qu'il n'y a pas exagération sur ce point de la part de l'orateur. Il s'agissait donc d'établir l'équilibre et une juste proportionnalité, relativement à la *syntriérarchie*, entre les différentes catégories des 1,200.

C'est dans ce but que Démosthènes propose sa loi et fait consacrer le principe que la charge personnelle de la *syntriérarchie* aura, elle aussi à l'avenir, une assiette réelle. Chacun devra contribuer à ce service dans la mesure de sa fortune, 261.2. ἐκ δὲ τοῦ ἐμοῦ τὸ γιγνόμενον κατὰ τὴν οὐσίαν ἕκαστον τιθέναι; ou mieux encore de son *cens* : 262.2. Τοὺς τριηράρχους αἱρεῖσθαι, ἐπὶ τὴν τριήρη ἀπὸ τῆς οὐσίας κατὰ τίμησιν ἀπὸ ταλάντων δέκα. Trierarchi ad singulam triremem deligendi sunt e re familiari *secundum censum* a denis talentis. C'est le capital fiscal, comme il fallait s'y attendre qui est encore touché ici, qui sert d'assiette, comme toujours, à la charge fiscale.

La conséquence c'est que tel, qui auparavant supportait avec quinze autres la charge d'une triérarchie, est seul, d'après la loi nouvelle, à s'en acquitter ou même à s'acquitter de deux triérarchies. L'orateur le dit expressément. 261.4. Καὶ δυοῖν ἐφάνη τριήραρχος ὁ τῆς μιᾶς ἕκτος καὶ δέκατος πρότερον συντελής. Ita etiam duarum triremium præfectus exstitit, qui prius sextus et decimus in unam contribuerat ». Il n'y a plus à proprement parler de *syntriérarchies* comme autrefois selon l'ancienne loi, selon laquelle 261.15. καθ' ὃν αἱ συντέλειαι ἦσαν τῶν τριηράρχων... et 271. 24... τοὺς τριηράρχους καλεῖσθαι ἐπὶ τὴν τριήρη σύνεκ καιδεκα ἐκ τῶν ἐν τοῖς λόχοις συντελειῶν ι; quâ lege contributiones fuerant trierarchorum.... Trierarchi ad singulam triremem vocentur sedeni e classium contributoribus.

Les triérarques reçoivent leur commission à raison d'une trirème à commander par 10 talents de cens. Τοὺς τριηράρχους αἱρεῖσθαι ἐπὶ τὴν τριήρη ἀπὸ τῆς οὐσίας κατὰ τίμησιν ἀπὸ ταλάντων δέκα.

C'est-à-dire tout capital fiscal de dix talents doit le service de la triérarchie. Lorsque l'individu possède moins, on prend le détour de joindre le capital fiscal qu'il détient à celui que détiennent d'autres individus jusqu'à concurrence de 10 talents, et ces 10 talents doivent ainsi le service de la triérarchie; dans ce cas on peut en un certain sens parler de *syntriérarchie;* ils sont plusieurs triérarques pour remplir la *liturgie triérarchique.* Si l'individu possède plusieurs fois 10 talents de cens, il doit la liturgie triérarchique pour 2 ou 3 trirèmes. Il se fait alors remplacer sur 1 ou 2 trirèmes par un homme à ses gages, comme cela se fait couramment à Athènes. Mais la prestation de 3 triérarchies est un maximum qui ne peut être dépassé, 262.5 et s. Quod si res familiaris pluris æstimata fuerit, munus id pro portione ad ternas naves et scapham progrediatur..... Κατὰ τὸν ἀναλογισμὸν ἕως τριῶν πλοίων καὶ ὑπηρετίου ἡ λειτουργία ἔστω. Κατὰ τὴν αὐτὴν δὲ ἀναλογίαν ἔστω καὶ οἷς ἐλάττων οὐσία ἐστὶ τῶν δέκα ταλάντων εἰς συντέλειαν συναγομένος εἰς τὰ δέκα τάλεντα.

Et comme pour marquer plus nettement cette transformation de la triérarchie de charge personnelle ou mixte en charge *réelle*, on décide, à prendre pour authentique ou tout au moins exact quant au fond le Κατάλογος inséré au numéro 261 et 262, que toute limite d'âge en deçà ou delà de laquelle le citoyen est dispensé de cette charge de la tri'rarchie disparaît. D'après l'ancienne loi, en effet, ne sont tenus de la triérarchie que les citoyens âgés de 25 à 40 ans, 291.23. Toute distinction d'âge se trouve dans la loi nouvelle complètement abolie. Ce ne sont plus les personnes qui doivent le service; ce sont les *biens.* La dernière ligne de ce même catalogue contient l'indication que les mêmes principes régiront à l'avenir la liturgie de la chorégie et que se trouve réalisée là aussi la même transformation de la charge *personnelle* en charge *réelle*. 261.26. Ἐπὶ ἴσον τῇ χορηγίᾳ χρωμένους.

La réforme de Démosthènes avait été nécessaire pour couper court aux abus qui n'avaient pas manqué de se produire sous l'empire de la nouvelle organisation des prestations triérarchiques par Périandre, 357/6.

De 405/4 à 357/6 la prestation triérarchique avait incombé à 2 syntriérarques, solidaires entre eux, pouvant se substituer l'un à l'autre pendant la durée de la triérarchie ou prendre chacun 6 mois la charge du commandement. C'est dans cet intervalle qu'a lieu la triérarchie d'Apollodore et celle de Polyclès son successeur. C'est également là que se placent les prestations triérarchiques auxquelles fait allusion Démosthènes dans son discours contre Midias. 564.19. Quant au discours lui-même, ce même texte le reporte à une date postérieure de quelques années à 357/6, puisque, au moment où on le prononce, Midias a dû remplir au moins une liturgie d'après le nouveau régime de Périandre. L'âge que se donne lui-même Démosthènes au moment où il prononce son discours coïncide parfaitement avec ces données. Il a 32 ans, il est né en 385; c'est en 353 qu'a lieu son procès contre Midias.

Le résultat de la réforme de Périandre avait été celui-ci. Il n'y avait pas de syntriérarques mais des συντελεσται. Les anciens syntriérarques, trop chargés auparavant, se trouvaient dans le nouveau système en qualité d'ἡγεμόνες des symmories, déchargés outre mesure au détriment des autres συντελεσται. Les nouveaux triérarques, en effet, ἡγεμόνες des symmories se trouvent, il est vrai, responsables pour les autres συντελεσται de la liturgie triérarchique, ils doivent l'avance du *talent* nécessaire à l'accomplissement de la triérarchie; mais cessionnaires de la créance de l'État, ils savent toujours fort bien faire rentrer cette somme, et l'accomplissement de liturgie ne coûte jamais plus; c'est une pratique courante que les personnes responsables traitent à forfait pour cette somme avec des entrepreneurs qui savent s'en sortir au meilleur marché. Il s'en suit que l'accomplissement de la liturgie ne coûte pas un sou aux nouveaux triérarques. C'est là l'enseignement de ce passage du discours contre Midias. Le 564.19 ne va nullement contre cette doctrine. « Parvenu à l'âge de 50 ans ou environ, dit Démosthènes, il [Midias] il n'a rien fait pour l'État de plus que moi qui n'en ai que 32. A peine sorti de l'enfance j'ai été triérarque à l'époque où deux citoyens armaient un navire, où nos propres deniers payaient toutes les dépenses, où l'armement et l'équipement étaient à nos frais. Midias, à l'âge où je suis, n'avait ... ore rempli aucune charge, il n'a mis la main à l'œuvre que ... ... ous avez établi 1,200 contribuables dont les chefs, recevant ... ... an d'eux un talent, font pour cette somme gérer leur fonction. La République fournit les équipages et les agrès :

Κἀγὼ μὲν μετ' ἐκείνους χρόνους ἐτριηράρχουν, εὐθὺς ἐκ παίδων ἐξελθών, ὅτε σύνδυ' ἦμεν οἱ τριήραρχοι καὶ τἀναλώματα πάντ' ἐκ τῶν ἰδίων ἦκε καὶ τὰς ναῦς ἐπληρούμεθ' αὐτοι.. .. Μειδίας τὴν ἑαυτα λει συγκειτ ἔρχεται ὅ.ε πρῶτον μὲν διακοσίους καὶ χιλίους πεποίηκε συντελεῖς ὑμεῖς, παρ' ὧν εἰσπραττόμενοι τάλαντον ταλάντου μισθοῦσι τριηραρχίας· οὗτοι, εἶτα πληρώ·αθ' ἡ πόλις παρέχει καὶ σκευὴ δίδωσιν, ὥστ' αὐτῶν ἐνίοις τῇ ἀληθεια τὸ μηδὲν ἀναλῶσαι καὶ δοκεῖν λελειτουργηκέναι καὶ τῶν ἄλλων λειτουργιῶν ἀτελεῖ γεγενῆσθαι περιεῖτι. »

Bien plus, ajoute le texte, sous prétexte qu'ils remplissent cette liturgie de la triérarchie qu'ils ne remplissent pas, ils sont dispensés des autres hiérarchies. C'est parce qu'il le veut bien qu'Apollodore est chargé de la liturgie de la προσφορά. *Oratio adversus Polyclem.* 1209. 1 et seq. Καὶ τούτων ἐγὼ οὐδεμίαν πρόφασιν ποιησάμενος, οὔτε ὅτι τριηραρχῶ καὶ οὐκ ἂν δυναίμην δύο λειτουργίας λειτουργεῖν, οὔτε οἱ νόμοι ἐῶσιν, ἔθηκα τὰς προσφορὰς πρῶτος.

La réforme de Démosthènes manifestement coupe court à ces abus en finissant de transformer la charge *mixte* en charge *réelle*. Les principes qui ont présidé à la rédaction de la loi, semblent être restés en vigueur. Eschine fit bien apporter à la loi quelques modifications, dont le détail ne nous est pas connu. Le nombre des symmories fut peut-être porté au nombre de cent; mais les dispositions fondamentales semblent être restées les mêmes.

· ·

La démocratie athénienne finit sur cette transformation de la liturgie de charge *personnelle* en charge *réelle*. Accablée chaque jour de charges nouvelles, ruinée et dépossédée de ses anciennes ressources par le jeu normal de l'économie monnayée, la démocratie athénienne avait dû, sous la pression du besoin, proclamer que dans un état d'économie monnayée, où l'homme et ses énergies personnelles r.ues peuvent si peu, les charges de l'État sont essentiellement des charges *réelles*, des charges de la fortune. Et comme pendant toute cette transformation, les principes qui ont une première fois sous Solon présidé à la constitution des classes sont restés les mêmes; comme le capital fiscal, sur lequel sont assises les charges fiscales de chaque classe, représente une part plus ou moins grande du montant vrai de la fortune des individus qui la compose; tout l'impôt et toute la liturgie antique se trouvent de plus en plus affecter le caractère d'un impôt progressif.

Réelle et progressive; frappant directement les biens et n'atteignant qu'indirectement l'homme à travers les biens et comme détenteur de ces biens; frappant d'autant plus grièvement que la somme des biens concentrée entre les mêmes mains est plus grande; ajoutons frappant solidairement tous ceux qui détiennent ensemble une même part de capital fiscal; telle est jusqu'à la fin la fiscalité de la démo-cratie antique.

A ce point de vue l'état démocratique athénien finit sur une formule juridique analogue à celle de la commune du Moyen-Age. *Beauma-noir. Coutumes de Beauvaisis*, ch. XXI, § 26 :

« Encore est-il une autre manière de compaignie lequele ne pot partir ne desseurer, ainçois convient qu'ele tiegne, voillent les parties ou non qui en le compaignie sont, fors en une manière que nous dirons : c'est le compaignie de communaltés. Et cette compaignie se divise en deux manières, car l'une des communaltés, si est par reson de com-mune octroiée de segneur et par chartre : telle manière de compaignie se doit uzer selon les poincts de la chartre et *poent perdre et gaaignier ensamble es cas qui appartiennent à lor commune*. Et qui veut issir de tele manière de compaignie, il convient qu'il soit regardé *combien il a vail-lant et combien li autres de la commune ont vaillant*, et doit regarder combien le commune doit, soit à vie, soit à héritage ou à deniers; et puis doit-on regarder combien il *converrait pour à chacun au marc ou à la livre*, qui toute le vaurrait aquitter sans délai; et puis doit-on penre sor celi qui s'en veut issir toute se partie entièrement et puis convient qu'il voist manoir hors du lieu de le commune.

« § 27. — L'autre manière de compaignie qui se fet par reson de communalté, si est des habitants ès viles où il n'y a pas de communes, c'on apele *viles bateices*, etc. »

L'essence de la commune est donc, selon Beaumanoir, la mise en commun, par chacun des communistes, d'une partie de son avoir, qui varie proportionnellement au total de cet avoir même, ceux qui ont plus mettant plus, et ceux qui ont moins mettant moins. L'ensemble de ces fractions du patrimoine de chacun forme le *fonds commun* de la société, et chacun participe aux gains et pertes en raison de sa mise.

Ce fonds social à Athènes, qui varie selon la fortune de chacun, qui représente une part proportionnellement plus grande de l'avoir total des personnes plus riches, c'est l'ensemble du *capital fiscal*. Il est rigou-

reusement vrai de dire que ce fonds social, ce capital fiscal tend à
perdre de plus en plus le caractère de propriété individuelle pour
prendre celui de *propriété sociale*, de fond de réserve essentiellement
affecté aux charges sociales, et dont l'individu n'a la jouissance que
sous condition d'en remplir les charges. Ce n'est pas là de notre part
vaine imagination. Cette conception se trouve assez nettement formulée dans les textes. Démosthènes, dans son discours περι συμμοριων
semble bien parler des 6,000 talents qui forment le cens de l'Attique,
comme d'un fonds de réserve nettement affecté aux charges sociales
183. 5. κελεύω, ἐπειδὴ τὸ τίμημα ἐστι τὸ τῆς χώρας ἐξακισχιλίων ταλάντων, ἵν' ὑμῖν
καὶ τὰ χρήματα ᾖ συντεταγμένα, et surtout 185. 26. Ἄτε τοίνυν ὑμᾶς τὰ μὲν
ἄλλα παρασκευάσασθαι, ταδὲ χρήματα νυν μεν εαν τους κεκτημένους ἔχειν (οὐδαμοῦ γὰρ ἂν
ἐν καλλίονι σώζ ετο τῇ πόλει), ἐὰν δὲ ποθ' οὗτος ὁ καιρὸς ἔλθῃ, τότε ἐκόντων εἰσφερόν-
των αὐτῶν λαμβάνειν : Cetera igitur vobis comparanda, — pecunia relin-
quenda nunc suis possessoribus (Nusquam enim reipublicæ commo-
dius custodiatur). At ubi hœc necessitas venerit, tunc ultro conferen-
tibus illis accipietis. — Nous trouvons donc dit en toutes lettres que
l'État peut prendre ce capital fiscal ou le laisser, à son choix, aux
mains des citoyens qui le détiennent. Un peu plus loin, 186.15 et s.,
le contexte suggère, à l'endroit de ce cens de 6,000 talents, l'image
d'une source où l'État puise à sa convenance et jusqu'à ce quelle soit
tarie pour la satisfaction de ses besoins (1). Sous la pression du droit
fiscal le droit individuel tend à être rélégué au second plan, en attendant de disparaître peu à peu et de laisser à la place une propriété
sociale nettement caractérisée.

Mais la fin prématurée de la démocratie athénienne n'a pas laissé
à cette évolution dernière le temps de s'accomplir. Athènes n'a pas
tiré les dernières conséquences des principes posés. Elle en est restée
au principe de la *réalité* de la charge fiscale, de la solidarité de tous
les détenteurs d'une symmorie *réelle*; et enfin, au lieu de proclamer
nettement le capital fiscal propriété sociale, elle s'est contentée de

---

(1) On aimerait pouvoir invoquer sur ce point le passage de Polybe, L. II,
ch. 62, § 7, où cette même somme de 6,000 talents figure comme le cens
total de l'attaque. οἱ τότε κρίναντες ἀπὸ τῆς ἀξίας ποιεῖσθαι τὰς εἰς τὸν πόλεμον
εἰσφοράς, ἐτιμήσαντο τήν τε χώραν τὴν Ἀττικὴ ἅπασαν, καὶ τὰς οἰκίας, ὁμοίως δὲ καὶ
τὴν λοιπὴν οὐσίαν. Ἀλλ' ὅμως τὸ σύμπαν τίμημα τῆς ἀξίας ἐνέλιπε των ἐξακισχιλίων,
διακοσίοις καὶ πεντήκοντα ταλάντοις. Mais chose étrange Polybe paraît ne pas
avoir l'idée de distinction fondamentale entre le capital vrai et le capital
fiscal. Les données de ce chapitre 62 sont du reste très difficiles à comprendre
et à concilier entre elles.

contraindre indirectement le détenteur de ce capital fiscal à remplir ses devoirs et charges par le procédé original de l'ἀντίδοσις. Le principe de la propriété sociale du capital fiscal est implicitement contenu dans l'ἀντίδοσις, sinon explicitement. Mais l'antiquité athénienne semble ne pas avoir eu le courage de la formuler nettement. Évidemment le poursuivant qui intente l'action d'ἀντίδοσις agit en quelque sorte comme mandataire de la société. La prétention que ses démarches expriment peut se formuler en ces termes : Le fonds que tu détiens, la part du fonds social dont tu jouis est, par sa destination première, grevé de telle ou telle charge. Si tu ne veux pas acquitter les charges du fonds je suis prêt à le faire en ton lieu et place ; et en retour je demande à être mis en possession du fonds. » Il est difficile que le caractère social de la propriété puisse s'accuser plus nettement, et on n'hésitera pas à dire avec le consciencieux et modeste traducteur de Démosthènes, Stiévenart, p. 134, « que la fortune du riche Athénien lui appartient moins qu'elle n'appartient à l'État. »

Le terme logique de cette évolution juridique aurait été l'étroite limitation du droit de libre disposition, qui semble l'essence de la propriété. Il ne paraît pas que dans la législation athénienne le caractère social que revêt peu à peu le capital fiscal soit allé jusqu'à entraîner l'inaliénabilité des biens recensés. C'est ailleurs que les principes de ce droit fiscal nouveau, qui s'est élaboré à Athènes au cours de la première moitié du IVe siècle, dérouleront toute la série de leurs conséquences. De la fin du IVe siècle avant J.-C. au IIe siècle de l'ère chrétienne, durant cette longue période où Rome s'occupe à conquérir le monde et à organiser sa conquête, ces principes, sans doute sourdement et sans que presque rien nous en avertisse, ne cesseront de gagner du terrain ; et notre étonnement ne sera pas petit de constater, au IIIe siècle après J.-C., que ce sont ces principes qui font la base et le fond de l'organisation politique romaine.

Notre tâche ici sera relativement facile : il nous suffira, pour voir a immédiatement l'orientation nécessaire, d'indiquer, en y appuyant fortement comme sur une vue d'importance capitale, le rapport de filiation manifeste entre le droit fiscal des anciennes démocraties grecques, plus spécialement la démocratie athénienne, et les institutions administratives et fiscales du Bas-Empire. Les travaux existants suffisent amplement pour notre but. Nous n'aurons qu'à passer brièvement en revue les institutions du Bas Empire, en essayant de dégager de notre mieux et de notre point de vue leur importance et leur signification véritable.

QUATRIÈME PARTIE

§ I.

Nous transporterons maintenant le lecteur dans l'empire Romain au
IVe et au Ve siècle. Nous tenterons un tableau succinct de l'organisation
sociale de l'époque ; et de ce simple exposé, fait comme il convient,
se dégagera la conclusion que ce sont bien les mêmes principes d'ordre
public et fiscal que l'on retrouve tout au fond de l'organisation de la
démocratie athénienne et de la monarchie impériale de Rome.

Quelles sont donc les différentes classes de la population romaine?
ou, ce qui nous importe plus directement, entre les mains de qui se
trouve à cette époque la possession de la terre? — Passons en revue
chacune des classes ayant à un titre quelconque la propriété du sol ;
demandons-nous la nature précise de son droit sur ses biens et quels
sont ses rapports vis-à-vis du fisc et de l'État, nous ferons évidemment ainsi de cette société l'analyse rigoureuse, l'anatomie exacte,
qui nous est nécessaire pour conclure.

I. — *Curiales*. — En tête des détenteurs du sol on trouve tout d'a-
bord les *curiales*, les curiales qui possèdent les biens dont il est question au titre 33 du livre X du code Justinien : « De praediis curialium
sine decreto non alienandis », et au titre 34 du même livre : « quando
et quibus quarta pars debetur ex *bonis decurionum* et de modo distributionis eorum. »

La *curia*, les *curiales* apparaissent dans les textes sous des noms
divers : il importe de ne pas s'y tromper. Il faut voir de véritables *curies*
dans les *métrocomies* de l'Orient dont il est question, l. 6, Code théodosien XI, 24; l. 8, C. J. x, 19 et enfin loi 1, C. J. xi, 55. C'est en vain
que Kuhn (*Die städtische und bürgerliche Verfassung des römischen Reichs*

t. I, p. 273) s'efforce de prouver le contraire contre Godefroy (*Commentaire du code Théodosien, édit. Ritter*, t. IV, *p. 189*), et Voigt (*Drei epigraphische Constitutionen Constantins; Leipzig, 1860, p. 193 et 227*); son argumentation plutôt négative, consistant à relever de prétendues impossibilités ou contradictions ne porte pas; et les raisons positives, qu'invoquent chacun de leur côté ses adversaires, gardent toute leur force. D'abord la métrocomie a une *curia*, un sénat « metrocomia scilicet erat mater pagorum seu caput inter omnes vicos qui uni civitati subjecti erant... *vicis* quoque aut saltem *metrocomiis suam fuisse curiam, suos curiales* », dit Godefroy. Quoi d'étonnant à cela? Voigt a démontré dans son étude : *Drei epigr. Constitutionen*, qu'en Occident le pagus (p. 196) et le vicus (p. 227) continuent à notre époque à avoir leur sénat, leur curie plus ou moins confondue, il est vrai, à certains égards, avec la curie de la cité. Salvien dans un passage bien connu, *De gubernatione Dei*, livre V, chapitre IV, témoigne expressément d'autre part que : « quæ sunt, inquit, non modo urbes sed etiam *municipia atque vici* ubi non quot *curiales* fuerint, tot tyranni sunt »? Mais une raison décisive c'est celle que je tire du § 8 de la loi 6 du C. th., XI, 24, : « Qui *metrocomias* possidere nostro beneficio meruerunt et *publicos vicos committere* compellantur. » Godefroy comprend avec raison que la *metrocomia* « ceterorum vicorum quorum mater est [metrocomia], onera agnoscere debet ». La métrocomie, c'est-à-dire ici ceux qui jouissent des revenus fiscaux de la métrocomie, doit répondre, comme la curie ordinaire, comme le sénat de la *civitas*, des charges fiscales des *vici* qui se trouvent dans sa circonscription. La métrocomie a une curia; et cette curia répond comme la curia ordinaire de toutes les charges de la circonscription. A elle seule, cette responsabilité fiscale me semble conférer à la métrocomie la qualité et les attributions d'une curie ordinaire.

La loi 8, C. J., X, 19 me paraît devoir être rapprochée de notre texte et vise fondamentalement les mêmes rapports : « Si divina domus aut quilibet cujuscumque dignitatis atque fortunæ *revera fundos extra metrocomias*, non patrocinii gratia, sed emtionis jure vel quolibet alio titulo legitimo possederit, et non impositas reipublicæ functiones agnoverit, quemadmodum prior dominus dependebat, omnibus modis possessiones eorum publico vindicentur, *et curiæ ejusdem civitatis, sub quâ juncti* [ou *vincti : Russ. Cont.* ou *siti*], *assignentur* ut publicis commoditatibus circa tributarias functiones undique nostra provisione videatur esse consultum. » [An. 468]. Les *vici* de la loi 6, §8,

C. Th. xi, 24 : *committere vicos publicos*, sont les *vici qui siti sunt sub curiâ ejusdem civitalis*; à cette différence près que les *vici* du C. Th., sont des *vici publici*, tandis que ceux de la loi 8 du C. J., x, 19, sont des vici appartenant à une *divina domus*, des *vici privati*. Dans les deux cas la *metrocomia*, répond subsidiairement du paiement des impôts incombant aux vici; et la teneur de la loi 8 du C. J., X, 19, impliquant qu'on emploie indifféremment le terme *metrocomia* ou le terme civitas : « *fundos extra metrocomias* » « *vici qui siti sunt sub curia ejusdem civitalis* » prouve à n'en pas douter l'équivalence des deux termes. — S'il était nécessaire, nous pourrions encore rapprocher de cette loi la loi bien connue l. 1, C. J. XI, 58, qui édicte, elle aussi, la responsabilité subsidiaire de la civitas pour les charges fiscales grevant les « *possessiones desertæ* ».

Une dernière preuve, qui a son poids, de l'équivalence juridique de la *civitas* et de la *metrocomia* se tire de cette remarque de Voigt, *op. cit.*, p. 238 et 239 que, à partir des Antonins, la langue officielle ne connaît plus que les *oppida*, urbes, civitates, en grec πολεις, s'opposant aux *vici*, aux κωμαί; ce qui donne directement l'équivalence : πολις synonyme de μητροκωμια. — J'ajoute que des textes témoignent expressément de l'existence dans les κωμαί, les Χωρια ελευθερια de la partie orientale de l'empire de véritables sénats, de curies : l. 2, C. J. xi, 2 (Epitome græcæ constitutionis ex Basilicis) Μηδεις κωμηταις προστασιαν υπισχνεισθω, μηδε δειλετθω γεωργους.... Προς τουτοις και οι κωμηται, ει μεν δουλοι εῖεν.... ει δε ελευθεροι κ' λιτρας προστιμωνται και τυπτονται μετα δεκα των προτευοντων της κωμης και διηνεκως εξοριζονται.... et simul cum decem primis ejus vici verberantur, et qu'à plus forte raison la métrocomie doit-elle avoir le sien, tout comme la civitas.

Les vici sont au point de vue de l'administration, de la juridiction et de la fiscalité attribués, donnés à la métrocomie. Dion Cassius nous dit de Byzance 74.14 que Septime Sévère, en 196 « ἔπαυσε δε την πολιν (Βυζαντιον) της ελευθεριας, και του αξιωματος του πολιτικου και δασμοφορον αποφηνας τας τε ουσιας των πολιτων δημευσας αυτης τε και την Χωραν αυτης Περινθιοις εχαρισατο. Ou encore cet autre exemple instructif pris dans Nicéphore, Call. VIII, 33. Κωνσταντινευσι δε τοις εν Παλαιστινη υπο Γαζαν την αυτων πεποιηται πολιν.... πολιν υπο Γαζαν εκεινην εποιει.... και κοινοι αυτοις και στρατρηγος και οι δημοσια διωκουν ησαν αυτοις.... Pendant que les κωμαι sont *sous* la cité, sous la métrocomie, la cité au contraire a le « δικαιον πολεως », l'ελευθερια και το αξιωμα πολιτικον ». Ce rapport entre la κωμη et la *metrocomie* d'ordre politique et administratif n'a du reste que la durée parfois éphémère de la volonté gouvernementale elle-même. Et rien n'empêche que dans certaines circonstances le rapport ne soit interverti entre la localité jusque là administrativement qualifiée κωμη, et la localité qui porte officiellement le titre de πολις. Voigt a justement rassemblé aux pages 241 et 242 de son livre une dizaine d'exemples de civitates et de κωμαι dont les rapports ont été, ainsi, pour des raisons généralement d'ordre politique intervertis. Nous citerons pour exemple Socrate : *Historia ecclesiastica*, I, 18 : κωμας πολλας πολεις απεδειξε et les deux textes reproduits plus haut de Dion Cassius, 74,14, et de Nicéphore Call. viii, 33. Il faut sans doute voir un rapport de la sorte dans le § 4 de notre loi 6, du C. Th. xi, 24. « Et in earum metrocomiarum locum quos temporis lapsus vel destituit vel viribus vacuavit, ex florentibus aliæ surrogentur ». Godefroy n'hésite pas à commenter dans ce sens : « aliæ metrocomiæ subrogentur ex *florentibus vicis* sub eâdem civitate constitutis ». C'est s'exprimer d'une manière inexacte que de dire comme *Kuhn*, p. 272. « Geriethen Metrocomien wegen Erschöpfung einzelner Besitzer oder Besitzumgen in Abnahme, so ergänzte man sie aus *volksreichen, blühenden* [*Metrocomien*]. »

Disons enfin pour finir que les rapports fondamentaux, qui se sont offerts à nous sous les vocables génériques de *civitas* et de *vicus*, de μητροκωμια et de κωμη, se présentent encore sous des termes divers : Oppida, castella... et pagi ; ou encore *burgus* comme dans la loi 6. C. J., xi, 65 : Eum qui collegio vel *curiæ* vel *burgis* ceterisque corporibus per 30 annos sine interpellatione servierit, res dominica vel intentio privata non inquietabit [a. 400].

On trouve donc répandue par toute l'étendue de l'Empire notre classe des curiales.

II. — *Possessores.* — La catégorie des possesseurs du sol dont nous parlent le plus après les curiales les textes juridiques de l'époque, c'est celle des *possessores*. La plupart des auteurs voient dans ces possessores une classe socialement inférieure aux décurions. « Au lieu de deux classes de citoyens, les nobles et les plébéiens, dit M. Houdoy dans son excellent travail sur la *Condition et l'administration des villes chez les Romains* (p.578), nous en trouvons trois : les immunes, les décurions et, réunis ensemble, les possesseurs et la plèbe. Les possessores étaient ceux qui, « jouissant d'une certaine fortune territoriale, ne faisaient pas partie

de la curie » (p. 579) : « Ces *possessores* se classent parmi les plébéiens...
Cependant, ils s'en distinguent... Le rôle de la plèbe est nul dans les
affaires d'administration. Les possessores, au contraire, tout en n'étant
pas décurions, sont appelés à délibérer avec les membres de la curie...
C'est parmi les possessores (p. 580), parmi les plébéiens les plus riches,
à défaut de membres aptes des familles curiales qu'on choisit les individus capables de combler les vides de l'album de la curie, de remplir
la charge de décurion... » « Les descendants des décurions, le patriciat
de la civitas, formaient proprement le groupe des subjecti curiœ, des
nexi curiœ, des curiales *lato sensu* héréditaires ; et c'est parmi eux exclusivement que se recrutent les décurions proprement dits... » (p. 585).
« Ce n'est qu'en cas de nécessité, quand on se trouve en présence de
cette inopia idoneorum civium devant laquelle cédaient toutes les règles
relatives aux conditions d'aptitude que l'on a recours à la nomination
des *possessores plébéiens*... Mais alors la seule condition indispensable
pour l'*adlectio* à la curie (p. 592) c'est la possession d'une fortune suffisante pour pouvoir supporter les charges fiscales ; fortune qui est fixée
par un rescript de Constance et de Constant à 25 jugères (l. 33, C.
Th., xii, 1) ». Un dernier trait, relevé par M. Houdoy, pour marquer
la position respective des *curiales* et des *plebeii possessores*, c'est (p. 594)
« que les curiales virent leurs biens *absorbés par la personne morale
appelée la curie;* tandis que les seconds conservèrent la *libre disposition*
de leurs biens. » Telle est la conception de M. Houdoy. — Il s'en faut que
l'exposition de Kuhn présente la même netteté (pp. 270-278). La seule
chose qu'on y trouve nettement exprimée, c'est qu'il est assez difficile,
pour ne pas dire impossible, de distinguer, sous la phraséologie des
textes, parmi les biens qui rentrent à des titres et sous des désigna-
tions diverses dans le domaine impérial des catégories bien tranchées
(p. 278); et que par *possessores*, il faut entendre d'une manière générale tous ceux qui détiennent un bien fonds à un titre quelconque,
mais en vertu d'un droit *propre* : c'est-à-dire indistinctement l'empereur, les sénateurs, les *Honorati*, les décurions (p. 270). Le mot *possessor* s'oppose alors au colon, à celui qui détient un bien fonds du chef
d'autrui : le *possessor* est le propriétaire par opposition au colon.

Je crois que ce sont là, tant les vues de M. Houdoy que celles de
Kuhn, des vues fausses. Le mot *possessor* s'emploie d'une manière générale pour désigner tous ceux, à quelque classe sociale qu'ils appartiennent, comme l'a entrevu jusqu'à un certain point Kuhn, qui détiennent ce que la langue juridique du temps avec unanimité et une
précision suffisante appelle les *possessiones*, ou διακατοχαί.

Ce dernier terme, à ma connaissance, se rencontre deux fois dans le
Corpus : l. 1, C. Th. De fisci debitoribus, x, 16, et l. 7, C. J., xi, 58
Godefroy conclut de l'étude de ces deux lois (édit. Ritter, iii, p. 464):
« Diacatochia fuit possessio, detentio, et ita passim in jure usurpatur, in
Glossis διακατοχή possession, διακάτοχος possessor, detentator : pro bonorum possessione apud Græcos jurisconsultos et in Glossis Labæi διακατοχή, κληρονομία. Quare et diacatochus possessor, forte tractâ significatione a genere ad speciem, diacatochus possessor fundorum patrimonialium, perpetuo ac privato jure velut domesticorum et avitâ successione
quæsitorum, ut ait lex 7, C. J., xi, 58, salvo patrimoniali canone; ita ut
opponantur diacathoci emphyteuticariis qui domini non efficiantur.»(Cf l. 1, D.,
vi, 3). Faut-il distinguer, aussi nettement que le fait Godefroy, les diacathoci des emphyteuticarii qui domini non efficiuntur? Sans contredit, la
distinction est marquée par les textes : la loi 7, C. J., xi, 58, nous parle
de *fundos patrimoniales* qu'on détient ou doit détenir salvo patrimoniali canone — perpetuo ac privato jure velut domesticos et avitâ
successione quæsitos; et ces fundi sont tenus, nous dit le même texte,
ad diacatochiæ vicem. De même la loi 5, C. J., xi, 70, parle d'abord de
« prædia domus nostræ », concédés à titre perpétuel, « si jure perpetuo apud aliquem fuerunt collocata », qui ne doivent être enlevés sous
aucun prétexte aux possesseurs ou à leurs descendants, et qu'elle
oppose à la « possessio ad tempus locata », que le fisc, même régulièrement louée, peut enlever quand il plaît au *conductor* pour la con-
vertir en *possessio* à titre perpétuel, jure perpetuo. De même encore
la loi 3, C. J., xi, 65, qui vise « possessionem rei privatæ nostræ
acceptam suo nomine, vel *perpetuo jure*, vel titulo conductionis ». Mais
la distinction est la plupart du temps très imparfaitement maintenue;
et on ne distingue pas les diacatochi qui possèdent perpetuo ac privato jure et les emphyteucarii qui dominii non efficiuntur. La loi 1,
C. Th., ii, 25, nous parle de « fundi *patrimoniales* vel *emphyteuticarii* in Sardinia per diversos nunc *dominos* distributi »; la loi 6,
C. Th., xiii, 11, de « possessores *juris emphyteutici* sub peræquationis
colore turbati », et elle ajoute qu'un inspecteur sera envoyé sur les
lieux, « ut prestinis *dominis*, si quidem idonei comprobantur, cuncta
« restituantur » Dans ces textes et dans bien d'autres, tout en distinguant entre les diverses catégories de biens, on n'éprouve aucun
scrupule à désigner l'instant d'après, indistinctement par les mêmes
termes, les détenteurs de n'importe quelle espèce de biens. C'est ainsi
qu'on trouve employés pour désigner ces détenteurs de biens « *domini* »,

l. 1, C. J., xi, 25; *perpetuarii conductores*, l. 3, C. J., xi, 70; *perpetuarii* tout court, l. 1, C. J., xi, 70; *veteres possessores fundorum*, l. 4, C. J., xi, 70, qu'on oppose dans la même loi aux *novi conductores*. Le Code Justinien, à en juger par les rubriques, connaît je ne sais combien d'espèces particulières de biens, xi, 61, de fundis patrimonialibus et saltuensibus et emphyteuticis; xi, 64, de collatione fundorum patrimonialium et emphyteuticorum; xi, 63, de fundis rei privatæ et saltibus divinæ domus; xi, 66, de fundis et saltibus rei dominicæ, xi, 68, de prædiis lamiacis; xi, 70, de locatione prædiorum civilium vel fiscalium sive fiscalium sive templorum sive rei privatæ, vel dominicæ; et la rubrique du C. J., xi, 61, qualifie indistinctement *conductores* les détenteurs de la plupart de ces catégories de biens : de fundis patrimonialibus, et saltuensibus et emphyteuticis et *conductoribus eorum*.

Que représente au juste chacune de ces catégories de biens? Il serait, sans doute, intéressant de le savoir; mais c'est là une difficile question comportant une étude approfondie de la littérature des Feldmesser, que nous ne saurions prétendre résoudre ici. Contentons-nous de remarquer que toutes ces catégories de biens se ramènent, à un certain point de vue qui est celui des droits plus ou moins étendus des détenteurs, à deux grandes classes : les biens possédés *jure perpetuario* et les biens emphytéotiques; et que ces deux espèces, à leur tour, forment une catégorie plus générale de biens qui ne sont pas l'objet de la part des détenteurs d'un véritable droit de propriété, d'un *dominium*, mais d'un droit de simple possession, *possessio* « διακατοχή », dérivant d'une locatio-conductio. Le type de ce rapport juridique est celui qui vise la l. unic., D., vi, 3. Paulus ad libro XXI ad Edictum. Agri civitatum alii vectigales vocantur, alii non. Vectigales vocantur qui *in perpetuum locantur* id est hâc lege ut tamdiu pro his vectigal pendatur, quamdiu neque ipsis qui *conduxerint* neque his qui in locum eorum successerunt, auferri eos liceat. Non vectigales sunt qui ita colendi dantur ut privatim agros nostros colendos dare solemus, § 1. Qui in perpetuum fundum fruendum conduxerunt a municipibus, quamvis non efficiantur *domini*, tamen placuit competere iis *in rem actionem* adversus quemvis possessorem sed et adversus ipsos municipes. » Les preneurs perpetuarii ne sont donc pas maîtres « non efficiuntur domini », dit le texte; ils n'ont pas le *dominium*. La propriété reste en dehors d'eux dans la personne des villes. — Dans le cas qui nous occupe, le propriétaire ce n'est pas la *civitas*, le municipium, c'est

l'État, le fisc, l'empereur. Mais les preneurs de ces biens sont vis-à-vis
de l'État à peu près dans le même rapport que sont vis-à-vis des villes
les *conductores perpetuarii* des fundi leur appartenant. Ils ne sont, eux
aussi, que des *conductores*, de simples *possessores*, des διακατολοί. C'est,
évidemment, une inexactitude et un abus que d'appeler les conductores
des *domini*, comme font par exemple la loi 1, C. J., xi, 58, et la loi 6,
C. Th., xiii, 11. « *Qui possessores juris emphyteutici* sub peræquationis
colore turbavit.. ut pristinis *dominis*, si quidem idonei comprobantur,
cuncta restituit. »

On commence à avoir, je l'espère, une idée assez concrète et assez
nette de ce qu'il faut entendre par les *possessiones* et διακοτολαι. Mais,
pour montrer que les *possessores* ne sont pas essentiellement des *plebeii*,
ce n'est pas encore assez.

Nous avons un texte qui distingue nettement entre les possessions ou la propriété (comme on voudra) des *plebeii* et les *possessiones* au sens que nous venons de donner à ce mot. Ce texte,
c'est la loi 33, C. Th., De decurionibus, xii, 1. Sancimus ut quicumque ultra viginti quinque jugera *privato dominio* possidens —
ampliorem ex *re privatà nostrà jugerationis modum* cultura et sollicitudine *propriâ* gubernaverit, — omni privilegiorum vel originis
vel cujuslibet excusationis alterius frustratione summotà — curiali
consortio vindicetur. — Illo etiam curiæ similiter deputando, qui
minus quidem quam viginti quinque jugerorum *proprietatem* habeat,
— ex *rebus vero nostris vel parvum vel minorem jugerationis modum* studio
cultionis exercet. Ita ut, omni fraude summota, si qui venditione
simulatâ præscriptas lege minuat facultates, omne quod simulata
venditione ad alium transtulit, fisci nostri viribus vindicetur. [An. 342].
Qu'il s'agisse là de *plebeii,* cela ne fait pas doute pour M. Houdoy
(*op. cit.*, pp. 592-593) et ne saurait faire doute pour personne; la loi
53, § 1, même titré, s'il en était besoin, serait une preuve irréfragable : Decurionum enim filios necdum curiæ mancipatos et *plebeios.
ejudem oppidi* cives, quos ad decurionum s ibeunda munera splendidior fortuna subvexit, licet nominare solenniter. [An. 362]. Dans
notre loi 33 on trouve nettement distingués et opposés l'un à
l'autre, comme rentrant dans des catégories différentes, ce qui appartient au *plebeius* à titre de « *dominium privatum* » « *privato domino possidens* », de « proprietas » et ce qu'il détient et cultive (*e re privatd nostrà* »
« *ex rebus vero nostris vel parvum vel minorem jugerationis modum* studio
cultionis exercet ». Par ce qu'il possède en propre, le plebeius n'est
donc pas, les textes le disent formellement, *possessor* comme le veut

Houdoy, il est plutôt proprement *dominus*, il a le « dominium privatum ». S'il est *possessor* c'est par la jouissance de biens qui ne sont pas proprement à lui, qui sont au prince, au fisc.

Le *possessor* n'est donc pas nécessairement et exclusivement un *plebeius*, mais le *plebeius* peut posséder des biens du fisc, être *possessor*.

Il en est de même du curiale. Le curiale peut posséder des biens du fisc, être *possessor*. A un certain moment la loi leur a défendu de participer à la possession des biens fiscaux : l. 2, C. Th , x, 3. *Curialibus omnibus* conducendorum rei publicœ pradiorum ac saltuum inhibeatur facultas (a. 372) ; et la loi 6 du même titre, insérée dans le C. J., lex unic., xi, 72, avec l'addition : *Quum neque militi neque curiali* hoc faciendum permittimus. Déjà Ulpien, libro iii, opinionum, l. 2, § 1, D. L. 8, avait trouvé le principe établi : ideo si decurio subjectis aliorum nominibus *prœdia publica* colat, *quœ decurionibus conducere non licet...*; et nous voyons les mêmes interdictions s'appliquer en ce qui concerne la location des fundi vectigales des cités, l. 97, C. Th., xii, 1 (a. 383).

Mais il ne semble pas qu'on ait toujours tenu la main à la rigoureuse exécution de ces lois. D'autres textes nous montrent les curiales détenteurs de possessiones, et le Pouvoir reconnaît le fait comme parfaitement légitime. La loi 97 C. Th., xii, 1, qui exclut les curiales de la conductio des biens de la cité, excepte du même coup de l'application de cette règle ·l'Égypte toute entière. Et, en effet, c'est une pratique parfaitement reconnue et légale que les curiales dans ce diocèse détiennent des possessions, des διαχατολχι, des fundi fiscales. Le § 5 de la loi 6 du titre : De patrociniis vicorum, C. Th., xi, 24, nous dit : Arurœ quoque et possessiones quas *curiales* quolibet pacto, publicatis apud acta provincialia desideriis suis, vel reliquerunt vel possidere alios permiserunt, — pene eos qui eas excoluerunt et functiones publicas recognoscunt, firmiter perdurabunt, nullam habentibus curialibus copiam repetendi ». Les curiales ont donc sur ces *possessiones* un droit parfaitement clair et défini, subordonné au paiement des redevances « pene eos qui functiones publicas recognoscunt », et qu'ils paraissent pouvoir transmettre de différentes façons « quas quolibet pacto possidere alios permiserunt »; de la même façon que le *perpetuarius* transmet ses droits sur les prœdia domus nostrœ qu'il détient « vel successione vel donatione sive venditione vel quolibet titulo ». — Ajoutons que, dans cette même loi 6 du C. Th., xi, 24, les *possessiones*, arurœ sont nettement distingués des autres biens de la métrocomie. La distinction ressort à l'évidence de l'économie même de la loi et de l'opposition manifeste des différents paragraphes. Le prœmium parle, d'une part, des *possessiones* que divers personnages « sub patrocinio possidere cœperunt ex Cæsarii et Attici consulatu », des « possessiones quœ adhuc in suo statu constitutœ sunt ». Puis le § 1 aborde la question des métrocomies auxquelles paraissent se rapporter les §§ 2, 3 et 4. Le § 5 revient aux « arurœ et possessiones » ; c'est celui que nous venons de citer.

D'où viennent les *curiales* qui détiennent les *possessiones* dont il est question ici ? Évidemment des métrocomies dont s'occupe les §§ 1, 2, 3 et 4. Ce sont les libres citoyens de ces métrocomies qu'on trouve sous le nom de curiales parmi les détenteurs de ces *possessiones ;* tout comme nous voyons par la loi 33, C. Th., xii, 1 ces possessiones aux mains des plébeii. — En Égypte, par exception au droit commun, l. 97, C. Th., xii, 1, le curialis semble avoir pu être en tout temps un *possessor*.

Il n'y a pas au reste que les *plebeii* et les *curiales* qui puissent venir à la possession de nos *possessiones*. Les personnes du rang le plus élevé, quand elles ne sont pas sous le coup d'une incapacité particulière tenant à la nature de leur office, sont admises à concourir aux enchères où s'attribue la possession de ces biens. Ce sont, par exemple, des « viri senatoriæ fortunæ : » l. 15, C. Th., v, 13. Emphyteutica prædia quæ senatoriæ fortunæ viris... ita sunt per principes veteres *elocata ut certum vectigal annuum* ex his ærario penderetur (a. 364) ; des *comites consistoriani,* l. unic., C. Th., x, 5. ... Ut igitur ille præceperat, ne consistoriani comites fidejussores in suscipiendis possessionibus darent..., custodiri oportet [an. 398] (1). »

Pouvant appartenir à toutes les classes de la société ; indifféremment curiales, plebeii, senatores ; les *possessores* ne sauraient constituer proprement une classe. Il n'existe pas juridiquement de classe de possessores, tout au moins au début, c'est-à-dire au ive siècle. Sont *possessores* tous ceux qui prennent part à la location des *fundi* fiscales ; qu'une

---

(1) *Kuhn* cite encore, p. 274, comme détenteurs possibles des *possessiones* les collegiati et les corporati. Mais aucun des textes qu'il cite ne constitue une preuve décisive. La catégorie des biens dont il est question aux lois 41, C. Th., xv, 1 et aux lois 4 et 5, C. Th. De locatione fondarum, x, 3, ce sont plutôt des biens appartenant aux cités, non des biens fiscaux ; et on comprend que les règles de location ne soient pas les mêmes pour l'une et l'autre catégorie de biens.

incapacité particulière n'empêehe pas d'être déclarés adjudicataires et
qui présentent réalisée cette condition de fait, une solvabilité suffisante :
qui sont *idonei* ou peuvent produire des cautions convenables : l. 7,
C. J., xi, 61. Quicumque ad emphyteusin fundorum patrimonialium
vel reipublicœ jussu nostri muninis venerit, is, si redundantiâ fortu-
narum *idoneus* fuerit ad restituenda quœ desertis forte possessionibus
requirentur, *patrimonium suum publicis implicet nexibus.* Si vero minor
facultatibus probabitur, datis fidejussoribus idoneis ad emphyteusin
accedat [an. 386].

Mais comme il fallait s'y attendre dans une affaire où il y a un cautionnement à constituer et des garanties à fournir, les personnages
riches et puissants n'ont pas tardé à évincer leurs concurrents moins
fortunés. De plus en plus les *possessores* ont tendu en fait à se confondre
avec la classe la plus élevée; et au ve siècle on voit des *possessores* intervenir constamment sous ce nom, immédiatement après les *senatores*, les
immunes, avant les *curiales* et à plus forte raison les *plebeii*, dans les affaires les plus importantes de la cité. Lorsqu'il s'agit de choisir le *defensor
civitatis*, ce sont les *possessores* avec les curiales et le clergé qu'on trouve
chargés de ce loin : l. 11, C. J., i, 55. Jubemus eos tantummodo ad
defensorum curam peragendam ordinari qui sacrosanctis orthodoxœ
religionis imbuti mysteriis... patefecerint. Ita enim eos prœcipimus ordinari ut revendissimorum episcoporum, nec non clericorum et *honora-
torum ac* possessorum *et curialium* decreto constituantur [505]. — De
même lorsqu'il s'agit de choisir le médecin ou les médecins officiellement attachés à la cité, l. 7, C. J., x, 52. — Ce sont sans doute
apparemment encore les curiales et notre groupe des *possessores* qu'il
faut voir dans l'expression « οἱ τὰς πόλεις οἰκοῦντες ἢ ἐν αὐταῖς κεκτημένοι »
de la loi 2 du C. J., x, 27.

On constate même que les *possessores* apparaissent seuls dans beaucoup de textes; et, à s'en tenir à ces témoignages, il semblerait qu'il
n'y eût que des *possessores*, κτήτορες dans la cité : l. 1, C. J., x, 27.
Quotiens urgente necessitate comparationes frumenti indicuntur, *nulli
penitus possidentium* sese... excusandi tribui facultatem censemus. — La
loi 2 du même titre rendant manifestement le mot *possidentes* par
κτήτορες, nous donne de son côté : § 1. Μηδεὶς ποτε χωρὶς μεγάλης ἀνάγκης
ἐπιταττέσθω τοῖς κτήτορσιν συνωνή, καὶ ὅτε δε γίνεται, κατὰ θείαν κέλευσιν γινέσθω, ἐφ' ᾧτε τὸ τῆς συνωνῆς χρυσίον ἐκ τῆς συντελουμένης παρὰ τῶν κτητόρων
χρυσῷ συντελειᾶς παρακατέλεσθαι. — De même 17, C. J. I, 4. Nov. 128,
Cap. V. — Dans la loi, 3, C. J. X, 27, nous lisons d'autre part : Οτὰν
ἐν τινι πόλει σιτώνου γένηται χρεία, ἐπισκόπου καὶ τῶν ἐν τοῖς κτήτορσι πρωτε-

υόντων γινέσθω ἡ ἐπι αὐτῷ προβολή,.... Curiales et possessores tendent à se confondre ; on s'achemine déjà, semble-t-il, à la suppression de la curie que consommera une novelle de Léon : Zachariæ, coll., II, nov., 46 et 47. — Pourquoi? Nous le dirons plus tard.

Il nous faut pour finir revenir un instant sur les *possessiones*. De quelle partie de l'administration, de quel membre de la hiérarchie dépendent les *possessiones?* Il semble bien que ce soit l'Administration centrale : tantôt l'Empereur lui-même, tantôt le *Comes ærarii privati* ou Comes Rerum Privatarum (1), suivant la nature des biens concédés, qui, comme il convient pour des fonds appartenant à l'État, dispose des *possessiones* à leur guise. Pour le prouver, nous n'avons entre les textes que l'embarras du choix, l. 5, C. J. XI, 70 ; 15, C. J., XI, 58 ; 6,7 et 8, C. J., XI, 61 ; l. 2 et 7, C. J., XI, 65 : Je cite une partie du texte : Palatinum etiam officium, si quoquo modo contractus ejusmodi fuerit celebratus, etc. — Ce qu'il y a de remarquable c'est qu'on édicte en même temps la responsabilité du bureau compétent au cas où les garanties constituées par le bailleur semblent insuffisantes : l. 7, C. J., XI, 61... Scientibus *his quos tálium rerum cura sollicitat*, in se negligentiæ damna, si hujusmodi cautio defuerit, esse vertenda » ; et l. 7, C. J., XI, 65: Palatinum officium... 50 pondo auri pœnæ nomine inferre privato nostræ mansuetudihis ærario cogatur... — D'autre part, il semble bien que l'Administration centrale procède toujours par voie de concessions individuelles

---

(1) Pour la distinction précise des différentes administrations financières et caisses d'État, voir Monnier, *Nouvelle Revue historique*, 1892, p. 531 et Marquardt, Romische Staatsverwaltung (2ᵉ édit.), t. II, p. 311 et 312: « Il y eut dès le principe à côté de la caisse impériale d'État (fiscus) une caisse impériale privée (*patrimonium cæsaris*). Puis sous Sévère on distingua nettement le *patrimonium* principis, la dotation inaliénable de la couronne administrée par un *procurator patrimonii* des biens personnels de l'empereur administrés par des *procuratores rationis privatæ* et un *procurator rationis privatæ* résidant à Rome. Bientôt le *procurator rationis privatæ* a conquis le pas sur le *procurator patrimonii*; et dans la seconde moitié du IVᵉ siècle on ne connaît plus que le premier qui s'appelle *comos privatarum* et l'ancien procurator fisci qui s'appelle *comes sacrarum largitionum* ». Au reste, ajoute Marquart, p. 310 la notion de l'impérialat comporte que la personne de l'Empereur s'identifie avec l'État, comme cela a de nouveau été le cas pour la monarchie absolue depuis Louis XIV; et l'on ne peut pas dire qu'il y ait une différence fondamentale entre les deux caisses, l'Empereur disposant tout pareillement du *fiscus*, du *patrimonium* et de la *res privata*.

portant sur une étendue bornée de terres fiscales; et que l'attribution
ne se fasse jamais en bloc pour tous les biens d'une région ou d'une
civitas donnée. La concession une fois faite reste sous le contrôle des
agents du Pouvoir central. C'est devant le gouverneur de la
province que, d'après la loi 14, C. J., xi, 58 érigeant en loi générale
la disposition particulière relative à l'Égypte de la loi 6, C. Th., xi, 24,
les curiales peuvent faire abandon ou cession des *possessiones*, situées
à l'intérieur du territoire de leur cité, qui sont entre leurs mains :
« Rura et possessiones, quas curiales quolibet pacto, publicatis *apud
acta provincialia* desideriis suis, vel reliquerunt vel possidere alios
permiserunt. »

Les *possessiones* ne sont pas au reste sans rapport avec les cadres
administratifs inférieurs. On dit d'elles qu'elles sont situées dans
tel diocèse, telle province, dans telle cité : l. 6, C. J., xi, 61.
quibus patrimoniales *possessiones* per Asianam, ac Ponticum *dio-
cesin* donatœ sunt. [484]. — Loi 8, même titre : omnes fundi patrimoniales per *Mesopotamiam* et *Osrohœnam provincias*. — Enfin la loi 6, C.
J., xi, 69, désigne des *possessiones* dont elle nous donne le nom comme
expressément situées dans le territoire de telle cité : « Sancimus Nicen-
sium civitati seu habitatoribus ejus tam jus exactionis quadringento-
rum solidorum annui canonis civilis reditus ad suam patriam pertinentis *ex possessionibus* id est Calamo et Heliobomo necnon Emtorio
Varateno cum Epotio eorum *sub territorio Apamenœ civitatis constitutis* ».
Les revenus de ces *possessiones* situées à l'intérieur du territoire de la
cité d'Apamée sont affectés à une autre cité. On serait à certains in-
dices tenté de croire que la règle est plutôt que les *possessiones* des
cités ne peuvent être aux mains que d'habitants de ces mêmes cités.
Dans la loi 14, C. J., xi. 78 [6, C. Th., xi, 24] les *possessiones* dont les
curiales vont faire abandon aux bureaux du gouverneur de la province
paraissent des *possessiones* de leur propre cité; et une autre preuve
se tire *par analogie* de la loi 15, C. Th., x, 3, qui interdit aux étrangers
de se faire concéder à titre de location perpétuelle des biens d'une cité
autre que la leur... « *ea reipublicœ loca* quœ aut includuntur muribus civitatum aut pomeriis sunt connexa vel quœ de jure templorum aut
per diversos petita aut *œternabili domui congregata* vel civitatum territoriis ambiuntur sub perpetuâ conductione pene municipes, collegiatos
et corporatos urbium singularum collocata permaneant, *omni venientis
extrinsecus atque occultœ conductionis attentatione summotâ*. » On remarquera que ces biens communaux peuvent être dans les mains de l'Em-

pereur et que cependant la règle applicable reste la même. Mais en voici assez sur les *possessiones* et les *possessores*.

III. — *Senatores.* — La troisième catégorie de personnes se présentant à nous dans les textes comme possesseurs de biens fonds, ce sont les sénateurs et les membres de la classe sénatoriale. Deux titres du Code Théodosien, les titres 3 et 4 du livre IV, sont consacrés à cette classe de possesseurs et à leurs biens. Nous n'avons pas ici, comme pour les possessores, à résoudre de questions difficiles. On sait assez ce qu'il faut entendre par la classe sénatoriale et les sénateurs. Disons seulement d'après le paratitlon de Godefroy qu'on qualifie le sénat romain de « consilium amplissimorum virorum »; « prœclara curia »; « splendidissima curia », « ordo amplissimus »; que les sénateurs sont dits «proceres », « clarissimi » ; leur dignité « clarissima dignissima », « clarissimum nomen », et que les empereurs eux-mêmes sont réputés membres du sénat. Ajoutons que Rome est considérée comme le siège propre du sénat, et que juridiquement les sénateurs répandus dans l'Empire sont censés proprement membres du sénat de la ville de Rome. —- Naturellement leurs privilèges sont multiples et nous n'avons pas à les énumérer. En matière criminelle le gouverneur de la province instruit la cause dans laquelle ils sont impliqués, mais doit en référer pour la sentence ou au préfet de la ville ou au préfet du prétoire. Ils sont exemptés de la torture. Ce sont en un mot de très gros personnages, les plus hauts personnages de l'empire. Ils possèdent souvent dans les provinces les plus éloignées les unes des autres des biens qu'ils visitent très rarement : ce sont des procuratores, des actores qui administrent pour eux ces immenses fortunes. Enfin ils remplissent à la cour les plus gros emplois.

Quant à leurs biens, on les trouve indistinctement désignés par les termes de « prœdia senatorum »; « possessiones senatoriæ »; « *gleba senatoria* », l. 3, C. Th., vi, 3; « fundi senatorii », l. 4, même titre. N'y a-t-il pas lieu de distinguer, pour les sénateurs comme les curiales, parmi les biens qu'ils possèdent deux catégories bien distinctes : le patrimoine propre et les *possessiones?* La loi 13, C. Th., vi, 2, parle en faveur de cette distinction : Arcadius et Honorius ad Senatum et Populum. — Senator *patrimonium proprium* in quemcumque quâlibet ratione transtulerit imminutio designationis tempore probata non valeat, sed causa prius erit — actis provincialibus — approbanda [397]. Ces mots *patrimonium proprium* semblent bien impliquer l'existence d'une catégorie de biens distincts du patrimoine propre. Et, en effet, nous voyons par ailleurs que les sénateurs sont admis à l'occupation des *possessiones* : l. 33, C. Th., v, 13, et que dans toute concession de biens fiscaux le preneur garantit le paiement régulier du canon sur son *patrimonium* qu'il engage : l. 7, C. J., xi, 61. Quicumque ad emphytensim fundorum patrimonialium vel reipublicæ jussu nostri numinis venerit...., is.... *patrimonium suum* publicis implicet nexibus. — Dans une lettre de Synésius, 33, ce patrimoine se présente sous l'expression curieuse « τὴν πατρώαν βῶλον ὑποτελητῇ συγκλετῷ » : ὅστις ἐκ προγόνων λαμπρότατος ὢν καὶ τὴν πατρώαν βῶλον ὑποτελῆ τῇ συγκλήτῳ διαδαξάμενος ». Ces biens patrimoniaux des sénateurs « βωλος υποτελης τη συγκλετῳ » sont naturellement tous soumis aux mêmes charges : la « gleba », « gleba senatoria » ou « functio glebalis » ou « descriptio glebalis » ou « follis » ; la préture ; la prostasia. Tous doivent faire l'objet de la part du détenteur d'une professio au sénat l. 8, C. Th., vi, 2. Enfin le sénateur propriétaire ne peut librement disposer de ce patrimoine propre ; pour l'aliéner ou le transmettre à un titre quelconque à autrui il lui faut préalablement obtenir l'autorisation du gouverneur de province, l. 13, C. Th., vi, 2 : Senator patrimonium proprium in quemcumque quàlibet ratione transtulerit, imminutio designationis tempore probata non valeat, sed causa prius erit actis provincialibus approbanda [397]; et, si je puis dire, le caractère sénatorial est si bien empreint sur ces biens patrimoniaux des sénateurs qu'il ne sait plus s'effacer, l. 17, C. Th., vi, 2. De collatione glebalis auri vel..... n ..... ii tituli ne domum quidem nostram immunem esse præcipimus [481]. Il s'agit, à mon sens, des terres sénatoriales tombées à un titre quelconque dans le domaine privé de l'empereur (1).

IV. — *Veterani.* — Au quatrième rang parmi les détenteurs de biens fonds aux ive et ve siècles nous placerons les *vétérans.* Ici encore Godefroy sera notre maître et notre guide comme il l'a été et le sera longtemps encore de tant d'autres.

Aux ive et ve siècles, il existe une véritable classe de soldats héréditaires. Comme pour les curiales et les autres corps de l'empire, la profession passe du père aux enfants, l. 3, C. Th. vii, 22. De filiis *militarium, apparitorum et veteranorum.* Illi qui ex officialibus quorumque offi-

---

(1) Voir *contrà* : le commentaire de Godefroy.

ciorum geniti sunt, sive eorumdem parentes adhuc sacramento tenentur, sive jam dimissi erant, in *parentum locum procedant* [331]. Il y a une « stirps castrensis », une « militaris prosapia » l. 7, 9, même titre; dont les membres sont tour à tour, sous condition préalable d'aptitude corporelle, « offerendi militiæ ». S'ils tentent de s'y soustraire, on les incorpore de force, l. 7, C. Th. vii, 22. Quicumque castrensi stirpe progeniti diversorum se nexibus officiorum tradiderunt, manu injecta retrahantur ». — D'après l'importance du patrimoine, le fils de vétéran sert au reste dans l'infanterie ou la cavalerie et non pas comme simple soldat, mais avec le grade de circitor, l. 2, C. Th. vii, 22, §§ 1 et 2.

Une autre catégorie de vétérans dont le caractère héréditaire estpeut être encore mieux marqué, ce sont les « milites limitanei » dont il est question au C. Th. vii, 15. De terris limitaneis et C. J. xi, 59. De fundis limitrophis et terris et paludibus et pascuis limitaneis vel castellorum; qui semblent être l'analogue des populations militaires des Confins militaires de l'Autriche, et qui habitent ce que les textes appellent les *Castella*, les « territoria castellorum ». La charge militaire de ces populations se transmet héréditairement; on ne saurait en douter à la simple lecture des textes interdisant l'acquisition de ces terres à tout autre qu'aux *milites limitanei* à qui elles ont été concédées. Une étude plus attentive de certains nous fait pénétrer plus avant dans des détails curieux. La loi 1, C. Th. vii, 15, par exemple, qui s'occupe des « terræ limitanæ » concédées d'abord aux populations barbares « gentiles » dit qu'à défaut de « gentiles » elle pourront être remises aux mains des « veterani » : Alioquin sciant hæc spatia vel ad gentiles, si potuerint inveneri, *vel certe ad veteranos* esse non immerito transferenda [a. 409]; lesquels vétérans les transmettent naturellement à leurs fils avec obligation de remplir la charge militaire correspondante. La loi 2 du même titre veut, de son côté, que les « loca castellorum « tombés en possession d'étrangers soient restitués à ceux « quibus adscripta sunt et de quibus judicavit antiquitas [a. 423].

On pourrait dire que les biens de ces « *stirpes militares, castrenses* » sont, pour employer une expression d'une autre époque, de véritables fiefs. La seule charge qui pèse sur eux est celle du service militaire.

Ces biens, au reste, à envisager leur origine, paraissent être de deux sortes : les uns ont été constitués au vétéran et à sa famille sur les possessions vacantes de l'État, l. 3, C. Th. vii, 20 [an 320]; loi 8 du même titre, et pour les *terræ limitanæ*, loi 1, C. Th. vii,

15. D'autre part il arrive que le fief que dessert le *miles* a fait antérieurement partie d'une autre catégorie de biens : la loi 11, § 1, de notre titre vii, 15, pose le cas d'un *primipilaire* ayant deux fils et un patrimoine assez considérable pour fournir aux charges du service militaire de l'un, à celles de la dignité de décurion de l'autre, et attribuant un fils à la milice et l'autre à la curie. La démarche opposée d'un décurion constituant à l'un de ses fils une dotation militaire, et se substituant l'autre dans la curie, n'est pas plus difficile à comprendre. La charge du service militaire et celle de la curie paraissent dans les textes étroitement unies; le fils de vétéran qui ne peut pas ou ne veut pas faire sa carrière du métier des armes est impitoyablement adjugé à la curie : l. 2 et 5, C. Th. vii., 22 « ita ut re familiari gaudentes et ineptos militiæ curiarum societati conjungas ». Il ne nous paraît pas douteux qu'un père puisse certainement faire curiale un de ses fils et l'autre soldat. — Mais quelle que soit sa provenance, la dotation du miles, au point de vue des charges fiscales, a toujours la même condition juridique. « Terræ vacantes », agri vacantes ou patrimonium, facultates » détenus par le miles à titre de dotation militaire, sont également exempts de toute redevance vis-à-vis du fisc et de tous droits : l. 3, vacantes terras accipiant easque perpetuo *habeant immunes* ».

En quoi consiste cette immunité? Naturellement dans l'immunité des charges foncières, l. 2 et 3, C. Th. vii, 20. Mais ce n'est pas tout ; les militaires sont exempts de toutes sortes de *munera* personnels ou réels : l. 6 et 9, même titre; des contributions indirectes mêmes : la loi 9 de notre titre le dit, et nettement encore la loi 2 : « Ne quis eorum nullo *munere civili* neque in *operibus publicis* conveniatur, neque in *nulla conlatione* neque a Magistratibus neque *vectigalibus*. In quibuscumque nundinis interfuerint nulla *proponenda* dare debebunt. Publicani quoque ut solent agentibus supercompellere his veteranis amoveantur:... Fisco nostro... quoque interdiximus ut nullum omnino ex his inquietaret sed liceat eis emere et vendere ut integra beneficia eorum sub sæculi nostri otio et pace perfruantur. » — Enfin certaines catégories de vétérans exemptent même de la capitation non seulement eux-mêmes, mais leur père, leur mère, leur femme : l. 4, même titre.

La seule charge qui pèse sur eux, nous l'avons dit, est celle du service militaire; cette condition est la condition *sine qua non* et en même temps la seule condition à remplir pour être investi légitimement du bien militaire. Dès que cette charge est remplie convenablement l'État s'inquiète peu de savoir quel est le titulaire. Il lui suffit que le fief soit entre les mains d'un soldat idoine, *miles idoneus*. La dotation, comme plus tard les fiefs militaires, devient ainsi licitement un objet de commerce entre gens de la même profession, l. 1 C., Th. vii, 15... Quoniam comperimus aliquos retinere [terrarum spatia], si eorum cupiditate vel desiderio retinentur, circa *curam* fossati tuitionem que limitis studio et labore noverint serviendum, ut illi, quos huic operi antiquitas deputarat... Dans le cas où ils n'exécuteraient pas la condition, il y aurait commise : alioquin sciant hœc spatia vel ad Gentiles, si potuerunt inveniri vel certè ad veteranos esse non immerito transferenda... » [409].

En revanche, ceux de leurs biens qui sont régulièrement reconnus comme dotation de leur charge, jouissent seuls des privilèges et exemptions énumérés ci-dessus; et tout ce qu'ils peuvent acquérir d'autre reste soumis aux charges normales, l. 28, C. Th. xi, 1.

V. — *Plebeii*. — Les plébéiens ne sont pas tout à fait des étrangers pour nous. Nous les avons vu conquérir par leurs membres les plus riches la dignité de décurion, et posséder outre leurs biens propres « proprietatem » des *possessiones* d'étendue diverse. Mais cela ne suffit pas pour nous donner du groupe l'idée rigoureuse qui convient. La question, disons-le d'abord, est des plus difficiles. Sa solution se trouve dépendre de celle qu'on donne des difficiles questions de l'origine du colonat et de la nature de l'organisation de l'impôt sous les empereurs chrétiens. Celui-là seul pourrait se flatter d'avoir trouvé la formule définitive qui aurait pleinement élucidé ces deux questions.

Les plébéiens sont, pour nous, ceux qui paient la *capitatio plebeia*. La *capitatio plebeia* est au point de vue fiscal la marque de la condition plébéienne, comme la follis est la marque de la qualité sénatoriale, comme *l'aurum coronarium* est celle de la classe curiale. Dans cette société fortement hiérarchisée où les rapports politiques traduisent toujours des rapports sociaux, où la diversité des devoirs et des droits correspond toujours à des différences de fortune, la *capitatio plebeia* est la redevance propre des *plebeii*.

Qu'est au juste en elle-même cette *capitatio plebeia* ? Les opinions sur ce point sont très diverses Trois hommes considérables dans la science, dont le nom fait également autorité, se sont occupés de la question : MM. Savigny, Rodbertus et Zachariœ : leurs conclusions diffèrent du tout au tout, et c'est à travers tous ces systèmes qu'il nous faut à notre tour tenter de démêler la vérité.

Pour *Zachariæ, Zur Kenntniss des romischem Steuerwesens in der Kaiserzeit.* Saint-Pétersbourg, 1863, in-4°) la *capitatio plebeia* est un impôt présentant des analogies avec l'ancien tributum, un impôt sur le capital, un impôt de classe ; c'est proprement l'impôt qui sous l'ancien régime du tributum civil était celui de la dernière classe de la population touchée par le fisc. C'est à cette opinion que nous nous rattachons, sauf à l'expliquer et à la développer. Mais nous avons à justifier cette préférence ; et nous ne pouvons nous soustraire à l'obligation de soumettre à un examen quelque peu approfondi les opinions opposées, surtout celle que Rodbertus a développée dans ses géniales études sur l'Empire romain : *Untersuchungen auf dem Gebiete der Nationalökonomie des klassischen Alterthums,* parues dans les : Jahrbücher für Nationalökonomie herausgg. von Hildebrand; tomes II, IV, V. VIII.

D'après *Rodbertus,* il faut distinguer dans l'histoire fiscale de l'Empire une première période s'étendant d'Auguste à Caracalla, où coexistent sans se mêler les deux systèmes parfaitement distincts de l'ancien *tributum civile* et du *tribut provincial.* Le premier, comme on sait, est un impôt sur le capital, sur la fortune totale, dont l'individu a à faire connaitre lui-même les différents éléments et à fixer l'évaluation sous le contrôle des autorités. Ce n'est pas tel ou tel objet qui est en particulier touché par l'impôt, c'est le capital global, tout l'avoir de l'individu ; c'est pour ainsi dire sa valeur, son être social tout entier. Les éléments particuliers et concrets de sa fortune ne s'offrent pas individuellement à l'atteinte du fisc, mais d'une manière détournée et indirecte à *travers* le capital global. — Dans le *tributum provinciale,* au contraire, chaque élément de la fortune du contribuable conserve son individualité et est directement atteint par le fisc. Ces éléments imposables sont au nombre de deux : 1° la terre du peuple conquis; 2° les personnes : esclaves et libres, qui composent la population vaincue. D'où la division du *tributum provinciale* en tributum soli, et en capitatio humana; le premier servant à constater le caractère servile et dépendant du sol conquis; la seconde le caractère servile et dépendant de la population vaincue.

Une seconde période de l'histoire fiscale de l'empire est celle qui va de Caracalla à Dioclétien. La nature juridique du sol provincial ne change pas; mais la concession du droit de cité romaine à tous les *libres* de l'Empire change du tout au tout la condition personnelle des ..

provinciaux dans l'Empire et leur situation vis-à-vis du fisc. Devenus citoyens doivent-ils continuer à porter sur eux, par le paiement de la *capitatio humana*, la marque de la servitude ? Et le caractère servile de leur possession elle-même, ne doit-il pas être racheté peu à peu dans la suite des temps par la nouvelle noblesse du propriétaire ? Pourquoi ces nouveaux citoyens seraient-ils plus maltraités dans leurs biens que les citoyens habitant Rome et l'Italie ? Les conséquences de ce changement radical dans la situation du provincial vis-à-vis du fisc ne se feront pas cependant d'aussitôt sentir. Les biens continueront à payer le *tributum soli*, la *capitatio terrena*. Mais les individus, devenus citoyens romains, seront libérés de ce qui est la marque même de la servitude personnelle : le *tributum capitis*, la capitatio humana.

Mais c'est surtout la forme de l'impôt qui sort unifiée de cette grande réforme qui fait de tous les libres des citoyens. *Formellement* le *tributum provinciale* ne se distingue plus du *tributum civile*. A ce point de vue de la *forme* ce sont les mêmes éléments que l'on retrouve dans l'un et l'autre : à savoir la *dedicatio in censum* et la *taxatio*. Le provincial devenu citoyen doit comme l'ancien citoyen déclarer au fisc les divers éléments de sa fortune : les terres avec leurs différentes catégories ; les esclaves, le bétail : tout ce qui a une valeur et entre comme élément de formation dans son patrimoine, et il doit en faire lui-même l'évaluation sous le contrôle de l'officier du fisc.

Mais la nature des choses, le caractère tout *particulier* du sol provincial répugne à la transformation complète du *tributum provinciale* en un *tributum civile* véritable, c'est-à-dire en un impôt sur le capital *global*. Dans ce tribut provincial en voie de transformation les différents éléments dont se compose la fortune des particuliers gardent leur individualité. Le tributum capitis du provincial devenu citoyen a disparu, il est vrai ; mais il reste le tributum capitis de l'esclave et du bétail. « Das provinciale Neubürgertribut, dit Rodbertus, *op. cit.*, t. VIII, p. 99, musste also auch noch ferner den Charakter einer zwiefachen Steuer behalten... Für ihre Personen waren die Neubürger jetzt schon von Kopfgelde frei, demnoch werden in beiden Stellen Stipendium und tributum eben so und mit denselben Worten getrennt gehalten, wie in der Stelle Tertullian's : agri tributo onusti viliores, hominum capita censa ignobiliora. Es ist also unzweifelhaft in jenen Stellen des Paulus und Ulpian unter Stipendium die Sklavensteuer zu verstehen, die neben dem tributum besonders genannt wird. Dem Steuerobjekt nach macht sich dieser Unterschied ebenfalls bemerklich, l. 32, § 9.

D. 33.2. Unter moventia sind aber bekanntlich *servi* und *animalia* zu verstehen, l. 1 pr. D. 21, und l. 93. D. 50.16, also hauptsächlich die zu versteuernden Capita, Sklaven und Viehhäupter. — Dieser Fingerzeig ist festzuhalten, denn die Scheidung des Tributs in eine *jugatio* und eine *capitatio* die Diokletian vornahm knüpft sich an die Fortdauer jener beiden unterschiedenen Steuern und Steuerobjekte in dem Neubürger-tributsystem der vorliegende Periode. »

C'est Dioclétien qui tire toutes les conséquences de la grande révolution que contenait en germe la concession du droit de cité à tous les sujets libres de l'empire.

En accordant aux provinciaux sur le sol qu'ils détiennent la *rei vindicatio* il assimile pratiquement à un véritable droit de propriété la *possessio* dont ils ont joui jusqu'alors; et d'autre part au point de vue des charges fiscales le sol provincial ne se distingue plus du sol italique. Ce sont les principes de l'ancien *tributum civile* qui servent complètement de base à l'organisation fiscale nouvelle. Comme le *tributum civile* le nouvel impôt est un impôt sur le capital. Mais tandis qu'autrefois, comme nous l'avons déjà dit, les divers éléments constitutifs de la fortune d'un citoyen étaient confondus dans la masse indistincte du capital global; ces éléments aujourd'hui sont toujours au nombre de deux : la terre et les êtres animés restent absolument distincts, chacun touché isolément par le fisc comme ils l'étaient sous le régime du *tributum provinciale*. La terre est imposée à part d'après sa valeur, déterminée par son rapport à une unité fiscale qu'on appelle le *jugum* d'une valeur de 1000 *solidi* correspondant naturellement, suivant la qualité de la terre, à une quantité plus ou moins grande : c'est la *capitatio terrena*. Puis c'est l'autre fraction du capital antique : les esclaves et le bétail, frappée à part, qui paie la « *capitatio humana et animalium* », en grec « ψυλιχη συντελεια ». (Cf Godefroy, IV, p. 136 et t. V, p. 108).

Cette « *capitatio humana* » « illatio capitalis, » établie sur l'esclave et la bête, se retrouve partout dans les textes : l. 1, C. J., xi, 51. De colonis Thracensibus : « sublato in perpetuum *humanæ capitationis censu;* où elle figure encore sous les termes « nexus sortis tributariæ », ce nexus dont la suppression confère aux colons la liberté personnelle « licet conditione videantur ingenui »; C. J., xi, 52. De colonis Illyricianis : inserviant terris, non tributario nexu et more; xi, 50; enfin surtout l. 6, § 1, C. Th., xi, 20, qui dans le prœmium et le § 1 oppose nettement à cette *capitatio humana* la *capitatio terrena* sous les noms de *juga* et de *capita. Eorum jugorum sive capitum,* sive quo alio nomine nuncupantur...

quæ qualitercumque relevati sunt... quinta pars commodi, quod ex
eo beneficio ad dominos fundorum pervenit, ex eodem tempore
exacta... arcæ et sacrarum largitionum viribus ex æquo societur,
exceptis his quæ in *capitatione humana atque animalium diversis* qua-
licumque concessa sunt. Ita ut omnium quæ prædicto tempore in
terræ sive animarum descriptione relevata sunt, usque ad quadringen-
torum jugorum sive capitum quantitatem, pars dimidia publicis
censibus adjungatur. — C'est elle encore qu'il faut voir dans la loi 10
et 14 du C. Th., xvi, ii. De episcopis et clericis, qui déclare que les
« *clerici, conjugia ac liberi quoque et ministeria id est mares pariter ac
feminæ eorumque filii immunes semper esse debent a censibus* et separati
ab hujus modi sordidis muneribus perseverare ». Les clercs à cette
époque n'étant pas exemptés de la *capitatio terrena* (l. 15 et 19, même
titre), l'expression *mancipia immunia a censu* deux fois répétée ne peut
s'entendre que d'une exemptio de la *capitatio humana* que les maîtres
ont à payer pour les esclaves. — Peut-être en est-il encore de même
pour la loi 26, C.Th., xvi, § 2. (1).

C'est à cette *capitatio humana* servile, représentant seule le *tributum capitis* de l'époque précédente, que Rodbertus fait jouer le
rôle prépondérant dans l'établissement des mesures qui ont réglé et
constitué juridiquement le colonat. « Par la jugatio, dit Rodbertus, on
faisait l'estimation du sol et on l'imposait en conséquence; dans
la capitatio c'étaient les facteurs essentiels du capital antique, les
têtes d'esclave et de bétail que l'on atteignait. Pour être à même
de mieux surveiller les forces fiscales et d'arriver à une meilleure
répartition de l'impôt, on prit une valeur foncière de 1,000 solidi
comme unité fiscale, comme *jugum*, et une valeur en têtes de
personnes également de 1,000 solidi pour *caput*. Et c'est d'après
cette double mesure que l'on jugea des forces fiscales de chaque
province, des cités et des possessores; tout comme on répartit entre
eux la somme d'impôts fixée par l'Empereur d'après les besoins
de l'empire. — Dans la jugatio la procédure ne comportait pas de diffi-

____

(1) Il s'agit des « Custodes ecclesiarum ac sanctorum locorum qui religiosis
obsequiis deserviunt. Eos nullius attentationis molestiam sustinere decernimus.
Quis enim eos capite censos patiatur esse devinctos, quos necessario intelligit
supra memorato obsequio mancipatos? (381). S'agit-il là de *capitatio humana*
servile ou de capitatio humana libre c'est-à-dire, comme nous allons le
voir, de *capitatio plebeia* : voilà la question qui se pose. Le rapprochement
avec la loi 1. C. J., xi, 51, parle plutôt pour la capitatio humana servile.

culté. Les biens étaient là toujours les mêmes, toujours visibles. Il en était autrement pour la capitatio. Les esclaves circulaient dans l'empire romain non seulement de propriétaire à propriétaire mais de cité à cité, de province à province. Comment le caput aurait-il pu servir efficacement de mesure des forces fiscales d'une province? Il fallait pour cela que le *caput* devint aussi immobile que le *jugère;* il fallait fixer au sol toute la population agricole. » [V. Rodbertus, Zur Geschichte der agrarischen Entwicklung Roms in : *Hildebrand's Jahrbücher* : t. II, p. 240 et suiv.] L'institution du colonat eut pour objet de réaliser cette immobilité, nécessitée par les besoins fiscaux, de la population servile agricole. Il y eut d'abord un colonat servile résultat indirect de l'existence de la *capitatio humana* servile; puis un colonat libre, de naissance postérieure et modelé sur le premier (p. 248).

Rodbertus, en fait de *capitatio humana,* ne connaît donc qu'une *capitatio humana servile,* ne voulant pas admettre à côté de cette capitatio *servile* une autre capitatio grevant les libres. C'est là son tort. — Savigny, lui, admet une *capitatio humana* grevant les libres, la *capitatio plebeia,* mais sans la distinguer suffisamment de la *capitatio humana servile.* Au lieu de considérer sa *plebeia capitatio* comme une charge grevant exclusivement une certaine catégorie de *libres,* les *plebeii,* comme un impôt de classe, que doivent tous les membres sans exception de la classe des *plebeii,* il a le tort d'y voir un impôt *supplétoire* touchant ceux-là seulement que n'atteint pas déjà l'impôt foncier, et même l'*esclave.* Savigny a cru trouver dans la loi 14, C. Th., xi, 1. De annona, la preuve de son opinion que 1° les *plebeii* sont dans certains cas exemptés du paiement de la *plebeia capitatio,* qu'il suffit pour cela de posséder, comme cela devait arriver souvent, la moindre parcelle de terrain, et 2° que l'*esclave* lui-même est soumis à la *capitatio plebeia.* Mais que son argumentation est insoutenable, *Zachariæ,* dans son étude : *Zur Geschichte des romischen Steuerwesens,* l'a démontré à l'évidence. « Penes quos, dit la loi en question, fundorum dominia sunt, pro his colonis originalibus, quos in locis iisdem censos esse constabit, vel per se vel per actores proprios receptâ compulsionis sollicitudine implenda munia functionis agnoscant. Sanò quibus terrarum erit quantulacumque possessio, qui in suis conscripti locis proprio nomine libris censualibus detinentur, ab communione præcepti discerminus; eos enim convenit propriæ commissos mediocritati *annonarias functiones* sub solito exactore cognoscere ». Savigny comprend que par *munia functionis* il faut entendre ici l'impôt, la *capitatio plebeia;* et il en conclut que le colon n'a pas à payer la capitatio au cas où propriétaire d'un bien foncier quelconque il doit acquitter les *annonarias functiones* de la terre qu'il détient. Mais, on ne voit pas, comme objecte avec raison Zachariæ, qu'il soit en aucune façon question dans la seconde partie de la loi de capitatio humana, et rien absolument n'indique qu'il s'agisse dans la première partie d'autre chose que de cette même *functio annonria* dont il s'agit dans la seconde. « En second lieu, je traduis ici littéralement *Zachariæ, implenda munia functionis agnoscere* ne signifie pas payer la functio (le paiement d'un impôt n'est pas un *munus*) mais doit être compris comme l'acte de *recueillir la fonction* ». L'explication de Savigny croule par la base. — Savigny cite un second texte qui ne constitue pas une preuve plus décisive. Il s'agit de la loi 4, C. Th., xiii, 4 : De excusationibus artificum : Picturæ professores, si modo ingenui sunt, placuit neque sui capitis censione neque uxorum aut etiam liberorum nomine tributis esse munificos et ne servos quidem barbaros in censuali adscriptione profiteri. » Savigny comprend que cette constitution exempte du paiement de la capitatio tous les peintres de naissance libre, et non seulement eux-mêmes, mais leur femme et leurs enfants, et même leurs esclaves mais au cas seulement où ces derniers seront étrangers de naissance. « Il est tout à fait clair, dit-il, qu'on suppose ici préalablement existante une obligation fiscale de l'esclave tout à fait personnelle : Hier ist es uns ganz einleuchtend, dass die Steuerpflichtigkeit der Sklaven als etwas ganz persönliches vorausgesetzt wird » ; et de là il conclut que l'esclave paie lui aussi la *capitatio humana* que paie le libre. Mais, réplique Zachariæ, *op. cit.*, p. 6, les mots « et ne servos quidem barbaros in censuali adscriptione profiteri » ne disent nullement qu'il n'y a *que* les esclaves de race étrangère qui soient exemptés de l'obligation d'être déclarés au cens, mais bien ceci : on n'a besoin de déclarer au cens *pas même* les esclaves barbares ». Et très ingénieusement il explique qu'il s'agit des barbares transplantés sur le sol romain et employés à la culture des terres à titre de colons, et qui ne doivent d'aucune façon être traités comme esclaves, ou occupés aux *urbana obsequia*. (V. l. 3, C. Th., v. 4). C'est pour s'assurer qu'on ne les réduit pas en esclavage qu'on oblige les maîtres à déclarer lors du cens la nationalité de leurs esclaves. C'est de cette obligation humiliante que sont dispensés les professeurs de peinture. Rien n'indique donc, qu'il s'agisse là d'une obligation *personnelle* de l'esclave ; à plus forte raison que cette obligation ait pour objet le paiement de la *capitatio plebeia*, comme le prétend Savigny.

Nous pouvons dire, au contraire, que tous les renseignements que nous possédons concordent pour nous montrer en la *capitatio plebeia* exclusivement une charge d'homme libre. C'est d'abord le dernier texte que nous venons d'examiner : Picturæ professores, si modo *ingenui* sunt, placuit neque sui *capitis censione* neque uxorum aut etiam liberorum nomine tributis esse munificos. Il est expressément dit que ces professores *ingenui* devraient normalement payer la « censio capitis », et aussi leurs femmes et leurs enfants. — Puis ce sont les textes qui accordent la même exemption aux soldats et aux vétérans. La loi 4, C. Th., vii, 20, porte une exemption aux comitatenses et ripenses milites atque protectores veterani ainsi formulée : « Suum caput patris ac matris et uxoris, si tamen eos superstites habeant, omnes excusent, si censibus inditi habeantur, § 1. Veteranos autem post emeritæ missionis epistolas tam *suum quam uxoris caput* excusare sancimus; at si honestam missionem meruerint, suum caput tantum modo excusare. Ceteros omnes veteranos de quocumque exercitu una cum uxore sua unius capitis frui excusatione. » [A. 325]. Évidemment, il s'agit là d'une redevance personnelle, je veux dire d'une *cote personnelle*. D'autre part que ces soldats et vétérans exemptés de la *capitatio* soient de naissance libre, il ne semble pas qu'on en puisse douter : la loi 1, C. Th., vii, 2 exige de l'aspirant à la carrière militaire la qualité de libre : et ad militiam nullus adspiret nisi quem *penitus liberum* aut genere aut vitæ conditionis inquisitio tam cauta deprehenderit. [A. 383]. — Mais où la *capitatio plebeia* apparaît encore peut-être plus nettement une charge d'homme libre, c'est dans une série de lois dont le témoignage concordant me paraît absolument décisif : l. 6, C. Th., xiii, 10. Nulla vidua, nemo pupillus ex *utroque sexu* donec eos ingrediantur annos qui jam tutoribus, curatoribus publicis non egeant, *exactionem plebis* agnoscat... [A. 370];

L. 4, même titre. « In virginitate perpetuâ viventes et eam viduam de quâ ipsa maturitas pollicetur ætatis nulli jam eam se nupturam, *a plebeia capitationis* injuriâ vindicandas esse decerminus; — item pupillos in virili sexu usque ad viginti annos ab istiusmodi functione immunes esse debere; mulieres autem donec virum unaquæque sortitur. [A. 365]. — Évidemment, il s'agit ici de libres, d'ingénus, appartenant à cette classe du peuple dont il est dit, l. C. Th., ix, 42 : si per egestatem abjecti sunt in fœcem vilitatemque plebeiam [An. 362]; et également l. 1, C. Th., vii, 18 [An. 365], en matière criminelle, au cas de recel de déserteur : si *plebeiæ* et humilioris conditionis est. »

Ne sont-ce pas encore des *libres* que ces personnes qui se font attri-

buer des fonctions honoraires d'ex-comte ou d'ex-gouverneur, et qui cependant paient la *plebeia capitatio?* l. 36, C. Th., xii, 1 [An. 343].

L'étude d'un certain nombre de textes relatifs aux clercs amène aux mêmes conclusions. Les clercs jouissent, nous l'avons vu, de l'immunité de la *capitatio plebeia.* Or, dans quelle catégorie de la population peuvent-ils normalement se recruter? Ils ne peuvent pas se recruter parmi les décurions, l. 3, C. Th., xiii, 2; il n'est pas permis au « decurionem vel e decurione progenitum vel etiam instructum idoneis facultatibus atque obeundis publicis muneribus opportunum [ad clericorum nomen obsequiumque confugere]. » Ils se recrutent parmi ceux-là seulement (même loi 3) : « Qui *fortund tenues neque muneribus civilibus teneantur obstricti.* » Ces clercs ne peuvent être ni des esclaves, ni des colons: le droit de propriété de leur maître sur eux s'y oppose; ni des *curiales,* ni des honorati, ni des collegiati (lois 39, 42 et 39 de notre même titre xvi, 2). Ils ne peuvent forcément appartenir qu'aux libres habitant la ville non impliqués dans les liens de la curie ou des corporations, et à la classe des *ingenui* de la campagne, ne faisant pas partie des curies des civitates ou des métrocomies : c'est-à-dire à la *plebs urbana* et à la *plebs rustica.*

Partout où nous rencontrons la *capitatio plebeia,* partout nous sommes sûrs de rencontrer une certaine fraction de la population libre : la *plebs urbana ou rustica.* La *capitatio plebeia* a dû frapper, a certainément frappé dès le début et en principe toute une catégorie de la population libre constituant la plèbe. Toutes les considérations que nous venons d'exposer longuement nous poussent à cette conclusion. Et à lui seul un texte nous semblerait décisif : la loi 2, C. Th., xiii, 10. [An. 313]. Plebs urbana, sicut in orientalibus quoque provinciis observatur, minime in *censibus pro capitatione sud conveniatur,* sed juxta hanc jussionem nostram immunis habeatur, sicuti etiam sub domino et parente nostro Diocletiano seniore eadem plebs urbana immunis fuerat. — D'après ce texte, dans tout l'Orient, la plèbe urbaine fut exemptée dès le règne de Dioclétien de la *capitatio plebeia.* En principe toute la plèbe libre était donc soumise à une *capitatio plebeia* parfaitement distincte de la *capitatio humana* partie intégrante de l'impôt foncier, assise sur les esclaves et les animaux. Mais une preuve plus forte encore, s'il se peut, que ce sont bien des libres qui paient la *capitatio* plebeia, c'est le texte bien connu de *Sozomène* : (*Hist. Eccl.,* v. 4.) relatif aux habitants de Césarée en Cappadoce. La ville était chrétienne et se faisait remarquer parmi les cités comme faisant une guerre particulièrement vive aux anciens Dieux. Pour punir les habitants de leur oppo-

sition à sa politique de restauration païenne Julien l'apostat fit
« κληρικοὺς καὶ πένητας ἐγγραφῆναι τῷ καταλογῳ τῶν ὑπὸ τον ἄρχοντα τοῦ
ἔθνους στρατιωτων, ὁ' δαπανηρον εἶναι σφόδρα καὶ ἐπονείδιστον ἐν ταῖς τῶν
Ρωμαιων στρατιαῖς νομιζεσθαι... Τοδε πλῆθος τῶν Χριστιανων σὺν γυναιξὶ καὶ
παισὶν απογραψασθαι και καθάπερ ἐν ταῖς κώμαις φορους τελειν. » Évidemment il s'agit ici de la plèbe libre; il ne saurait être question d'esclaves,
ni d'une population que l'on réduirait en esclavage. Les habitants des
κωμαι qui paient la capitatio « φορους τελειν » ne peuvent être également que des libres. Les uns et les autres appartiennent fondamentalement à la même classe de population ; et si les premiers ne paient
pas l'impôt des seconds, comment ne pas admettre que c'est justement
en vertu de l'immunité expressément accordée par l'empereur Dioclétien à toute la plèbe des villes d'Orient, et dont il est question loi 2,
C. Th. xiii, 10?

Cette exemption fut-elle étendue à la plèbe urbaine de l'Occident?
Rien ne le prouve. La preuve qu'on en a voulu tirer d'un passage de
Lactance : *De morte persecutorum* : 23, 26, n'en est pas une.

Comme nous le disions en commençant : la *capitatio plebeia* est la
marque, le signe distinctif d'une classe particulière de libres. Comme
impôt de classe le sénat payait la follis; les curies *l'aurum coronarium*;
la plèbe libre paie la *capitatio plebeia*. En définitive comme aux premiers temps de la République, le corps des citoyens est, d'après l'importance du cens de chacun, divisé en classes. Et l'impôt qui pèse sur
chaque classe se divise uniformément en deux parties distinctes : un
impôt sur le capital comprenant la *jugatio* et la *capitatio animarum* uniforme pour tous : sénateurs, curiales et plébéiens, à un taux d'imposition rigoureusement le même; et une sorte de *cote personnelle*, un
impôt de *capitation* différent pour chaque classe, portant selon les
classes le nom divers de *follis*, d'*aurum coronarium*, de *capitatio plebeia*.
La classe des plébéiens devait en outre supporter des charges, des
services personnels, des corvées, dans le détail desquels nous ne
pouvons entrer, presque exclusivement tous des *munera sordida* (l. 17,
§ 7. D. L. 1). « Exigendi tributi munus *inter sordida munera non habe-
tur*, et ideo decurionibus quoque mandatur. »

Pourquoi un impôt ayant la signification de la *capitatio plebeia*, représentant une articulation aussi essentielle de l'institution fiscale de l'époque, a-t-il ainsi pu ne pas être appliqué, dès le premier moment, dans
toute une moitié de l'Empire? C'est là pour l'histoire du temps une question importante à laquelle il faudrait bien répondre, s'il était possible,

Mais dans l'état des textes il semble difficile d'exprimer autre chose que des conjectures plus ou mois plausibles.

Les lois 42 et 43 du C. Th. XVI, 2, auxquels il faut ajouter la loi 1 et 2, XIV, 27 : « de Alexandrinœ plebis primatibus » me paraissent mettre sur la voie de l'explication véritable. Ces trois lois ont l'avantage de faire défiler sous nos yeux à peu près toutes les autorités et les classes sociales de la population. Il s'agit d'organiser ce que nous appellerions de nos jours le service de santé, l'assistance médicale d'une grande ville comme Alexandrie. Le personnel de ce service, au nombre de 5 à 600 personnes qu'on apelle *Parabalani* et qui sont assimilés aux clercs, en étant venu à provoquer par toute la ville des séditions et des tumultes, à intervenir constamment dans la vie politique de la cité, l'empereur décide que les 500 personnes nécessaires à l'organisation de ce service ne seront pas choisis parmi les « *divites* » (l. 42) c'est-à-dire parmi les « *honorati et les curiales* (l. 43); mais parmi les *pauperes* d'entre les *corporati* (l. 42) « *sed pauperes a corporatis pro rata Alexandrini populi* » (l. 42). Le nom de ceux qui auront ainsi été désignés par les *corporati* sera soumis à l'approbation du *prœfectus augustalis*, qui en référera lui-même au Préfet du prétoire. — Deux ans après, en 418, l'empereur (l. 42) confie le choix des infirmiers à l'évêque qui a la haute main sur le service. — *Honorati, curiales, corporati* : voilà donc les différentes classes sociales d'une grande ville. Que sont au juste les *corporati* dont il s'agit ici? La loi unique C. Th. xiv, 27, nous les montre ayant à leur tête des *maîtres*, indifféremment appelés « *archigérontes* » ou « *diocètes* » : les anciens, les administrateurs. (V. Godefroy, édit. Ritter; t. V, p. 247). Nos *corporati* sont donc en grande partie, sinon exclusivement, les artisans des corps de métiers, régulièrement organisés, ayant à leur tête des maîtres, des chefs de corporations. Presque toute la population, presque toute la plèbe d'une grande ville comme Alexandrie, est donc comme prise, nous le voyons ici, dans le réseau serré des liens corporatifs : *curia, collegiati, corporati*. Le reste de la plèbe, en dehors des artisans régulièrement organisés, est comme si elle n'existait pas; elle ne paraît pas, si nous nous en rapportons à l'enseignement de ce texte, participer à la vie de la cité. Et cependant, à rigoureusement parler, cette plèbe, distincte de la population des artisans répartie entre les différentes corporations, peut exister dans chaque ville : les textes sont formels et nombreux. Presque toutes les lois relatives au mode de recrutement des soldats, des clercs, des employés de bureaux, etc., nous disent que le sujet qui voudra suivre ces carrières ne devra appartenir ni aux *honorati*, ni aux *curiales*, ni aux

— 101 —

collegia ou corpora de la cité : l. 39, C. Th. xvi, 2; l. 12, § 3, C. Th. vii, 20 (an. 400) ; l. 3, même titre. Il faut pour être libre de se faire clerc ou soldat, que l'individu n'appartienne à aucune de ces classes de population; il faut qu'il soit *plébéien* tout court : « Quicumque ex numero plebeiorum, nous dit la loi 133, C. Th. xiii, 1, presentibus singularum ordinibus civitatum agro vel pecuma idonei comprobantur, muniis curialibus aggregentur. — Qui vero *nullam rei familiaris substantiam habent, militare in apparitorum numero non vetentur* » (an 293).

Mais en fait cette plèbe, distincte de la plèbe des artisans et non régulièrement distribuée entre les diverses corporations de métiers, dans les grandes villes industrielles et commerciales de l'Orient doit être de moins en moins nombreuse.

Voici alors la situation : depuis longtemps, depuis Alexandre Sévère les artifices, les ouvriers sont atteints par le fisc : ils ont à payer *l'aurum negotiatorum*, ou *chrysargyre*, ou *lustralis collatio* d'abord imposé aux marchands et étendu ensuite, plus ou moins modifié, à tout le monde de l'industrie, tout au moins dans la partie orientale de l'empire. Nous en avons des témoignages formels. Une chronique d'Edesse, citée par Kuhn, p. 287, nous dit que « anno 809 (498) remissum fuit aurum artificibus universæ terræ (In : *Assemani*. Bibliotheca orientalis, t. I, p. 406). Et un autre chroniqueur syrien *Josua* Stylitès (même recueil d'*Assemani* : t. I, p. 268), dit, de son côté, que « Anastasius imperator vectigal unius aurei quod *artifices* quarto quoque anno persolvere persueverant, cunctis subditis condonat... Hoc Edessenorum vectigal singulis quatuor annis libras auri centum et quadraginta conficiebat » (1).

Mais la population industrielle qui payait le chrysargyre, pouvait-on la soumettre encore à la *capitatio plebeia*? Evidemment non. Le chrysargyre étant lui-même un impôt de classe, la *capitatio plebeia* aurait fait pour la population ouvrière comme double emploi. Et dès lors, valait-il la peine, dans les villes où la plèbe libre urbaine exclusivement vouée à l'industrie était presque toute entière versée dans les corporations, de maintenir toute une organisation fiscale particulière pour percevoir un impôt que presque personne ne payait? On comprend qu'on ait pris le parti de supprimer purement et simplement la capitatio dans les villes.

---

(1) V. Rodbertus : Hildebrand's Jahrbücher. t. VIII, p. 387 et 417.

Seules les campagnes, les κωμαί c'est-à-dire la plèbe non employée aux travaux d'industrie et non versée dans les corporations de métiers, payèrent la *capitalio plebeia* : c'est cet état que constate le texte de Sozomène : τὸ πλῆθος τῶν Χριστιανῶν σὺν γυναιξὶ καὶ παισιν απογραψάσθαι ..... καὶ καθαπερ ἐν ταῖς κωμαις φορους τελειν : et la loi 1, C. J. xi, 54 : « Exemplum sacrarum literarum Diocletiani et Maximiani A. A. ad Carisium. — Ne quis ex rusticanà plebe, *quæ extra muros posita capitationem suam detulit et annonam congruam præstat*, ad ullum aliud obsequium devocetur. »

Plus tard même dans les campagnes « extra muros » on fut obligé d'abaisser le montant primitif de la capitatio plebeia l. 2, C. Th. xiii, 11. On avait compté tout d'abord pour une *capitatio* complète un homme ou 2 femmes : une constitution adressée au P. P. d'Orient, Cynégius, de 386, veut qu'à l'avenir on compte au lieu d'un homme deux hommes, au lieu de deux femmes quatre femmes. Peut-être même faudrait-il avec Zachariæ (1) voir dans cette loi non pas seulement un allégement, mais une transformation de la *capitatio*, devenue de cote rigoureusement personnelle qu'elle était au début un véritable impôt de famille : Quum antea per singulos viros, per binas vero mulieres capitis norma sit censa, nunc binis ac ternis viris mulieribus autem quaternis unius pendendi capitis attributum est.

La *plebs* soumise à la capitatio plebeia devient ainsi essentiellement la *plebs rusticana* et se confond avec les *rusticani* comme le montrent bien les lois 1 et 2. C. I., xi, 54 : Ne rusticani ad ullum obsequium devocentur... Ne quis ex rusticanà plebe quæ extra muros posita »... Que cette *plebs rusticana*, ces *rustici* soient une population de libres, c'est ce que prouvent à l'évidence plusieurs textes; entre autres la loi 1 C. Th. xi, 11 : Si qui eorum qui provinciarum rectoribus obsequuntur... *rusticano* cuipiain necessitatem obsequii quasi *mancipio sui juris* imponat aut *servum* ejus vel forsitan *bovem* in usus proprios necessitatesque converterit (an. 365). C'est évidemment un *libre* ce *rusticanus* qui peut avoir un *servus*. Et toutes les fois qu'on rencontre dans les textes les mots *rusticani* ou des expressions comme « *mediocris loci ingenuus,* l. 2, C. Th. vii, 18; « si plebeiæ et humilioris conditionis est; l. 1, C. Th. vii, 18 » il faut sans doute voir des *ingenui rusticani* soumis à la à la capitatio plebeia. — De même dans la loi 10 C. Th. vii, 8.

---

(1) *Op. cit.,* p. 9

Dans quels rapports faut-il se représenter cette *Plebs rusticana* avec les autres classes de la population? Où habite-t-elle?

Où habite-elle? Les textes que nous avons cités ont déjà répondu pour nous à la question? Dans les *vici*, dans les κωμαί dépendant des *civitates* et des *metrocomies*, dans ces villages situés dans le territoire des metrocomies; qui apparaissent dans la loi 6, § 2, C. Th., xi, 24 et auxquels s'applique évidemment l'expression : « in publico jure et integro perdurare, esse » du § 1; dont il est dit expressément au § 6 : functiones omnes quas metrocomie debent et publici vici pro antiquâ capitationis professione debent », et au § 8 : « Qui metrocomias possidere nostro beneficio meruerunt et publicos vicos committere compellantur » [an 415]. C'est notre *plebs* rusticana qu'il faut voir dans ces propriétaires dont Libanius parle : Orat. περὶ τῶν προστασιῶν edit. Reiske vol. II, p. 501 : εἰσὶ κῶμαι μεγάλαι, <u>πολλῶν ἑκάστη δεσποτῶν</u> et P. 507, 9 : Τὸ δὲ ζητεῖν προστάτην, οὐ μόνον ἐκείνων ἐστὶ τῶν ἀγρῶν [= κωμων] <u>οἱ πολλῶν εἰσίν τῶν ἐχόντων, ἑκάστον μέρος οὐ πολὺ κεκτημένον.</u> Tous les détails caractéristiques s'y trouvent : les propriétaires habitent en grand nombre ces villages; ils ne possèdent chacun que « peu de choses ». Libanius oppose nettement ces villages à d'autres villages appartenant à un maître : « ἀλλὰ καὶ οἷς εἷς ὁ δεσπότης,..... καίτοι καὶ τῶν ἐπιφανῶν εἰσίν αἱ κωμαι » ..... De même au § 3 notre loi 6 du titre : De patrociniis vicorum. C. Th. parle de « vici quibus sunt adscripti » des colons, qui *homologi more gentelicio* nuncupantur » et qui ayant un maître, le maître du village « ad alios seu vicos seu *dominos* transierunt »..... C'est l'opposition des Χωρια ἐλευθερα et des Χωρια non libres qu'implique également la nov. de Justinien, 80, ch. ii, § 2 : εἰδε οὐ πολίτης οὐδε αὐτος καθεστήκοι ἐκ Χωρίου δὲ τινος ἐλευθέρου ἢ κώμης ὥρμηται, ἐκείνη [πόλει] παρὰ τοῦ πατρος ἐπιδιδόσθω τῇ πόλει ἢ ἑαυτὸν ἐπιδιδότω ὑφ' ἣν τὸ <u>Χωρίον ἢ τὰ τῆς κώμης τελοίη;</u> et qui emporte le même rapport entre le Χωριον ἐλευθερον et la *civitas* que ceux dont témoigne entre le *vicus publicus* et la *métrocomie* la loi 6, § 8, C. Th. xi, 24 : qui metrocomias possidere beneficio nostro meruerunt et publicos vicos committere compellantur.

Ces vici publici sont loin de disparaître bientôt de l'histoire du droit. C'est eux que l'on retrouve, toujours les mêmes, dans la constitution de Tibère [an 575] *de relevatione publicorum. Novellœ*, édit. Zachariœ, xi, § 1 (p. 22) : «προσάγομεν δωρεὰν δι' ἧς concedimus γεωργοῖς τε καὶ συντελεσταῖς ἅπασιν <u>(ταύτὸν δε ἐστιν εἰπεῖν τοῖς τῶν Χωριῶν κυριοις)</u> integrum unum canonem τῶν δημοσίων φόρων. » Les κυριοι de la novelle sont évidemment les πολλοί δεσποται des μεγαλαι κωμαί de Libanius; et si dans les lignes qui suivent nous admettons la correction de Haloandre et Hombergk : ἀπαγορευοντες.... καὶ τοῖς τῶν Χωρίων δεσπόταις ως ἅρα φόρους ἐκ τῶν συγκεχωρημενων ἐλλειματων προκαταβαλλουσιν ὑπὲρ αὐτῶν » ..., nous sommes forcés de voir là une mention des villages non libres qui n'ont, dit Libanius, qu'un seul maître « οἶς εἷς ὁ δεσποτησ εστιν ».

Ce sont nos mêmes villages libres, pour lesquels, au x° siècle, légiférèrent les Romain La Capène, les Constantin Porphyrogénète, les Basile Bulgaroctone ; ce sont eux que les grands empereurs byzantins veulent conserver dans le domaine du droit public, et empêcher de tomber sons la domination privée des grands, comme faisait Théodose au commencement du v° siècle pour les κωμαί égyptiens. Nous retrouvons les « Χωρια ελευθερα καὶ αγριδια » (Libanius dit αγροι), dans la rubrique de la nov. de Romain La Capène de 922 (p. 237) et plus nettement encore, p. 239, sous les mots : ἀλλὰ καὶ ἐπὶ τῆς ὁμάδος τῶν καλουμένων Χωριων ἢ αγριδιῶν πολλῷ μᾶλλον κρατείτω ἱνα καὶ οἱ κτήτορες αὐτῶν πρὸς ἀλλήλους ελωσιν τὴν προτιμησιν ». Les villages *non libres* figurent dans cette même novelle, p. 238, sous les mots : « ἔπειτα καὶ οἱ συπαρακείμενοί ὁμοτελεις. ὁμοτελεῖς δὲ φαμεν πάντας τούς ὑπὸ τὸν αυτον ὑποτεταγμένον αναγραφομένους, κἂν ἐν διαφόροις τόποις τὰ ἰδία τελέσματα καταβάλλωνταί. » Dans la Nov. de Constantin, de 947 (Nov. VI, p. 253), les *vici publici* se présentent dans la rubrique sous le nom de « ἀνακοινωσεις πενητων » ou encore « ομαδες » ou encore « Χωρια » ; et la fin de' la constitution nous montre toujours le même rapport existant entre le *vicus*, κωμη, et la métrocomie, p. 256 : dans le cas de nécessité le γεωργος qui possède dans un village libre peut aliéner son bien mais seulement « προς τοὺς συγΧωριτας (vers le milieu de la page 254 on trouve employé le mot συντελεστας) ἢ ἐξ ἀναγκης πρὸς τὰ ὑπὸ τὴν αὐτὴν μετροκωμίαν Χωρία ἤτοι ὑπὸ τὴν αὐτὴν κωμητουραν ». — Même langage et même état de choses dans la novelle de Basile Bulgaroctone de 996 : nov. 29, la dernière des grandes novelles du x° siècle par lesquelles le Βασιλευς entreprend de défendre contre la rapacité des grands l'indépendance des « ομαδες τῶν πενητων ». Le § 3 de cette novelle nous fait toucher du doigt p. 313 comment : « πολλὰ τῶν Χωριών εὑρισκόνται βλαπτόμενάτε καὶ ἀδικουμενα, τινὰ δε αφανιζόμενα παρ' ὀλιγον ἀπὸ τῆς τῶν μοναστηρίων ἀφορμῆς ». Les habitants de nos villages s'appellent « Χωριται », « συγΧωριται » p. 311 et 313 ; on dit de l'un d'eux : ὃς συντέλει τοῖς ἑαυτοῦ συγχωρίταις ». p. 311 ; l'opposition des villages *libres* et des villages *non libres* nous est donnée dans ce même passage, puisqu'on nous montre un συγχωριτης devenu puissant faisant par la violence de son village d'origine un village qu'il possède en propre, un village dépendant :

καὶ τὸ ὅλον κατεσχε χωρίον καὶ προάστειον ιδιον ἐποίησεν, ἐναλλάξας καὶ τὴν ἐπωνύμιαν τοῦ τοιούτου χωρίου ». La fin de la constitution (p. 318) nous apprend que ces villages libres peuvent être en possession de foires.

Rien donc, juridiquement, ne distingue les *vici publici* de Tibère, de Constantin ou de Basile Bulgaroctone, des *vici publici* de loi 6 du C. Th. xi, 24 : *De patricinio vicorum*. On a bien certainement ici et là le même organisme politique; et nous avons vu que ces *vici* restent, comme au vᵉ siècle, compris dans la circonscription économique et politique de la métrocomie. Dans les textes du xᵉ siècle, on remarque une seule chose : les συγχωρῖται s'opposent toujours aux riches, aux πλουσιοι, δυνατοι, et l'expression courante dont on se sert pour les désigner est le mot πενητες, αδυνατοι (p. 318); on dit aussi souvent « ομας πενητων » que « ανακοινωσις χωριου ».

De bonne heure l'idée d'*ingénuité*, de naissance libre se mble avoir disparu de l'idée qu'on s'est faite de la *plebs ingenua rusticana* payant la capitation. Nous avons vu que la condition de cette *plebs* était qualifiée « fœx et vilitas plebeia » l. 3, C. Th. IX, 42; « humilis conditio » 1, C. Th. vii, 18; quelquefois « conditio mediocris » l. 2, C. Th. vii, 18. Bientôt on désigne le plus souvent toute la population de cet ordre par le terme de *rustici* : c'est la rubrique du Livre xi, t. 54, C. J. : « ne rusticani ad ullum obsequium devocentur ».

Les Grecs disent γεωργοι; et je ne serais pas étonné qu'il fallût voir cette *plebs rustica ingenua* des *vici* de droit public sous le mot γεωργοι de l'énumération de la novelle de Justin : De remissione reliquorum publicorum (an. 566) : nov. I, p. 4 : ὥστε οὐδὲ γεωργοί οὐδὲ μισθωταί, οὐδὲ ἐμφυτευται, ὅτε μὴ οἱ κεκτημένοι εἰσπραχθήσονται τὰ ὀφειλόμενα τῷ δημοσίῳ ἐλλείματα » ou dans les mots : « γεωργοιτε καὶ συντελεσται » (δι ἧς concedimus γεωργοις τε καὶ συντελεσταῖς ἅπασι, (ταὐτὸν δε ἐστι εἰπεῖν τοῖς τῶν χωρίων κυριοις) integrum unum canonem τῶν δημοσίων φρρων. — Γεωργοι désignerait les habitants des « publici vici »; μισθωται, comme il serait assez conforme à la langue du temps, le colon d'origine libre ou non! Dans cette signification de γεωργος on aurait également la clef de la désignation de νόμος γεωργικὸς donnée à un recueil de lois rurales qui, pour employer les termes de *Zachariæ* (G. des griech. röm. Rechts, 3ᵉ édition, p. 251) « connaît bien le servus, mais pas les libres ὑπὸ δεσποτειάν τελοῦντες γεωργοι oder ἐνυπόγραφοι; qui ne sait rien d'un servage de la glèbe ni de corvées à faire pour un maître du sol ». Au lieu de supposer que les βασιλεις de la maison isaurienne prennent des me-

sures aussi graves que le serait l'abolition du servage de la glèbe et
l'abolition de la corvée, il faudrait plus simplement supposer que les
empereurs réformateurs trouvent réalisé dans les *vici publici* leur idéal
d'organisation et de législation rurale, et pour donner une vie nouvelle
à ces communautés de village, que les empereurs du xᵉ siècle tente-
ront de sauver à leur tour, ont fait composer un recueil des principales règles qui les concernent.

Il ne faut pas s'étonner que le caractère d'ingénuité de la plèbe,
passé le ivᵉ siècle, ne tarde pas à s'effacer. Dès la seconde moitié de ce
siècle, le colonat, une fois juridiquement constitué pour la population
esclave, fait chaque jour des recrues nouvelles dans les rangs de la
population libre. Les *vici publici* tombent dans les mains des puissants.
Comment, par quels moyens et subterfuges nous n'avons pas à l'examiner ici. Le Pouvoir lui-même consent la cession de ses droits sur
les *vici publici* et les *metrocomiæ* aux églises d'abord et aux laïques, ses
agents : l. 6, §§ 6 et 7. C. Th. xi, 24.

Les libres des *vici publici* se distinguent de moins en moins des
autres colons. Il est tout naturel que la *capitatio ingenua* dispa-
raisse ou plutôt finisse par se confondre avec la *capitatio animarum*,
laquelle tend à n'être qu'un appendice de l'impôt foncier. Par toute
la surface de l'empire romain, on ne distingue guère plus que les
grands, δυνατοί, et la plèbe : la plèbe des villes et la plèbe rustique des campagnes.

Mais on distingue encore surtout parmi les *plebeii*, les riches et les pauvres. Il est fait mention des plébéiens riches aux lois 6, C. Th. XVI, II.
De episcopis et clericis : opulentia facultatum quæ publicas functiones
facillimè queat tolerare (a. 326); l. 17, même titre (an. 364) : *plebeios
divites*; loi 3; loi 39; loi 33. Dans tous ces endroits, aux riches on
oppose les pauvres : l. 6, C. Th. xvi, 2 : pauperes ecclesiarum divitiis
sustentari... ille cui neque ea est opulentia facultatum, quæ publicas
functiones queat tolerare; — l. 11; loi 42 : ita ut non divites... sed
pauperes a corporatis præbeantur. — Mêmes résultats de l'analyse du
t. I du Livre xii : De decurionibus. La loi 33, C. Th. xii, 1 nous parle
de *plebeius* à n'en pas douter « qui minus quidem quam viginti quinque jugerum proprietatem habeat ex rebus vero nostris vel parvum
vel minorem jugerationis modum studio cultionis exercet ». Dans la
loi 53, il est question de « decurionum filii necdum curiæ mancipati
et plebeii ejusden oppidi cives quos ad decurionum ineunda munera
splendidior fortuna subvexit licet nominare solenniter » (362).

L. 96 (an 383) : Concessum curialibus provinciæ Mysiæ ut si quos *ex plebe idoneos* habent, ad decurionatus munia devocent, ne personæ famulantium facultate *locupletes* onera... obscuritate nominis vilioris evadant. — L. 133 : Quicumque ex numero plebeiorum agro vel pecunia idonei comprobantur... (393).

Leur avoir à tous peut comprendre deux éléments bien distincts : les biens qu'ils possèdent en propre « proprietatem suam » . « patrimonium », et les biens qu'ils possèdent à titre de « possessio ». Les *Plebeii riches* sont proprement ceux qui possèdent une quantité de biens suffisante pour pouvoir, en cas de nécessité, en l'absence de *subjecti curiæ*, être appelés à faire partie de la curie. « Agro vel pecunia idonei comprobantur », « plebeii idonei », « instructi idoneis facultatibus » : cette pratique est expressément mentionnée pour la Tripolitaine (l. 103); pour la Mysie (l. 76); pour la Toscane; pour Antioche; pour la Bythinie, l. 5 (V. Godefroy, t. IV, p. 414).

Les pauvres sont ceux qui ne possèdent pas de fortune suffisante ou qui « nihil in totum possident vel patrimonio inutiles sunt ».

Ce sont ces derniers qui représentent la partie de la population libre, non encore immobilisée et prise dans les liens de fer du classement officiel de ce monde, d'où toute liberté de mouvement et de vie tend à être de plus en plus exclue. Les *plebeii* pauvres, c'est-à-dire les paysans libres, sont la réserve inépuisable où viennent puiser tous les autres groupements sociaux pour réparer leurs pertes et combler leurs lacunes. Nous avons vu comment les *plebeii* riches fournissent au recrutement des curies; ce sont les *plebeii* pauvres, qui alimentent l'armée, les classes de fonctionnaires, enfin l'Eglise. « Plebeios divites ab ecclesia suscipi, penitus arcemus, dit la loi 17, C. Th. xvi, 2 (an 364); et la loi 6, même titre, ajoute *ad finem* : « Opulentos enim sæculi subire necessitates oportet, pauperes ecclesiarum divitiis sustentari. » La loi 133, dit de son côté (an 393), « Quicumque ex numero plebeiorum presentibus singularum ordinibus civitatum agro vel pecuniâ idonei comprobantur, muniis curialibus aggregentur. Qui vero *nullam rei familiaris substantiam habent, militare in apparitorum numero non retentur* ».

Tous les groupes de population rentrant *en fait* dans cette classe confuse des *plebeii* semblent avoir participé à ce droit de libre disposition d'eux-mêmes. C'est le lieu de rappeler ici que la loi 22, § 1, C. J. XI, 47, nous montre des fils de colons libres, vivant loin de l'exploitation paternelle, pour exercer de libres industries, que nous ne saurions pas autrement déterminer. C'est encore cet ordre de faits que vient illustrer de la manière la plus heureuse la curieuse histoire, que nous trouvons racontée dans la Novelle de Basile Bulgaroctone (coll. III, nov. 29, p. 390), d'un paysan d'un village libre (συγχωρίτης καὶ συντελεστής) qui s'élève aux plus hauts honneurs, à la dignité de protovestiaire, et qui se sert de sa haute situation pour réduire son lieu d'origine à la condition de village dépendant de lui. Basile, indigné de son odieuse conduite, le replongea, par un acte de sa toute-puissance, dans l'obscurité de sa condition privée « Καὶ τῶν χωριτῶν ἕνα πάλιν ἐπόιησεν ».

VI. — *Collegiati et corporati*. — Une dernière classe de propriétaires ou possesseurs de biens, ce sont les membres des corporations qui, aux ive et ve siècles, couvrent la surface de l'Empire romain, et ces corporations elles-mêmes. Partout, dans tous les textes, à côté des classes de possesseurs que nous venons de passer en revue figurent les *collegiati et corporati*. Nous n'avons pas besoin, pour notre but, de nous livrer à une étude particulièrement approfondie des corporations. M. Waltzing, professeur à l'Université de Liège, vient tout récemment dans son consciencieux travail sur les *Corporations professionnelles chez les Romains* de classer à peu près tous les textes épigraphiques et juridiques se rapportant à la question. Nous n'avons qu'à relever dans son livre les conclusions qui nous importent, et à renvoyer pour le surplus au compendieux ouvrage de l'auteur belge.

On sait comment ces corporations ont, aux ive et ve siècles, le caractère d'organes du droit public et administratif, et rien de l'association due à l'initiative privée. Le but pour lequel elles sont établies n'est pas le bien particulier de leurs membres individuellement, mais le bien de l'État. Et il est si vrai que c'est pour lui, pour ses avantages propres que les corporations existent, que l'État, pour assurer leur conservation et leur accroissement normal et permanent, n'a pas hésité à prendre les plus graves et, pour nous, les plus monstrueuses mesures : comme de rendre les corporations obligatoires non-seulement pour tous ceux qui veulent librement exercer une profession, mais pour ceux aussi que l'État déclare idoines, aptes à figurer utilement pour lui dans telle ou telle; comme d'attacher enfin les enfants à la corporation de leurs pères. Tout comme dès le IIe siècle, d'après les textes du Digeste, le citoyen appartient pour toujours à la curie par le seul lien de l'*origo*, aux IVe et Ve siècles, le citoyen, par ce même lien de l'*origo*, appartient à la corporation de son père et de ses ancêtres. Le principe, formulé avec quelque timidité encore au commencement du IVe siècle, a la valeur d'un principe de droit public indiscutable, sur lequel repose l'organisation sociale de l'époque, dès la fin du même siècle.

On sait encore comment les principes qui ont présidé à la constitution de ces corporations ont reçu leur plein développement et leur application complète dens les corporations de l'annone romaine. Le besoin d'État le plus pressant de l'époque c'est l'approvisionnement et la nourriture du Peuple-Roi. L'Empereur souverain absolu du monde tremble devant la populace qui est censée représenter l'ancien peuple romain ; et la première préoccupation de l'administration impériale est d'assurer à la plèbe de Rome *circenses et panem*. Le nombre de citoyens assistés fut sous César de 320,000, sous Auguste de 200,000 ; tout d'abord on distribua du blé, puis entre Alexandre Sévère et Aurélien le blé fut remplacé par le pain (Cf. v. *Waltzing*, t. II, p. 20) ; enfin Septime Sévère institua des distributions gratuites et journalières d'huile ; on veilla toujours depuis la même époque à ce que le peuple de Rome pût acheter à un prix raisonnable et un peu inférieur au cours normal de la viande de bœuf, de mouton et de porc, et du vin.

L'approvisionnement de Rome paraît avoir été laissé, pendant les deux premiers siècles, aux soins de l'industrie privée. Le pouvoir se contente, pour encourager les branches d'industrie qui concourent à cet approvisionnement, d'accorder des privilèges et comme des primes.

Au IVe siècle nous trouvons ces corporations de l'*annone* devenues comme le type le plus parfait des corporations dont nous venons d'esquisser les principaux traits. Ce sont la corporation des naviculaires, la corporation des boulangers ; des *boarii*, des *pecuarii* ; des *suarii* ; sans compter bien d'autres moins importantes et subordonnées aux premières, comme les *saccarii*, les *catabolenses*, auxiliaires des *pistores* ; les *lenuncularii*, les *scapharii*, les *lintrarii*, auxiliaires des *navicularii*.

De même la nécessité d'assurer le service des jeux provoque la création des collèges des *senici artifices* ou *histriones* ; des *aurigæ*, *agitatores*, *equorum curulium actuarii*.

En même temps les services de l'administration centrale s'organisent sur ce modèle. Tous les individus concourant à l'accomplissement d'un grand service sont constitués par les soins de l'État en corporations héréditaires; et c'est ainsi qu'on a les corporations des *monetarii*, employés à la fabrication de la monnaie; des *nummularii* ou *collectarii* chargés de mettre la monnaie nouvelle en circulation; des *gynæciarii*, *linteones*, ouvriers des ateliers impériaux où l'on tissait les étoffes dont l'empereur avait besoin; des *murilegi*, pêcheurs de pourpre et teinturiers; des *metallarii*, ouvriers des mines impériales; des *fabricences*, armuriers des manufactures d'État; enfin des *bastagarii*, chargés du transport des impôts et des produits des manufactures impériales.

Puis ce sont tous les autres corps de métiers qui forment à la fin du ive siècle, tout comme les précédents, des corporations d'État, auxquelles on est enchaîné par les liens de la naissance. Chaque corporation satisfait en même temps aux besoins privés et aux besoins collectifs de la cité; elle est au service des individus et au service de la communauté. Ses obligations vis-à-vis de la cité, comme corps, sont désignées par les termes expressifs d'operæ, publica officia, « obsequium urbis ». On dit des corporations qu'elles sont affectées aux nécessités publiques : « corpora publicis necessitatibus obligata ». Ces charges publiques ne consistent exactement qu'en corvées passagères, en *operæ* que les membres remplissent tour à tour et sur la réquisition des curiales. Novel. Major. 7, § 3 (An. 458). De collegiatis verò illa servanda sunt, quæ præcedentium legum præcepit auctoritas. Quibus illud provisio nostra serenitatis adjungit, ut collegiatis *operas patriæ alternis vicibus, pro curialium dispositione, præbentibus extra territorium civitatis suæ habitare non liceat.* »

Tous les membres de ces corporations héréditaires sont appelés d'un terme général et indistinctement *collegiati* ou *corporati*. Si l'on en croit *Waltzing*, tome II, p. 140, « *collegium* comme terme technique s'applique à toute association d'au moins trois personnes qui se propose un but permanent et dont la durée n'est pas bornée à la vie ni à la participation de chacun de ses membres. Dans ce sens il a un grand nombre de synonymes tels que *sodalitas, ordo, contubernium, thiasus. Corpus* exprime une idée de plus : il indique que cette association est reconnue par l'État et a reçu de la loi la qualité d'institution publique; et cette reconnaissance entraîne avec elle la personnalité civile. » Comme toutes les corporations officielles sont dans ce cas, les auteurs et les inscriptions leur appliquent indifféremment les deux noms de *collegia* et de *corpora*. Cependant avec le temps, il arrive que les textes juridiques emploient rarement les mots *collegiati* pour désigner les membres des collèges professionnels de Rome et de Constantinople. A

Rome le mot *collegiati* semble réservé aux pompiers et aux fossoyeurs (note 2). Dans les deux capitales on appelle presque toujours *corporati* les membres des collèges professionnels. Dans les autres cités, au contraire, ces mêmes membres portent généralement le nom de *collegiati*. Au reste si le mot *corpus* s'applique aux decurions, aux *cohortales*, aux *veterani*, aux *burgarii* aussi bien qu'aux membres des collèges industriels, et désigne indistinctement toute classe d'hommes astreints à un service public et attachés à leur condition par un bien héréditaire et indissoluble (*conditionales*), *collegiati* ne se dit que des membres des collèges industriels.

Tous les *corpora* qui couvrent l'empire à la fin du IVe siècle « ont la personnalité civile à l'imitation des cités » (*Waltzing*, t. II, p. 44 et suiv.) « Le jus privatum, qui ne connaissait d'autres sujets de droit que les personnes, regarda le collège comme un être abstrait, comme une personne capable de droits et d'actes juridiques aussi bien qu'une personne physique (singularis persona) sinon dans la même mesure. Par opposition aux membres considérés individuellement (singuli), la personne civile est conçue comme *unité*, appelée *universitas*. C'est improprement qu'on lui applique un nom qui désigne une collection d'individus, tels que *municipes* ou *collegiati*, car elle est distincte aussi bien de la collectivité des membres que des membres pris un à un. Le patrimoine corporatif un et indivisible, appartient à la personne morale et n'est pas propriété commune (singulorum pro parte.)

« Être abstrait sans réalité matérielle, rangée comme telle parmi les personnes incertaines (persona incerta), dont on ne peut se faire une idée très précise comme d'une personne physique déterminée, la personne juridique devait rencontrer, pour la pleine jouissance de tous les droits qui peuvent appartenir à une personne physique, des obstacles juridiques qu'on dût écarter peu à peu. La personnification civile ne suppose pas un ensemble de droits accordés d'un coup; elle s'étendit peu à peu pour les collèges en même temps que pour les villes. » On pourra suivre, dans le livre de M. Waltzing (t. II, pp. 447 et suivantes), le détail des conquêtes faites successivement dans cet ordre par la personne morale des corporations. Il me suffira ici de noter que, vers le milieu du Ve siècle, l'évolution est à peu près terminée, et que la corporation est arrivée à jouir de presque tous les droits que peut avoir une personne physique. Parmi les divers modes d'acquérir la propriété, la mancipation, la tradition et l'usucapion sont devenus accessibles aux collèges. Ils peuvent très probablement être institués héritiers par leurs affranchis, et quelques-uns d'entre eux, par privilège spécial, ont droit de recueillir tous les héritages (l. 8, C. J., vi, 24). Enfin l'emploi du fidéicommis leur permet à tous d'éluder toute incapacité en matière d'hérédité. En matière de legs, les personnes civiles ne rencontrent pas d'obstacle formel.

Tels furent les moyens d'acquisition par lesquels cette multitude de *corpora* qui couvraient l'Empire romain purent se constituer leur patrimoine corporatif. — Quelle fut au juste l'importance de ce patrimoine? Il semble avoir été considérable. Mais, en l'absence de toute donnée statistique, on ne peut autrement préciser. Aux faits relevés par M. Waltzing, et qui sont à peu près tout ce qu'on peut dire sur ce sujet, nous ajouterons un seul renseignement, c'est que les *collegiati*, les *corpora* de la cité sont collectivement admis à prendre en location les biens de la cité : l. 5, C. Th., x, 3. De locatione fundorum juris emphyteutici et rei publicæ et templorum : C. J., xi, 70. [De locatione prædiorum civilium vel fiscalium sive templorum sive rei privatæ vel dominicæ rei]. Il s'agit des « ædificia, hortos atque areas ædium publicarum et ea rei publicæ loca, quæ aut includuntur mœnibus civitatum aut pomeriis sunt connexa vel ea quæ de jure templorum aut per diversos petita aut æternabili domui fuerunt congregata vel civitatum territoriis ambiuntur — sub perpetuâ conditione, salvo duntaxat canone quem sub examine habitæ discussionis constitit adscriptum, penes municipes, *collegiatos et corporatos* urbium collacata permaneant, — omni venientis extrinsecus atque occultæ conductionis attentatione summotâ [an. 400]. Nous voyons les *collegiati* figurer à côté des *municipes* comme preneurs des biens du fisc ou des cités, détenir à titre de location perpétuelle des maisons, des jardins, des emplacements publics dans l'enceinte de la cité, des maisons accolées aux murs en dehors ou de véritables propriétés rurales. Par ces locations de biens communaux ou fiscaux, les collegiati rentrent donc à certains égards dans la catégorie des *possessores;* et les conductiones perpetuæ viennent accroître le patrimoine corporatif des *corpora* ou *collegia* en question.

Relevons, pour finir, que le patrimoine corporatif des *collegia* n'exclut naturellement pas le patrimoine individuel de chacun des membres. C'est même cette propriété individuelle qui nous intéresse tout particulièrement, et nous l'étudierons à sa place avec tous les développements nécessaires dans le chapitre suivant.

§ II.

Il nous faut maintenant voir ce qu'est devenu entre les mains de
ces propriétaires de différentes sortes le droit de propriété, tâcher
d'en fixer le caractère véritable et les limites possibles. Nous n'avons
naturellement pas à étudier dans le détail le droit de chacun des
grands groupes dont nous avons relevé l'existence : nous nous contenterons de prendre où ils se présentent les phénomènes les plus
caractéristiques.

La plupart de ces groupes ont ceci de particulier : en tant que
groupe ils ont un patrimoine corporatif; et d'autre part chacun de
leurs membres a sa propriété individuelle, son patrimoine familial.
Pas n'est besoin de démontrer une pareille assertion. Ce que nous
avons à faire voir c'est combien ce droit de propriété individuel est
l'objet de limitations multiples et comment il n'a presque rien de
commun que le nom avec le droit de propriété individuel, tel qu'il
existe chez nous.

I. — Nous commencerons par le groupe des décurions. Voici un
plébéien-riche dont on a fait un décurion précisément pour sa condition de fortune. Les immeubles qui lui ont valu son inscription sur
l'album de la curie sont bien à lui ; son droit sur ces immeubles semble
devoir être après comme avant un plein droit de propriété. Qu'arrive-
t-il cependant? Ses biens, dès qu'il est décurion, sont inaliénables. Il
ne peut vendre ses immeubles ou ses esclaves qu'en vertu d'une autorisation du gouverneur de la province, et en justifiant d'une nécessité
absolue de vendre. L. 1. C. Th., xii, 3. De Prœdiis et mancipiis curialium sine decreto non alienandis. — *Si quis decurionum — vel rustica
prœdia, vel urbana, vel qualibet mancipia — venditor necessitate coactus
addicit, — interpellet judicem competentem omnesque causas singillatim,
quibus strangulatur, exponat et mereatur valituram in perpetuum compara-
tori, probatâ assertione, sententiam. Ita enim fiet ut nec immoderatus venditor nec emptor inveniatur injustus* (An. 386.) La raison que donne la
loi de cette défense faite au curiale d'aliéner sans l'assentiment du
gouverneur, c'est en apparence la nécessité de le défendre contre la
violence et les fraudes des grands : Ibidem : « *Denique nihil erit postmo-
dum, quo venditor vel circumventum se insidiis vel oppressum potentiâ com-*

paratoris queri debeat, quando quidem sub fidé actorum et de necessitate dis-
trahentis et de voluntate patuerit comparantis. » Le véritable but est de
conserver au fisc un contribuable solvable, de l'empêcher de compromettre une situation qui importe à la prospérité fiscale de l'État.
Même défense et même raison alléguée loi 2. C. Th. xiii, 3, d'Honorius
et de Théodose, An. 423, et loi 3, x, 33 du code de Justinien.

Ce qui montre bien qu'il s'agit en tout cela de protéger et de
conserver l'organisme fiscal c'est que même au cas où l'aliénation
s'impose, on n'a pas accordé la permission d'acheter indistinctement
à tous. Il semble qu'on ait tout d'abord voulu exclure ceux dont le
droit d'achat pouvait être un danger pour le fisc. C'est ainsi que la
loi 2, C. Th., xii, 3, pose la question de savoir si l'achat des biens des
curiales dans le besoin sera interdit aux *curiales seuls* ou à d'autres
catégories de personnes : dubitatum est utrum si *soli* principales sine
decreti interpositione collegarum possessiones emere vetentur, an *omni-*
bus comparandorum hujusce modi fundorum copia sine prœdictâ
observatione negata sit. Quelques lignes plus bas le mot *omnibus* se
trouve défini par ces mots *cujuscumque conditionis emptori*, et ceux-ci
encore : *alterius fortunæ vel honoris homines.* Il faut évidemment comprendre ainsi la loi et en particulier le passage cité. On trouve plus
grave de laisser les possessions des curiales passer à d'autres curiales qu'à tout autre personne. Le curiale est lié et engagé vis-
à-vis du fisc; et laisser les possessions curiales se concentrer entre
les mains d'un petit nombre de décurions, c'est s'exposer à n'avoir
plus comme répondants de l'impôt qu'un nombre insuffisant de personnes, succombant sous le poids d'un fardeau trop lourd. Le parti
le plus sage a donc pu sembler d'admettre à l'achat des biens du
curiale nécessiteux tout autre qu'un de ses collègues.

Mais notre loi même témoigne que le législateur ne s'en est pas tenu
là, et qu'il a bien vite préféré une autre solution.

La décision impériale étend à tous indistinctement, *curiale* ou *non*
curiale, l'interdiction d'acheter les biens d'un décurion *sans l'autorisa-*
tion préalable du gouverneur de la province : generali sanctione decerminus ut, si curialis prœdium urbanum ant rusticum vendat *cujuscum-*
que conditionis emptori, apud rectorem provinciæ idôneas causas aliena-
tionis alleget non perfunctorie a judice sed verissime requirendas, ut
ita demum distrahendæ possessionis facultatem accipiat, si alienatio-
nis necessitatem probaverit ». Ce n'est là que le commencement de
toute une évolution juridique qui aura pour terme la concentration des
propriétés curiales dans les mains d'un nombre de plus en plus restreint

de décurions. Une autre disposition de la même loi nous montre accompli le pas décisif. Entre des ventes de biens curiaux faites en Osroëne postérieurement à la constitution de Valentinien de 386 sans l'assentiment du président de la province « sine gestorum testificatione a quâlibet persona celebratas... emptiones », le législateur distingue celles qui ont été faites à d'autres curiales et celles qu'on a consenties à des individus « *homines alterius fortunæ vel honoris* ». Et il décide que ces dernières seules seront annulées : « emptiones præteritas... ita volumus infirmari ut alterius fortunæ vel honoris homines qui sine decreto — prædia curialium in memoratâ provinciâ compararunt receptis pretiis — possessiones quas emerant *dominis restituant*; ita ut si usuras vel sumptus rei melioratæ proposcerint, a venditore percipiant, fructus invicem reddituri. (An. 123). Les ventes faites aux *curiales* subsisteront. Nous trouvons donc là formulé avec hésitation comme le principe d'un droit de préférence des membres de la curie sur tout bien appartenant à un curiale. Le fisc, revenant de son erreur première, aime mieux avoir un nombre restreint de répondants que de s'exposer à voir des biens affectés au service de la curie passer entre les mains d'individus qui ont par ailleurs d'autres charges à remplir.

Que ce soit là la signification du texte; et qu'il s'agisse bien d'un droit de préférence naissant, plusieurs lois en témoignent. C'est tout d'abord une disposition de Théodose et de Valentinien de 428, d'une importance exceptionnelle et qui constitue, au profit de la communauté, l'atteinte la plus grave au droit individuel du curiale à disposer librement de ses propres biens. Cette constitution postérieure de 5 ans seulement à la précédente, et émanée du même empereur décide, au cas de dévolution de biens de curiales à des personnes étrangères à la curie, que celle-ci devra prendre le quart des biens dévolus, l. 1, C. J., x, 34. Quando et quibus quarta pars debetur ex bonis decurionum et de modo distributionis eorum. — Si *decurionum consortio sit alienus* qui curiali successit, competentis eidem juris (sive ex asse sive ex parte heres sit bonorumve possessor) *partem quartam jure optimo a curiâ* peti decermimus [An. 428]. On n'ose complètement exclure l'étranger qui vient au nom du principe d'hérédité ou en vertu d'une disposition testamentaire à la succession d'un curiale; mais le droit répugne de plus en plus à permettre l'intrusion de l'étranger dans les biens de la curie et, pour indemniser en quelque sorte cette dernière du dommage de cette intrusion, on lui attribue en toute propriété un quart des biens de l'héritier ou du légataire non curiale.

Quatorze ans plus tard, en 442, les mêmes empereurs Théodose et

Valentinien confirment la précédente règle, et fixent avec soin le mode de partage destiné à faire cesser au plus tôt un état d'indivision préjudiciable entre la curie et les héritiers non curiales : l. 2, C. J., x, 34. Une disposition caractéristique est celle du § 5 : la fille incapable de s'acquitter des charges personnelles associées aux charges réelles est assimilée à l'héritier non curiale et doit en principe abandonner à la curie le quart des biens dont elle hérite. Elle a pourtant un moyen d'échapper à cette déchéance partielle de son droit : un moyen qui consiste à épouser un curiale chargé de remplir pour elle les charges dont sa qualité de femme lui interdit l'accomplissement. On lui donne trois ans pour se marier. Passé ce délai, la curie réclame le quart des biens, augmenté de tous les fruits ou intérêts échus. — En revanche l'héritier étranger au défunt et à la curie, mais figurant parmi les *obnoxii curiæ*, recueille la succession totale. « Extraneum quin etiam heredem propinquitatis quidem jure discretum, *curiæ tamen ejusdem civitatis obnoxium,* supradictæ portionis dispendio liberamus. »

Ce qui décide donc visiblement des règles de succession ce n'est pas le droit de l'individu, ce n'est pas le droit de la famille, c'est l'intérêt supérieur de la curie.

Plus tard, en 528, Justinien marchant dans la même voie législative établit des dispositions qui dans les *tous* cas assurent à la curie le quart des biens des curiales défunts : l. 3, § 1, C. J., x, 34. « Generaliter definimus ex omni causâ neque masculos liberos neque filias copulatas matrinonio curialis *minus quarta* parentis substantiæ habere, — vel non extantibus filiis vel filialibus, sed aliis heredibus, *ipsam curiam* secundum anteriores leges *quartæ curialis morientis habere solatinm* ». La loi vise deux cas distincts : 1° Il y a des enfants garçons ou filles pour continuer la personne du père, directement si ce sont des garçons, indirectement par leur *époux curiale* si ce sont des filles : « quum per maritum ejus quantum ad ipsius personam curiæ sit satisfactum ». Si ce sont des fils, le père peut par disposition testamentaire charger de le représenter, de le continuer au point de vue fiscal l'un d'entre eux seul ou tous ensemble indivisément (V. dans le même sens la novelle 28, ch. 1 et 2). Mais à ceux qui sont ainsi légalement chargés de continuer la personne du père : qu'il s'agisse d'*un* fils, *des* fils ou du curiale mari de la fille, le législateur veut expressément qu'il leur soit dévolu au moins le quart du patrimoine paternel. Il faut que le successeur ou les successeurs du père soient en mesure de supporter ses charges; qu'ils restent *idoines* au point de vue fiscal, comme l'était leur auteur. Pr. : « Sancimus... non minus quartâ portione in *masculos* posse testatorem transmittere, *sive unus est filius sive plures,* — nullâ deminutione ex permixtione sororum eis faciendâ, ut non solum *corporibus* sed *etiam substantiis* laborantes possint curiale habere consortium ». Cet intérêt de la curie et çette nécessité de maintenir *idoines* les continuateurs de la personne politique du défunt priment toutes autres considérations. Les droits des autres héritiers (filles ou héritiers testamentaires) restent subordonnés à cette nécessité politique ; et le père ne peut rien changer à ces dispositions de la loi par ses dispositions de dernière volonté. C'est ce que dit le commencement de la loi : « Si quis curialibus muniis obnoxius... filio quidem vel filiis suæ *substantiæ partem minimam* dereliquit, eam tamen quæ excludere eos ab inofficiosi querela potest, aliis autem suam substantiam dereliquit, ut ex hâc patrimonii distributione apud *filium quidem vel filios curiales minima pars* remaneat, *totum autem curiale munus masculis* immineat... sancimus hujusmodi iniquitates resecari. »

2° Au cas où il n'y a pas de descendants directs, garçons ou filles, et où la fortune du défunt passe à des collatéraux non curiales, la curie, nous l'avons déjà vu, reçoit en toute propriété le quart de la succession, loi 3 ad finem et loi 2 : Pr. : meminimus nuper emissâ lege divali *portionem quartam* de facultatibus curialium fati munus implentium, quæ ex quâlibet novissimâ voluntate vel ab intestato etiam, ad quemcumque præterquam si ad *filios curiales* deferantur, *curiarum* deputasse *corporibus*.

De toute façon, il faut qu'un *quart* de la succession du curiale défunt reste affecté au service de la curie : quand ce sont les descendants qui héritent, ils sont légalement saisis de la possession de ce quart, et sont tenus de l'accomplissement des charges réelles afférentes ; quand les héritiers sont des collatéraux ou des étrangers, c'est la curie elle-même qui vient en possession de cette part. Le but manifeste de toutes ces dispositions, c'est de conserver le plus possible aux biens qui ont une fois fait partie des biens curiaux la destination qu'ils ont eue à ce moment, d'empêcher que la curie ne devienne une curie sans *biens curiaux.*

Le législateur ne s'en tient pas à ces mesures. Si nous en croyons le préambule de la novelle 38, que Zachariæ place en l'année 836, les curies ne cessaient de péricliter, les curiales de diminuer en nombre, l'état de l'Empire d'empirer sur tous les points. Les bons effets qu'on s'était promis de l'institution de la réserve du quart aux héritiers curiales ou à la curie ne se faisaient pas apercevoir. Plutôt que de laisser à la collectivité le quart de leurs biens, les curiales (nov. 38, ch. i, § 1), dissipaient délibéremment leur fortune, ou en disposaient par actes entre-vifs ; et ceux-là mêmes assez consciencieux pour ne rien tenter en fraude de la loi, se voyant sans enfants, aimaient mieux voir les trois autres quarts disponibles passer aux étrangers plutôt qu'à leur propre curie. (Prem. § 4.) Pour remédier à cela, Justinien ne trouva rien de mieux que de renverser l'ordre des proportions dans lequel s'était fait jusque-là le départ de la succession du curiale mort sans enfants entre ses héritiers et la curie, d'attribuer à cette dernière trois quarts au lieu d'un quart ; et aux héritiers un quart au lieu de trois quarts (nov. 38, ch. i) : « Si curalis moriatur qui liberos non habet, neque masculos neque feminas, hic *tres* suæ substantiæ partes curiæ et quartam quibus vult relinquat. » La curie lui tiendra lieu de fils et sa gloire, sa prospérité à venir seront son propre triomphe et sa propre joie à lui-même.

Le législateur, une fois les trois quarts de la succession ainsi assurés au service de la curie, veut bien au reste faire son possible pour que cette réserve vienne entre les mains du possesseur qui agréera le plus au curiale défunt ou que ce dernier aura choisi lui-même. A défaut de fils légitimes, a-t-il des enfants naturels ? Le curiale peut les instituer héritiers, avec la charge de continuer sa personne vis-à-vis de la curie : « liceat illi cum onere curiæ etiam hós heredes scribere » ; et il leur laisse naturellement dans ce cas les 3/4 de sa succession. L'institué ou les institués, pour compter parmi les curiales, n'ont pas besoin d'être autrement offerts à la curie : « Et scriptura pro omni oblatione sit, neque id aliâ veterum legum adjectione neque oblatione dum superstites sunt, egeat, sed eo ipso scripti heredes, si liberi sint, curiales et heredes fiant, habeantque illi novem uncias substantiæ, prout illis pater diviserit. »

Mais les principes les plus essentiels de l'ordre successoral, ceux qui semblent se confondre avec ceux-là mêmes sur lesquels repose l'organisation de la famille, fléchissent devant l'intérêt prépondérant et sacré des curies. Si le père sans enfant légitime a omis d'instituer héritiers ses enfants naturels, ceux-ci peuvent, à l'exclusion des héritiers *ab intestat* réduits au 1/4 disponible de la succession, se mettre en possession des trois autres quarts réservés, en s'offrant d'eux-mêmes à la curie. Ch. ii : liberi vero naturales, si curiæ sese offerre velint recipiantur prout sive omnes, sive quidam ex iis voluerint, et novem unciæ substantiæ ad curiales vel curialem devolvantur.

— Même privilège accordé aux enfants qu'il aurait eus d'une esclave et qu'il aurait affranchis (Ch. ı, § 1). — A défaut d'enfants mâles, les filles peuvent hériter des trois quarts de la succession réservés à la curie, mais naturellement à la condition d'épouser des curiales : ch. ıv. — Quand il y a parmi les enfants légitimes des garçons et des filles (ch. v), les garçons reçoivent la moitié de la succession, les filles l'autre moitié ; mais les filles doivent au frère la moitié de leur moitié, de façon à leur faire les trois quarts réglementaires, à moins toutefois qu'elles ne soient mariées à des curiales de la ville, remplissant pour elles les charges personnelles.

Relevons enfin, pour finir, que toujours ce même intérêt des curies fait fléchir cet autre principe si souvent exprimé partout ailleurs que, dans un mariage entre deux individus de condition inégale, entre un homme libre et une femme esclave, l'enfant suit toujours la condition de la mère ; par exemple : l. xxı, C. J., xı, 47. Dès qu'il s'agit du *curiale* il n'en est plus ainsi : Ch. v. Sed sive curialis ex matre tamiacâ sive ex conchyleuticâ vicaneâ filium susceperit, *curialem conditionem prœvalere* volumus. La raison qu'on donne de cette grave exception à la règle est notable et montre bien à quel point de vue il faut se placer pour apprécier les mesures de l'époque : Curiales enim paucissimi sunt in nostrâ republicâ, tamiacorum vero et vicaneorum et conchyleutarum magna est copia et convenit potius *curias urbium augere* quam multitudinem multitudini addere. »

Dans tout ce qui précède, on a pu remarquer que les restrictions apportées au droit de l'individu à disposer librement de son bien ne s'appliquent qu'aux actes à titre onéreux et aux dispositions de dernière volonté. Pendant longtemps, jusque sous Justinien, on ne jugea pas utile de prendre contre les transmissions de biens curiaux à titre gratuit de garanties particulières. Les donations restèrent absolument libres, non soumises à l'autorisation préalable du gouverneur. Une constitution de l'empereur Zénon : l. 3, C. J., x, 33, dit expressément : Curiales vendere quidem res immobiles vel mancipia rustica prohibemus sine interpositione decreti ; *donationes vero vel permutationes* vel quoslibet alios etiam *sine decreto* permittimus celebrare contractus, quoniam et sacrœ constitutiones quœ super hoc a retro principibus latœ sunt in plurimis suis partibus de pretio non redhibendo locutœ sunt, ut ex hoc apertissimè detur intelligi solum *emtionis* decurionibus sine decreto interdictum fuisse contractum. » C'est qu'en effet, comme dit parfaitement et d'un mot Cujas : t. ıı, p. 1088 : « Curiales faciliores erant in vendendo quam in donando ; idcirco prohibebantur venditio non donatio. » L'homme se dépouille difficilement au profit d'autrui.

Mais des craintes qui auraient semblé à toute autre époque sans raison ne furent bientôt que trop justifiées et provoquèrent les mesures les plus sévères contre l'abus des donations et des actes de disposition entre-vifs. La novelle 38, ch. ɪ § 1, nous apprend que les curiales, se mariant de moins en moins, prirent l'habitude de se dépouiller de leur vivant de leurs biens en faveur de toutes sortes de personnes, et qu'à leur mort, ils n'en laissaient pas même à la curie le quart constituant la réserve primitive. Une constitution grecque, que nous n'avons pas, et qui devrait former la loi 4 du t. 34, livre 10 (Voir Cujas, Opera, tome II, p. 1089), abolit alors la faculté pour le curiale de disposer de ses biens par donation simple sans l'autorisation du gouverneur. C'est à cette constitution que faisait allusion la nov. 38, ch. ɪ, § 1 : Igitur speciales quidem jam leges tulimus quæ volunt ut et vendiciones et *donationes simplices* omnisque actus qui alienationem rerum curialium immobilium continet decreto secundum observationem quæ in lege illâ scripta est interposito subjaceant. »

Cela ne suffit pas ; Justinien dut promulguer une nouvelle constitution qui nous manque encore (l. 5 de notre titre), interdisant toutes les donations, et dont la disposition principale nous a été également conservée par le ch. ɪ, § 2, de la nov. 38 : « Deinde quia ex falsis causis donationes faciebant, etiam hoc planè sustulimus ut curialis *simplicem donationem in quamlibet personam conferat.* » Le curiale ne peut faire donation de ses biens à qui que ce soit. — Il a successivement perdu la faculté de disposer librement de ses biens à titre onéreux, puis à titre testamentaire ; voici maintenant qu'on lui enlève celle d'en disposer à titre gratuit par donation simple. L'échange reste probablement permis ; et en tout cas la *donatio ante nuptias.* « Donationes vero antenuptiales merito excipimus quoniam prorsus non sunt donationes sed species quædam contractus in illis est. » La donation *propter nuptias* est assimilée à un contrat à titre onéreux ; et se rapprochant plutôt de la vente, il ne faut pas s'étonner de la voir rester permise, comme cette dernière, sous le contrôle de l'autorité.

Des considérations d'autre sorte militent encore en faveur de son maintien, que nous trouvons nettement formulées dans la novelle : ces donations « copiam procreationis liberorum præbent, quod vel maximè in curialibus magno studio expetimus. »

Nous ajouterons cette remarque qu'une fois entrée dans la législation cette interdiction de la donation simple n'en sort plus ; tandis que la *donatio propter nuptias* continue à rester permise pour les mêmes raisons. Dans les novelles des grands empereurs byzantins du xᵉ siècle ayant pour objet la défense des petits propriétaires contre les puissants, outre la vente, l'emphythéose et la μισθωσις, la donation simple, d'abord permise (Constitutiones edidit Zachariæ. Coll. iii, nov. 2, p. 240), finalement resta interdite (Coll. III, novelle V (An. 935), § 2, ad finem); tandis que la *donatio ante nuptias* continuait à trouver grâce : novelle VIII, § 3, de Constantin Porphyrogénète (An. 947).

Avant d'en venir à ces mesures extrêmes, entreprises redoutables sur la liberté naturelle de l'individu à disposer de ses biens, le législateur avait tenté les moyens termes destinés à ménager les droits de l'individu tout en donnant satisfaction aux intérêts de la curie et en faisant leur part aux nécessités sociales et politiques du temps. On inventa — comme au Moyen-Age le droit de franc-fief, le droit spécial de mutation qu'eurent à payer les roturiers sur les fiefs acquis par eux (V. l'ordonnance de Philippe le Hardi, de 1275; Isambert, t. II, p. 659) — on inventa un impôt spécial et très élevé qu'eurent à payer aux corps des curies les étrangers possesseurs de terres curiales. Ce sont les empereurs Gratien, Valentinien et Théodose qui, en 384 et 391, organisent ce nouvel impôt sur toutes les libéralités faites par les curiales aux étrangers à titre testamentaire ou par donation entre-vifs ou même les successions légitimes qui peuvent échoir à ces derniers du chef d'un curiale défunt.

L. 107, C. Th., xii, 1. De decurionibus. Quicumque heres curiali vel legitimus vel electus testamento graduve quique fideicommissarius aut legatarius ejusdem arbitrio morientis extiterit, vel si quem liberalitas locupletaverit forte viventis, quos a curiæ nexu condicio solet dirimere, sciant pecuniariis descriptionibus pro ea parte patrimonii in quam quisque successit, ad denarismum sive uncias sese auctoris sui nomine retinendum. (An. 384); — mêmes indications dans la loi 123 même titre (An. 391). Cet impôt au profit de l'*ordo* s'appelle *lucrativa descriptio*. Il ne frappe que les immeubles non les meubles ni les esclaves. Son taux a varié selon les temps. D'après Godefroy (t. IV, p. 393) il aurait d'abord été de un denier ou une once d'or par *jugum* ou *caput*. Puis en 428 Théodose II et Valentinien en doublent le taux : l. unic., C. Th., xii, 4 : « De imponendâ lucrativis descriptione. Iii qui ex lucrativâ causâ possessiones detinent, quæ aliquando curialium fuerint, pro *singulis earum jugis* et capitibus *quaternas siliquas annuas* (c'est-à-dire 2 onces) ordinibus nomine descriptionis exsolvant »; — n'excluant en rien les taux plus élevés que l'usage ou la nécessité ont pu faire adopter pour certaines cités : « ita ut prœbitionis istius forma non prœjudicet *illis civilatibus in quibus consuetudo* praecedens vel pacta quœdam vel *alia necessitas* ampliorem summam exegi persuadet ».

Én 442 on se départ un peu en faveur des héritiers légitimes de la rigueur du droit antérieur : l. 1, C. J., x, 35. Tous les descendants fils, petits-fils, arrière-petits-fils ; filles, petites-filles, arrière-petites-filles, et inversement tous les ascendants, père, grand-père, aïeul, héritiers légitimes ou testamentaires, ou donataires, ayant en un mot à un titre quelconque hérité d'un curiale et non curiales eux-mêmes sont déchargés de l'obligation de payer ce droit particulier. « C'est moins, en effet, comme dit le texte, en vertu d'une libéralité, qu'ils sont appelés, que d'un droit propre : « in tam enim necessariis sibi conjunctisque personis sub liberalitatis appellatiòne *debitum naturale* solvitur... ex his enim successionibus maxime *debiti* potius solutio quam mumeris oblatiu comprobatur, quœ non largientibus dominis ipsâ *propinquitatis serie* deferuntur ». Tous les autres parents c'est-à-dire tous les collatéraux recevant des biens d'un curiale à titre lucratif, restent soumis au droit de quatre siliques par *jugum. Les donations propter nuptias* sont seules exceptées du paiement du droit, quel que soit le mari de la fille, curiale ou non curiale.

Il ne semble pas qu'on ait postérieurement touché à cette exemption de la *lucrativa descriptio*, dont jouissent les descendants ou ascendants héritiers des curiales. Même lorsque la loi a réduit aux 3/4 d'abord, puis au quart la part de la succession pouvant passer aux héritiers naturels, testamentaires ou donataires *non curiales*, il semble que les descendants et ascendants héritiers continuent à jouir de cette exemption de la *lucrativa descriptio* sur la part de la succession qui leur revient.

Il nous faut enfin noter, dans le même ordre d'idées de faveurs exceptionnelles accordées à la curie, cette autre mesure, que si le décurion meurt *ab intestat* sans laisser d'héritier, c'est la curie qui prend ses biens par préférence au fisc : l. unic. C. Th. v, 2 (An. 319) ; l. 123, § 6, C. Th. xii, 1, (An. 391) ; et l. 4. C. J., vi, 62. (An. 429).

Ce qui de plus en plus prévaut dans la législation relative à la curie c'est l'intérêt même du corps curial. Tout autre principe cède devant ce but à atteindre, le maintien dans un état de prospérité suffisant du corps de la curie. Le droit des membres sur leurs propres biens passe au second plan. Le curiale, nous l'avons vu, ne peut disposer de ses biens à titre onéreux qu'avec l'assentiment du gouverneur de la province; bientôt il ne peut le faire à titre gratuit que dans une mesure de plus en plus restreinte. Le droit même de la famille subit les atteintes les plus graves; l'héritier légitime non curiale ne peut prendre d'abord que 3/4, puis 1/4 de la succession du défunt : les 3/4, puis le 1/4 que le législateur lui octroie, il ne les reçoit, à moins d'être un descendant ou un ascendant, que grevés d'un impôt destiné à compenser le dommage que cause à la curie le transfert des biens à des individus non curiales, non assujettis aux charges de la cité. La condition requise pour succéder aux biens du curiale c'est de plus en plus celle de faire partie de la curie. A celui qui consent à s'agréger à la curie, on donne toute facilité, quelle que soit sa condition de naissance, pour hériter du curiale et continuer sa personne morale. Les lois les plus sacrées de la famille ancienne fléchissent; les enfants naturels sont assimilés sans plus aux enfants légitimes. La propriété des curiales est de plus en plus considérée comme la propriété de la curie sur laquelle le curiale n'a individuellement qu'un droit de jouissance subordonné à l'accomplissement exact des charges qui la grèvent; et comme dit très bien M. Houdoy dans son livre que nous avons plusieurs fois cité sur « *la Condition et l'Administration des villes chez les Romains* (p. 605) » « tout donne la preuve de ce fait que la curie prise dans un sens très large et se composant de tous les *nexi curiæ* est devenue une véritable société *totorum bonorum*, imposée par la loi entre tous les membres d'un certain ordre de citoyens, société existant plus encore entre les biens qu'entre les personnes ». Et p. 106 : « Le patrimoine des curiales s'est absorbé dans la personne civile appelé curie ».

II. — Cette étude que nous venons de faire sur les biens des curiales nous devrions, pour être complet, la recommencer pour chacune des catégories des détenteurs de biens fonds, dont nous avons signalé l'existence dans notre chapitre précédent. Cela nous entraînerait trop loin sans être absolument indispensable à notre but. Nous prendrons parmi ces classes les deux ou trois qui nous paraissent présenter les phénomènes les plus intéressants; et cela suffira pour nous permettre de constater partout l'existence des mêmes faits, un développement analogue du droit de propriété privée.

C'est sur les grandes corporations se rapportant au service de *l'annone: les navicularii*, les *pistores*, les *boarii*, les *suarii* que nous faisons d'abord porter nos considérations. Quels sont exactement les droits de chaque membre de la corporation sur les biens qu'il possède en propre et quels sont sur ces mêmes biens les droits de la corporation elle-même? — Outre notre guide habituel, Godefroy, nous avons pour nous aider dans cette étude la plaquette de *Gebhardt* : Studien über das Verpflegungswesen von Rom und Constantinopel in der späteren Kaiserzeit » et le ch. 2 de la troisième partie du tome II (p. 285) de l'étude de *Waltzing* sur les corporations romaines, où l'auteur traite de *l'affectation perpétuelle* des biens possédés par les membres de la corporation.

Pour plus de rapidité et de clarté nous allons successivement poser, à propos des biens de ces corporations, les différentes que\tions qui se sont présentées au cours de notre étude de la condition des *biens curiaux* et dont nous avons pu comprendre toute l'importance.

Le naviculaire, le boulanger, etc., peut-il librement aliéner les biens qu'il possède, affectés au service public qui lui est confié ? — Sur ce terrain comme sur celui de la curie, le droit individuel semble s'être maintenu le plus longtemps possible. Une constitution de Valentinien de 375 parle encore du libre droit de l'individu à disposer de ses biens comme d'un droit sacré et sur lequel on ne pourrait entreprendre : l. 7, C. Th. xiii, 6. « Quoniam intercipere contractum emendi vendendi fas prohibet. » De son côté la constitution précédente, loi 6, même titre, témoigne de plusieurs libres modes d'aliénation des biens des naviculaires : « Fundi omnes ad naviculariorum dominium pertinentes et *ad aliorum jura translati*, fisco vel republica vel naviculario vel quolibet alio *distrahente* sive *donante* vel ad filios vel propinquos vel extraneos *transferente*, etsi ad naviculario translati... » La loi 9 vise la vente aux enchères : « Navalem hœresin in omnibus volumus custodiri ut usque ante viginti annos *quæcumque possessiones subhastarid sorte distractæ sunt*, et propter contractum publicum navali fuerant hœresi separatæ.. ». Il semblerait à la lecture de ces textes que ces biens sont entièrement et complètement dans le commerce. Le détenteur peut les tenir, nous disent ces deux constitutions, du naviculaire lui-même, ou d'un individu quelconque, ou encore du fisc à la suite d'une vente aux enchères justifiée sans doute par une dette fiscale, ou d'une civitas qui les vend comme siens ; et ce même détenteur peut les avoir en vertu de n'importe quel titre : vente forcée, vente volontaire ou donation : distrahente vel donante ; lui-même appartenant du reste à n'importe quelle catégorie d'individus, navi\ulaire ou non naviculaire », parent du vendeur ou non : vel ad filios vel propinquos... vel extraneos.

Il ne faut pas s'y laisser tromper. Dans la loi 6 (An. 372) nous notons d'abord l'expression ; *fundi omnes ad naviculariorum dominium pertinentes...* ; dans la loi 2, les mots : « patrimonia naviculariorum, quæ quolibet genere in extraneorum dominia demigrarunt, *in corporis sui jus proprietatemque* remeent (An. 365) ». La loi 2 distingue les navicularii des *extranei*, de ceux qui ne le sont pas, et parle expressément du *jus* et de la *proprietas* du corps, *corporis jus proprietasque*. La loi 4 débute par les mots : naviculariæ facultates *naviculario corpori* reddantur. Derrière le droit du naviculaire sur les biens qu'il parait détenir de son droit propre, il y a, les textes le disent, un droit de propriété du corps, un *jus corporis*. Qu'est-ce que ce *jus corporis* ? Les faits et les textes nous le montrent tout autre qu'un droit vague et inefficace de domaine éminent. Il est assez fort pour rendre caduque toute transaction qui le lèse. Le droit du naviculaire sur ses propres biens affectés au service de la *res navicularia* semble en réalité n'être qu'un droit de jouissance subordonné dans son existence à l'exact accomplissement de certaines charges. Le droit le plus extrême qu'on concède au naviculaire sur ce bien c'est la faculté dont jouit le curiale de se choisir un continuateur de sa personne, un substitut pour l'accomplissement des charges qui grèvent le bien. Et réciproquement la condition indispensable et unique pour être légitimement admis à posséder les biens d'un naviculaire, c'est de prendre sur soi l'obligation des charges. Dès que l'investi se refuse à cet engagement, il n'y a rien de fait : le droit de la collectivité se retrouve tout entier pour exclure le nouvel acquéreur. Tous les textes de notre litre le disent : *Naviculariæ facultates naviculario corpori reddantur, si bona rite retinentes subire eorum onera nolint.* Sous cette condition de l'acceptation des charges la transmission des biens est volontiers agréée par la loi. Mais encore faut-il que l'acheteur, le donataire ou successeur présentent les garanties suffisantes, qu'il soit *idoine*. Si le nouveau possesseur n'est pas *idoine*, rien de fait encore : la loi 8, même titre, une constitution d'Arcadius et d'Honorius, le dit en toutes lettres : Iii qui fundos naviculariæ functioni adscriptos a naviculariis acceperunt... naviculariam functionem suscipere cogantur.. Hac tamen ratione servatâ ut si ad *minus idoneum* fuerit translata possessio, etiam *auctores* transcripti prœdii teneantur obnoxii, sitque hoc in promptu ut *damnis fiscalibus* primitus *ab idoneis* consulatur. (An. 399).

Quelle procédure suit-on au cas où le nouveau détenteur est incapable de remplir les charges de son nouvel immeuble ? — Il semble qu'il faille distinguer. Si l'auteur c'est-à-dire le vendeur ou donateur vit encore, c'est vers ce dernier que le corps se retourne, c'est ce der-

nier qui reste tenu de la charge naviculaire. C'est ici une application
du principe qui domine tout le droit public de l'époque, que nous avons
vu existant en Grèce également, que celui qui nomme, le *nominator*,
répond toujours de la gestion de celui qu'il s'est substitué dans la
charge de sa magistrature ou dans la commission dont il était investi.
Et alors l'auteur, le vendeur ou le donateur responsables ont contre
l'acheteur ou donataire, pour rentrer en possession de leur bien, une
action *in rem*, une véritable action en revendication, et une *persecutio* : l. 6 : même titre : fundi omnes reddantur dominis, actione in rem
et persecutione concessâ : l'action en revendication du droit civil ; et
une persecutio proprement dite : une actione xtraordinaire (V. l. 178,
§ II. D. L. De verborum significatione). L'emploi des deux termes *vindicatio* et *persecutio* fait supposer qu'il y avait deux voies distinctes pour
rentrer en possession du bien naviculaire aliéné :*la voie ordinaire de
la revendication en justice et la *voie administrative* que visent peut être
les mots « interpellato preafecto annonœ » de la loi I, de notre titre : ut
comparatores possessionum naviculariarum *interpellato* P. f. Annonœ
ad id obsequium compellantur » (An. 326).

L'autre cas c'est celui où le vendeur ou donateur est mort. L'auteur
de l'*acquéreur non idoine* ne pouvant plus exercer l'action en revendication ou la poursuite administrative, c'est sans doute le *corpus* naviculariorum qui se trouve substitué en son lieu et place ; et c'est ce
corpus que nous trouvons comme demandeur ou plaignant dans la
loi 1 (An. 326). — Le droit de la corporation est si fort que le législateur n'admet pas la prescription contre lui : l. 3 : adversus petitio-
nem naviculariorum de suo jure certantium spatium non prœscribat
annorum ». — V. encore l. 5 (An. 367). — Ce n'est presque que dans
le 2ᵉ quart du vᵉ siècle (An. 423) que nous voyons la prescription
admise et encore une prescription de 50 ans ne devant au reste avoir
d'effet que pour le passé jusqu'au moment présent : l. 10 (An. 423).

Ce qu'il y a de remarquable dans le droit qui régit la corporation
des naviculaires, c'est que les biens affectés au service naviculaire ne
restent pas nécessairement dans la possession de personnes faisant
proprement partie de la corporation. Ce droit répugne moins que le
droit curial par exemple à voir les biens affectés passer dans les
mains de personnes étrangères à la corporation. On ne voit pas qu'une
catégorie quelconque de citoyens soit exclue de la possession de ces
biens : les seules conditions pour être, comme nous l'avons vu, admis
à les posséder, c'est la promesse d'en acquitter les charges et une situation de fortune qui fasse solvable le nouveau possesseur. Le principe

qui paraît dominer ici est celui que nous trouvons formulé dans la
loi 7 (An. 375) : *res* enim oneri addicta est, non *persona mercantis* (mer-
catoris), que la charge est *réelle* non *personnelle*. Il existe bien un corps
officiel de naviculaires dont les membres ont leur nom inscrit sur
l'album de la corporation; qui comprend, loi 7, même titre, tous
ceux dont « totum patrimonium ad fonctionem navicularii muneris
occupandum erit » et qui jouissent de l'exemption des charges personnelles, « *numera civilia* » et de certaines autres faveurs. Déjà dès
l'époque classique, l. 5. D. L. 4 et 5 § 6, D. L. 6, seuls les naviculaires
qui ont la plus grande partie de leur patrimoine engagé dans les entreprises de transport figurent sur l'album et bénéficient de l'exemption pour 5 ans des charges publiques accordée aux naviculaires en titre.
Mais la charge naviculaire ne laisse pas de conserver à toute époque
son caractère de charge réelle. Ce qui importe et ce qu'on veut, c'est
que les biens une fois employés à ce service ne perdent plus leur affectation première en quelques mains qu'ils se trouvent; quant aux naviculaires ils ne forment pas un corps absolument fermé et héréditaire; les biens affectés au service du transport peuvent passer en d'autres mains que les leurs. Le droit de la corporation sur ces biens
n'apparaît, semble-t-il, avec quelque timidité que dans les cas extrêmes
lorsque la charge qui les grève n'est pas régulièrement acquittée
et que la responsabilité du groupe est mise en jeu par la négligence
d'un détenteur. Pour employer le langage du droit public grec, la
masse des biens naviculaires forme une *symmorie réelle* sur laquelle
la charge naviculaire retombe directement : les détenteurs de ces biens
forment une symmorie personnelle indirectement tenue *ob rem.*

Mais il a bien fallu, pour que la charge fut remplit régulièrement,
faire un groupe responsable; comme il est arrivé partout ailleurs
à Rome, et comme il est arrivé à Athènes pour la *commission syntriérarchique*. Ce groupe responsable a été le groupe des naviculaires régulièrement inscrits sur l'album de la corporation. Ils ont répondu de
toute la prestation naviculaire; et on a dû leur conférer un droit de
surveillance et de contrôle sur la circulation des biens naviculaires; et
finalement un droit de propriété sur les biens eux-mêmes. La logique
conduisait forcément à réduire le droit du naviculaire sur ces biens
affectés à n'être presque plus qu'un droit d'usufruit, pour concentrer
le droit de propriété véritable dans le corps même des naviculaires.
— Une conséquence dernière de cette tendance législative aurait été
l'interdiction pour tous autres que les naviculaires proprement dits,
du droit de posséder desbiens grevés de la charge naviculaire, et, —

dans le cas d'aliénation de ces biens par le détenteur nonobstant le droit du groupe, — l'exercice par le groupe d'un droit de préférence ayant pour effet d'exclure l'étranger.

Ce droit nouveau, formé des rigoureuses conséquences des principes posés, ne se développe pas également dans toutes les corporations ; et il est assez difficile d'en donner les raisons. Une des principales causes de ce développement inégal d'un droit le même au fond pour toutes c'est peut être l'importance inégale pour chacune d'elles de la charge *patrimoniale proprement dite* et de la charge *personnelle* presque toujours étroitement associées. On comprend que là où prédomine la charge patrimoniale, il n'y ait pas grand inconvénient à laisser passer dans les mains de personnes n'appartenant pas à la corporation proprement dite une partie des biens affectés Là, au contraire, où la charge patrimoniale se trouve en quelque sorte ne faire qu'un avec la charge personnelle, il sera difficile de laisser les biens grevés de la charge patrimoniale aux mains des personnes étrangères à l'accomplissement de la *charge personnelle*. Suivant les nécessités administratives et les besoins publics les droits respectifs de l'individu et de la corporation sur les biens affectés au service corporatif seront différemment fixés.

C'est ainsi que la corporation des boulangers présentera un type sensiblement autre que la corporation des naviculaires. La charge personnelle et la charge patrimoniale seront toujours étroitement unies : l. 12, C. Th., xiv, 3 : Valentinianus et Valens ad Claudium Proconsulem Africœ. — Secundum parentis nostri Constantini divale prœceptum *omnibus lustris* pistores ex officio quod ei corpori constat addictum ad urbem sacratissimam destinentur. In quo illud convenit prœcaveri ne quis *hanc quœ personnalis est fonctionem* pretio putet esse taxandam. Veniant suo tempore quos causa constringit et ita veniant ut eos officium, quod tibi paret, pistorum patronis atque annonœ Pf. apud publica monumenta consignet [365?]. — La dissociation de la charge patrimoniale et de la charge personnelle ne se fait que très exceptionnellement à titre de peine : l. 1, C. Th., xiv, 3 (An. 319) : lorsque le pistor aliène ses biens pour se faire passer pour *minus idoneus* et se faire substituer en son lieu et place un autre individu, on ne veut pas que « hœc astutia ei profutura sit, sed in obsequio pistrini sine ullâ excusatione durabit » et ses biens « non *ad ejus jura* revocabuntur, si quas emptiones transcripserit » (An. 319).

Normalement les *pistores* ne peuvent aliéner librement leurs biens. Les premières lois du titre qui leur est relatif (Waltzing, t. II, p. 286), « sont déjà des restrictions qui suppriment cette faculté ». Nous avons vu par la loi 1 que le pistor ne peut pas, sans commettre un grave délit, vendre ses biens pour faire frauduleusement substituer un tiers en son lieu. Et la loi 3, une constitution de Valentinien et Valens adressée au préfet de la ville Symmaque, pose nettement les larges bases de ce droit nouveau, dont nous avons entrevu les conditions à propos de la corporation des naviculaires, le droit de préférence du groupe. « Les immeubles rustiques ou urbains, que les boulangers possèdent à titre privé, dit notre loi, nous ne voulons pas, que le *sénateur* ou le *fonctionnaire* les achètent, cette faculté d'une semblable acquisition restant libre pour tout autre (contractu pari aliis non interdicto), puisque d'office l'*acheteur se trouve substitué* au lieu et place de son vendeur par le simple fait de la déclaration de l'acte d'achat aux bureaux du Préfet de l'Annone. — § 1 : Pour ce qui est des donations, nous exceptons de toute défense de cette sorte les donations faites aux fils et petits fils et également à toutes les personnes unies au donateur par un lien de parenté quelconque : à ceux-là nous ne leur enlevons pas le bénéfice d'une libéralité quelconque, puisque leur origine et les règles de l'hérédité en font des boulangers nécessairement. — § 2 : On prendra bien garde aussi quant aux testaments, aux donations, aux dispositions de dernière volonté que les libéralités faites à des étrangers soient nulles, à moins que ces personnes n'assument volontairement les *charges et la profession* du donateur (An. 364) » — Les dispositions de cette loi sont des plus importantes. Tandis que les biens des naviculaires peuvent, moyennant reconnaissance et acquittement de la charge patrimoniale, se trouver indistinctement entre les mains du fisc (domus principis) : l. 3, 5, C. Th., x. 6); de personnages d'une classe élevée comme les sénateurs, officiales d'officiers de police (de ceux qu'on appelle *agentes in rebus*, l. 3, 20, C. 1, xii, 5); des *cohortales* ou employés des gouverneurs de province qu'une défense expresse exclut de la corporation des naviculaires ; des curiales ; des femmes, de l'église enfin ; — la vente des biens des *pistores* aux sénateurs et aux *officiales* est absolument interdite.

Godefroy comprend autrement la loi et voit dans les biens dont il y est question la catégorie particulière qu'il qualifie très heureusement de *praedia adventitia propria* (l. 10, habentur jure privato) en l'opposant aux *fundi dotales*. Je ne puis me persuader qu'il a raison. En dépit des mots *jure privato* de la loi 3, il s'agit bien d'immeubles possédés *jure pistoris.* La preuve en est que s'il était question dans la loi 3 de biens *adventitia,* on ne comprendrait rien à certaines dispositions de la loi 13 et qu'entre ces deux lois séparées à peine par un espace de 5 ans (loi 3 de 364; loi 13 de 369) on relèverait des contradictions choquantes. La loi 13 permet en effet au boulanger de disposer en toute liberté en faveur *ne n'importe quel boulanger,* par vente, donation, constitution de dot, des biens qu'il a acquis lui-même, des biens *adventitia* : « In his vero solis liciti contractus eidem corpori reserventur, quæ *ipso non hereditario pistorum nomine,* sed *privatorum institutione* vel dote ant qualibet titulo probantur esse transfusa, et si qua ipsi ex *privatâ municificentia* consecut!, in rebus humanjs agentes in *aliquem ex sociis* id est *in pistorem alterum* transtulerunt. » — La loi 3 *au cas de vente* ne permet d'aliéner les *prædia rustica et urbana* qu'à une personne qui ne *sera pas sénateur et fonctionnaire (officialis),* et qui de plus se laissera *substituer au lieu et place du vendeur :* quippe mercantes ad venditoris officium vocabuntur, super hâc emptione apud P. f. annonæ testatione depositâ. Elle n'admet les donations entre-vifs même en faveur des fils, petits-fils ou parents que parce que la substitution du donataire à la personne du donateur se trouve ici par le seul fait de la parenté réalisée d'elle-même : Quià et paneficii necessitatem suscipere *successionis jure* coguntur; enfin elle subordonne à cette même substitution préalable, la validité de toutes dispositions testamentaires ou donation à cause de mort en faveur des *extranei.* — Dans le premier cas (loi 13) le boulanger dispose donc du bien *adventice,* de ses acquêts en faveur de n'*importe quel autre* boulanger. Dans le second (loi 3) la condition préalable et *sine quâ non* de toute aliénation, c'est l'engagement solennel du nouvel acquéreur *de se substituer en tout à la personne du vendeur;* et le bien en outre ne passe à une personne étrangère à la famille du donateur ou testateur qu'à la dernière extrémité, lorsque aucun membre de la famille n'est là pour prendre la place du détenteur actuel. Dans ce dernier cas les biens sont beaucoup plus que dans le premier attachés à la famille. Tout devient clair si on admet comme nous qu'il est question dans la loi 3 des biens « *adscripta corpori* » et dont on dit qu'ils sont possédés *privato jure* pour marquer seulement le droit individuel de propriété ou de jouissance dont ils sont l'objet de la part des boulangers qui les détiennent.

Ceci nous amène à distinguer trois sortes de biens de boulangers. Il y a les biens dont le revenu est indivisément affecté à la corporation entière de la boulangerie : ce serait par exemple les *fundi* et les *prædia* de la loi 19 : C. Th., xiv, 3 ; « fundi et prœdia quœ eorum corpori solatia certa prœbebant »; qu'on afferme, qu'on livre « jure perpetuo — idoneis, affixâ prœstatione », dont les « conductores prœstationis modum et solatia ministrant antiquitus constituta pistoribus » (An. 396). — 2° Puis il y a les *propres* des boulangers, les biens qui se transmettent de génération en génération dans la même famille, dont parle la loi 3 ; — 3° enfin les *acquêts* faits par chaque détenteur des propres sa vie durant.

La première catégorie de biens ne nous intéresse pas ; ce qui nous importe ce sont les règles qui régissent chacune des deux autres catégories, surtout les *propres*.

Contrairement à ce que nous avons constaté pour les naviculaires, ces propres « *proedia adscripta corpori nomine et specie dotis* » (l. 13) « fundi dotales » ne peuvent pas sortir de la corporation, rester en possession d'une personne non régulièrement inscrite sur l'*album* des boulangers. Où se trouve le bien, la charge patrimoniale, doit se trouver aussi la charge personnelle, la qualité de pistor. Parfois il est assez difficile de distinguer si ces biens appartiennent à chaque pétrin individuellement, c'est-à-dire au pistor qui a la responsabilité du pétrin ou au *corpus pistorum*. La loi 7 parle de fundi dotales affectés au service de chaque pétrin en particulier et livrés avec tout l'instrumentum, *cum animalibus, servis, molis*, et toutes les avances, successivement à chacun des patrons qui se succèdent tous les 5 ans au même pétrin. Il ne saurait y avoir, à l'endroit de ces biens, d'acquisition à titre particulier mais bien à titre universel, toujours pour cette raison que la qualité de boulanger doit être là où sont les biens. La condition préalable d'acquisition de ces biens est la substitution de l'acquéreur au vendeur en sa qualité de *pistor*. C'est là le grand principe qui domine toute la matière et dont les autres règles ne sont que des applications. Les sénateurs et les fonctionnaires sont exclus de ces acquisitions à titre universel justement parce qu'ils ne peuvent devenir personnellement boulangers. La symmorie *réelle* et la symmorie *personnelle* doivent coïncider toujours.

C'est par une suite des mêmes idées que la législation s'efforce ici plus visiblement encore qu'ailleurs de conserver par tous les moyens possibles les biens dans les mains des mêmes familles. La loi 3 témoigne expressément que le boulanger ne pourra disposer de son bien par donation entre-vifs qu'en faveur de son fils, petit-fils ou parent, appartenant déjà par sa naissance à la corporation. Lorsqu'il s'agit de dispositions testamentaires ou de donations pour cause de mort, la règle c'est encore qu'elles ne sont valables qu'en faveur de parents appartenant déjà à la corporation : l. 13, § 2 : hæc forma servabitur et *in testamentis aut donatione vel novissimâ voluntate in extraneos* collata non valeant ». Exceptionnellement elles sont permises cependant, mais à la condition que le donataire ou testataire acceptera expressément de faire partie de la corporation... « Nisi pistoris officium sponte susceperint, qui pistorum sunt munificentiam consecuti sunt. » Il n'y a que pour la vente qu'on ne distingue pas, semble-t-il, entre les parents et les étrangers. Comme l'aliénation n'est vraisemblablement permise que dans le cas de nécessité, il faut donner au vendeur nécessiteux toute facilité de se tirer le mieux d'affaire. Mais ici encore l'autorité ne consent à l'aliénation qu'au cas où l'acquéreur accepte de faire partie de la corporation et d'en supporter toutes les charges. Et il semble bien dans la nature des choses et l'esprit de l'époque que le droit de préférence, la προτιμησις en faveur des parents qui semble implicitement contenu dans le texte en ce qui touche les donations, donations pour cause de mort ou testament, ne tarde pas à s'établir aussi en ce qui concerne la vente. Tout cela est une conséquence du principe qu'il ne peut y avoir transmission de *propres* à titre particulier ; que la symmorie réelle et la symmorie personnelle doivent coïncider le plus parfaitement possible, la première indissòlublement unie à la seconde et la seconde devenant de plus en plus un groupe fermé. — On voit à quel point le corps des boulangers est plus fortement constitué que celui des naviculaires et qu'il marque une étape de plus dans la voie que suit la société vers cette organisation singulière qui est celle du Bas-Empire.

Ce caractère plus rigoureux de la corporation se marque non moins bien par les règles applicables aux *acquêts*. De l'acquêt, quel que soit le mode d'acquisition : donation, constitution de dot, achat, etc..., l'acquéreur sa vie durant peut faire ce qu'il veut, le donner, le vendre à qui bon lui semble, toutefois à un membre de la corporation. Cette absolue liberté de disposition résulte, semble-t-il, de la phrase : « Et si qua ipsi ex privatâ munificentiâ consecuti, in rebus humanis agentes, in aliquem ex sociis id est in pistorem alterum transtulerunt... » Mais à la première transmission héréditaire l'acquêt, d'acquêt qu'il était, devient propre ; et la faculté d'en disposer est soumise aux mêmes restrictions que la faculté de disposer des *propres ordinaires* : « Si quæ ad ipsos [pistores] non hereditario pistorum nomine sed privatorum institutione, liberalitate vel dote aut quolibet titulo probantur esse transfusa et si quâ ipsi ex privatâ munificentiâ consecuti, in rebus

humanis agentes in aliquem ex sociis id est in pistorem alterum transtulerunt... Si hæc quoque in successione proprià reliquere, etiam *eadem
dotis nomine et titulo nuncupamus quia pistrino proficere convenit quod apud
pistorem eo vivente remansit.* » Cette transformation de l'acquêt en propre
par le fait d'une première transmission héréditaire c'est ce que le texte
appelle « *rem pistrino .. successionis meritis obligatam* » ; et la libre disposition de ces nouveaux propres tout comme celle des anciens est
normalement interdite... « Quo eorum quoque distractio inhibita evi-
dentius cerneretur... Servabis igitur de cetero ordinem constitutum
ut si *vel donatione pistoris rem pistrino hereditatis successionisve meritis
obligatam quicunque ex privatis a pistoribus fuerit consecutus,* sciat *corpori
obnoxium vendere et alienare non posse,* sed in suâ causâ et pistorum
nomine ac jure residere. »

Une chose nous resterait à connaître pour avoir une idée assez
précise de notre corporation, ce serait le droit successoral applicable
à ces *propres.* Y a-t-il partage égal entre les enfants? Celui-là seul qui
tient dans la corporation la place du père hérite-t-il du bien? L'institution d'héritier faite par le boulanger admet-elle la possibilité de
léguer des biens affectés au service de la corporation? La possibilité
de faire des legs semble impliquée dans cette phrase de la loi 13: Sed
etiam quæ ex successione pistorum ad heredes eorum vel *quos alios*
devoluta noscuntur. » Par ces *qui alii* on ne peut guère entendre, étant
donné l'espèce générale, que des donations pour cause de mort ou des
legs. Et à qui peuvent être faits ces legs? Aux parents seulement ou
aux étrangers également? Quelle est la condition de ces biens de boulanger légués ainsi? Quelles sont les obligations de ceux qui les
détiennent vis-à-vis de la corporation?

Nous sommes dans l'impossibilité de préciser tous ces points. Mais
ce que nous savons nous permet d'affirmer que toutes les pratiques
particulières sont dominées par ces deux grands principes qui ne
jouent pas un rôle également grand dans toutes les corporations: l'indissoluble union de la *charge réelle* et de la *charge personnelle* et l'exclusion déjà poussée très loin des personnes étrangères de la possession
des « *prædia adscripta corpori* » ; ces principes entraînant un droit de
préférence de chacun des pistores sur les biens des autres membres et
une répugnance grandissante du droit corporatif à laisser subsister
à côté des « *prædia corpori adscripta* » des biens dont le détenteur aurait
la libre disposition et qui à un moment quelconque ne seraient pas
soumis au même droit que les autres.

Dans aucune autre corporation de l'annone les mêmes phénomènes ne se présentent avec la même netteté. Nous noterons cependant brièvement dans la loi 5, C. Th., xiv, 4 (An.389), l'application à la corporation des *suarii* des principes que nous venons de dégager. — D'abord pour la possession des biens et l'accomplissement de la fonction, le droit de préférence des parents et des personnes *stirpe suariâ* est à mon sens nettement indiqué dans ces mots : « Consanguineos quoque eorum vel originales ut memoratorum *nomini functionique jubeas adjungi,* — plenum et æquitatis et juris est ».

Une autre formule du même principe c'est que les biens affectés ne peuvent pas rester dans les mains de personnes n'appartenant pas à la corporation et doivent lui être immédiatement rendus : Suariorum vires eâ concidisse occasione comperimus quod fundi eorum atque alia prædia [par ex : prædia urbana] *in extraneas quasque personas* multimodâ donatione transcripta sunt. Quæ sublimis Eminentia (Pf. Urbi) tua *ad memoratorum jura recovabit.* — On laisse aux détenteurs de biens « adscripta corpori suariorum » un seul moyen d'échapper au danger d'expropriation, c'est de se reconnaître prêts a subir toutes les charges des anciens *suarii,* d'entrer dans la corporation en leur lieu et place : « Si eorum detentatores putaverint abluendum, subeant *cum his communem sarcinam quorum incubuere corporibus* ». — Que par ces charges il faille entendre les *charges personnelles* non moins que les charges réelles qui leur sont toujours inséparablement associées, c'est ce que prouve la loi 7 : « Ut *sive personarum agatur ratio, sive rerum,* non minus habeatur obnoxius quem possessio tenet quàm quem successio generis adstringit ». — La loi 8 qui contient substantiellement les mêmes dispositions ajoute un renseignement plein d'intérêt, que c'est là le droit commun de toutes les corporations de Roma : Circa *reliqua etiam corpora,* quæ ad privilegia urbis Romæ pertinere noscuntur, *eadem prescripti nostri forma servetur* ».

III. — C'est surtout dans l'organisme tout particulier du « vicus publicus » que nous trouvons le plus développés nos grands principes juridiques. Nous avons dit ce qu'il fallait entendre par ces « *vici publici* »; comment c'est dans ces villages situés dans la juridiction de telle ou telle cité que se trouve groupée la plèbe rurale, la masse des hommes libres qui ne sont pas curiales et qui vivent de la culture des champs. Il nous faut maintenant tenter de décrire l'organisme

juridique de ces petites unités sociales et de voir comment se présente
là le droit de propriété. Le premier texte dans lequel nous rencon-
trions des indications propres à la condition juridique de ces *vici
publici* c'est la constitution d'Honorius et de Théodose adressée au P. P.
Aurélien (An. 415), relative à l'Egypte, et que nous avons déjà souvent
citée : l. 6, C. Th., xi, 24. Les passages qui nous intéressent sont les §§ 1
et 2 : « metrocomiae vero in publico jure et integro perdurabunt; ne
quisquam eas vel aliquid in his possidere tentaverit, nisi qui ante con-
sulatum præfinitum (le consulat de Cæsarius et Atticus) cœperit procul
dubio possidere; *exceptis convicanis a quibus pensitanda* — pro fortunæ
conditione — *negari non possunt.* — § 2 : Et quicumque in vicis terrulas
contra morem fertiles possederunt, pro rata possessionis suæ glebam
inutilem et collationem ejus et munera non recusent. » Au § 6, il est
encore fait mention, à côté des metrocomies, des *vici publici*, des
« functiones omnes » et de « l'antiqua capitationis professio » dont ils
sont redevables « sub eâ videlicet sorte ut in futurum *functiones* omnes
quas metrocomiæ — et *publici vici pro antiquæ capitationis professione
debent*, — sciant [ecclesiæ venerabiles Constantinopolitana et Alexandri-
na] procul dubio subeundas ». Enfin le § 8 nous montre les metrocomies
responsables de l'impôt, des charges des « vici publici » : « [qui] metrocomias possidere nostro beneficio meruerunt et publicos vicos committere compellantur ». — Voici donc des villages, des « *vici publici* » qui
sont redevables vis-à-vis de l'État, qui lui doivent des *functiones*, et
cela dès une antiquité reculée « pro antiquæ capitationis professione ».
De ces impôts « *functiones* » sont responsables vis-à-vis de l'État ceux,
comme les églises de Constantinople et d'Alexandrie, à qui l'État a fait
abandon de ces *vici*. « Præcipimus firmiter retineri » dit le texte, quand
ils ont été l'objet d'un abandon pareil. Mais ce cas est l'exception; la
plupart de nos *vici publici*, retenant leur condition première « perdurant
in publico jure et integro ». Il n'est pas téméraire de conjecturer qu'ils
restent alors chacun pour soi tenus vis-à-vis de l'État du paiement de
l'impôt. Le *vicus* est collectivement responsable du montant total
de ses impositions. Cela résulte, à mon estime, du fait que les détenteurs
des *vici* et des *metrocomiæ* ont cette responsabilité vis-à-vis du fisc :
tout comme dans ce dernier cas l'État trouve entre lui et le contribuable villageois l'église, ou le puissant détenteur du *vicus publicus* ou de la
metrocomie, il n'est pas admissible qu'il ne trouve pas dans le cas contraire entre lui et l'individu le village en tant que *groupe*, en tant que
collectivité. Au reste les textes disent expressément cette solidarité fiscale collective du village, par ex : la loi 3, C. Th., xi, 24 : Quoscum-

que vicos aut defensionis potentiâ aut multitudine suâ fretos publicis muneribus constiterit obviare. — De même la loi 5 du même titre qui inflige une amende collective aux « *vici* » qui ont sollicité le *patrocinium* des puissants.

Quel est dans ce *vicus*, dont nous venons de définir la situation fiscale, l'étendue des droits de l'individu sur les biens qu'il possède? Nous commençons à être familiarisés avec ces questions. — Tout comme le curiale, tout comme le naviculaire, le pistor, etc.... le vicanus ne peut aliéner ses biens indistinctement à qui il lui plaît. L'acquisition des biens de la plèbe rustique établie dans les *vici publici* est absolument interdite à tous ceux qui n'habitent pas dans le village et dont la condition est telle qu'ils pourraient avec quelque chance de succès tenter de se soustraire à l'accomplissement des charges dues à l'État : « A quibus pensitenda pro fortunæ conditione negari possunt ». — Qui sont ces personnages? Évidemment ceux qui ne craignent pas de prendre sous leur patronage des villages entiers pour les soustraire au pouvoir de l'État et que nous trouvons énumérés dans la loi du 4 du même titre C. Th., xi, 24 (An. 399) : Censemus ut, qui rusticis patrocinia præbere tentaverit, *cujuslibet ille fuerit dignitatis*, sive magistri utriusque militiæ sive comitis sive ex proconsularibus vel vicariis vel *augustalibus vel tribunis, sive ex ordine curiali vel cujuslibet alterius dignitatis...* 40 librarum auri se sciat dispendium pro singulorum fundorum præbito patrocinio subiturum. Omnes ergo sciant non modo eos memoratâ multâ feriendos, qui clientelam susceperint rusticorum sed eos quoque qui *fraudandorum* tributorum causâ ad patrocinia solita fraude confugerint, duplum definitæ multæ dispendium subituros ».

Ce sont les potentes, les hauts fonctionnaires, ceux qui sont investis d'une dignité, ceux que nous avons déjà trouvés exclus de l'acquisition des biens de *pistores*. Ce sont les mêmes qu'on retrouve dans les constitutions byzantines du xe siècle ; et la mention de l'ordre sénatorial dans notre texte ne manque même pas, puisqu'il faut sans doute voir dans les mots *ex ordine curiali* une désignation de cet ordre. Godefroy en a eu un certain pressentiment. Et des raisons sérieuses confirment cette interprétation ; le mot *ordo* se trouve employé d'une manière absolue pour désigner le Sénat romain : l. 40, C. Th., xvi, 5 : *ordinis viri* (id est viri curiales nisi malis *ordinis primi* quod non probo : commente Godefroy); « Recueil des conciles de Hardouin », t. I, pp. 1032 et 1033 : unde universos *ordinis* viros, dominos etiam fundorum; d'autre part aussi, le mot *curia* : l. 4, C. Th., vi, 23, et la loi 10, C. Th., vi, 4. On peut très bien admettre que le législateur, ou même un simple copiste, ait pu dans notre cas forger l'expression *ordo curialis* pour désigner le Sénat. C'est dans la novelle de Romain-le-Vieux et Constantin Porphyrogénète de 935 (Zachariæ : coll. III, nov. 5, p. 246) et celle de Basile Bulgaroctone de 996 (coll. III, nov. 29, p. 310), que se trouve l'énumération correspondante des constitutions byzantines. Coll. III, nov. 5, p. 246 : μηδεὶς οὖν μηκέτι μήτε τῶν περιφανῶν μαγίστρων ἢ πατρικίων, μήτε τῶν ἀρχαῖς ἢ στρατηγίαις ἢ πολιτικοῖς ἢ στρατιωτικοῖς ἀξιώμασι τετιμημένων, μήτε μὴν ὅλως τῶν εἰς συγκλήτου βουλὴν ἀπηριθμημένων, μήτε τῶν θεματικῶν ἀρχόντων ἢ ἀπαρχόντων μήτε τῶν θεοφιλεστάτων μητροπολιτῶν ἢ ἀρχιεπισκόπων ἢ ἐπισκόπων ἢ ἡγουμένων ἢ ἐκκλησιαστικῶν ἀρχόντων ἢ τῶν τὴν προστασίαν καὶ ἐπικράτειαν τῶν εὐαγῶν ἢ βασιλικῶν οἴκων ἐχόντων, ἢ εἰς οἰκεῖον πρόσωπον ἢ τῆς βασιλικῆς περιουσίας ἢ τῆς ἐκκλησίας... — Basile Bulgaroctone renvoie pour l'énumération des δυνατοι à celle de la novelle de Romain en se contentant de faire une simple addition : οὗτος γὰρ καὶ αὐτοὺς τοὺς σχολαρίους δυνατοὺς ὠνόμασεν. ἡμεῖς δὲ λέγομεν καὶ τούτους δυνατοὺς, προστίθεμεν δὲ καὶ πρωτοκενταρχους· καὶ γὰρ τούτους δυνατοὺς ἤδη πραγματικῶς διέγνωμεν.

Dès notre époque donc interdiction complète, exactement comme plus tard dans la législation byzantine au xe siècle, interdiction aux grands et aux puissants d'acheter à l'avenir des biens dans l'intérieur des villages, pour la raison qu'on a dite. Seuls les *convicani*, les covillageois pourront le faire parce que, d'une condition modeste, ils ne sont pas un danger pour la tranquillité du village et le recouvrement régulier des impôts : § 1... exceptis convicanis a quibus pensitanda pro fortunæ conditione negari non possunt ». Le texte, à lui seul, serait assez clair : une loi des empereurs Léon et Anthemius de 468, C. J., VI, 55, est plus explicite encore : In illis, qui metrocomiæ communi vocabulo nuncupantur, hoc adjiciendum necessario nostra putavit humanitas ut *nulli extraneo* illic *quoquo modo* possidendi licentia tribuatur, sed si quis *ex iisdem vicanis* loca sui juris alienare voluerit non licere ei, nisi *ad habitatorem adscriptum* metrocomiæ per qualemcumque contractum terrarum suarum dominium possessionemque transferre, sciente *personâ* *extraneâ* quod, si contra vetitum se huic negotio immiscere vel illic possidere tantaverit, — *quicumque contractus initus fuerit*, carebit effectu et contra soluto, si quid præstitum est, hoc tantum reddetur (An 468). — 1° La vente faite à toute personne « non adscripta metrocomiæ » c'est-à-dire appartenant à la catégorie des puissants ou ne faisant pas partie de la plèbe rurale qui habite dans les *vici* *publici* et les métrocomies est nulle ; comme dit la rubrique : non licere habitatoribus metrocomiæ loca sua ad extraneum transferre. — 2° Seuls les gens de la même condition et de la même métrocomie peuvent acheter les biens du vendeur.

Comment se règle le droit de chacun des habitants de ces districts déjà vastes? C'est évidemment là une question qui s'impose et que la pratique doit résoudre d'une façon ou de l'autre. Il me paraît que les principes dont elle s'inspire dans la solution de ces difficultés ne peuvent pas être autres que ceux qu'on trouve dans la loi 6, C. Th. III, 1 (= l. 4, C. J., IV, 38) : « Imperatores Valentinianus, Theodosius et Arcadius, A. A. A. Flaviano, Pf. Illyrici et Italiæ. Dudum *proximis consortibusque* concessum erat ut *extraneos ab emptione removerent*, neque homines suo arbitratu vendenda distraherent. — Sed quia gravis hæc videtur injuria quæ inani honestatis colore velatur ut *homines de rebus suis facere aliquid cogantur inviti*, superiore lege cassata, unusquisque suo arbitratu quærere vel probare possit emptorem (An 391) ; à la teneur de laquelle le Code Justinien ajoute : nisi *lex specialiter quasdam personas hoc facere* prohibuerit. » Quelles sont ces lois spéciales que vise l'addition du compilateur ? Évidemment celles qui régissent la propriété dans nos *vici publici* et nos *metrocomies*. Mais il est dès lors clairement indiqué par la teneur de la loi que les principes qui règlent la transmission des biens dans les *vici* sont exactement ceux qui réglaient autrefois comme droit commun la transmission des biens entre *proximi et consortes* et que supprime la disposition législative de Valentinien, Théodose et Arcadius. Dans nos *vici publici* les *proximi consortesque* continuent *par privilège* à jouir en ce qui concerne la transmission des biens des mêmes avantages dont ils jouissaient partout et toujours autrefois par droit commun.

Que faut-il entendre par ces *proximi consortesque* ? Évidemment des parents et des possesseurs à titre indivis ou divis d'un même bien. Que *proximi* exprime la notion de parenté : c'est, je crois, ce qui va de soi. Quels sont les *consortes* ? Ce sont les individus conjointement possesseurs, copropriétaires d'un même bien, quel que soit le titre par lequel ils soient respectivement arrivés à la copropriété du bien. Entre ces *proximi* et ces *consortes* il existe en faveur de chacun d'eux sur le bien des autres, au cas d'aliénation à titre onéreux, un *droit de préférence* se traduisant par un *droit de retrait*. Notre texte le dit nettement : « *ut extraneos ab emptione removerent*, neque homines pro arbitratu suo vendenda distraherent ». Les propriétaires n'ont pas le droit de transmettre leurs biens à titre onéreux à qui leur plaît. S'ils vendent à quelqu'un d'autre que les « proximi consortesque », ces derniers évincent l'acheteur et se mettent en son lieu et place. Notre texte témoigne de l'exercice d'un droit de retrait absolument organisé, reposant sur deux bases : les rapports de parenté d'une part, le fait de la copropriété divise ou indivise d'un même fonds de l'autre.

Ces principes nous permettent de résoudre la difficulté que nous avons signalée et que posent nettement plusieurs lois. Dans la loi 6, C. Th., xi, 24 et la loi unic. C. J., xi, 55. il semble question à première vue moins des *vici publici que des metrocomiæ*; la loi unic. C. J., xi, 55, porte de même au commencement : « In illis quæ *metrocomiæ* communi vocabulo nuncupantur », et sa rubrique est conçue : non licere habitatoribus *metrocomiæ* loca sua ad extraneum transfere »; la loi 6, § 1 C. Th., xi, 24, parle de son côté des « *metrocomiæ* quæ in publico jure et integro perdurabunt » et dans lesquelles il ne faut pas que « quisquam aliquid possidere tentaverit ». — Sont-ce indistinctement tous les membres, tous les habitants de la *metrocomie* qui peuvent exercer le droit de retrait? Il ne faut pas hésiter d'après ce qui vient d'être dit à admettre l'existence dès cette époque au sein de la métrocomie de plusieurs classes de *retrayants*. Le moins qu'on puisse admettre avec certitude c'est que le droit de retrait s'exerce au profit des parents et copropriétaires d'abord : *proximi consortesque*; puis des membres du village, *covicani*; ce n'est qu'à défaut de *covicani* acquéreurs que sont admis à exercer le droit de retrait les habitants des autres *vici* de la *métrocomie*. Solidairement responsables de l'impôt qui les touche non pas individuellement mais collectivement, les habitants d'un même village doivent être jusqu'à un point que nous préciserons plus tard considérés comme détenteurs d'un même *fundus*, par conséquemment comme des *consortes* au sens propre du mot. Chacun d'eux a un droit de retrait sur les parcelles composant le territoire du village. Au reste les mêmes textes qui semblent parler indistinctement du droit de retrait de tous les habitants de la métrocomie, dès qu'ils veulent préciser, ne mentionnent plus en première ligne que les *covicani*, les habitants du village. La loi 6, § 1, après avoir dit : In his [metrocomis] ne quisquam eas vel aliquid possidere tentaverit, exceptis *convicanis* a quibus pensitanda pro fortunæ conditione negari non possunt » ne parle plus que dans son § 2, dont les dispositions sont étroitement unies à celles du § 1, que du village : « Et quicumque in *vicis*… terrulas possiderunt »… De même la loi unic. C. J. xi, 55, après avoir énoncé le principe que « in illis quæ *metrocomiæ* nuncupantur ut nulli extraneo illic quoquo modo possidendi licentia tribuatur », qualifie de *vicani* les prétendus habitants de la *metrocomie*. Il faut conclure de tout cela que entre le vendeur et la métrocomie proprement dite il y a le village, et que le

droit de retrait s'exerce en premier lieu au profit des *covicani*, puis en
second lieu seulement au profit des habitants des autres villages de
la métrocomie. La preuve que ce ne sont pas là de vaines imagina-
tions c'est que nous retrouvons exactement la même situation à
Byzance au xᵉ siècle : novelle de Constantin Porphyrogénète : Coll.
iii, nov. 6 [p. 256], année 947. Il s'agit là aussi de la communauté de
village : ὁμὰς χωρίου et des cas exceptionnels où est laissée au villageois la faculté d'aliéner son bien. On ajoute que même alors : διὰ
ταυτὴν τὴν αἰτίαν δύνασθαι ἐκποίησιν γενέσθαι ἐκ τῶν ἀκινήτων, μόνον μέντοι
πρὸς τοὺς συγχωρίτας ἢ ἐξ ἀνάγκης πρὸς τὰ ὑπο την αὐτὴν μητροκωμιαν χωρια,
ἤτοι ὑπὸ τὴν αυτην κωμητόυραν... Ce texte confirme toutes nos déductions.
Sont d'abord appelés les *covicani*, συγχωριται; puis à défaut de *covicani*
voulant et pouvant acheter le bien, les habitants des autres villages de
la métrocomie, mais ceux-ci en seconde ligne seulement et quand on
ne peut pas faire autrement ἐξ ἀνάγκης.

Le droit de retrait et les restrictions au droit de propriété qu'il implique nous le trouvons donc organisé encore plus nettement dans les
vici publici et les *metrocomies* que partout ailleurs, chez les *pistores* et les
naviculaires.

_ Mais cette loi 6, C. Th., xi, 24, que nous avons déjà si souvent citée,
en son § 2 nous livre le secret d'une autre pratique non moins caractéristique de la vie juridique des *vici publici*. Ce § 2 est ainsi conçu :
« Et quicumque in ipsis vicis *terrulas contra morem fertiles* possiderunt, pro rata possessionis suœ *glebam inutilem* et collationem ejus et
munera ne recusent ».

Remarquons d'abord que rien n'indique qu'il s'agit ici, comme le veut
Godefroy (t. iv, p. 184), de personnes devenues propriétaires dans le
village en vertu d'une acquisition récente : « tertia ratio... per ferti-
lium tantum agrorum *translationem* et *emptionem* a convicanis factam, —
inutilibus et foeneis penes antiquos possessores relictis. » Il s'agit d'une
manière plus générale et sans acception de personnes de tous ceux
indistinctement qui possèdent à un titre quelconque des terres du vil·
lage : « quicumque in vicis... terrulas possederunt ». — Les principes que
l'analyse dégage du texte sont les suivants : 1° le territoire tout entier
du village comprend trois catégories de terre : a) les terres exceptionnellement fertiles, b) les terres moyennement fertiles, c) les terres
peu fertiles, « gleba inutilis » ; 2° Le fisc ne semble pas distinguer au
point de vue des charges entre ces catégories de terres, lesquelles
paient toutes pour une même contenance le même impôt. Ou si l'on

aime mieux, l'ensemble du territoire du village, considéré comme une masse, comme un tout indivisible sans distinction des catégories de terres, doit tel ou tel impôt. Le village est exactement dans la situation des anciennes « civitates mensurâ per extremitatem comprehensæ » redevables vis-à-vis de l'État d'un *tribulum* ou d'un *stipendium,* que chacune d'elles répartit comme elle entend entre ses propres membres. Ici de même l'État, se contentant d'exiger rigoureusement du groupe le paiement de l'impôt collectif, pourrait à la rigueur ignorer absolument les rapports de propriété existant au sein du groupe. Mais l'expérience n'a pas dû lui tarder que le paiement régulier de l'impôt collectif par les autorités du village au nom du village est dans un étroit rapport avec la prospérité générale des habitants. Pratiquement l'État n'a pu se désintéresser de la manière dont le territoire du village est détenu et possédé par les habitants. Pour protéger contre les entreprises des mieux doués ou des plus rapaces les moins bien doués ou les plus honnêtes, il a été amené à faire des règlements intérieurs relatifs à la possession des terres du village par les membres de la communauté. C'est ainsi que nous trouvons dit dans notre loi que tous les membres du village, j'entends tous les chefs de famille, doivent détenir, posséder dans une proportion donnée des terres de chacune des catégories mentionnées. Si quelqu'un possède des terres de la première catégorie, d'une fertilité plus qu'ordinaire, il importe qu'on leur adjoigne une certaine quantité de « *gleba sterilis.* » Il faut au point de vue des charges fiscales qu'il y ait compensation entre les bonnes terres et les mauvaises que possède chacun. Cette compensation est de toute nécessité et de stricte justice, étant donnée la responsabilité collective du village et la façon dont l'impôt est établi sur le territoire entier sans distinction de catégories de terres. En fait il n'y aurait pas lieu de s'étonner que cette préoccupation de l'État de maintenir chaque *covicanus* en possession d'une juste proportion de terres fertiles et de terres incultes aboutit à une pratique de remaniement périodique des rapports de propriété au sein du village. C'est ici peut-être qu'il faut placer le point d'attache de cette pratique d'un certain renouvellement de partage des terres du village entre les chefs de famille de la communauté, dont témoigne la « Sententia magistri Cosmæ » que rapporte Leunclave J. G. R., ii, p. 166-167 (v° Zachariæ. G. des g. r. R. p. 253) : Εἴπερ ἐστὶ τοῦ τόπου μία ὑποταγή, καὶ εἰς τελεσμὸς καὶ αἱ μερίδες ἀνακεκοίνωνται, ὅπω δὲ δίηλθε τριακονταετία ἀφ' οὗπερ γέγονε μερισμός, ἵνα καὶ πάλιν κοινοῦται πᾶσα ἡ ὑποταγή, καὶ συγχέωνται τὰ ὅρια, καὶ γένηται μερισμὸς πρὸς ἕκαστον αὐτῶν κατὰ κλήρων ἰσότητα, — τῆς γῆς τοῦ ἀγροῦ οὗ μόνον κατὰ ποσότητα μεριζομένης ἀλλὰ καὶ κατὰ σύγκρισιν ποιότητος διανεμομένης. Cf. aussi *Peira*, 37, 2. — Tout au moins les deux textes du C. Théodosien et de la sentence de Cosme contiennent-ils des dispositions analogues et visent-ils des rapports juridiques semblables.

Godefroy d ins son commentaire de notre loi 6 du C. Th., xi, 24 a voulu voir dans le paragraphe relatif aux *vici* et au mélange nécessaire des différentes catégories de terres dans chaque exploitation la pratique de l'ἐπιβολή, de l'*adjectio* proprement dite; telle qu'on la rencontrera plus tard dans les novelles de Justinien (nov. 128, §§ 7 et 8, nov. 168. = Édit. de Zoticus), et que M. Monnier l'a étudiée tout au long dans une série d'articles qui font autorité sur la matière : *Nouvelle Revue historique du droit français et étranger*, année 1892 et suivantes. C'est là à mon sens, à rigoureusement parler, une inexactitude ou plutôt une erreur. Ce qui caractérise l'*adjectio* ou ἐπιβολή postérieure, c'est qu'au contraire de la pratique que nous venons d'analyser et qui emporte un remaniement général dans la distribution des terres entre les membres de la communauté, elle se présente comme une charge *particulière* et *individuelle* touchant par application de règles déterminées tel individu seulement. En un sens l'*adjectio* classique est donc tout juste le contre-pied de celle de notre loi 6; *et* ce sera une question difficile de savoir s'il y a entre ces deux institutions rapport de filiation.

En attendant d'aborder ce point, nous avons à montrer que ce n'est pas seulement dans la communauté de village que l'on rencontre la pratique de cette première sorte d'ἐπιβολή.

IV. — Cette pratique d'un juste mélange nécessaire de fonds très fertiles et de fonds stériles semble avoir été la loi originaire de toute concession de biens du domaine public, du fisc, de la maison impériale, même de biens des municipes à la classe vaste et puissante des *possessores* ou *conductores* que nous avons essayé de caractériser nettement ; cette classe qui comprend les grands fermiers héréditaires des domaines publics et impériaux, et peut être aussi les détenteurs de ces nombreuses catégories de biens : *agri stipendarii*, *agri privati vectigalesque*, *agri redditi*, etc...; sur lesquels l'État et les particuliers ont des droits assez difficiles à préciser, dont on ne saurait dire s'ils ont été l'objet de la part de l'État d'une vente ou d'une location.

Tout comme le territoire des communautés de village, bien que à un moindre degré et quoique cela ne ressorte pas aussi nettement des textes, l'ensemble des domaines publics concédés à notre classe des *possessores* ou *conductores* semble former, par *territoire de district* que nous ne saurions autrement déterminer, une même masse soumise à une redevance unique, calculée d'après le nombre des *juga* sans qu'il y ait à distinguer entre différentes catégories de terres. Chaque adjudicataire reçoit, selon sa faculté d'exploitation et les garanties de solvabilité offertes, un certain nombre de *juga*, une fraction de l'ensemble des terres mises en adjudication dont il s'engage à subir les justes charges. Contrairement à ce qui a lieu pour les membres de la communauté du village, chaque *conductor* est directement responsable vis-à-vis de l'État du paiement du canon des terres fiscales entre ses mains. Il semble que ce soit là ce qui s'est pratiqué tout d'abord. Mais l'État n'en reste pas moins toujours également intéressé à exercer un sérieux contrôle sur la composition de chaque lot. A l'origine lorsqu'il met en adjudication la possession de ces biens il a naturellement grand soin de faire un juste mélange des biens *opimi* et des biens *deserti, inculti*. Tant que ce juste mélange de terres des diverses catégories subsiste, le possesseur n'a aucune excuse pour ne pas acquitter les dettes fiscales. Le principe qui régit la matière se trouve exprimé dans cette loi du C. Th. 10, xi, 1, ad Dracontium vicarium Africæ (An. 365) : « Omnes qui per Africam *opulentas desertasve centurias* possident, *ad integrum professionis modum* necessitati publicæ faciant ». Dès que figurent en juste proportion dans les possessions du *possessor* les *centuriæ opulentæ* et les *centuriæ desertæ*, le *possessor* doit payer, sans excuse possible, en raison du nombre des centuries possédées. C'est l'étendue de la possession seule, le nombre des centuries ou des jugères que l'on consulte pour l'assiette de l'impôt sans s'inquiéter des différences de bonté des terres. — L'inscription récemment découverte de *Aïn-Wassel* (V. Bruns : Fontes juris romani, ed. vi^a, p. 382, et le Commentaire de *Schulten* dans l'*Hermès :* t. 29, An. 1894, p. 204-230 : *die lex Hadriana de rudibus agris*) nous offre un excellent exemple de ce mélange des terres incultes et des terres fertiles qu'on impose à tout *conductor*. Le cas est d'autant plus frappant ici que les terres incultes ainsi jointes au gros des possessiones du *conductor* n'appartiennent pas au même fundus, mais à quatre *fundi* voisins, col. ii^a [vacant] quæ in centuriis finitimis *saltus Blandiani Udensisque* et in illis partibus sunt quæ *ex saltu Lamiano et Domitiano juncta* Thusdritano sunt... nunc *ex Blandiano et Udensi saltu* majores partes fruc [*tuum*] quam coloni is qui deserta a cultoribus occupaverit... Coll. iii, 4, de his quoque relictis partibus quæ *ex*

Lamiano et Domitiano saltu junctæ Thusdritano sunt.... Ces *centuriæ finitimæ saltus Blandiani Udensisque*, non moinsque ces « partes saltus Lamiani et Domitiani » sont bien des « *inutiles sive infecundi agri* », comme le veut *Schulten* (p. 219) : la preuve c'est que, nonobstant le droit du *conductor*, on les abandonne, dans le cas où ce dernier ne veut pas ou ne peut pas les mettre en culture, au petit fermier qui les occupe comme en qualité d'*emplytéote*, moyennant paiement d'une certaine redevance en nature : Col. ii, 3 et s., « quæ in centuriis finitimis saltus Blandiani Udensisque et in illis partibus sunt quæ ex saltu Lamiano et Domitiano juncta Thusdritano sunt *nec a conductoribus exercentur is que qui occupaverint possidendi ac fruendi eredique suo relinquendi* id jus datur quod et lege Hana [Hadrianâ] comprehensum de *rudibus agris et iis qui per X anos continuos inculti sunt.* Nec ex Blandiano et Udensi saltu majores partes fructuum quam coloni is qui deserta a cultoribus occupaverit sed pariter ac hi solent tertias partes fructuum dare debebit ». L'inscription datant de Septime Sévère et ne faisant guère, semble-t-il, que reproduire les dispositions fondamentales de la fameuse *lex Hadriana* que nous fait surtout connaître le « Decretum Commodi de saltu Burunitano », la pratique de ces mélanges d'*agri opimi* et de *fundi inutiles* se trouve ainsi remonter très-haut dans l'histoire de l'administration romaine, jusqu'à cette époque de grande activité législative et sociale que fut le règne d'Adrien.

S'il arrive qu'on n'ait pas réalisé pour chaque conductor dès le début cette heureuse proportion *de terræ opulentæ* et de *terræ desertæ*, le premier soin de l'administrateur soucieux de ses devoirs doit être de rétablir l'équilibre entre ces deux parties essentielles de toute *possession*. C'est là le sens de maintes dispositions qu'on trouve dans divers titres du Code.

L. 4, C. Th., x, 3 : Gratianus, Valentinianus et Theodosius A. A. A. Pancratio Comiti R. P. — Ut quisque *conductor* fuerit inventus *possessor fundi,* qui ex publico vel templorum jure descendit, huic cum augmento oblato *ager jungatur inutilior* (An. 383).

L. 5, C. J., xi, 58 : Imp. Valens et Gratianus A. A., ad Anthemium P. P. — Qui utilia reipublicæ loca possident, permixtione factâ etiam deserta suscipiant, ut si earum partium graventur *accessu, quas antea per fastidium* reliquerunt, cedant aliis curialibus, qui utraque hâc conditione retineant ut, præstatione salvâ, *cum desertis et culta possideant,* sublata u paucis quos iniquum est *electa* retinere, quum municipes gravatura sit pars *relicta*.

Et en 398, l. 9, C. Th., xiii, 11. [= l. 10, C. J., xi, 58] Imperatores

Areadius et Honorius A. A. Herodi Eutychiano Pf. P. — Qui per impo-
tentiam *fundos opimos ac fertiles* occuparunt, cum *quesluosis uberibusque
ro ratd portione* suscipiant *infæcundos*. [Le Code J. ajoute : *ex eddem
substantid*].

Et encore de 394, l. 34, C. Th., v, 13. Qui *fundos patrimoniales jure
privato,* salvo canone, susceperunt, hanc omnes ullius sine exceptione
personœ propositam intelligant optionem ut aut *ea loca* quibus *minor* est
soli fecunditas cum his ex quibus fructus uberes capiant, suscipere et
tenere non abnuant aut si eorum refugiunt sterilitatem opimioribus
cedant.

Mais il ne suffisait pas, pour une bonne organisation fiscale, d'établir au début ce juste mélange des diverses catégories de terre ou de
le restaurer, détruit, à intervalles irréguliers, comme par caprice et
pour quelques individus seulement. Il fallait, comme ,, ur les communautés de villages, trouver un procédé normal de rétablir d'une manière régulière et administrative l'équilibre premier troublé ou
détruit par le jeu naturel de la vie économique. C'est le but que se
propose d'atteindre l'administration impériale par le procédé de la
peræqualio, dont la nature et les effets font le pendant des partages
périodiques en usage au sein des communautés de village. La loi 10,
C. J., xɪ, 61, marque très bien la nature de la *peræqualio* et son mécanisme essentiel : Imperatores Arcadius et Honorius A. A. Eutychio
P. P. — *Fundos patrimoniales eos* duntaxat qui, salvo canone, jure privato nostrd liberalitate concessi sunt, cum *his patrimonialibus, qui in
conditione proprd constituti sunt,* illustris auctoritas tua jubeat *exæquari*
ita ut relevato quod imminet fatigatis et translato in eos qui integris
viribus florent — *adscriptio tributorum æqud lance* dividatur. [An. 399]
Le but de l'*exæqualio,* c'est que la répartition des charges soit faite d'une
manière équitable, que tous en paient leur part égale « *equd lance dividatur* », une part en rapport avec les véritables forces fiscales des fonds
en leur possession. Et c'est pour cela qu'on se préoccupe de modifier
la composition de ces *possessions,* d'y faire figurer dans la proportion
voulue les différentes catégories de terres. Le principe est poussé si loin
qu'on veut que l'adjonction se fasse d'une catégorie de biens à l'autre.
Dans notre loi, par exemple, il est ordonné qu'on joigne aux biens
patrimoniaux, jadis abandonnés à des particuliers en *propriété privée*
sauf redevance, des fonds incultes patrimoniaux restés dans la propriété du fisc « in conditione proprid constituti ».

En même temps cette procédure de la preœqualio s'organise et se régularise. Des fonctionnaires sont créés avec mission de veiller au maintien de cette attribution aux *possessores*, dans de justes proportions, des diverses catégories de terres ; et les Codes sont pleins d'indications relatives à ces remaniements dans la composition des *possessiones*. Tout un titre du C. Th., xiii, 11 est consacré aux *censitoribus, peræquatoribus et inspectoribus*. La loi 6 (xiii, 11), nous parle d'une tournée d'un fonctionnaire nommé *Strator* « qui possessores juris emphyteutici sub peræquationis colore turbavit » (An. 396). — La loi 7 nous dit : « peræquationem omnibus necessariam esse non ignoramus » [An. 396]. — La loi 8 nous parle de *peræquatores et discussores* dont la liste doit être remise à l'empereur et pour les fautes professionnelles desquelles on édicte toute une série de pénalités particulières : « peræquatores ac discussores, quorum nobis data sunt nomina, si incurrerint culpam negligentiæ, etc... (An. 396) — De même loi 11 : « per hoc *quinquiennium* multos comites ac *peræquatores, nec non etiam discussores* per diversas provincias constat esse directos, quos nihil profuisse utilitatibus publicis cognovimus (An. 406). — La loi 9 (même titre) ordonne que les retentatores de « *fundi opimi* » situés dans la cité de Hiéropolis « retentatores cum *opimis* fundis et *minus idoneos* suscipiant, quo, ejusmodi æqualitate servata, fisci indemnitas possit custodiri » (An. 398).

Enfin la loi 15, plus intéressante que toutes les précédentes : Si qui aliarum possessionum [opimarum] dominus *desertum* prædium suum *inspici* forte voluerit, universa loca quæ possideat, *etiamsi idonea sunt*, peragrari patietur, ut sarcina destitutæ possessionis, in quantum inspectio deprehenderit, possit melioribus sociari, *peræquatoque omni patrimonio* nihil de desertis postea conqueratur (An. 417). Cette loi nous met sous les yeux le détail même de la procédure de la *peræquatio*. L'individu qui s'estime surchargé ne demande pas comme chez nous une décharge. Il paie pour tant de *jugera* ou de *centuries* et ne serait pas admis à payer pour moins. Mais il peut, s'il estime mauvaise la composition de son lot, en demander la modification. Lésé par l'adjonction d'une trop grande quantité de terres incultes, le seul remède à sa situation c'est l'échange d'une certaine quantité de ces terres contre la quantité voulue de bonnes. C'est pour cela que l'inspection, qui précède nécessairement toute peræquatio, porte forcément sur tout le patrimoine : « *universa loca* quæ possidet, *etiamsi idonei sunt, peragrari* patietur... peræquatoque *omni* patrimonio ». — Nous trouvons le principe formulé déjà dès l'année 393 ; la loi 4 de notre titre ne dit pas autrement : « Qui fundum aliquem velut aphanticorum mole depressum, cupit aliquatenus relevari, *omne* nihilo minus *patrimonium suum admisso* patiatur *inspectore* censeri ».

La même procédure est applicable aux cités qui se plaignent d'être trop chargées au point de vue fiscal. C'est cette même loi 4 qui nous le fait connaître : « Quod quidem etiam ad singularum *civitatum* legationes convenit custodiri, ut scilicet *omne territorium censeatur* quoties *defectorum levamen* exposcitur, ut *squalida atque jejuna culta atque opima compensent* ».

L'inspection se fait d'ordinaire en présence du *possessor* et en sa compagnie. Il est bon qu'il assiste à l'inspection et puisse faire valoir ses raisons. Mais sa présence n'est pas indispensable. Le *peræquator* agit seul dans la plénitude de son droit : l. 3, C. Th., xiii, 11. « Si peræquatore misso, — aliquis aut procuratorem retraxerit aut colonum ad contumaciam retractationis armaverit, — ad *eum censuum modum* quem vel *eo vel procuratore illius absente* peræquator apposuerit, ad nostræ sanctionis auctoritatem tenebitur (An. 386).

L'inspection faite seul ou en compagnie du propriétaire, le peræquator, εξισοτης arrête la composition de la possessio, qu'il transcrit ensuite sur la matrice cadastrale : l. 5 : « quare cum fuerint *traditi codices* et completa peræquatio »; et cette transcription emporte, semble-t-il, investiture pour le *possessor*. Nous trouvons dans la loi 16, C. Th., xiii, 11 (An. 417) des expressions comme celle-ci : « Possessio apud eum *firma permaneat,* cui *a peræquatore semel eam traditam* fuisse constiterit »; un peu plus loin une autre expression équivalente : « *eam possessionem a peræquatore susceperat* »; ou encore « ex tempore quo peræquator prædium alicui addicit ». — La loi 6, même titre, parle du peræquator comme d'un fonctionnaire, qui au cours de sa tournée de peréquation *doit restituer* aux anciens maîtres les possessions qu'ils avaient : « prestinis dominis si quidem idonei comprobantur, *cuncta restituat* ». Je relève encore, loi 13, l'expression : « id quod defectæ possessioni *inspectoris arbitrio adscribitur.* »

. Ses décisions, au reste, ne sont pas sans appel. Le *possessor* intéressé a un an, à partir du moment où les résultats de l'inspection du *peræquator* et ses décisions ont été transcrits sur la matrice cadastrale, pour faire appel de cette sentence et démontrer la partialité et l'injustice de ce dernier : l. 5. C. Th. xiii, 11. « Quare oum fuerint traditi codices et completa peræquatio *intra annum,* cui videbitur, *de injusto onere conqueratur, iniquitatem peræquatoris accuset* ac præstitam gratiam habita competitione convincat..... Emenso autem eo tempore actio denegabitur, sequestratis minoribus qui fuerint indefensi; his etiam qui aberunt causâ re publicæ. ».

Dès le moment où le *possessor* a laissé passé ce délai de 12 mois sans faire appel, il est bel et bien et d'une manière définitive jusqu'à la peréquation nouvelle responsable vis-à-vis du fisc des charges des biens qui lui ont été attribués par le *peræquator*. Ces biens par le fait de cette attribution sont devenus *siens;* ils feront partie à l'avenir de sa *possessio*, de sa *dominatio*, pour employer la très intéressante expression de la loi 16 (an. 417) « verum ne sub specie litis *dominationes* semel constitutæ turbentur » : dominatio id est *possessiones*, διαχατοχαι, dit Godefroy. Cette *possessio*, cette *dominatio* doit à partir de ce moment lui rester exclusivement affectée. « Competitionis obreptione seclusa — apud eum possessio firma permaneat » Et ce droit du *possessor* est déjà si fort, que les individus qui auraient des droits à faire valoir sur les parcelles ainsi adjugées n'ont que le court délai de 2 mois à partir du jour de l'attribution. Toujours notre même loi 16 : Si quis vero privatus aut *obligatam sibi* possessionem, quæ deserta huc usque permansit, aut ex *aliquo titulo* deberi sibi pure confirmat, allegationes suas sine morâ vel per se vel per aliam personam legibus ordinatam apud spectabilitatem tuam publicare debebit, ita ut si æquitatis ratione suadente ad petitorem fuerit translata possessio, is *qui eam a peræquatore susceperat*, rei melioratæ receptis sublevetur expensis.... *Duorum mensium spatium* censemus *debere servari*, intra quod is qui putat sibi rem probabili ratione competere, debitas exserat actiones. Quod si tempus adscriptum silentio fuerit interveniente transactum, nullum penitus repetendi volumus esse principium ».

La raison c'est que, la composition des *possessiones* arrêtée, l'assiette fiscale déterminée, il ne faut pas dans l'intérêt supérieur du fisc et de l'État qu'une réclamation privée puisse venir à chaque instant remettre les choses en question : « verum ne sub specie litis dominationes semel constituæ turbentur ». De même pour les réclamations du *possessor* contre les résultats de la *peræquatio*, l. 5. : « in eo tempus placuit definiri ne plures frustra litibus premerentur, si nullis intercepta metis actio tolleretur ».

A partir du moment où le *peræquator* a rendu sa sentence et où les délais d'appel sont expirés pour le contribuable lui-même et pour les les tiers qui auraient des droits à faire valoir, l'ensemble des biens attribués du *possessor : fundi opimi* et *fundi steriles* forme un tout complet et fermé, indivisible, qu'une nouvelle peréquation seule peut disloquer. Aucune parcelle de ces biens ne peut aller sans l'autre; elles sont pour se soutenir l'une l'autre fiscalement, les plus riches aidant les plus pauvres, comme nous l'avons déjà exprimé et comme les textes le disent à chaque instant: l. 4, C. Th. xi, 1. (= l. 2, C. J., xi, 58). Si quis ab emphyteuticariis seu patrimoniali possessore privati juris quippiam comparaverit, *cujus substantia alias possessiones sustentare* consueverat, et *succisis* quasi quarumdam virium *nervis* reliqua labuntur » (An. 337). La catégorie des *fundi opimi* forme comme les nerfs de la *substance* de la masse de la possessio; c'est le secours nécessaire qui permet au reste de ne pas succomber sous le poids de la charge fiscale : l. 7, C. J., xi, 58, illos etiam qui emphyteuticario nomine nec ad plenum idoneas nec omnibus modis vacuas detinent, sic ex illis quoque, *quæ præsidio indigent,* justam ac debitam quantitatem debere suscipere ». Et ces différentes catégories de biens ainsi étroitement unies forment à elles toutes un « fundus » un « prædium », l. 16, C. Th., xiii, 11 ; un *patrimonium* », l. 4 et 15, C. Th., xiii, 11 ; pour parler comme la loi 10, C. J., xi, 58 (= l. 9, C. Th., xiii), (An. 398) une « *substantia* » *une et indivisible.* Cette dernière expression est d'autant plus significative qu'elle est une addition du compilateur. Le compilateur a supprimé dans le texte ducode Théodosien le passage relatant le cas particulier qui provoqua la décision impériale et, pour délimiter la portée de la loi et en rendre plus clair le sens, a ajouté à la partie conservée du texte les mots significatifs « ex eâdem substentiâ »: « pro ratâ portione suscipiant infecundos [agros] ex eâdem substantiâ ». La même conception d' « ensemble indivisible » de biens, formant comme une même *substance,* se retrouve nettement dans la loi 31, C. Th., xi, 1 (de 412) : Possessor africanus pro destitutis possessionibus cogitur tributa dependere. Quod ne accidat, hâc definitione sancimus, nullum possessorem neque *munificum prædium* pro alienis debitis vel destitutione esse detinendum *neque corum prædiorum defectione prægavari quæ ex iisdem bonis quæ retinent nequaquam esse monstrantur* ». Le *possessor africanus* n'est responsable que des charges des biens qui ne font qu'un avec ceux dont il a la possession : ea *prædia quæ sunt ex iisdem bonis* quæ retinet; qui ne font avec les autres qu'une seule et même substance. — Or, en fait, par un abus de pouvoir que l'empereur condamne, on les faisait payer pour les biens qui ne faisaient pas ainsi corps avec les leurs. Et quel est l'acte qui fixe ainsi la consistance de ces biens du *possessor,* de sa *dominatio ?* Nous avons vu que c'est proprement la décision du *peræquator.*

Bien longtemps après à Byzance les principes et la procédure sont restés les mêmes. L'*Ecloga legum in epitome expositarum* (Jus Græco-Romanum ; pars II, p. 265 et s. ed. Zachariæ), dont l'éditeur place la composition en l'année 920, parle en plusieurs endroits du *peræquator*, ἐξισωτής, et de son droit d'attribution des biens, xv, § 39, Ἐάν τις ἀπὸ ἐξισωτοῦ παραλάβῃ ἀγρὸν, ἀσφαλῶς μὲν αὐτὸν κατέλει..., et ailleurs xv, § 18 : Ὁ λέγων βεβαρῆσθαι ἐκ τοῦ ἐξισωτοῦ ἄδειαν ἐλέτω προσιέναι τῷ ἄρχοντι καὶ δεικνύειν, ὅτι διὰ χάριν αλλου αὐτὸς ἐβαρήθη. Τοῦτο δὲ μετὰ τὴν ἐξίσωσιν ἐντὸς ἐνιαυτοῦ ποιείτω. Même délai d'appel, on le voit, contre les décisions du *peræquator*.

C'est dans cette décision du *peræquator* investissant le *dominus* ou *conductor* ou le *possessor*, qu'il faut chercher, semble-t-il, la racine de l'ἐπιβολή ou *adjectio* proprement dite. Investi par le *peræquator* de l'ensemble des biens qui forment sa *possessio*, le *dominus* est responsable vis-à-vis de l'État des charges grevant chaque parcelle. En lui transmettant la possession de ces biens, l'État lui a imposé la charge et comme le « munus » d'en payer la redevance, et il ne dépend plus de sa volonté de modifier arbitrairement les conditions de la tenure en modifiant la composition de la *possessio*.

A ne considérer que certains textes et les principes généraux qu'ils énoncent, il semble que le *possessor* peut se libérer de toute obligation en renonçant à la *possessio*. La charge fiscale, disent-ils, grève la terre et non les personnes : l. 7, D. xxxix, 4. Papirius Justus : Imperator Antoninus et Verus rescripserunt in vectigalibus *ipsa prædia* non *personas* conveniri. — L. 3, C. J., x, 16. *Indictiones non personis sed rebus indici solent*, et ideo ne ultra modum earumdem possessionium quas possides conveniaris, præses provinciæ prospiciet. [An. 249]. — Le recueil byzantin de l'*Ecloga legum in epitome expositarum*, que nous venons de citer, répète : XV, § 29 (p. 378) : Τὰ δημόσια τέλη οὐκ εἰσι τῶν προσώπων ἀλλὰ τῶν πραγμάτων ; ajoutant d'autre part § 30, en manière de résumé de la loi 3 du C. J., iv, 47, que la charge fiscale se trouve et doit toujours se trouver là où est la possession. Ὁ μὴ νεμόμενος ὑπὲρ τῶν νεμομένων οὐ δεῖ καταβάλλειν τῶν δημοσίων εἰσφορῶν τὸ βάρος, κἂν μὴ μετενιχθῇ ἡ τοῦ τέλους απογραφή, ἀλλ' οἱ νεμόμενοι τὰ δημόσια τελέσματα ἐπιγινωσκέτωσαν. Et la loi 3, C. J., iv, 47 de son côté, est ainsi conçue : Sine censu vel reliquis fundum comparari non posse. — Imperator Julianus ad Secundum P. P. Omnes *pro his agris quos possident, publicas pensitationes agnoscant*, nec pactionibus contrariis adjuventur, si venditor aut donator apud se *collationis sarcinam* pactione illicitâ voluerit retinere, et si *necdum translata sit professio censualis*, sed apud priorem fundi forte permaneat, dissimu lantibus ipsis ut non possidentes pro possidentibus exigantur [An. 363].

En réalité la faculté de déguerpissement est loin d'être restée entière comme on serait tenté de le croire. Un véritable contrat de louage qu'il ne lui est pas loisible de résilier lie à l'État le preneur des « prædia emphyteutici vel patrimonialis juris » : l. 32, C. Th., v, 13 [An. 393]. Fundos patrimoniales *semel expetitos et traditos* — refundere *conductoribus non liceat*. Et outre ce lien d'ordre privé, il existe entre eux un lien d'ordre public encore plus puissant et qui s'impose par voie d'autorité au *conductor*. Le principe que nous avons vu dominer tout le droit fiscal grec et que nous avons déjà rencontré souvent dans nos études sur l'organisation romaine, à savoir que l'individu investi par l'État d'une mission en reste responsable tant qu'un tiers aussi apte que lui n'est pas en son lieu et place, trouve ici sa pleine application : l. 3, C. J., xi, 65. Imperatores Gratianus, Valentinianus et Theodosius ad Hesperium Proc. Africæ. Quicumque possessionem rei privatæ nostræ *acceptam suo nomine* vel jure perpetuo vel titulo conductionis *ei* crediderit esse *tradendam qui pensare utilitatem patrimonii nostri solvendo non valeat*, is, *pro eo quem succedaneum subrogavit, perpetuæ solutioni statuatur obnoxius* ». La même disposition a passé dans la législation de Justinien : Nov. xxvii, 8, § 1 dont un court fragment figure au code C. J., iv, 47, § 3 : Sed et periculum in se recipere potest, si examinatione ante traditionem facta *emtor minus idoneus inventus fuerit*, tunc enim venditor apud gesta profiteri cogitur, quia, *periculo suo transpositio fit fiscalium tributorum* (1). Le Bréviaire de Théodore, xvii, 4 (*Anecdota* de *Zachariæ*, p. 27), la reproduit sous cette forme : Αἱ τῶν χωρίων μεταθέσεις εἰς εὐπόρους ἀδιαστρόφως μετατιθέσθωσαν, ὁμολογοῦντος τοῦ μετατιθέντος κινδύνῳ αὐτοῦ γίνεσθαι τὴν μετάθεσιν. — L'*Ecloga legum in epitome expositarum*, xv, 38 (Zachariæ, p. 378) reproduit l'abrégé de Théodore.

Comme le magistrat *nominator* répond de la gestion de son successeur, le curialis, le *possessor* répondent du paiement de l'impôt pour

---

(1) Il vaut la peine de donner le texte même de la novelle ; je le donne en latin : Sin autem revera eos non admodum divites inveneris, venditores hoc ipsum apud acta confiteri coges, *periculo suo tributa publica in emtores transferri* (quod etiam in oriente a multis gentibus factum esse scimus) ; sic enim nec fiscus lædetur, et publica tributa a possessoribus inferentur, ne alii possideant, alii vero tributa solvant.

leur successeur, « *pro eo quem succedaneum [quisque] subrogavit* ». Que le *possessor* le veuille ou non, la charge d'acquitter l'impôt s'attache à lui comme la tunique de Nessus au malheureux Centaure.

Contrairement à ce que disent certains textes, que l'impôt est charge *réelle*, non *personnelle*, que là où est la possession effective doit être la propriété, en fait la charge de l'impôt peut être là où n'est pas la possession effective ; la personne semble *directement* responsable du paiement des charges et non plus *ob rem* puisque la possession est justement sortie de ses mains. L'institution de l'ἐπιβολή, sous sa forme achevée et, si je puis dire, classique n'est que la mise en œuvre de ces principes nouveaux.

Quel est le but de l'ἐπιβολη ? et dans quelles conditions s'applique-t-elle ?

Dans la *peræquatio*, nous l'avons expliqué, il s'agit d'une distribution nouvelle des domaines publics et patrimoniaux d'une région entre plusieurs *possessores*. Soumettre les possessions de l'un à l'opération de la *peræquatio*, c'est par cela même modifier la consistance des possessions de tous les autres. Il n'en est pas de même pour l'ἐπιβολη.

Une partie des terres faisant primitivement partie de la *dominatio* attribuée par le peræquator à un *possessor* est sortie de ses mains : ce sont, par exemple, des terres pauvres, incultes, incapables à elles seules de payer leur part d'impôt et qui ont besoin d'êtres jointes à d'autres terres plus riches, qui leur servent de soutien au point de vue fiscal : « *quæ indigent præsidio* », comme disent les textes. L'impôt de ces terres stériles ne rentre pas, le détenteur actuel qui devrait payer la redevance en vertu du principe : là où est la possession est la charge de l'impôt, est incapable de supporter cette charge. — Que faire ? Il serait dans l'esprit du temps et la logique des choses que le détenteur des *fundi steriles* demandât la *peræquatio*, et, en l'accordant, l'administration respecterait certainement l'esprit de l'institution. Mais la *peræquatio*, précisément par le remaniement général des *possessiones* qu'elle comporte, est une mesure des plus graves et sans doute dispendieuse. L'État aime mieux de plus en plus recourir à la pratique beaucoup plus simple, bien plus à la portée d'une administration tyrannique et besogneuse, de l'ἐπιβολη. L'impôt des *fundi steriles* ne rentrant pas, l'État se rappelle que primitivement, en prévision justement de ce qui arrive, il a une première fois décidé que les terres en question jouiraient du soutien fiscal de terres plus fertiles, capables de supporter outre leur propre part d'impôts celle des autres ; et que, toutes ensemble, les terres *fertiles* et *infertiles*, elles ont formé par la décision du peræquator comme une *même substance* : « ex eâdem substantiâ »; indivisément soumises à une seule et même charge, toutes ensemble également *serves* de cette redevance, ou comme disent les textes : *conservæ*, ομοδουλαι. Et il formule alors le principe, implicitement contenu dans l'attribution de la *dominatio* par le peræquator au *possessor*, que, à quelque moment que ce soit, les fonds pauvres sont toujours à la charge des fonds riches, les *fundi opimi* restent solidairement responsables du paiement des redevances des *fundi steriles*; les possesseurs de ceux-là devant payer pour ceux-ci. C'est ce que les textes appellent un peu plus tard : επιβολη, [οιαςδηποτε κτησεωσ ομοδουλων] : Nov. 128 §§ 7 et 8; α αι των απόρων επιβολαι..... των εκ της περιουσίας εύπορα κτησαμενων dit la Nov. 166 (Edit de Démosthènes). — La Novelle 168, un autre édit du préfet Démosthènes, de 521, donne l'expression : επιφοράι των ομοδούλων. — Il faut remarquer, en outre, que ces novelles et édits du préfet du Prétoire relatifs à l'επιβολη ont partout la commune rubrique : α περι ομοδουλων επιβολης » comme s'il n'était question d'επιβολη que de terres appartenant à une « eadem substantia ». L'*Index Reginæ* (Zachariæ, *Anecdota*, p. 255, note 72), donne pour rubrique de la novelle 168 : επαρχικός τύπος περι ομοδούλων; le Bréviaire de Théodore de son côté : επαρχικός τύπος καταπεμφθείς περι ομοδουλων Ιωάννη τω λαμπροτάτω αρχοντι κύπρου. L'Edit de Zoticus publié par Zachariæ sous le n° 24, p. 274 de ses Anecdota, porte également comme en tête : "Ιδικτον ζωτικοῦ περι των ομοδούχων. — La rubrique aussi très souvent employée, qui est celle du résumé de l'Edit de Démosthènes formant la constitution 166, tel qu'on le trouve dans les mamuscrits des édits du préfet du Prétoire (Zachariæ, *Anecdota*, p. 266) : περι επιβολῆς απόρων, suppose sous entendue l'idée qu'implique l'expression ομοδουλοι. Il ne saurait être question de απορραι αγροι que par rapport à des *fundi opimi*; et on no saurait les opposer les uns aux autres que comme les deux parties d'un même tout : *eadem substantia*. — Bien plus tard c'est encore cette επιβολη ομοδουλων que les novelles des grands empereurs byzantins du xe siècle mettent au premier plan. Le mot ομόδουλος se rencontre encore, mais on constate cependant certaines modifications dans la phraséologie. A la place du mot ομόδουλος, ομοδουλια tend à se substituer le mot κοινωνός, κοινωνία qui désigne la même chose, ou encore le mot αναμιγη. La novelle de Romain Lacapène de 922, par exemple, parle du droit de préférence : [προτιμήσις συγγενών] και κοινωνών και αναμεμιγμενων (p. 248). Un peu plus loin, p. 288, elle mentionne α οι ούτως συμπεπλεγμένοι κοινωνοί »: p. 230 elle énumère comme formant les divers groupes de ceux qui, au défaut les uns des autres, ont un droit de préférence : « ταῦτα μὲν ἐπὶ συγγενῶν καὶ κοινωνῶν, καὶ ὁμοτελῶν, καὶ τῶν ἄλλων παρακετημένων ». — Le groupe des habitants d'un même village, les novelles du xᵉ siècle l'appellent couramment « ἀνακοινώσις πενήτων : rubrique de la novelle v (An. 935), p. 243 ; vi, p. 253 ; κοινοτης Χωριου : nov. 15, p. 282 et 283 ; et pour bien marquer qu'aux yeux des hommes de cette époque tous les habitants du village ne forment qu'une étroite communauté, elles appellent non moins couramment ce même groupe ὁμας : p. 239 ; ὁμάς τῶν Χωρίων ἢ ἀγριδίων : p. 254.

Cette idée de κοινωνια se trouve dans la législation du xᵉ siècle relative aux biens militaires. Nicéphore Phocas fait sortir le droit de préférence de deux sources : ἐξ ἀνακοινωσεως ἀλλά καὶ ἐξ ὁμοτελείας. Nov. 20. An. 967, p. 297 et 298 : μὴ προτιμᾶσθαι τοὺς πένητας εἰς τὸ διαπολωλούμενον κτῆμα τοῦ δυνατοῦ μήτε ἐξ ὁμοτελείας μήτε ἐξ ανακοινώσεως », « μηδὲ τὴν ὁμοτέλειαν ἢ ἀνακοίνωσιν προβάλλεσθαι εἰς δικαιοσύνην ». Il faut voir très certainement des κοινωνοι dans les στρατιωται συνδόται καὶ συναίχμοι de la novelle viii de Constantin Porphyrogénète, p. 265, où l'on retrouve les mêmes groupes de retrayants que pour les possessions civiles : συγγενῶν δὲ οὐχ ὑπόντων, ἢ τῶν ἀπὸ νόμου καλουμένων ἀγχιστῶν, — τοὺς συνδότας καὶ συναίχμους αὐτῶν ἀκουεσθαι προσερχομένους · τόντων δὲ οὐκ ὄντων, τοὺς συτελεστὰς ἀπορωτέρους, ἵν' ἐξ ἐκείνων αὐτοὶ τὸ ἐνδεόν τῆς ἀπορίας ἀνασώζοντες ἐποικοδομηθεῖεν πρὸς ἰσχύν ἱκανοτητος.

Dans tous ces textes la κοινωνια est évidemment la possession à plusieurs d'un *même fundus*, d'une même περιουσια, quels que soient le caractère et la destination dernière de ces fonds, fonds militaires ou fonds civils; et les biens qui rentrent ainsi dans la composition d'un fonds dont la possession à plusieurs fonde le lien de la κοινωνια, sont bien évidemment l'analogue des biens *conservi*, ὁμοδουλοι, de l'époque de Justinien.

Nous n'avons pas à étudier dans le détail les règles qui président à l'attribution, par la procédure de l'ἐπιβολη, des ὁμοδουλοι αποροι. Une pareille recherche ne rentre pas dans les cadre de notre étude et nous renvoyons aux consciencieux et savants articles de M. Monnier sur la matière.

Nous nous contenterons de noter que cette ἐπιβολη, nous l'avons vue primitivement apparaître à l'endroit des *fundi patrimoniales* comme une conséquence de l'attribution par le peræquator au *possessor* d'un *complexe* de biens où figurent dans de justes proportions les *fundi steriles* et les *fundi opimi*; et qu'elle finit par s'appliquer aussi bien aux « fundi emphyteutici et patrimoniales *jure privato emli* » qu'aux autres. C'est ce qui ressort nettement de la loi 10. C. J. xi, 61. Imperatores Arcadius et Honorius ad Eutychianum P. P. — Fundos patrimoniales eos duntaxat qui, — salvo canone *jure privato nostrd liberalitate concessi sunt*, cum his patrimonialibus *qui in conditione proprid constituti sunt*, illustris auctoritas tua jubeat exæquari ita ut, relevato quod imminet fatigatis et translato in eos qui integris viribus florent, adscriptio tributorum æquâ lance dividatur [399]. Les dispositions de la loi sont d'autant plus nettes et significatives que juste l'année avant, en 398, les mêmes empereurs avait décidé le contraire l. 9 : Universi cognoscant *nihil privato jure salvo canone fundis emtis* — cum *patrimonialibus* esse *commune*, ita ut ad eos numquam *patrimonialium fundorum* peræquator accedat; gravi mulctâ feriendo eo qui statuta nostræ clementiæ ausus fuerit temerare ». Dans les deux lois il s'agit bien des deux mêmes catégories de biens : les « *fundi patrimoniales constituti in conditione propria* » et les « *fundi patrimoniales privato jure*, salvo *canone emtis* »; mais dans l'une on défend qu'ils soient au point de vue de l'*adjectio* traités de la même façon; dans l'autre au contraire on fait de l'assimilation des deux catégories des *fundi patrimoniales* une loi. C'est là un résultat dont il ne faudrait pas manquer de relever l'importance, et qui marque pour l'ἐπιβολή comme un point de départ pour une carrière toute nouvelle. Jusqu'alors, ainsi qu'en témoigne la loi 9, le domaine da la *peræquatio* et conséquemment de l'ἐπιβολή semblait devoir être restreint aux « fundi patrimoniales in conditione proprià constituti » : voici que la loi 10 de 399 lui donne accès dans le domaine des « fundi patrimoniales *privato jure* salvo canone *emti* » c'est-à-dire de la propriété privée presque toute entière. Nous n'avons pas à préciser l'étendue exacte de l'ἐπιβολή ὁμοδούλων, à passer en revue les différentes catégories de terres auxquelles elle s'applique. Mais on comprend qu'à une époque où l'idée d'une sorte de domaine éminent général de l'État ne cesse de gagner du terrain, où l'État apparaît de plus en plus comme le bailleur général de tous les biens fonds occupés à un titre quelconque, et semble conséquemment pouvoir établir la *lex locationis* qui lui plaît en même temps que disposer comme il entend de la consistance de chaque possessio, on comprend, dis-je, que le domaine de l'ἐπιβολή ne saurait avoir de limite précise, et d'envahissement en envahissement peut finir par absorber le domaine entier de l'appropriation privée.

L'ἐπιβολή ὁμοδούλων paraît organisée dès une époque déjà très ancienne, et le droit de Justinien semble n'avoir fait qu'en systématiser les règles et trancher les difficultés d'interprétation. La loi 2 du C. J., xi, 58, de 337, vise un cas, qui sans être un véritable cas d'ἐπιβολή en est tout voisin, un cas d'ἐπιβολή renversée. Le possesseur primitif a aliéné la meilleure part de sa *possessio* ne gardant entre ses mains que la mauvaise, incapable de porter le poids des impôts. La loi prescrit que la vente ne puisse être partielle, que là où sont les bonnes terres doivent être les mauvaise ou « la responsabilité des impôts des mauvaises ». Constantinus A. Campestri. — Si quis ab emphyteuticario seu patrimoniali possessore privati juris quippiam comparaverit, cujus substantiâ alias possessiones sustentare consueverat, et succisis quasi quarumdam nervis reliqua labuntur, *earum possessionum* onera subiturus ea *quæ pœnes distractorem inutiles permanebunt* (an 337). Un cas analogue, qui éclaire le précédent, c'est celui de la loi 2, C. J., iv, 47 : « Ideoque placuit ut si quem constiterit hâc lege, ut nec reliqua fundorum fisco inferat et immunes eos fundos possideat, possessionem *esse mercatum* tam pro *solidis censibus fundi comparati* quam pro reliquis universis ejusdem possessionis obnoxius teneatur, [quum necesse sit eum], qui comparat, censum rei comparatæ agnoscere, nec licere cuiquam rem sine censu comparare nec vendere ». Les fonds stériles suivent l'acheteur des fonds fertiles. Le même principe se déduit encore par argument *a contrario* de la loi 12. C. J. xi. 58 (31. C. Th. xi, 1).

Le législateur du iv⁰ siècle, tout en s'assurant le paiement des impôts, ne prétend pas interdire toute circulation des biens. Même au cas où la vente compromet la prospérité du reste de la possessio, on la reconnaît valable; mais le vendeur doit prendre sur lui le paiement des impôts du reste de la possession, c'est-à-dire prendre à sa charge la possession toute entière. — A mesure que la procédure de la véritable ἐπιβολη s'organise, il semble que la tendance se fasse jour d'entraver la libre circulation des biens attribués et qu'on s'efforce de conserver à l'État comme contribuable responsable le possessor primitivement investi du bien. Au x⁰ siècle l'*Ecloga legum in epitome expositarum* xv, 43 (p. 379), déclare nulle toute vente d'une partie de possession ayant pour effet d'appauvrir l'autre : Ἐάν τις ἔχων οὐσίαν ἐκποιήσῃ καθ' ὁνονδηποτε τρόπον τινὶ ἀγρὸν μὴ ἐπιβαλὼν αὐτῳ τὰ ἀνήκοντα τελέσματα, καὶ ἀπορήσῃ ἡ λοιπὴ κτῆσις, — Χρὴ τὸν δοθέντα ἀγρὸν ἐπαναδραμεῖν εἰς τὰ ὁμόδουλα, κἂν διὰ μέσου πολλοὶ οἱ διάδοχοι ὤφθησαν τοῦ τὸ ἴδιον χωρίων χωρὶς δημοσίου ἐκποιήσαντος. A la première difficulté fiscale, les biens aliénés font retour aux biens dont ils sont les les ὁμόδουλα; c'est-à-dire reviennent en la possession de leur premier possesseur quel que soit le nombre des possesseurs intermédiaires.

L'Edit de Démosthène, qui forme la novelle 166 (Zachariæ, *Anec-dota*, p. 251) avait déjà donné cette même solution de la difficulté : ne que *simul prioribus possessoribus neque secundum successionis ordinem imponi onus sterilitatis conservarum* jubemus, sed prius quidem *eum qui ab illius liberis vel successoribus extraneis acquisiverit* id quod nunc ad sterilitatem redactum est, et *immobilem ejus substantiam — adjectionem pati;* — sin autem is non *idoneus* apparuerit et quæ ei est possessio, — ad *hos qui eam illi transmiserint,* onus transferri; — si verô *neque* horum possessiones ad adjectionem collationem *sufficiant,* tunc eam *ad primum dominum,* qui ad liberos vel extraneos id trans-miserit initio, *immobilem que possessionem, si eam substantia ejus contineat, redire,* et sic in omnium istorum copia *ad eum qui a primo domino prae-dium vel agrum vel terras comparaverit initio vel ex quâlibet legitimâ causâ acceperit.* Idem vero dicendum erit, etiamsi intercedant succes-siones. Quamdiu enim proximior idoneus sit, non molestari eos qui antiquioribus temporibus possessiones habuerunt, eorumve substantia convenit. » Le texte de la novelle éclaire et complète le texte de l'Epi-tome. Les ὁμόδουλα, c'est-à-dire le maître du fonds dont le champ a été détaché, restent toujours fondamentalement responsables de l'impôt ; mais pour laisser encore une certaine facilité de commerce et de cir-culation des biens, on n'a recours à cette responsabilité des ὁμόδουλα que tout à fait à la fin, quand aucun des possesseurs intermédiaires ne se trouve *suffisant.* L'individu qui doit prendre à sa charge la pièce stérile détachée de la *substance* dont elle faisait partie, se trouve ainsi nettement déterminé.

La solidarité pour le paiement de l'impôt des membres du groupe des *possessores* ne s'en tient pas là. Les textes postérieurs du ve siècle et des siècles suivants donnent tous l'indication d'une autre sorte d'ἐπιβολή, ou plutôt d'une ἐπιβολή procédant d'une cause autre que la précédente : l'ἐπιβολή ὁμοκήνσων que l'on oppose toujours à l'ἐπιβολή ὁμοδούλων, dont nous venons de parler.

L'édit de Démosthène qui figure au *Corpus* comme la constitution 166 n'en parle pas. Mais les deux fragments qui forment la constitu-tion 168 la mentionnent plusieurs fois. Le premier fragment qu'on trouve dans le manuscrit de Bologne, et que *Zachariæ* dans ses *Anec-dota* p. 256 se contente de mettre en note pour être complet et nulle-ment comme le commencement authentique de la novelle 168, dit en toutes lettres : τὰς τῶν ὁμοδούλων ἐπιφορὰς ὁ νόμος οἶδε καὶ τῶν ὁμοκήνσων :

conservorum adjectiones prædiorum lex agnovit et *contributariorum*. Quant au fragment qu'on désigne le plus souvent comme la novelle 168, après avoir posé le principe qu'il ne saurait y avoir d'ἐπιβολή que de choses qui figurent au cens : Præcipimus ut in censum sive descriptionem *prædia* referantur solùm, non autem domus vel aliæ res; adjectio autem contributariis fit : ἡ δὲ ἐπιφορὰ ὁμοκήνσοις γίνεται, il distingue non moins nettement lui aussi les deux sortes d'ἐπιβολη (*Zachariæ*, p. 256) : hanc sententiam etiam nunc-seculi generales facimus formas, ut nemo propter *conserva et contributaria adjectionem præstet* nomine domuum vel panum civilium vel alius rei censui non inscriptæ : ποιουμεθα τύπους, ὥστε μηδένα διδόναι ὑπερ ὁμοδουλων ἤ ὁμοκήνσων ἐπιβολὴν ἐπὶ οἰκίαις ἤ ἄρτοις πολιτικοῖς ἤ ἑτέρῳ τινὶ μὴ ἐγγεγραμμένῳ τῷ κηνσῳ. — La distinction n'est pas moins nettement établie dans l'édit de *Zoticus* (Zach., Anecd., n° 24, p. 274) que Zachariæ reporte à l'année 512 (p. 258, note 88) : « Quorumdam causa *a contributariis ad conserva* defertur et ita possessoribus adjicitur; quædam vero a conservis initium capiunt et ad contributaria deducuntur »..... Et un peu plus loin : Proinde nemini metuendam esse — propter conserva vel contributaria — adjectionem ad domum vel panes vel aliud qnidquam in censum non relatum : Τινῶν μὲν ἀπὸ τῶν ὁμοκήνσων ἡ ζήτησις ἐπὶ τὰ ὁμόδουλα φέρεται καὶ δυτωσἐπάγεται τοῖς ταῦτα κεκτημένοις τινὰ δὲ ἀρχὴν περὶ τῶν ὁμοδούλων λαμβάνει καὶ φέρεται ἐπὶ τὰ ὁμόκηνσα..... ὥστε μηδένα εὐλαβεῖσθαι ὑπὲρ ὁμοδούλων ἤ ὁμοκηνσῶν ἐπιβολῆς ἐπὶ οἰκίαν ἤ ἄρτοις ἤ ἑτέρῳ τινὶ μὴ ἐγγραμμένῳ τῳ κηνσῳ. — La novelle de Justinien 128, §§ 7 et 8 de même distingue la double ἐπιβολη des ὁμοδούλων et des ὁμοκηνσων. § 7. εἰ ποτε δὲ συμβαίη ἐπιβολὴν οἱασδήποτε κτήσεως ὁμοδούδων ἤ ὁμοκήνσων γενεσθαι, § 8. Κελεύομεν παραχρῆμα ταύτην παραδίδοσθαι τοῖς ὁμόδουλα ἤ ὁμόκηνσα χωρία κεκτημένοις.

Les passages les plus importants du code, la novelle 128, c. 7 et 8 et aussi les novelles 166 et 168 ont été reçus au livre LVI des Basiliques et témoignent de la persistance théorique tout au moins de l'ἐπιβολη sous sa double forme dans l'Empire byzantin. De son côté la Synopsis (vers 945) reproduisant le passage de la nov. 128 c. 7 et 8 la fait précéder de cette définition de l'ἐπιβολη : Ἔστι δὲ ἐπιβολὴ ἐπίδοσις ἀπόρου κτήσεως πρὸς συγκληρόνομους ἤ συντελεστὰς καὶ ὁμολώρους καὶ ὁμοκήνσους; que reproduit Harménopule, app. III, § 30.

Que faut-il entendre au juste par cette ἐπιβολὴ ὁμοκηνσων? que sont ces ἀγροι ὁμοκήνσοι? Le problème est difficile. Les textes que nous venons de citer ne nous renseignent pas sur la nature exacte de l'institution dont ils révèlent l'existence. Et c'est par un détour qu'il nous faut tenter de résoudre le problème. Ce sont les passages des constitutions des empereurs du x⁰ siècle visant le *droit de préférence* de certaines personnes sur certains biens, qui nous fourniront le point de départ pour cette recherche.

La corrélation étroite, le rapport direct de cause à effet entre l'ἐπι-βολὴ et ce droit de préférence ne sauraient être méconnus. Zachariœ, si sobre de conjectures, ne peut s'empêcher de montrer dans le droit de préférence une conséquence toute naturelle de la pratique de l'*adjectio* (G. des gr. r. R. 3ᵉ éd., p. 237). Il faut bien que ceux qu'on déclare responsables pour les possesseurs hors d'état de payer aient un moyen de se défendre et qu'on leur confère des avantages correspondants. Les principes sur lesquels reposent l'ἐπιβολη et la προτιμησις sont donc les mêmes ; l'ordre dans lequel les différentes catégories de personnes sont appelées à l'exercice du droit de retrait ne saurait être différent de l'ordre dans lequel leur est imposée la charge de l'ἐπιβολη. Il est toujours possible et légitime de tirer des conclusions de l'une à l'autre.

La grande novelle de Romain Lacapène (an. 922) réorganisant et fixant une fois pour toutes les principes de la προτιμησις détermine ainsi les catégories de personnes, successivement appelées à défaut les unes des autres à l'exercice du droit de retrait : tout d'abord la rubrique, p. 237 : προτιμήσις συγγενῶν καὶ κοινῶνων καὶ ἀναμεμιγμένων καὶ συμπαρακειμένων ὁμοτελῶν καὶ συναπτῶς ἠνωμένων καὶ τῶν νουμένων ὁμοτελῶν Χωριῶν καὶ ἀγριδίων ; — puis dans le corps de la novelle, p. 239, ces lignes qui résument l'ensemble des dispositions énumérées un peu plus haut et qui nous semblent particulièrement claires : καὶ ταῦτα μὲν ἐπι συγγενῶν καὶ κοινωνων, καὶ ὁμοτελῶν καὶ τῶν ἄλλων παρακειμένων. Ἀλλά καὶ ἐπὶ τῆς ὁμάδος τῶν καλουμενων Χωρίων ἤ ἀγριδίων... ἵνα καὶ οἱ κτήτορες αὐτῶν πρὸς ἀλλήλους ἔχωσιν τὴν προτίμησιν. On distingue nettement : 1° les communautés de village que l'on met à part ; 2° puis, les communautés de village mises à part, on considère que trois ou quatre catégories de personnes peuvent être successivement appelées à exercer le droit de retrait sur les immeubles : a) les συγγενεις ; b) les κοινωνοι ; c) les ὁμοτελεῖς ; d) les οἱ αλλοι παρακειμενοι. Les termes de la rubrique nous donnent sensiblement la même classification que le texte, à cela près que les personnes que la novelle appelle ὁμοτελεις, la rubrique les désigne par les termes de συμπαρακειμενοι ὁμοτελεις : il s'agit bien ici et là des mêmes ὁμοτελεῖς. Les οἱ αλλοι παρακεκτημενοι sont qualifiés par la rubrique « συναπτῶς ἠνωμενοι ».

Si l'on met à part : 1° les habitants des communautés de villages et 2° ceux qui n'ont entre eux qu'un simple rapport de voisinage « οἱ συμπαραχείμενοι »... « οἱ ἁπλῶς ἔν τινι μέρει συναπτῶς ἡνωμένοι » p. 238 ;... οἱ ἄλλοι παραχεχτημένοι » ; et si l'on remarque que les deux premières catégories énumérées, les συγγενεῖς et les χοινωνοι, ne sont en réalité que deux espèces du même genre, que les deux groupes ont pour caractère commun de participer à la propriété d'une même substantia, ce qu'indiquent suffisamment les termes du passage où sont énumérés tout au long les cas de προτίμησις : p. 238 « ἵνά πρῶτοι χλη,θῶςιν οἱ ἀναμιξ συγχείμενοι συγγενεῖς εἶτα οἱ ουτως συμπεπλεγμένοι χοινωνοι εἰ χαὶ ξένοι πάντη τῳ ἐχλωροῦντι τυγχάνοιεν ; — on trouve qu'il existe dans le monde byzantin deux sortes de προτίμησις : la προτίμησις en vertu de la χοινωνια ou αναμιγη, embrassant tous les cas de χοινωνια possibles, ceux provenant du jeu des lois successorales comme ceux qui ont pour principe l'achat conjointement fait par plusieurs individus, et parmi ces derniers peut figurer comme espèce la copropriété du territoire d'une communauté de village ; — et la προτίμησις instituée en faveur des ὁμοτελεις, résultant de l'ὁμοτελεια. La novelle de Nicéphore Phocas de 967 (Nov. xx, p. 296), relative aux achats de biens de pauvres et de biens de soldats, mentionne expressément l'existence de cette double sorte de προτίμησις ; et prétend ne faire que résumer les principes de la législation ancienne de Romain Lacapène et Constantin Porphyrogénète, p. 297 : οἱ πρὸ ἡμῶν βεβασιλευχότες... νομοθεσιαν ἐξέθεντο χωλύοντες τοὺς δυνατοὺς μὴ τὰ τῶν πένητων τε χαὶ στρατιωτῶν ἐξωνεῖσθαι χαὶ χαλῶς ποιοῦντες, προςέθεντο δὲ ἐν ἀυτῃ χαὶ τὴν προτίμησιν τοὺς πένητας δέχεσθαι εἰς τὰ τῶν δυνατῶν χτήματα, μὴ μόνον <u>ἐξ ἀναχοινώσεως</u> ἀλλὰ χαὶ <u>ἐξ ὁμοτελείας</u>... Deux autres fois encore la même novelle répète l'expression, p. 298 : μὴ προτιμᾶσθαι τοὺς πένητας εἰς τὸ διαπολούμενον χτῆμα τοῦ δυνατοῦ, μήτε <u>ἐξ ὁμοτελείας</u> <u>μήτε ἐξ αναχοινώσεως</u> χἄντε σρατιωται χἄντε πολιτικοὶ ἐφευρίσκονται. De même on renouvelle contre les puissants l'interdiction d'acheter les biens des pauvres ou des soldats, sous quelque prétexte que ce soit, d'ὁμοτελεια ou d'αναχοινωσις... « παλιν ἐχείνους [δυνατους] ἀπείργομεν τοῦ μὴ ex πενήτωντε χαὶ στρατιωτῶν ἀπόρων ποιεῖσθαι τὰς ἐξωνήσεις, μηδὲ τὴν ὁμοτελειαν ἤ ἀναχοίνωσιν προβάλλεσθαι εἰς διχαιωσυνήν ».

Le résultat certain de ces rapprochements de textes est celui-ci : la législation justinienne distingue une επιβολη ομοδουλων et une επιβολη ομοκηνσων : la législation des empereurs du x⁰ siècle distingue de même une προτιμησις de biens χοινωνοι et une προτιμησις de biens ὁμοτελεῖς. Nous avons démontré — ou cru démontrer — que les biens χοινωνοι des empereurs du x⁰ siècle sont les biens ομοδουλοι de Justinien, que χοινωνια et ομοδουλια sont des notions équivalentes. L'identité des biens ομοκηνσοι de la législation justinienne et des biens ομοτελεις du x⁰ siècle ne s'impose-t-elle pas à son tour ?

Définir les uns ce serait définir les autres, et peut-être nous serait-il plus facile de toucher à travers les textes la véritable nature de ces derniers.

Zachariœ, qui ne connaît pas tous ces détours et qui entre les ὁμοτελεῖς et les propriétaires d'ὁμοκηνσα ne distingue pas, contrairement à Leunclave, Godefroy, Kalligas et Paparigopoulos, écrit (*G. des gr. rom. Rechts*, 3ᵉ édit., p. 229 et 236) que les biens ὁμοκηνσοι sont des « biens fonds portés au cens sans nom de propriétaire, par conséquent comme constituant un tout indivisible, un territoire commun (Gemeindeflur) »; il ajoute que les « possesseurs d'ὁμοκηνσα, sont de libres paysans du territoire payant collectivement l'impôt assis sur l'ensemble des terres et solidairement responsables; et que c'est pour cela qu'on les appelle *consortes, contributarii* ». Puis transportant aux ὁμοκηνσοι la définition que donne des ὁμοτελεῖς la novelle de Romain Lacapène (Zachariœ, p. 238) : τοὺς ὑπὸ τὸν αὐτὸν ὑποτεταγμένον ἀναγραφομένους κἂν ἐν διαφόροις τόποις τὰ ἴδια τελέσματα καταβάλλωνται, entendue au sens du commentateur byzantin (Zachariœ, p. 236, en note) : οἱ τελοῦσιν ὑπὸ ἕνα δεσπότην οἷον ὑπὸ μίαν ἀρχιεπισκοπήν et du Μικρὸν κατὰ στοιχεῖον, N. 42 : οἱ ὑφ' ἕνα δεσπότην ὑπάρχοντες καὶ τῷ αὐτῷ καὶ ἐπὶ τοὺς φόρους καὶ τὰ τέλη καταβαλλόμενοι καὶ ἀποδιδόντες, il explique tout au long, au risque de brouiller les notions (p. 242), que « les ὁμοτελεῖς sont proprement ceux qui paient redevance à un même maître ». « Chaque circonscription fiscale, dit-il, était subdivisée en un certain nombre de perceptions; son cadastre de même en un nombre correspondant de subdivisions : ὑποταγαι; chaque propriétaire foncier (église, cloître, grand propriétaire laïque) qui avait à payer à la fois pour toutes ses possessions sises à l'intérieur de la circonscription fiscale, et peut-être du reste en différents endroits, avait ainsi dans le cadastre sa matrice particulière ouverte et portait pour cela la désignation d'ὑποτεταγμένος. Dans cette matrice particulière se trouvaient portées les possessions en question avec les *colons et tenanciers* dépendants et les redevances qu'ils devaient au maître. Chacun de ces derniers devait payer la redevance des terres sur lesquelles il était établi. Il est arrivé que ces possessions étaient séparées et éloignées l'une de l'autre : ces cultivateurs et ces paysans n'en étaient pas moins les tenanciers d'un seul et même propriétaire. Ce sont ces tenanciers d'un même propriétaire, qui ont la jouissance du domaine utile, que la novelle nomme ὁμοτελεῖς au sens étroit du mot ».

Monnier, de son côté, dans ses études sur l'ἐπιβολή, adoptant l'opinion de Zachariœ, telle qu'il la trouve formulée dans la 2ᵉ édition de la *Geschichte des griechische römschen Rechts*, écrit : « Employé par opposition au mot ὁμόδουλα, le mot ὁμόκηνσα a une signification plus étroite ; il désigne les biens fonds appartenant à divers propriétaires, qui, sans être ὁμόδουλα sont portés dans un même cadastre, par exemple dans le cadastre communal ». « L'ensemble des biens ruraux d'un *territorium* et bien plus exactement d'un village autonome (χωρίον ἐλευθερον), d'une métrocomie, formait un tout, une unité cadastrale et fiscale ; d'où, pour les propriétaires l'obligation de payer l'impôt de celui d'entre eux qui ne payaient point. Les biens étaient *contributarii*, ὁμόκηνσα. »

Il est facile de sentir qu'en tout cela il y a quelque confusion et qu'on n'a pas là une doctrine formulée en toute sûreté. La meilleure preuve c'est que Zachariæ a cru devoir dans sa 3e édition s'exprimer en termes beaucoup plus mesurés et prudents (1) ; et d'autre part il reste que, voyant dans les ὁμόκηνσα et les champs des ὁμοτελεῖς une seule et même catégorie de biens, il ne tente pas même d'expliquer comment une communauté de *libres*, directement responsables de l'impôt vis-à-vis du fisc et un ensemble factice de biens fonds, dispersés par toute l'étendue d'une circonscription fiscale, ou pour mieux dire encore un groupe de tenanciers dépendants et serfs peuvent tous les deux également porter la même désignation. Quant au fond de la doctrine elle-même, qui fait des ὁμόκηνσα *exclusivement* l'ensemble des biens ruraux dépendant d'une communauté de village ou celui des biens portés sur le même cadastre sans nom de propriétaires, auquel M. Monnier semble particulièrement avoir voulu s'attacher, les textes semblent absolument contraires.

D'abord les constitutions du xᵉ siècle distinguent on ne peut plus nettement les ὁμοτελεῖς proprement dits des χωρία καὶ ἀγριδία ὁμοτελῆ. Par exemple la rubrique de la novelle de Romain Lacapène (an. 922), p. 337 : προτιμήσις συγγενῶν καὶ κοινωνῶν καὶ ἀναμεμιγμένων καὶ συμπαρακτιμένων ὁμοτελῶν καὶ συνάπτῶς ἡνωμένων καὶ τῶν νοουμένων ὁμοτελῶν χωρίων καὶ ἀγριδίων. Également dans le corps de la novelle, p. 239, cet autre passage : καὶ ταυτὰ μὲν ἐπὶ συγγενῶν καὶ κοινωνων καὶ ὁμοτελῶν καὶ τῶν ἄλλων παρακεκτημένων ἀλλὰ καὶ ἐπὶ τῆς ὁμάδος τῶν καλουμένων χωρίων ἢ ἀγριδίων... ἵνα καὶ οἱ κτήτορες αὐτῶν πρὸς ἀλλήλους ἔχωσι τὴν προτίμησιν. — Dans la novelle v de Constantin (an. 935, p. 248), celui-ci : τούτους ἀπολαμβάνοντας τὸ παρ' αὐτῶν ἢ συγγενῶν, ἢ τούτων ἀπορούντων παρὰ τῶν ἄλλως συντελούντων, — ἢ καὶ παρὰ τῆς ὁμάδος. » — Plus loin cette même énumération : πρῶτα τοῖς ἰδίοις ἀναδίδοσθαι ταῦτα δεσπόταις ἢ τέκνοις;

---

(1) Danach sind ὁμόκηνσα in census ohne Rücksicht auf die Eigenthümer zusammengefasste Grundstücke (also Gemeindefluren).

ἢ συγγενίσιν ἢ κὰι τούτων απολλυμενων τοῖς συντελεσταῖς παρεχεσθαι. — V. encore Novelle 6, de 847, p. 254.

Les Χωριά ὁμοτελη, les ὁμαδες Χωριων, dont il est question dans ces textes, sont bien incontestablement les *Gemeindefluren* de Zachariæ et les « villages autonomes » de Monnier. Or ces Χωρια ὁμοτελη, tous nos textes les opposent directement aux ὁμοτελεις tout court, aux συντελεσται proprement dits. La définition de l'ἐπιβολη que donne la Synopsis et que répète Harménopule prête aux mêmes constatations : ἐπίδοσις ἀπόρου κτησεως πρὸς συγκληρονομους ἢ συντελεστὰς — καὶ ὁμοΧωρους καὶ ὁμοκήνσους. Les συντελεσται, les ὁμοτελεισ sont opposés aux ὁμοΧωροι καὶ ὁμοκηνσοι ; et par ces ὁμοΧωροι et ὁμοκηνσοι dont il s'agit, je ne puis me tenir de penser, étant donnée leur place dans la phrase, qu'il faut entendre les « Χωρια ελευθερα », les « ὁμαδες Χωριων » dont il était question dans les autres textes que nous venons de citer.

Il est dès lors pour l'époque qui nous occupe, difficile pour ne pas dire impossible, de prendre ὁμοτελεισ, synonyme de συντελεσται, dans le sens étroit que lui donne Zachariæ et avec lui et plus encore que lui Monnier. L'ὁμοτελεια ou συντελεια est un concept beaucoup plus large que celui de la participation à la possession commune d'un territoire de village ou des terres d'un même seigneur. La preuve c'est que nous trouvons dans les novelles byzantines le terme employé à l'endroit des biens de soldats. Novelle viii de Constantin Porphyrogénète (de 945-959), § 2, p. 265... ἀναγγύρως τοὺς ἀγοραστὰς τῶν στρατιωτικῶν ἐξωθεῖσθαι... Συγγενῶν δε οὐχ ὑπόντων ἢ τῶν ἀπὸ νόμου καλουμένων ἀγχιστῶν, τοὺς συνδότας καὶ συναιχμους αὐτῶν ἀκύεσθαι προσερχομένους. Τούτων δὴ οὐκ ὀντῶν, τοὺς συντελεστας ἀπορωτερους στρατιώτας, ἐν ἐξ ἐκείνων αὐτὸι τὸ ἐνδέον τῆς ἀπορίας ἀναπληξῶντες ἐποικοδομηθεῖεν πρὸς ἰσχὺν ἀνακοινότητος· εἰδὲ καὶ ὅυτοι οὐκ εἶεν, ἀνάγκη καὶ τοὺς πολιτικοὺς συντελεστὰς εἰσακούεσθαι πρὸς τὸ μὴ διαπιπτειν τὸν ἐκ του κήνσου φόρον. — D'autre part la novelle de Nicéphore Phocas de 967 (nov. xx) parle de droits de préférence accordés par la législation antérieure aux pauvres (πενητες) sur les biens des puissants et ayant leur source dans un rapport d'ὁμοτελεια, p. 297 : προσέθεντο δὲ ἐν αὐτῃ καὶ τὴν προτίμησιν τοὺς πενητας δέχεσθαι εἰς τὰ τῶν δυνατῶν κτήματα μὴ μόνον ἐξ ἀνακοινώσεως ἀλλὰ καὶ ἐξ ὁμοτελείας... Et elle décide qu'à l'avenir : μὴ προτιμᾶσθαι τοὺς πενητας εἰς τὸ διαπωλούμενον κτῆμα τοῦ δυνατοῦ, μήτε ἐξ ὁμοτελειας μητε ἐξ ἀνακοινώσεως, κἄντε στρατιωται κἄντε πολιτικαὶ ἐργμίσκονται. D'après ces textes curieux et importants, 1° parmi les soldats successivement appelés à défaut les uns des autres figurent les groupes des κληρονομοι, des συγγενις ; — puis le groupe des συνδοται et des συναιχμοι ; enfin celui des soldats συντελεσται. 2° Les soldats ne sont pas seulement συντελεσται entre eux ; ils sont encore συντελεσται avec les civils : en effet, dit le texte, à défaut de στρατιωται συντελεσται sont appelés à l'exercice du droit de préférence les συντελεσται πολιτικαι; il ne faut pas que le cens tombe et soit perdu pour l'État. 3° Il y a pour les πενητες possibilité d'être *avec les puissants* dans un rapport d'ομοτελεια, que ces πενητες soient de condition militaire ou de condition civile. Comment cela peut-il se faire? — Cela n'est possible qu'à condition qu'à l'encontre de ce que veulent Zachariæ et le commentateur byzantin les biens ομοτελεις ne soient pas *simplement ceux qui paient redevance à un même seigneur.* Un puissant ne saurait posséder dans la seigneurie (qu'on me permette le terme), dans l'υποτεταγμενον d'un autre puissant (1). Un fief militaire, de ceux qui figurent « εν τοις στρατιωτικοις κωδιξιν » et que vise la novelle VIII de Constantin : « *de fundis militaribus* », ne peut être situé dans le territoire d'un village dépendant. Et d'autre part dans le passage de son histoire (3° édition, p. 375) où il explique comment cette partie du sol qui se trouve appropriée peut se présenter sous trois formes différentes : ιδιοστατα, στρατιωτικα et ανακοινωσεις χωριων, l'idée ne vient pas à Zachariæ que les biens fonds faisait partie du territoire de la communauté libre (Gemeindeflur) puissent jamais constituer une dotation militaire.

Les ομοτελεις de la novelle II (coll. III), p. 238 et 239 sont évidemment les mêmes que les συντελεσται des autres novelles et ne sauraient se confondre avec les ομοτελεις des χωρια *libres* ou *dépendants.* Ce groupe d'ομοτελεις ou συντελεσται qui ne vient à l'exercice du droit de préférence qu'après les possesseurs d'ομοδουλοι parents et non parents; qui se trouve évincé de la possession des biens faisant partie du territoire du village par les membres de la communauté du χωριον ; qui

---

(1) A la vérité, ce n'est pas absolument impossible; nous trouvons des cas analogues en Occident. En Orient, en fait, les puissants paraissent s'être glissés de tout temps dans les ομαδες χωριων, et la législation des empereurs n'a que très exceptionnellement prétendu les en exclure absolument. La novelle de Romain Lacapène laisse aux grands la possibilité de pénétrer dans la communauté de village à titre d'héritiers légitimes, p. 240, § 2. «Τοις δε δυνατοις απαγορευομεν του λοιπου υιοθεσιας τροπω η δωρεας απλης η θανατου αιτια η εκ διαθηκης η κατα μονην χρησιν η ως επι τινι προστασια και συνδρομη λαμβανειν τι παρα των υποτελεστερων, ει μη αρα συγγενεις αυτων ειεν..» Elle constate d'autre part qu'ils sont déjà depuis longtemps établis dans l'intérieur des villages : αλλα μηδε νεας αγορασιας ποιεισθε η μισθωσεις, η ανταλλαγας εν τισι χωριοις η αγριδιοις εν αις ουκ εχουσιν ιδια κτημα α εκ των κτητορων αυτων. — Mais nous ne trouvons pourtant aucun indice positif qu'il en soit de même pour les *communautés dépendantes*, et l'ensemble des textes répugne plutôt à cette interprétation.

comprend des civils et des militaires et jusqu'à des puissants, n'a rien
de commun avec les ομοτελεις des Χωρια et doit forcément s'entendre
dans un sens beaucoup plus large que le groupe de ces derniers.
Voilà qui est sûr. Que sont au juste ces ὁμοτελεῖς et συντελεσται et quel
est le sens exact de la définition de la novelle de Romain : ὁμοτελεῖς δε
φαμεν πάντας τοὺς ὑπὸ τὸν αὐτὸν ὑποτεταγμενον αναγραφομένους, κᾶν ἐν διαφόροις τόποις τὰ ἴδια τελεσματα καταβάλλωνται? Voilà toujours la question
qu'il nous faut résoudre avant de passer outre et de tenter une définition directe des ομοκηνσοι αγροι.

Constatons maintenant que si, partout où il est question dans la
législation Justinienne de l'επιβολη ομοκηνσων, ce n'est jamais que le
terme ὁμοκηνσων qu'on emploie, le mot συντελεστης est loin d'être inconnu. Très souvent au contraire on le rencontre au Code, dans les
Novelles, et c'est justement avec ce sens très large qu'il nous a paru
avoir dans les constitutions du xe siècle.

Toute contribution de quelque nature qu'elle soit s'appelle dans le
Code et les novelles de Justinien συντελεια et le contribuable συντελεστης;
par ex : la novelle 128 § 1, marquant la façon dont le gouverneur de
la province doit faire connaître en temps opportun à chaque cité le
contingent de ses impositions ajoute : ὥστε τοὺς συντελεστὰς γιγνωσκειν
καθ' ὃν τρόπον ὀφείλουσι τας συντελείας εἰσφέρειν · ἐι.... οἱ συντελεσταὶ τὰ δημόσια καταβάλωσιν.... § 3 : ὑπὲρ δε τῶν δημοσίων συντελειῶν τὰς ἀποχὰς.... παρὰ
τῶν τὰ δημόσια ὑποδεχομένων γίνεσθαι διορίζομεν.... σημαινούσας τὰ ὀνόματα
τῶν κτήσεων, ὑπερ ὧν τὰς συντελείας ὑποδέχονται.... etc. Le § 14 est tout à
fait caractéristique : Μηδεὶς δε τὸ συνολον ἐνοχλείσθω ὑπὲρ συντελείας γηδίων
ἅπερ οὐ κεκτηται, ἀλλὰ καὶ ει συμβαίη γεωργούς τινι προσήκοντας ἢ ἐναπογρά-
φους ἰδίαν ἔχειν κτῆσιν, ἐκεινους ὑπὲρ αὐτῆς τὰς δημοσιας εἰσπραττεσθαι συντελείας, τοῦ δεσπότου αυτων μηδεμιὰν ὄχλησιν ὑπὲρ αὐτῶν ὑπομένοντος, ει μὴ, ὡς
εἰκος, αὐτὸς ἰδιᾳ προαιρέσει τῇ τοιαυτῃ συντελειᾳ ἑαυτὸν ἐποίησε ἔνοχον. —
De même dans le C. J. loi 9, x, 19, un fragment de constitution d'A-
nastase restitué par Cujas d'après les Basiliques : Ἵνα μὴ πολλῶν ἀπαιτούντων τὰ δημόσια καὶ οἱ συντελεῖς βλάπτωνται... Le mot συντελεια se présente dans tous ces textes comme la désignation générique des δημοσια
τελη. En d'autres passages il s'emploie pour les redevance particulières. On dira par ex. du Chrysargyre l. 1, C. J., xi, 1 : « συντελεία
τοῦ Χρυσαργυρου ». La loi 18, C. J., i, 4, qualifie συντελεσται les provinciaux en tant qu'ils sont obligés de fournir à la garnison une certaine
quantité de blé et autres céréales καὶ οὐκ ἀναγκάζεται ὁ συντελεστὴς ἀπα-
ργυρισμὸν διδόναι. Même emploi du mot 19, C. J., xii, 38, qui paraît
n'être au reste qu'un autre fragment de la même constitution d'Anas-

14

tase. Il s'agit encore de l'annone à fournir aux soldats d'après un accord intervenu entre l'autorité militaire, l'évêque et les notables de la cité. Il arrive parfois que le soldat préfère l'argent à l'annone. L'intendance lui achète alors suivant un tarif déterminé sa part de prestations en espèces et les perçoit pour son compte : καὶ ὁ ὑπομνηματοφύλαξ αὐτὰς παρὰ τοῦ συντελεστοῦ ὡς ἐκλωρηθείσας αὐτῷ. — Quelle que soit la prestation à fournir : or, argent, prestations en nature, les sujets contribuables sont donc uniformément qualifiés de συντελεσται : ils paient ensemble.

Quelle est la circonscription fiscale dont les habitants sont ainsi qualifiés de συντελεσται? Il semble bien dans les textes que nous venons de citer, qu'il s'agit du territoire de la cité. C'est l'évêque et le défenseur de la cité, sous le contrôle du gouverneur de la province, qui fixent la somme des prestations en nature à fournir aux garnisons du pays; qui déterminent le tarif d'après lequel les contribuables peuvent les racheter à prix d'argent; et ces personnages n'ont évidemment compétence que pour le territoire de leur ville. Les συντελεσται ce sont ici les contribuables d'une même cité. C'est le fait d'appartenir à une même circonscription fiscale et d'avoir à payer la même redevance qui fait la συντελεια, l'ὁμοτελεια, quelle que soit l'étendue de cette circonscription. Il ne faudra pas s'étonner, par exemple, de voir dit (Novelle de Basile Bulgaroctone de 996 : Zachariæ, coll. III, n° 19, p. 310) des συγλωριται d'un village que « συντελουσι » (ὁς [Philocale] συνετέλει τοῖς ἑαυτοῦ συγλωρίταις) et qu'on les puisse les qualifier de συντελεσται [V. Peira, x, 15]. — De cette indication il faut maintenant rapprocher celle que nous pourrons tirer d'une étude rigoureuse du sens du mot ὑποτεταγμένος que nous rencontrons dans notre définition des ὁμοτελεις de la novelle de Romain Lacapène : ὁμοτελεῖς δε φαμεν πάντας τοὺς ὑπὸ τὸν αὐτὸν ὑποτεταγμένον ἀναγραφομένους, κᾶν ἐν διαφόροις τόποις τὰ ἴδια τελεσματα καταϐαλλωνται.

Leunclave et Godefroy traduisent carrément le mot par celui de *censitor* : celui qui recense, qui fait payer; les ὁμοτελεις sont, pour eux, ceux qui sont recensés, ceux qui paient sous lui; *qui sub eodem censitore descripti sunt*. Ni Zachariæ, ni Monnier ne veulent entendre parler de ce sens. « C'est le rôle du *censitor*, dit Zachariæ, 3° édit., p. 243, de recenser, de faire payer, mais on ne saurait concevoir que quelqu'un soit recensé sous lui (der Censitor einschätzt, aber Niemand unter ihm eingeschätzt wird) ». Il me paraît que MM. Zachariæ et Monnier n'ont pas suffisamment distingué entre deux sens possibles du mot : un sens passif et un sens actif.

Dans la *Sententia Cosmæ magistri* (Leunclave, J. G. R., ii, p. 167 et Zachariæ, G. des gr. rom. Rechts, p. 253, note 834) que nous avons déjà citée ; dans la *Peira*, xv, 10 (p. 46) : « ἵνα ἐκ τοῦ ὑποτεταγμένου καὶ τῆς ἀνακοινώσεως τοῦ χωρίου τὰ δημόσια διαιρεθῶσιν ἐκ τοῦ ἰσοκωδίκου et XXXVII, 2 ὅτι ἐὰν ἔλωσι πολλοὶ νομάδια καὶ μὴ ἔλῃ φανεροὺς τοὺς ὅρους τοῦ οἰκείου ἕκαστος, εἰ μὲν ἐστὶ δυνατόν, δεῖ διαιρεῖσθαι διὰ ποτοῦ τοῦ δημοσίου, ἐὰν ὑπάρχῃ ἐξ ἑνὸς ὑποτεταγμένου ἀμφοτέρων τὸ δημόσιον », υποταγη et υποτεταγμενον désignent évidemment une circonscription territoriale, le territoire sur lequel l'υποταγη, la soumission s'exerce. L'υποταγη c'est la *ditio*, la *dominatio* au sens du Moyen-Age ; υποτεταγμενον est ici employé comme synonyme d'υποταγη au sens passif avec la forme du neutre. Mais il a très bien pu se faire que parfois, surtout à une époque antérieure, le mot υποτεταγμενος ait été employé non plus comme *nom neutre* dans le sens passif de υποταγη : ce qui a été subordonné, ce qui est soumis, mais comme nom masculin au sens actif, c'est-à-dire comme verbe déponent pour signifier précisément celui qui soumet, qui est investi du pouvoir fiscal. Or dans notre passage de la novelle de Romain Lacapène υποτεταγμενον est précisément du masculin : τὸν αὐτὸν ὑποτεταγμενον. On ne saurait en bonne méthode du sens du neutre τὸ ὑποτεταγμενον déduire celui du masculin ὁ ὑποτεταγμενος. Entre les deux mots ainsi distincts il peut très bien ne pas y avoir identité de sens. D'autre part les contribuables sont dans les textes fréquemment désignés par le terme ὑποτελεῖς « qui paient sous » par ex : nov. de Justinien, 128, § 1. La novelle de Romain Lacapène, coll. iii, nov. 2, p. 238, appelle de même les sujets ὑποτελεις : ἡμεῖς δὲ τῶν ἡμετέρων ὑποτελῶν ἅμα καὶ τῶν δημοσίων φόρων... τιθέμενοι πρόνοιαν... et sans doute en cherchant un peu nous trouverions bien d'autres passages où υποτελεις a le sens de sujets, de contribuables. Or si ὑποτελεῖς marque l'attitude et l'obligation des sujets vis-à-vis du fisc, le moyen ὑποτασσομαι marquera précisément l'attitude et le rôle correspondant du fisc, celui qui soumet, qui fait payer pour *soi*, à *son profit*. C'est de la même façon que le verbal ὑποτακτίκος a eu de tout temps le sens actif, qu'il a encore en grec moderne, de celui qui soumet, qui subordonne, et que le *subjonctif* s'appelle ὑποτακτικος, ἡ ὑποτακτικη. — Rien donc n'empêche de donner au masculin ὁ ὑποτεταγμενος comme le veulent Leunclave et Godefroy, le sens de *censitor* et de donner de notre définition de la novelle, cette traduction : qui sub eodem censitore descripti sunt.

Sont déclarés ομοτελεις ou συντελεσται tous ceux, comme nous l'avons vu tout à l'heure dans le Code ou les Novelles, tous ceux qui paient la même redevance et qui appartiennent à la même circonscription fiscale, qui sont sous le même *censitor*.

Qu'est-ce au juste que ce *censitor* et sous quel nom apparaît-il dans la législation justinienne?

La loi 9 C. J., x, 19, un fragment d'une constitution d'Anastase décide « ἵνα μὴ, — πολλῶν ἀπαιτούντων τὰ δημόσια — καὶ οἱ συντελεῖς βλάπτωνται καὶ αὐτὸς ὁ λόγος, εἷς μόνος κανονικάριος εἰς ἑκάστην ἐπαρχίαν ἐκ τοῦ πιτσφόρου πεμπέσθω σκρινίου... » Unus tantum canonicarius in quamlibet provinciam ex competente scrinio mittatur, qui solutionem titulorum suo scrinio debitorum urgeat... Je ne répugnerais nullement à admettre que notre ὑποτεταγμένος et le κανονικάριος de ce dernier texte nommé seul par chaque province puissent être un seul et même personnage. Ce n'est là qu'une conjecture, je le reconnais.

Mais quoi qu'il en soit la notion d'ὁμοτελής et de συντελεστής commence, si je ne me trompe, à se dégager. Un texte du Code Théodosien, auquel on ne saurait trop attacher d'importance, va finir pour nous d'éclairer tout à fait la question et de donner tout leur sens aux indications ci-dessus.

C'est la loi 2. C. Th., xi, 23. Imp. Gratianus, Valentinianus et Theodosius A. A. A., ad Neoterium Pf. P. « Habeat *unaquaque civitas consortem munerum* quem habuerit *in professione collegam*. Jugatio omnis ubi est antiquitùs adscripta permaneat, redeat ad se alio in fraudem numerum translata jugatio. Discant *ordines*, discant *reliqui possessores* mutato eo quod non recte est impetratum, quem *participem possidendi* cognoverint, esse etiam *in omnibus socium functionibus* [An. 385].

Tâchons de voir tout ce qu'elle contient. L'objet du titre auquel elle appartient est nettemnt indiqué par rubrique : Ne conlationis translatio postuletur. Nous voyons ensuite que la circonscription fiscale par excellence c'est la cité; c'est entre les cités que se fait la répartition du contingent afférent à la province, de sorte qu'on peut dire comme le fait la loi 1 de notre titre, que chaque cité à son cens « uniuscujusque civitatis census » (an. 346). Chaque cité a aussi sa matrice cadastrale propre « libri censuales » qui fait foi pour le cens et décide de la circonscription dans laquelle doit figurer tel ou tel élément de la matière imposable : loi 5, même titre : « in eo loci tributaria agnoscatur illatio, quem fides censuum retinet et necessitas publicæ adscriptionis adstringit ». Toute jugatio appartient ainsi en vertu de cette affectation au cadastre de telle ou telle cité : l. 2 : jugatio omnis ubi est antiquitus adscripta permaneat... redeat ad se alio in fraudem munerum translata jugatio. — D'autres lois, complétant celle-ci, nous apprennent d'autre part que les possesseurs de biens qui figurent comme contribuables de la civitas ne forment pas qu'un seul et même groupe. La loi 12 du titre : De exactionibus xi, 7, connaît trois groupes bien distincts de contribuables « Imp. Gratianus, Valentinianus et Theodosius A. A. A. Constantiano Vicario Ponticæ : *Potentiorum possessorum domus* officium provinciæ rectoris exigere debet, — decurio vero *personas curialium* convenire — *minores autem possessores* defensor civitatis ad solutionem fiscalium pensitationum spectatâ fidelitate compellere ». Le titre 3 du livre VI du C. Th., nous montre les Sénateurs comme constituant un groupe tout à fait à part et traite leurs biens comme matière fiscale distincte : « *Senatoriæ functionis — curiæque* sit nulla conjunctio, dit la loi 2, et ne lædendi *curialibus* præbeatur occasio, per apparitores rectorum provinciæ de *fundis senatorum* fisco postuletur [senatoria functio] habeatque hanc disponendi curam cui defendendi senatus sollicitudo mandata est. — Si curia sibi censitorem vel peræquatorem voluerit postulare, sibi postulet, non *senatui* [an. 396]». La loi est adressé au Pf. P. — La loi 3, de la même année, est adressé au Pf. Urbis; c'est la même teneur que celle de la loi précédente avec un destinataire autre : A *curialibus terris — senatoriâ gleba* discreta sit, nec ulla fiat in possidendo *clarissimarum domorum curialiumque* conjunctio, nec ullo *exactionis genere* vinciantur; id que curent hi qui per civitates defensorum senatus officium susceperint; quorum periculo teneatur, si quid dispositum fuerit in dispendium senatorum. — Sin vero *curiales* censitorem vel peræquatorem *suis terris* voluerint postulare, ab eorum petitione sit senatus alienus ». — Ces lois connaissent deux ordres de contribuables, le corps sénateurs et le corps des curiales. Ces deux corps n'ont rien de commun; l'un a pour le représenter la curie, la βουλη, les πρωτευομενοι ου πολιτευομενοι; l'autre a un représentant spécial. un syndic, que nos lois appellent un « *defensor* » : « *officium defensoris* »; « hi qui per civitates defensorum senatus officium susceperint »; « cui defendendi senatus sollicitudo mandata est ». Ils ne paient pas aux mêmes agents fiscaux : les sénateurs paient aux bureaux du gouverneur de la province (l. 2); les curiales paient aux représentants de la curie. Enfin ce n'est pas le même *censitor et peræquator* qui est préposé au contrôle fiscal des biens de l'une et l'autre catégorie de contribuables. Je veux dire : les biens de chacun des deux groupes sont traités comme une *masse* absolument distincte de la masse des biens de l'autre; la *peræquatio* se fait pour chacune de ces *masses* absolument à part de l'autre; c'est en ce sens que chaque masse a son *censitor* et *per*.

æquator propre. Et sans doute il faut conclure que la *peræquatio* des biens *opimi* et des biens *steriles* se fait toujours entre les biens fonds d'une même *masse*, jamais entre les biens de nature fiscale différente : loi 2 : SI *curia* sibi censitorem vel peræquatorem voluerit postulare *sibi* postulet, *non senatui*...; l. 3. Sin vero *curiales* censitorem vel per œquationem *suis terris* voluerint postulare, ab eorum petitione sit senaius alienus. Le troisième groupe que mentionne la loi 12, C. Th., xi, 17, celui des *minores*, on peut le retrouver ou trouver tout au moins un groupe bien voisin dans la loi 14, C. Th., xi, 1, de l'année 366 dont nous nous sommes déjà occupés : Imp. Constantius et Constans A. A. ad Modestum Pf. P.... Sanè quibus terrarum erit *quantulacunque possessio* qui *in suis* conscripti *locis proprio nomine* libris censualibus detinentur, ab hujus præcepti communione discerminus; eos enim convenit *propriæ commissos mediocritati*, annonarias fonctiones *sub solito exactore* cognoscere ». Peu importe que les contribuables dont il s'agit ici soient colons ; outre les biens qu'ils peuvent tenir de leur dominus, ils ont une *possessio* propre « quantulacumque possessio », ils figurent en leur propre nom sur les registres du cens, ils ont au point de vue fiscal une personnalité indépendante; médiocres, « mediocres », malgré cela nullement absorbés dans la personne du grand propriétaire, leur patronus. Leurs biens propres constituent une classe de biens fonds parfaitement distincte des biens des sénateurs et des biens des curiales, et fort voisine, sinon identique, de la masse des « minores posessores » de la loi 12, C. Th., xi, 7, dont les revenus sont levés par les soins du defensor civitatis.

Masse des biens sénatoriaux (prædia senatoria), masse des biens des curiales (terræ curialium); masse des biens des « possessores minores » qu'exerce le défensor civitatis; enfin masse des biens des colons, « qui quantulamcunque possessionem possident » : autant de classes distinctes et séparées de la matière imposable, soumises sans doute à des redevances particulières et certainement exercées par des agents fiscaux différents. Notre loi 2. C. Th., xi, 23 se trouve, à notre sens, justement exprimer le principe qui régit les rapports mutuels des possesseurs des biens constituant chacune de ces masses. Tout individu qui a fait *professio* d'un bien analogue par sa nature à celui dont un autre a fait également *profession* ; qui, par le fait de cette *professio* commune s'est avoué son collègue « quem habuerit in professione collegam » se trouve par là même vis-à-vis de cet autre « *consors munerum* »; c'est-à-dire que, participant l'un et l'autre à la possessio d'une même masse de biens, ils sont *conjointement* tenus de l'impôt total : « consortes munerum »; et en disant consortes munerum « c'est évidemment comme si on disait « συντελεις ». Cela est vrai, notre texte l'affirme, et nous le verrons encore mieux plus tard, *d'une manière générale* de tous les contribuables d'une même cité : « Habeat unaquœque civitas consortem munerum quem habuerit in professione collegam »; mais cela est encore plus vrai, cela est vrai, avant de l'être pour les autres, pour le groupe des possesseurs de *chacune* de ces masses distinctes entre lesquelles, nous l'avons vu, se distribue la matière imposable de la circonscription administrative : discant *ordines*, continue notre texte, discant *reliqui possessores* quem *participem possidendi* cognoverint esse etiam in omnibus socium functionibus » (A. 385). La participation à la possession d'une même masse imposable de même nature, soumise aux mêmes redevances, a pour conséquence la solidarité dans le paiement de la redevance imposée à la massse. Les « participes possidendi », sont en même temps « socii in functionibus ». Et c'est là le sens fondamental à la fois précis et vague, susceptible de toutes les adaptations, du mot « συντελης » « contributarius ». On est le συντελης tout d'abord d'un groupe étroit, restreint; puis comme la masse des biens de ce groupe fait partie d'une masse plus vaste, la masse des biens de la cité, on est également συντελης de tous les contribuables de la circonscription fiscale.

Tels semblent bien être les principes qui régissent à l'époque que nous étudions toute la matière fiscale. L'επιβολη et la προτιμησις du fait de la συντελεια ou ομοτελεια n'en sont que des applications particulières et directes, et que nous avons très suffisamment décrites.

Il nous reste à montrer comment *en fait*, à la solidarité du groupe restreint, de la masse particulière se superpose la solidarité du corps entier des contribuables, ou, pour mieux dire, du corps qui représente excellemment la circonscription fiscale : la civitas. C'est dans le titre 58 du C. J., xi : De omni agro deserto et quando steriles fertilibus imponuntur, que nous trouverons les éléments de notre démonstration. D'abord dans la loi 7 ad finem (= l. 30, C. Th., v., 13) nous avons un excellent exemple du fonctionnement de l'επιβολη au sein de chaque groupe particulier, dans chaque masse distincte de biens. Il s'agit des « fundi patrimoniales » détenus « nomine emphyteuticario »; et la *perœquatio* et l'επιβολη semblent bien ici simultanément visées : « Nemo tamen qualibet meriti et potestatis objectione submoveatur, quominus ad diacatochiæ vicem *defectas possessiones* patrimonialis juris accipiat, earum tributa et canonem soluturus; — illud speciali observatione procurans ut primo *vicinas et in eodem territorio sortiatur* ; dehinc si neque *finitimas* neque *in eisdem locis* (= in eodem territorio) repererit *constitutas*, demum etiam longius positas, sed, in quantum fieri valet, pro interjecto spatio sibimet cohærentes, pro modo et æquitate suscipiat ut id consensu omnium fiat, quod omnibus profuturum est » [An. 384]. Le lien est assez fort entre les biens constituant la masse des « fundi patrimoniales » pour entraîner l'application rigoureuse des principes de l'ἐπιβολὴ ὁμοκήνσων. En cas de « possessiones defectæ » c'est le *copossessor* des « *fundi patrimoniales* » de la même masse, le συντελεστής au sens étroit du mot, le συντελεστὴς le plus voisin, le « συντελεστὴς συμπαρακείμενος », pour parler la langue du droit byzantin, qui subit l'adjectio de ces terres perdues « vicinas sortiatur ». — Qu'arrive-t-il s'il ne se trouve pas de *possessor* en juste condition de subir cette ἐπιβολὴ ὁμοκήνσων ? Si tous les possessores ont déjà dans la composition de leur *substantia* une juste quantité de terres désertes, sur qui retombe l'ἐπιβολή ? A quelle catégorie de possesseurs de la circonscription fiscale incombera la charge de payer pour les terres abandonnées ?

Il semble qu'une pratique uniforme et des principes certains n'aient pas encore été bien établis au IVe et V° siècles ? Notre loi tranche la question d'une manière à elle. Elle n'impose l'ἐπιβολὴ à aucun des corps des contribuables de la circonscription. L'ἐπιβολὴ doit se faire d'après elle aux possesseurs de « fundi patrimoniales » du territoire voisin. Une solidarité fiscale s'établit, par-dessus les frontières des *civitates*, entre tous les *fundi patrimoniales*. — La loi 1, du même titre, une loi de Constantin non datée, donne de la question une solution autre, plus complexe, plus intéressante et peut-être plus conforme aux principes généraux du droit fiscal en vigueur, tel du moins que nous le comprenons. Voici la teneur de cette loi : « Quum dives Aurelianus, parens noster, *civitatum ordines* pro *desertis possessionibus* jusserit conveniri et pro his fundis, qui invenire dominos non potuerunt, quos præceperamus earumdem possessionum (triennii immunitate perceptâ) solemnibus satisfacere, servato hoc tenore præcipimus ut, si constiterit ad suscipiendas easdem possessiones *ordines minus idoneos* esse, eorumdem agrorum onera *possessionibus et territoriis dividantur* ». Il s'agit bien ici de biens de même nature que ceux dont il est question dans la loi 7 : desertæ possessiones », « defectæ possessiones » ; et, en admettant qu'à certains égards les deux expressions diffèrent, il n'y a pas lieu de les distinguer ici. Les fundi de la loi 1 sont les *fundi patrimoniales* de la loi 7. Or, nous l'avons dit, dans la loi 1 ces fundi patrimoniales sont autrement traités que dans la loi 7. Dans la loi 1 il semble que ces « possessiones desertæ », ces « fundi », on essaie d'abord de les colloquer à l'amiable aux acquéreurs qui peuvent en vouloir. — Si ces biens ne peuvent pas trouver de maître, même sous promesse d'exemption d'impôts pendant trois ans (qui invenire dominos non potuerunt), c'est à la cité, à la curie qu'on les impose avec le paiement des redevances afférentes. Que faut-il entendre par « ordines civitatum ? » La curie, au sein de laquelle on distingue à cette époque comme des groupes séparés les προτεύοντες ou *decemprimi*, les autres curiales, et sans doute aussi les *nexi curiæ* : ce qui explique l'emploi fréquent du pluriel *ordines* pour la désigner. Si les ordres, les curiales sont déjà suffisamment chargés : Si constiterit ordines ad suscipiendas easdem possessiones minus idoneos esse, alors entre en jeu la responsabilité de la masse des *fundi patrimoniales* dont font partie les « terræ desertæ » en question. On retombe alors dans le cas de notre loi 7 : Vicinas terras et in eodem territorio sortiatur » : l. 1, eorum agrorum onera possessionibus dividantur. Et si cela ne se peut pas ; comme dans le second cas de notre loi 7, ne tenant aucun compte de la séparation des circonscriptions entre elles, on attribue alors les *possessiones desertæ* restant aux circonscriptions fiscales voisines : « Et territoriis dividantur ». — Quels sont exactement dans ce dernier cas les corps touchés par l'ἐπιβολή ? Sont-ce les curiales de la cité voisine ? Sont-ce, comme dans la loi 7, les possessores des fundi patrimoniales ? C'est ce que la loi ne dit pas.

Évidemment une certaine incertitude n'a cessé de planer sur toute la matière. Suivant les dispositions du gouvernement et l'état des choses, tantôt c'est la responsabilité du corps des *possessores*, tantôt celle des cités que nous trouvons mise au premier plan. La loi 7, par exemple, de 386, édicte de préférence à la responsabilité de la curie celle des *possessores*, tant de ceux qui habitent hors de la cité que de ceux qui habitent en dedans. La tendance bien marquée est pourtant que la curie répond subsidiairement pour les charges de tous les autres corps. Nombreux sont les textes qu'on peut invoquer.

Voici, par exemple, la classe sénatoriale. A un certain moment il semble qu'on ait voulu, au point de vue fiscal, supprimer tout rapport entre la curie et la classe des sénateurs établis dans la circonscription de la civitas. Les lois 2 et 3 du titre iii du livre VI du Code Th. de prædiis senatorum (An. 396) prononcent expressément qu'il ne doit y avoir fiscalement rien de commun entre la curie et le sénat. Déjà la loi 12, C. Th., vi, 7 avait établi pour l'une et l'autre un mode de

recouvrement tout autre, par des agents différents : le gouverneur de
la province *exerce* les maisons sénatoriales, et le décurion les curiales.
Dès 397, revenant sans doute aux errements anciens, le gouvernement,
après avoir constaté que les récentes réformes fiscales ont considéra‑
blement nui à la rentrée des impôts et bouleversé l'ordre des finances,
édicte qu'à l'avenir comme par le passé « ut senatorii fundi non per
officia sed *per curiales potius exigantur* ad eosque iterum sollicitudo
recurrat (An. 397). Voilà donc les curies chargées *à nouveau* du
recouvrement des impôts du sénat; et cette obligation comporte à
n'en pas douter, la responsabilité fiscale, l'obligation de payer pour
ceux qui ne paient pas.

Un autre cas intéressant de cette superposition de responsabilités
fiscales c'est celui que nous offre le § 8, l. 6, C. Th., xi, 24 : [Qui] me‑
trocomias possidere nostro beneficio meruerunt et *publicos vicos* com‑
mittere compellantur. » Ceux qui ont reçu à titre de don la jouissance
des droits d'ordre public assis sur une métrocomie sont responsables
du versement des impôts dûs par les *vici publici*. Ce n'est pas évidem‑
ment la concession par l'État à un particulier des droits d'ordre public
d'une métrocomie qui fait cette dernière ou son détenteur responsable
du paiement des impôts des *vici publici*. L'abandon de la circonscrip‑
tion fiscale à un particulier n'en modifie pas l'économie intime. Si la
métrocomie, c'est-à-dire la civitas, la curia répond de la dette des *vici
publici* après, c'est qu'elle en répondait avant. Les vicani ont sur les
biens l'un de l'autre un droit de préférence; l'ἐπιβολή au sein du village
s'exerce, comme du temps des empereurs byzantins, d'abord au détri‑
ment des membres du village ; l'existence de la *peræquatio* dont témoigne
le § 2 en est une preuve certaine. Mais la solidarité des contribuables
ne reste pas confinée dans ce cercle étroit; elle s'étend à tous les habi‑
tants de la métrocomie ; et la responsabilité du chef-lieu de la métro‑
comie pour les villages situés dans sa circonscription n'est que l'ex‑
pression positive de ce principe. C'est exactement l'état que nous
avons dépeint, dont témoigne la loi unique C. J. xi, 55 : Non licere
habitatoribus metrocomiae loca sua ad extra neum transferre.—In illis
quæ metrocomiæ communi vocabulo nuncupantur... Si quis ex
iisdem vicanis loca juris sui alienare voluerit, non licere ei nisi ad
habitatorem *adscriptum eidem metrocomiæ* per qualemcumque contrac‑
tum terrarum suarum dominium possessionemque transferre. [A. 468];
et qu'on retrouve identique dans la constitution de Constantin Por‑
phyrogénète, coll. iii, nov. 6. εκποιησιν γενεσθαι ἐκ τῶν ἀκινήτων, μονον

μέντοι προς τους συγχωριτας ἢ ἐξ ἀνάγκης πρὸς τὰ ὑπὸ τὴν αὐτὴν μητροκωμιάν χωρία ἤτοι ὑπὸ τὴν αὐτὴν κωμητούραν.

Ce principe de la superposition de groupes, responsables à défaut les uns des autres, trouve son expression la plus complète dans la novelle de Constantin Porphyrogénète sur les biens des soldats. Coll. iii, nov. 8, p. 265, qui établit ainsi l'ordre dans lequel viennent à l'exercice du droit de préférence les différents groupes de privilégiés : a) συγγενῶν δὲ οὐκ ὑπόντων, ἢ b) τῶν ἀπὸ νόμου καλουμένων ἀγχιστῶν, c) τοὺς συνδότας καὶ συναίλμους αὐτῶν ἀκούεσθαι προτερχομένους. Τούτων δὲ οὐκ ὄντων; d) τοὺς συντελεστὰς απορωτέρους σρατιώτας... εἰδὲ καὶ οὗτοι οὐκ εἶεν, ἀνάγκη καὶ e) τοὺς πολιτικοὺς συντελεςτὰς εἰσακούεσθαι πρὸς τὸ μὴ διαπίπτειν τὸν ἐκ του κήνσου φορον. — Nous avons vu que la circonscription fiscale répond pour les redevances des biens sénatoriaux, ici nous la voyons répondre pour les biens de soldats : l'ἐπιβολη se fait au détriment des membres de la famille d'abord, puis du corps des soldats : enfin à défaut de soldats, de la circonscription fiscale elle-même, indistinctement de tous les contribuables civils.

C'est là le sens de « συντελὲσται πολιτικοι. ».

Pour finir d'établir l'importance et la portée générale de ce principe de la superposition de groupes d'individus responsables les uns à défaut des autres, il nous faudrait ici examiner brièvement la situation fiscale vis-à-vis des curiales et de la curie, des *possessores minores* que vise la loi 12, C. Th., xi, 7, qui ont eu, à un certain moment, pour agent particulier de recouvrement le *defensor civitatis* (A. 383), et celle des *colons* possédant en propre de la loi 14, C. Th., xi, 1. La question est des plus difficiles.

Il faut admettre tout d'abord que la mesure qui a confié au *defensor civitatis* (l. 12, C. Th. xi, 7, a. 383) le recouvrement des impôts des *minores possessores* n'a été qu'une mesure transitoire, dont on ne trouve trace ni après ni avant La législation fondamentale sur la matière, celle à laquelle on est toujours revenu, c'est celle que nous trouvons contenue dans une constitution de Constantin de 319; l. 2, C. Th. xi, 7. De exactionibus. « Imperatores Constantinus ad Pacatianinum Vicarium Britanniarum : Unusquisque decurio pro eà portione conveniatur, in quà vel *ipse vel colonus vel tributarius* convenitur et colligit; neque omnino pro alio decurione et territorio conveniatur. Id enim prohibitum esse manifestum est et observandum deinceps quo juxta hanc nostram provisionem nullus pro alio patiatur injuriam 319). »

Je ne serais pas éloigné de voir là, avec *Weber* (Die römische Agrargeschichte in ihrer Bedeutung für das Staats und Privatrecht. Stuttgart,

1891, in-8°, p. 206 et 207 et notes 134 et 137) l'essentiel, le noyeau central des réformes fiscales de Dioclétien et de Constantin. Jusqu'alors le gouvernement avait laissé les communautés sujettes au point de vue fiscal à peu près autonomes; la communauté répondait collectivement de tout l'impôt vis-à-vis de l'État et répartissait, comme elle l'entendait. entre les différentes classes les charges qui pesaient sur elle. Il en résultait de graves inconvénients. Les curies usaient de leur droit de répartition pour rejeter sur les classes pauvres la plus lourde partie des impôts; et le Pouvoir se trouvait chaque jour davantage sollicité à prendre directement en main et la répartition et le recouvrement. La tentative de cadastration de l'Empire due à Dioclétien fut un premier pas fait dans cette voie de la répartition et du recouvrement directs.

En adoptant comme unité fiscale le jugum, c'est-à-dire une valeur foncière dont la composition, soustraite à tout arbitraire, est minutieusement réglée, et en dressant un état cadastral de toutes les possessions de l'Empire, on obtient ce résultat que la charge fiscale frappe directement la matière imposable, la terre; que l'assiette de l'impôt est devenue certaine, concrète et qu'il ne semble plus y avoir place pour des irrégularités quelconques; chacun sachant exactement l'étendue de ses obligations vis-à-vis de l'Etat. — Restait à résoudre la question du recouvrement. Là encore il semble que la préoccupation de l'État ait été d'asseoir, de délimiter d'une manière précise une responsabilité jusque là éparpillée et répandue sur un trop grand nombre de têtes. Ecartant cette responsabilité vague et générale pour tout l'ensemble de l'impôt, qui pesait jusqu'alors sur chaque curiale, le Pouvoir, par sa loi de 319, a délimité à une fraction déterminée de la circonscription fiscale la responsabilité de ce dernier. Il a établi chaque décurion collecteur, agent de recouvrement responsable de toutes les redevances des biens fonds compris dans ce territoire. Et ces terres sont non seulement celles qu'il exploite lui-même ou qu'exploitent ses colons, mais celles des petits propriétaires, des « *mediocres possessores* » pour lesquels il répond, qu'à l'avenir presque dans tous les cas il ne cessera plus de représenter et qui tombent ainsi vis-à-vis de lui, par le fait de cette subordination fiscale, dans une condition voisine de celle de colons et de dépendants. « Collegit » : il fait ce que faisaient les Trois-Cents à Athènes, les προεισφέροντες; il répond pour lui-même et pour son concitoyen pauvre; il avance l'impôt pour ce dernier qui devient ainsi son *tributarius*, celui qui lui paie son *tributum*. La contrainte de l'État qui n'atteint pas directement le *petit* le touche directement : « ipse convenitur », et par lui indirectement le *colonus* et le *tributarius* : « pro câ portione in quâ vel iprs vel colonus vel tributarius ejus convenitur ». C'est lui qui est à la fois l'unique et véritable contribuable de l'État et son collecteur, son *censitor*, comme diront les commentateurs des xvi° et xvii° siècles. Il sera tout à la fois ὑποτεταγμένος au sens passif, soumis à l'impôt, et sujet de ὑποτεταγμενος au sens moyen celui qui soumet à l'impôt : « *qui colligit* ». Et le territoire dont les impôts sont à sa charge apparaîtra ainsi comme une sorte de concession faite par l'État, moyennant paiement d'une redevance collective, à un groupe de personnes incarnées et représentées par le *curialis* ou ὑποτεταγμένος.

L'étude attentive de la loi 14, C. Th., xi, 1 (an 366) nous permettra de compléter et de préciser ces notions. Il s'agit dans cette loi, on se le rappelle, de *functio annonaria*. On impose au maître du domaine la charge de rassembler lui-même les redevances en nature de ses colons. Puis le texte continue : « Sane quibus terrarum quantulacumque possessio est, qui in suis concripti locis proprio nomine libris censualibus detinentur, ab hujus præcepti communione discerminus, eos enim convenit propriæ commissos mediocritati *annonarias functiones sub solito exactore cognoscere* ». On comprend d'ordinaire que ces personnes, *quibus terrarum* quantulacumque possessio est, sont une catégorie particulière de colons, des colons possédant, outre les biens qu'ils tiennent de leur dominus, des biens en propre. Le dominus n'aura pas à rassembler pour eux les redevances, comme il le fait pour les autres colons ; le droit commun leur reste applicable et c'est au collecteur ordinaire qu'ils doivent remettre ces redevances en main « convenit eos annonarias functiones sub solito exactore cognoscere », « propriæ commissos mediocritati. » —Je me demande si, au lieu de voir dans ces « commissi propriæ mediocritati » une variété de colons, il ne faudrait pas y voir tout bonnement et simplement les habitants de nos *vici juris publici* . C'est un fait que nos « vici publici » ont très longtemps persisté dans l'empire, que les constitutions byzantines du xe siècle distinguent absolument entre eux, auxquels elles appliquent la qualification de ὁμαδες των καλουμένων Χωριων, et l'ὑποτεταγμενος (nov. de Romain de 922, coll. iii, nov. 2, p. 238-239). Le commentateur de Paris, lui-même, ne mentionne pas les ὁμαδες των Χωριων· mais il définit l'ὁμοτελεια de telle sorte qu'on ne peut l'appliquer à ces dernières et pose implicitement par là le principe de la distinction de ces ὁμαδες, que nous savons par ailleurs exister, et de ces Χωρια ou Χωραφια ἀ τελοῦσιν ὑπὸ ἕνα δεσπότην... οἷον ὑπὸ μίαν ἀρχιεπισκὁπην ἤ κλειόν-

ται εἰς ἓν τυχὸν χωρίόν ὅπερ χωρίον περιχλείει ἐντὸσ πολλα προαστεια.
Cet état a dû exister dès le début. Dès qu'on se trouvait en présence
d'un groupe important de petits propriétaires on n'avait aucune raison d'attribuer ce territoire à un curiale. On traitait comme territoire
indépendant ce territoire du village ; et c'est peut-être tout simplement
ce que veut dire la seconde partie de notre loi. Les traces de cette responsabilité directe vis-à-vis du fisc de la communauté de village ne
manquent pas au Bas- Empire. Le § 8 de la loi 6, C Th., xi, 24, si souvent citée, tout édictant une responsabilité subsidiaire des métrocomies
et de ceux qui en jouissent, admet bien implicitement en première ligne
le paiement collectif et direct de la redevance par le village lui-même.
Enfin la pratique du fisc de s'en prendre à un seul contribuable du
paiement de l'impôt de tous a certainement dû trouver *aussi* un champ
d'application dans le *vicus pnblicus* : l. 5, D. L. 15. « Papinianus libro
Responsorum. Quum possessor unus expediendi negotii causâ tributorum jure conveniretur. adversus ceteros quorum œque prædia tenentur,
ei qui conventus est, actiones a fisco præstantur scilicet ut omnes pro
modo prædiorum pecuniam tributi conferant ; nec inutiliter actiones
præstantur tametsi fiscus pecuniam suam recupaverit, quia nominum
venditorum prœtium acceptum videtur » Ainsi l'entend Cujas (Opera
T. iv, p. 1419).

L'attribution des *minores posessores* au décurion, dont parle notre
loi 2, C. Th., xi, 7, n'a donc probablement lieu que pour les petits
propriétaires habitants le chef-lieu de la civitas ou vivant isolés et peu
nombreux près des possessions du décurion. Toutes les fois qu'un
groupe de contribuables a une certaine importance il ne saurait être
question de l'*attribuer* ; on lui laisse, au contraire, son individualité
fiscale ; « committitur propriæ mediocritati », pour parler comme
notre texte ; et chacun des membres du groupe figure alors à sa place,
et en son propre nom snr la matrice cadastrale : « ii, qui in *suis* conscripti *locis, proprio nomine*, libris censualibus detinentur »...

Au point de vue fiscal, on distingue donc les grandes catégories de
contribuables suivantes : a) « les sénateurs des impôts desquels la curie
tantôt a répondu et tantôt non ; b) les *possessores* de biens emphytéotiques dont le canon non payé retombe subsidiairement à la charge
de la curie ; c) les communautés libres de villages : « vici publici » pour
lesquels la curie répond subsidiairement et qui persisteront indépendants jusqu'en plein Moyen-Age et même jusque de nos jours ; d) enfin
la curie, les décurions proprement dits ayant collectivement la responsabilité *indirecte, subsidiaire* de l'impôt des communautés de village et

la resposabilité *directe* des impôts de leurs *propres* biens et des biens des *petits propriétaires* « *minores possessores* », pour lesquels ils doivent avancer l'impôt, et dont les possessions réunies aux leurs constituent proprement un territoire dont ils sont l'ὑποτεταγμενος.

Telle aurait été la portée de la réforme de Dioclétien.

Il ne faudrait pas s'imaginer que les mesures prises aient réalisé du coup et d'une manière définitive tout un ordre de choses absolument nouveau, et qu'il ne soit plus question à partir de ce moment dans les textes que de ces dominations curiales, de ces territoires, indépendants les uns des autres, n'ayant fiscalement rien de commun, entre lesquels se trouve partagé le territoire de la cité. On a l'impression, en lisant les constitutions postérieures, que le fisc continue à toucher *directement* les petits propriétaires attribués, et la plupart des textes qui nous ont servi à établir notre principe de la superposition des groupes fiscalement responsables semblent bien impliquer la responsabilité *solidaire* de *tous* les membres de la curie. Cela peut s'expliquer de différentes façons : il est possible et il est même probable, étant donnée la diversité de condition des différentes parties de l'empire, que la constitution de 319 adressé au Vicaire de la Grande-Bretagne n'ait pas été étendue à tout l'Empire. Et il est possible aussi que les gouvernements qui se sont succédés aient, suivant les circonstances et les besoins du moment, tenté de faire prévaloir les principes nouveaux ou se soient résignés à maintenir l'organisation ancienne.

Le principe de la responsabilité solidaire de tous les décurions entre eux est un de ceux qui ont eu le plus de peine à s'effacer de la législation et, à vrai dire, n'en ont jamais complètement disparu. Le pouvoir, et surtout les autorités intermédiaires comme les gouverneurs de province, devaient renoncer avec peine au droit de se retourner, à la première difficulté rencontrée de la part d'un décurion pour le paiement de ses impôts, contre le corps entier. Une loi de 422 des empereurs Honorius et Théodose, 10, C. Th., VIII, 3, nous révèle l'existence de l'abus en le proscrivant : « Nullam possessionem alterius pro alienis debitis *publicis* sive privatis, præcipimus conveniri ». Mais plus explicite encore est une loi de 429 où il est manifeste qu'il s'agit bien ici des curiales : l. 186, C. Th., XII, 1, et qui a passé au Code Justinien (= 16, C. J., XI, 58) : « Theodosius et Valentinianus A. A. Veteri proconsuli Africæ. Legatio proconsularis provinciæ per Bubulcum *curiales* pro aliis qui in eodem territorio possident, deflevit adstringi, quod ab obnoxiis sæpe debetur, devotissimi quique cogantur exsolvere. Quæ res

pro arbitrio compulsorum vel opinatorúm sive judicùm in eám famam mali jugitate pervenit ut *nullus* poenè *curialis idoneus* in ordine cujusquam urbis valeat inveniri. Cujus præsumptionis abolitâ consuetudine jubemus *neminem curialem pro alieni territorii debitis* attineri, sed *tantùm pro glebâ propriâ conveniri*. Spectabilitas tua salubrem sanctionem secuta, unumquemque debitorem suo deinceps nómine faciet attineri ».
— Les compilateurs de Justinien ont retenu de la constitution le principe général *neminem curialem pro alieni territorii debitis attineri, sed tantùm municipem pro glebâ propriâ conveniri*. Ici se prend donc sur le fait la lutte des principes anciens et des principes nouveaux. Auxquels de ces principes reste le dernier mot?

Le développement juridique postérieur semble montrer que le législateur a eu raison. Le principe nouveau a pris possession, nous l'avons vu, de la législation justinienne; et l'état général finit par être tel que les empereurs réformateurs du commencement du ɪᴠᵉ siècle l'avaient vaguement entrevu.

Chaque curiale reste responsable seulement des impôts de son propre territoire « territorii portio ». Le droit fiscal réussit à lui conférer sur le *minor* possessor attribué un véritable pouvoir d'ordre public. La conséquence est que la condition du curiale antique se transforme insensiblement, qu'il tend à devenir de plus en plus un personnage, et qu'ainsi touche à son terme le mouvement qui depuis les premiers siècles de l'empire modifie insensiblement dans un sens de plus en plus aristocratique la constitution généralement plus démocratique des cités. Peut-être est-ce dans ce phénomène, dans cette transformation du décurion en censitor, en ὑποτεταγμένος, disons le en *puissant* qu'il faut chercher le secret de la disparition complète des curies qui s'accomplira plus tard sous Léon-le-Philosophe. fin du ɪxᵉ siècle (Zachariæ, Novelles Coll. ɪɪ, 46, p. 138 139). Dans le préambule de la nov. 46 on explique tout au long que le but de la loi et sa raison d'être, est de donner satisfaction aux besoins sociaux du moment. Dès que les besoins qui lui ont donné naissance n'existent plus, la loi n'est pas loin de disparaître du sol législatif, comme dit le texte. Autrefois la prévoyance et l'activité royale ne s'étendant pas sur toutes choses, comme maintenant, les décurions et les curies avaient un grand rôle à jouer. On laissait à leur initiative l'administration des villes. Les conditions sont devenues tout autres. Il n'y a plus de place pour l'activité et les droits des curies. Les curies n'existent plus. C'est qu'en effet du moment où finit de disparaître la responsabilité fiscale immédiate de la curie comme corps et que le décurion est seul directement responsable de la part d'impôts afférente à son territoire, la curie a perdu la fonction par laquelle s'était jusqu'alors le plus marquée son individualité. Il n'y a plus que des décurions isolés, disons mieux des κτήτορες, des *possessores* et des agents de recouvrement et de contrainte qui tendent de plus en plus exclusivement à être des fonctionnaires impériaux. Ces décurions d'un nouveau genre, plus on se rapproche de Justinien et de l'époque postérieure, semblent de plus en plus venir au premier plan et comme masquer l'existence de la curie. Dans la loi 17 du C. J., ι, 4, où il s'agit du choix du « *frumenti curator* » on ne voit intervenir que l'évêque et les ὁι πρῶτοὶ οἰκήτορες. Dans la loi 2, § 1 du C. J., x, 28 : *de munere sitoniæ*, on mentionne les κτητορες seuls comme obligés de livrer leur blé aux agents de l'état : Μηδεὶς ποτε χωρὶς μεγάλης ἀνάγκης ἐπιταττεσθω παρὰ τοις κτήτορσιν συνωνη.

D'autre part le recouvrement des impôts qui s'est fait jusqu'alors par la curie tend à passer à des fonctionnaires proprement d'État. La loi 20, C. Th., xii, 6, et surtout la loi 20, C. Th. xi, 7, témoignent que primitivement c'est la curie qui joue le premier rôle dans le recouvrement des impôts : la première veut que « *exactores vel susceptores* in *celeberrimo cœtu curiæ*, consensu et judicio omnium sub *actorum testificatione* firmentur, provinciarumque rectoribus eorum nomina, qui *ad publici munus* officii editi atque obligati fuerint, innotescant. Et animadvertant *quicunque nominaverint ad discrimen suum universa, quæ illi gesserint, redundare* ». La charge de collecteur est un « *munus publicum* » que la cité impose à ceux de ses membres qu'elle estime le plus aptes; le recouvrement des impôts et la gestion des collecteurs nommés restent au péril des curiales eux-mêmes. La seconde loi 20, C. Th., xi, 7 (412) relative à la province d'Afrique dit également : Constituto tempore publice apud Carthaginem in secretario, admisso populo *exactorum* ordinabuntur idoneæ strenuæque personæ. Mais déjà il semble bien que les agents de contrainte sont du moins en *certaines parties de l'empire* des fonctionnaires d'État, n'intervenant au reste que sur réquisition dûment faite des agents de recouvrement, délivrance d'un certificat du *tabularius* constatant officiellement la dette du débiteur et jugement rendu sur la validité de la demande et le mauvais vouloir du contribuable, l. 1, C. Th., xi, 7 : *Ducenarii et centenarii sive sexagenarii* non prius debent *aliquem ex debitoribus* convenire quam a *tabulario* civitatis nominatim *breves* accipiant debitorum (315) — l. 16, C. Th., xi, 7 : Cum *judicem* oportet inquirere debitores, *tabularios* fideliter *prodere nomina dominorum, apparitores* sive curiales *consuetudine servatd regionum convictis debitoribus* imminere ». Sous Anastase, au lieu de *duce-*

narii, centenarii ou apparitores, c'est plutôt l'ἐξπελευστης (= compulsor) qui semble l'agent de contrainte par excellence et qu'on trouve chargé du soin d'exercer les poursuites. Il n'intervient toutefois que dans le cas d'impuissance duement constatée du κανονικαριος ; et son intervention emporte la peine d'une amende pour ce dernier tout comme pour le gouverneur de la province et ses bureaux. L. 9, C. J., x, 19. « Mittatur compulsor, mulctando *præside et officio* ejus et *canonicario* juxta non exactæ pecuniæ et negligentiæ modum, ita ut idem compulsor et *reliqua fiscalia* et *multam* exigat ». La novelle de Justinien, 128, § 6 (an. 545) supprime cette charge comme un rouage fiscal inutile ; mais la contrainte reste confiée au *canonicarius* qui est toujours un agent de l'État. Et de plus le *recouvrement même* tend à passer des officiers de la cité aux fonctionnaires de l'État. Dans la loi 10, C. J., x, 19, l'abrégé d'une constitution grecque d'Anastase : περὶ τῶν προσφευ-γότων ταξεωτῶν ἢ πολιτευομένων, ὅπως δεῖ αὐτοὺς ἀπαιτεῖσθαι τὰς δημοσίους εἰσφορας, φησὶν ἡ διάταξις, il faut certainement entendre par ταξεωται les *cohortales*, les bureaux du gouverneur de la province ; et on les repré-sente bien comme ayant la charge de recouvrer les impôts. De même le ch. 5 de la novelle 128 mentionne expressément parmi les personnes chargées de faire le recouvrement : sive magistratu-, sive curiales, sive *exactores*, sive *vindices*, sive *canonicarii* : τούτοις οἷς ἐν ἑκάστῃ ἐπαρχιᾳ ἢ πόλει ὁ κίνδυνος τῆς τῶν δημοσιῶν ἀπαιτήσεως επικειται, εἴτε ἄρχοντες εἶεν, εἴτε πολιτευόμενοι, ειτε ἐξάκτωρες, εἴτε βίνδικες, εἴτε κανόνικάριοι ἢ ἄλλοι τινες. Mais cet effacement progressif de la curie ne fait que commencer à l'époque qui nous occupe et ne nous touche proprement pas.

Après tout ce que nous venons de dire, la question des αγροι ομοκηνσοι et de l'επιβολη ομοκηνσων me paraît bien près d'être résolue. Les biens ομοκηνσοι de l'époque justinienne sont les mêmes que les biens des συντελεσται de l'époque postérieure. Ομοκηνσοι tout comme συντελεσται doit s'entendre au sens le plus large de tous ceux qui paient une même contribution, qui font partie d'un même groupe de contribuables, et nous avons vu que ces groupes de contribuables se superposent l'un à l'autre jusqu'au groupe le plus large, celui des membres de la civitas. Le texte décisif et topique qui nous livre le secret de l'institution à notre époque des ive et ve siècles c'est la loi que nous avons citée et commentée tout au long, 2 C. Th., xi, 23... *Quem participem possidendi cognoverint esse etiam in omnibus socium functionibus.* Les champs ὁμοκήνσοι ce sont les champs qui paient ensemble, qui font partie de la même catégorie fiscale, je dirai, pour employer un terme qui commence à nous être familier, de la même *symmorie*. Je mettrai donc à part comme font unanimement tous les textes du Bas-Empire et de l'Empire Byzantin les communautés de villages dans lesquelles Zachariæ et Monnier voient précisément le type par excellence des champs ὁμόκηνσοι. Ils se rapprochent à mon sens davantage des ἀγροὶ ὁμόδουλοι. En revanche je considère comme une *espèce* de nos champs ὁμόκηνσοι les champs des propriétaires libres *attribués*. au sens que nous avons dit, à chaque curiale par la réforme Dioclétienne et Constantinienne : les champs de cette *dominatio* curiale sont bien des ὁμόκηνσοι entre les détenteurs desquels s'exerce l'ἐπιβολή et la προτίμησις ὁμοκήνσων justiniennes. Et ce sont ces mêmes champs que nous trouvons mentionnés et définis dans la novelle de Romain le Vieux (II, coll. iii, p. 248) sous le nom d'ὁμοτελεῖς : τοὺς ὑπὸ τὸν αὐτὸν ὑποτεταγμένον ἀναγραφομένους. L'ὑποτεταγμένος c'est bien le censitor, celui qui fait payer, le curiale obligé d'avancer l'impôt comme les προεισφέροντες athéniens et poursuivant ensuite sur les petits contribuables qu'il a sous lui le recouvrement de la créance fiscale. La novelle de Romain le Vieux témoigne qu'au x⁰ siècle le sens primitif de l'institution n'est pas encore complètement aboli. Mais il est bien près de l'être ; et dans la *Cosmae magistri sententia* et la Peira nous n'avons plus que le neutre τὸ ὑποτεταγμένον synonyme de ὑποταγή, la *dominatio*. Au cours des âges le droit de l'ὑποτεταγμένος, du *censitor* sur les contribuables, pour lesquels il répond, a changé de nature. On a peu à peu oublié que ce droit de l'ὑποτεταγμένος n'était pas un droit de propriété, que c'était la simple délégation d'un pouvoir d'ordre public. La domination du censitor sur ses contribuables s'est de plus en plus fortifiée, aggravée au point de se confondre avec le droit de propriété pur et simple. Il n'y a plus eu de *censitor*, il y a eu une ὑποταγή, un ὑποτεταγμένον : τὸ ὑποτεταγμένον. L'ὑποτεταγμένον n'a plus rien eu d'une circonscription fiscale ; et le commentateur anonyme de la novelle de Romain le Vieux a pu donner des ὁμοτελεῖς une définition qui convient aussi bien à l'ὑποτεταγμένον et à ces χωρία non libres que nous connaissons bien. Novelles, coll. iii, nov. ii, p. 236 : τὸ πραθὲν προάστειον ἔχει γείτονά τινα σύνορα ἔχοντα συμπαρακείμενα πρὸς τὰ σύνορα τοῦ τοιούτου προαστείου, καὶ εἰσὶ τὰ χωράφια τυχὸν ἐκείνου ἤγουν οἱ ἀμπελῶνες συνοροῦντες, πλὴν καὶ τελοῦσιν ὑπὸ ἕνα δεσπότην καὶ ἐκεῖνο τὸ προάστειον καὶ τοῦτο, οἷον ὑπὸ μίαν ἀρχιεπισκοπὴν ἢ κλείονται εἰς ἓν τυχὸν χωρίον ὅπερ χωρίον περικλείει ἐντὸς πολλὰ προάστεια. L'ὑποτεταγμένος de la novelle de Romain est devenu dans le commentateur le δεσπότης pur et simple « τελοῦσιν ὑπὸ ἕνα δεσπότην ».

On voit comment des principes essentiels de la fiscalité romaine sortent directement les deux institutions juridiques les plus curieuses peut être de l'époque : l'ἐπιβολή et la προστίμησις, et leur rôle dans le fonctionnement général du droit.

Le moment est maintenant venu de tirer de nos longues et pénibles études les conclusions propres à établir notre thèse fondamentale.

CINQUIÈME PARTIE

§ I.

Si nous ne nous trompons, notre analyse de la société romaine au IVe et Ve siècles doit faire naître le sentiment qu'envisagée au point de vue fiscal cette société, par ses éléments essentiels et les pièces maîtresses de son économie, se rapproche beaucoup de la société athénienne que nous avons étudiée, et qu'on peut à son endroit faire emploi de la même phraséologie et des mêmes concepts.

C'est bien, au point de vue fiscal qui nous occupe, la même super-position de groupes de moins en moins étendus et subsidiairement responsables des charges fiscales qui grèvent les groupes inférieurs. *Possessores, minores possessores*, soldats, sénateurs, naviculaires, bou-langers, suarii, etc., curies : chaque groupe collectivement responsable de la charge qui lui est afférente; et pour eux tous *à leur défaut*, la curie, déjà directement responsable des charges de ses membres, obligée de répondre *subsidiairement* des charges non remplies; les membres de chaque groupe sont συντελεσταί entre eux, et dans le cas d'insuffisance se retrouvent συντελεσταί, membres du groupe immé-diatement supérieur auquel incombe subsidiairement la responsabilité de la charge : voilà le spectacle compliqué et inattendu que nous venons d'avoir sous les yeux. Chaque groupe représente une *symmorie réelle*, une certaine fraction du capital national, frappée diversement suivant un taux propre à chacune des catégories de citoyens. Car, en un certain sens, la constitution de cette société est restée ce qu'elle était au début, profondément timocratique. La matière imposable n'a pas été frappée avec la même rigueur indistinctement entre les mains de tous. On a distingué suivant le cens la classe des sénateurs, la

classe des chevaliers, la classe des curiales, celle des petits propriétaires, et chacune d'elles a supporté des charges diverses.

Ce qui distingue la société romaine à notre époque de la société
grecque malgré des analogies anatomiques et physiologiques certaines,
c'est que l'économie fiscale par *symmories*, ce fractionnement de la
matière imposable en unités distinctes et séparées, a été poussée
beaucoup plus loin qu'à Athènes, a atteint un degré de consistance et
d'immobilité inconnu dans le monde grec. Athènes a connu la distinction des *symmories fiscales* et des *symmories syntriérarchiques*; elle n'a
pas su ou n'a pas eu le temps d'aller plus loin dans cette voie. Encore
la distinction des deux sortes de *symmories* n'a-t-elle été que très
imparfaite : c'est la même matière imposable, différemment groupée
dans un cas et dans l'autre, que frappent la charge fiscale proprement
dite (εἰσφορα) et la charge syntriérarchique. Rome, elle, a constitué
pour chaque prestation particulière en quelque sorte une *symmorie*
propre. Pour la prestation fiscale proprement dite elle établissait les
symmories des biens sénatoriaux, curiaux, le groupement des *fundi
patrimoniales*. A l'accomplissement de la prestation syntriérarchique
elle affectait les biens des naviculaires, *fundi dotales* et autres. Pour la
prestation militaire c'était les biens des soldats qui devenaient l'objet
d'une affectation permanente et définitive. Tous les services publics,
indispensables à la vie de l'Etat, recevaient une dotation représentant
bien, au point de vue du droit fiscal, une fraction du capital national
c'est-à-dire pour employer la phraséologie grecque une *symmorie réelle*.
Biens de pistores, biens de suarii, biens de metellarii, etc., à quoi bon
tenter, après les études précédentes, une énumération qui serait forcément incomplète en même temps qu'inutile?

Mais ce n'est pas tout : en même temps que sont mieux distinguées
les diverses symmories affectées chacune à des buts différents, on
constate un autre phénomène dont le droit fiscal athénien n'offre que
de faibles traces. La *symmorie réelle* immobilisée par l'atteinte fiscale,
semble du même coup immobiliser la *symmorie personnelle*. Le droit
fiscal a pris et fixé une fois pour toutes le contribuable dans le cadre
même que lui assigne la *symmorie réelle*. Les différentes catégories de
contribuables sont devenues des classes sociales parfaitement caracté-
risées, immobiles et héréditaires. C'est là le changement profond qui
s'accomplit dans la société romaine au ive et ve siècles et qui fait
s'abattre sur toutes les classes de la population ces liens de fer fixant
pour jamais à la place sociale qu'ils occupent les individus et les
familles. Le droit fiscal apparaît comme la cheville ouvrière de cette

transformation qui donne au Bas-Empire sa physionomie. C'est pour mieux tenir la matière fiscale à sa disposition que le Pouvoir, sacrifiant tout à ses besoins d'argent, finit par traiter le contribuable en sujet, en esclave de citoyen libre qu'il était. Phénomèe ncurieux entre tous, digne de faire l'objet des méditations du Sociologue.

Mais ce qui vient d'être dit semble ne pouvoir s'appliquer qu'aux symmories réelles et aux classes de contribuables qui les détiennent et les représentent devant le fisc. On n'explique par là le changement de condition que des classes que le fisc atteint à travers les choses, sur lesquelles pèsent les charges réelles, les *munera patrimonialia*. — L'effet des charges personnelles (munera personalia) sur la condition des citoyens qu'elles touchent n'a pas été différent. La raison précise, il est difficile de la dire ; et peu importe. Qu'il faille voir là l'action de l'assimilation analogique si puissante dans tous les phénomènes sociaux, ou la conséquence directe des principes mêmes du droit public et du besoin de l'Etat d'avoir toujours à son service les mêmes prestations? Toujours est-il qu'incontestablement c'est du système des charges personnelles que sort directement la distribution de toute la population industrielle en corporations fermées et héréditaires, en syndicats officiels obligatoires et fermés. Avant de chercher à voir comment, qu'on nous permette une remarque. La distribution de la population industrielle et commerçante en corporations fermées ne procède pas de la poursuite d'un but économique. Ce serait une erreur d'y voir une tentative systématique d'organisation sociale. Rien dans les textes n'autorise une semblable conception : nos corporations ne sont touchées qu'au point de vue fiscal de leurs prestations envers l'Etat. Leur raison d'être est la poursuite de buts fiscaux, la satisfaction par voie d'autorité et sous le contrôle de l'Etat des besoins publics ou plutôt des besoins d'Etat. Des besoins des particuliers, en tant que particuliers, l'Etat ne s'inquiète pas. Comment, s'il s'en était inquiété, expliquer cette disparition des libres, cette subordination violente des faibles aux puissants qui marche et se développe parallèlement aux progrès de l'organisation *politique* nouvelle? C'est imagination pure de voir en cela à un degré quelconque quelque chose d'analogue à ce que nous appellerions de nos jours du socialisme d'Etat, inspiré par un haut sentiment de la justice et le souci de favoriser le juste développement de l'individu. Le seul point d'attache pour une semblable opinion, serait à la grande rigueur le fameux édit du maximum de Dioclétien.

La pratique empirique du gouvernement a tout fait. L'État et la cité — surtout l'État — ont besoin de prestations que les hommes d'art, artisans et artistes, seuls peuvent fournir. Aux détenteurs de la matière imposable, l'État demande l'argent ou l'entretien à leurs frais de services donnés. A ceux qui n'ont que leur industrie, l'État, à titre de charge sociale et comme pendant des prestations pécuniaires des contribuables proprement dits, demandera certains services rentrant dans la sphère de leur activité professionnelle. Et comme ces services sont tout aussi nécessaires à sa vie que n'importe quelle prestation pécuniaire, il sera peu à peu amené à immobiliser les cadres de ses contribuables industriels et commerçants. Certains textes du Digeste marquent nettement les principes qui ont présidé à cette organisation des corps de métiers et corporations héréditaires.

Au point de vue du droit public et fiscal, ce qui, non moins que les charges auxquelles elle est astreinte, caractérise la corporation, ce sont les immunités dont elle jouit. Au premier et second et même au troisième siècle, lorsqu'elles ne sont pas encore devenues des corps fermés et héréditaires, l'État, pour obtenir des corporations les services dont il a besoin, commence par leur offrir en retour des services exigés des exemptions d'autres charges, pesant sur la communauté des citoyens et à ce titre sur eux. La théorie des immunités devient ainsi partie essentielle et principale de la théorie des corporations à Rome. La loi 5, § 12, D. L. 6, nous dit expressément : « Quibusdam collegiis vel corporibus quibus jus cœundi lege permissum est, *immunitas tribuitur*, seilicet in collegiis vel corporibus, in quibus *artificii causâ* unus quisque assumitur ut fabrorum corpus est, et si qua eamdem rationem originis habent, id est *idcirco instituta sunt ut necessariam operam publicis utilitatibus exhiberent* ». Suit dans la loi 6, une longue liste de corporations jouissant de l'immunité des charges les plus lourdes : *quibus dam aliquam vacationem munerum graviorum conditio tribuit.* Pour mieux assurer la satisfaction des besoins publics, des besoins d'État le pouvoir crée ces corps de métiers et corporations ; et le pendant nécessaire des charges imposées à ces groupes c'est l'immunité d'autres charges. Le § 3 de cette même loi 5, consacré à l'immunité des naviculaires, nous fait encore pénétrer davantage dans cet ordre d'idées. « Negociatores, qui annonam urbis adjuvant, item naviculari, qui *annonæ urbis serviunt, immunitatem a muneribus publicis consequuntur*, quamdiu in ejusmodi actu sunt ; nam remuneranda pericula eorum, quin etiam exhortanda præmiis, merito placuit ut qui peregre *muneribus et quidem publicis* cum periculo et labore fungentur, a domesticis vexationibus et sumtibus liberentur, quum non sit alienum dicere etiam hos *reipublicæ*

causâ, dum annonæ urbis serviunt, abesse ». C'est parce que les negotia-
tores, les navicularii sont absents pour le service de l'État, parce qu'ils
s'acquittent au loin (peregre) d'un service public, qu'ils sont dispensés des autres services publics à l'intérieur : « immunitatem a muneribus publicis consequuntur ». C'est une raison qui fait dispenser
des charges les plus lourdes les membres des corporations de métiers.
Ils servent eux aussi l'État, mais au lieu de le servir au loin, au dehors,
c'est à l'intérieur qu'ils le servent. Il ne faut pas s'étonner que l'immunité dont ils jouissent leur soit tout d'abord rigoureusement personnelle, et ne s'accorde qu'à ceux qui travaillent vraiment pour le
public. Les armateurs par exemple, qui font un commerce exclusivement privé, l. 1, D. L. 6, « qui ob hoc tantum in navibus sint ut in
his agendi causâ operarentur », — ou qui, tenus de se mettre au service de l'État, ne remplissent pas strictement les conditions imposées
§ 6 : licet *in corpore* quis sit, navem tamen vel naves non habeat, nec
ommia ei congruant quæ principalibus constitutionibus cauta sunt;
tous ceux-là « nulla constitutione *immunitatem a muneribus civilibus
habent* », « non poterunt *priviligio navicular iis indulto uti* ». La conséquence rigoureuse c'est que ces individus, qui ne jouissent pas de
l'immunité concédée aux membres effectifs du groupe, n'appartiennent
pas en réalité au corps. Notre même loi 6 au § 12, ad finem, tire nettement cette conséquence pour ce qui est des artisans. Après avoir dit,
comme le § 6 pour les naviculaires, que l'immunité des charges civiles
ne doit pas s'accorder indistinctement à tous ceux qui peuvent se
réclamer d'une profession : « *nec omnibus* promiscue qui assumti sunt
in his collegiis *immunitas datur*, sed *artificibus* duntaxat » ; le texte ajoute
faisant un pas de plus dans la voie de l'organisation d'État des corps
de métiers : « nec ab omni ætate allegi possunt, ut Divo Pio placuit,
qui reprobavit *prolixæ vel imbecillae admodum ætatis homines* ». En résumé
ne jouissent de l'immunité que les artisans qui figurent sur l'album,
la liste officielle dressée par l'État; et ne sont inscrits dans l'album que ceux dont l'État est sûr d'obtenir certains services déterminés. Toutes les corporations sont dans le cas des corporations de
médecins dont il est question l. 5, C. J., x, 52 : « nec intra numerum præstitutum ordine invito medicos immunitatem habere sæpe
constitutum est, quum oporteat eis decreto decurionum immunitatem
tribui ». Il faut, pour jouir de l'immunité, qu'ils figurent sur la liste
officielle de la corporation, que la cité les ait agréés, c'est-à-dire ait
reconnu leurs services pour des services nécessaires. Si l'artisan se
montre, à l'user, incapable, il retombe à la condition ordinaire des

autres citoyens : l. 2, C. J., x, 52. « Gordiamus A. Aureliano. — Grammaticos seu oratores decreto ordinis probatos, si non se utiles studentibus præbeant, denuo a eodem ordine reprobari posse, incognitum non est. » — Le mouvement général qui emporte cette société vers la consolidation et l'immobilisation héréditaire de toute les fonctions politiques ou sociales a cependant déjà dès le commencement du iiie siècle amené l'apparition des immunités héréditaires ; les lois 1 et 4 D. L. 6, en témoignent l. 4 : Modestinus libro vi Regularum. Immunitates generaliter tributæ eo jure, ut ad posteros transmitterentur, in perpetuum succedentibus durant.

Ce groupement de la population ouvrière par l'État ou la Cité en vue de satisfaire aux besoins publics essentiels ne semble pas l'invention propre du B. E. Il paraît aussi ancien que les besoins mêmes de l'État ou de la cité ; et il n'y a rien d'étrange à voir, comme le veulent Rodbertus, Mathias, Karlowa, Cohn, une institution fondamentalement la même dans les corporations de métièrs de la constitution servienne et nos corporations du iie et iiie siècles. Ces corporations ont pu poursuivre autrefois un but d'ordre privé et certains avantages pour leurs membres ; la satisfaction des besoins religieux a pu tenir une grande place dans leur constitution et leur vie ; il n'en reste pas moins vrai qu'au point de vue du droit public c'est l'inervention de l'Etat qui met le dernier sceau à la constitution du groupe ; et que ce qu'il y a de juridiquement substantiel et définitif dans leur création leur vient de lui. Sans le droit public la corporation n'existe pas. Ce qu'il y a de propre à l'époque dans la corporation du ive et ve siècle c'est donc qu'elle est devenue un corps fermé et héréditaire ; qu'il est arrivé à Rome pour ces *symnories personnelles* ce qui n'a pu se produire complètement à Athènes pour les symnories *personnelles* correspondantes aux symnories *réelles :* la symmorie s'est partout solidifiée, figée par la transmission obligée des fonctions des pères aux enfants.

Un autre trait caractéristique de la constitution sociale de l'époque c'est que les fonctions publiques, je ne dis pas les charges, les munera mais les *honneurs*, les offices de commandement, affectent le caractère d'un *munus*, d'une charge imposée par l'État au sujet pour ses propres fins à lui, État, quels que puissent être les sentiments et convenances du subordonné. L'assimilation de l'*honor* au *munus* est déjà faite, quoi qu'il paraisse au premier abord, dans la loi 14, D. L. 4, où Cal-

listrate donne tout au long des fonctions publiques, des offices de commandement une définition fort intéressante pour nous : l. 14 D. L. 4,
Callistratus libro ɪ de Cognitionibus. Honor municipalis est administratio reipublicæ *cum dignitatis gradu*, sive cum sumtu sive sine erogatione contingens § 1 Munus aut publicum aut privatum est; publicum
munus dicitur, quod in administrandâ republicâ cum sumtu *sine titulo
dignitatis* subimus... § 3. De *honoribus sive muneribus gerendis* quum quæritur, in primis consideranda persona ejus est cui defertur *honor sive
muneris administratio;* item origo natalium, *facultates quoque an sufficere
injuncto muneri* possint, item lex secundum quam muneribus quisque
fungi debeat. » De même qu'en Grèce la *liturgie syntriérarchique* est,
pour ce qui est en elle de charge personnelle, une *commmission imposée*,
de même à Rome toutes les magistratures sont devenues des *commissions forcées*, et l'individu désigné pour une magistrature doit, qu'il le
veuille ou non, en accepter la charge, tout comme il devrait subir le
munus imposé. Callistrate qui pose dans sa définition la différence théorique de l'*honor* et du *munus* témoigne au même moment de leur parfaite assimilation en fait. Dans le § 3 il a la prétention de nous donner les règles de l'un et de l'autre, et ces règles sont justement les
mêmes. On a dans les deux cas, qu'il s'agisse de nommer à une magistrature ou d'imposer une charge, à considérer ces trois choses : 1º le
statut personnel résultant de la naissance : *origo natalium*, source de
l'obligation, 2º la capacité personnelle : personnellement le sujet est-il
idoine ou non? à hauteur de la tâche qu'il s'agit de lui confier; 3º si
je puis dire, sa capacité *réelle*, c'est-à-dire sa condition de fortune qui
le rend capable de tel ou tel sacrifice : « consideranda quoque an sufficere *injuncto numeri* possint. » Au point de vue des dépenses possibles
ou nécessaires, il ne semble pas qu'il y ait lieu de distinguer entre
l'*honor* et le *munus*; par l'expression « injuncto muneri » il semble bien
que le jurisconsulte vise l'un et l'autre ; et la loi dans son prœmium dit
formellement de l'*honor municipalis* qu'il peut se présenter *avec* ou *sans*
charges pécuniaires. Mais ce dernier cas est évidemment le plus rare,
la gestion des intérêts de la cité emporte toujours pour le magistrat
l'obligation de répondre pour ses fautes légères ou lourdes; et cela
seul suffit à faire réserver aux *idonei* seuls l'exercice des charges municipales. La condition de capacité *rée'le* joue dans le choix des magistrats un rôle prépondérant. On peut dire qu'à cette considération
toutes les autres sont subordonnées : plusieurs textes le marquent: je
citerai les §§ 5 et 6 de la loi 14 de notre titre : § 5 Gerendorum honorum non promiscua facultas est, sed *ordo certus huic rei adhibitus* est;

nam neque prius majorem magistratum quisquam, nisi minorem susceperit, gerere potest, neque ab omni œtate, neque continuare quisque
honores potest. § 6. Si alii non sint qui honores gerant *eosdem com-
pellandos qui gesserint*, complurimis constitutionibus cavetur ». Etant
donnée donc l'existence d'un nombre suffisant d'individus capables par
leur situation de fortune de remplir les magistratures, c'est à tour de
rôle que chacun d'eux doit accepter d'être dans les honneurs. Comme
dit la loi 14. § 5 : gerendorum honorum non promiscua facultas sed
ordo certus huic rei adhibitus est; tout de même comme à Athènes
pour l'accomplissement forcé des charges et liturgies publiques. A
défaut du personnel suffisant pour instituer un roulement, c'est sur
les mêmes individus que retombe la charge des hautes fonctions.
L'administration de la cité est la nécessité sociale, et politique
par excellence, puisque sans elle il n'y a pas de vie politique possible
de la cité. Aussi le droit public se montre-t-il ici, comme pour les numera, d'une rigueur implacable. Nous avons vu comment Callistrate
conclut que « si alii non sint qui honores gerant », « eosdem compel-
lendos qui gesserint complurimis constitutionibus cavetur ». Paul dans
son livre des Sentences énonce ce principe autrement absolu, qui
exprime sans détour la pensée gouvernementale : l. 7 D. L. 2 de decurionibus et filiis eorum : *Honores et munera non ordinationi sed potioribus quibusque* injungenda sunt » La loi unique C. J. x, 66, de son côté
dit : Imper. Alexander A. Aniceto. Si propter inimicitias ad munera
civilia creatus es, hanc tibi nominationem non nocere praesidis œquitas
faciet, quum et *publicæ utilitatis* intersit, non ex inimicitiâ creationis
fieri debere, sed *existimatione verá et commodo rei publicæ* ». L' « utilitas
publica », le « commodum rei publicæ » voilà le principe qui de
plus en plus prévaut. Contre la raison d'État et la nécessité de donner satisfaction aux besoins généraux, qui dans cette société se confondent plus qu'ils ne l'ont jamais fait dans aucune autre avec les
besoins gouvernementaux, aucun principe qui tienne. Il faut que
le Gouvernement vive. Est tenu de servir ses intérêts, de remplir les charges sociales et d'accepter les fonctions honorifiques nécessaires à sa vie, quiconque est capable de le faire; quiconque a
la capacité personnelle et réelle de les bien remplir. Peu importe
que la charge de l'un soit plus lourde, celle de l'autre moins lourde.
— La seule garantie qui reste à l'individu contre les derniers abus de
cette prépondérance excessive du droit de l'État c'est le pendant
affaibli de l'ἀντίδοσις grecque, l'ἀντίδοσις moins le dénouement suprême
de la procédure : l'échange des biens. C'est le code de Justinien,

au titre 65 du livre x, qui nous révèle l'existence de cette ἀντίδοσις timide qui s'arrête à mi-chemin : de potioribus ad munera nominandis. — « Si ipse *vocatus ad munera civilia potiorem alium nominandum* putaveris, age causam tuam ». « Si donc, sous prétexte que tu es le plus propre à bien remplir une fonction, tu y as été nommé, tu as toujours la ressource, pour te soustraire à ces encombrants honneurs, de démontrer judiciairement que ce n'est pas toi qui es le plus apte; qu'un autre, un tel, est mieux désigné que toi pour remplir ces fonctions ».

Le droit romain a reculé devant le moyen héroïque et violent de l'échange forcé. Cette brutalité de procédé et ce simplisme semblent avoir répugné à l'esprit du juriste romain amoureux des solutions élégantes qu'avouent également le bon sens et la logique. On a préféré faire ce qui la plupart du temps sans doute se faisait à Athènes : instituer sur le point de savoir à qui légalement incombait la charge un débat judiciaire dont la décision revenait, vraisemblablement, au « præses provinciæ ». Age causam tuam, dit le texte, sans indiquer exactement si c'est auprès du pouvoir central ou du gouverneur de la province qu'il faut plaider sa cause.

Quoi qu'il en soit des détails exacts de cette procédure, le citoyen, à partir du moment de son entrée en charge, voit peser sur lui une responsabilité redoutable. Je veux parler de la responsabilité mal définie et si réelle qui lui incombe de ce chef, qu'une fois entrés en charge, ils doivent, lui et ses collègues, à l'expiration de leur mandat, nommer leurs successeurs et répondre, non seulement de leur propre gestion, mais de celle de ces derniers. M. Houdoy, dans son livre de l'*administration des villes chez les Romains* a étudié tout au long et avec toute la précision désirable cette double responsabilité des fonctionnaires pour leurs propres actes (Ch. xii, section I, § 2, p. 538) et pour les actes de leurs successeurs nommés par eux (Ch. xii, section II, § 2, p. 553). Nous n'avons qu'à y renvoyer le lecteur en notant ici le plus brièvement possible les conclusions de son étude.

D'abord, en ce qui concerne la responsabilité des magistrats pour leur propre gestion, voici selon M. Houdoy les principales règles :

1º « Le magistrat en tant que gérant les affaires de la cité contracte en son nom personnel; les actions propres à chaque contrat naissent directement à son profit et contre lui sauf tous comptes à débattre postérieurement avec la cité. — Pour éviter ces circuits, le Préteur donna à celle-ci des actions utiles et aux tiers d'autres actions utiles qui leur permettaient de réclamer directement à la ville ce dont celle-ci se trouve it débitrice envers son negotiorum gestor, son magistrat (p. 530). — Le magistrat n'est, en effet, qu'un *negotiorum gestor*; il n'est pas comme on l'a prétendu un *procurator*, analogue au *procurator* d'une *singularis persona*. Pour qu'il y ait mandat, il faut l'expression de la volonté du mandant; or, une *universitas* n'a pas de volonté, car elle ne peut consentir ».

2° Étant « negotiorum gestor », il ne peut répéter contre la cité que ce dont celle-ci a profité; et tous les actes de gestion se passent aux risques et périls des administrateurs. Les tiers ne peuvent agir contre la cité que du chef des magistrats, et, par conséquent, autant seulement que ceux-ci sont créanciers.

3° Quant aux actes qui ne peuvent être faits par des « negotiorum gestores » telle que l'acquisition de la possession, l'adition d'une hérédité, l'action en justice, on admit pour ces actes, mais pour ces actes seulement en faveur des cités, après maintes hésitations, une dérogation aux principes, semblable à celle qu'on avait admise en faveur des mineurs. Hors de cela, il ne peut être question de représentation d'une cité! le magistrat ne peut être en aucune façon assimilé à uu tuteur.

4° P. 538 : « Les fonctionnaires municipaux sont responsables comme des « negotiorum gestores », non seulement de leur dol, mais même de leur faute ou de leur négligence. En cas de dol, ils sont tenus de donner à la ville, le double du dommage qu'ils ont causé; en cas de simple négligence, il ne sont tenus qu'au simple. »

5° Pour certains contrats consensuels (p. 532) comme la vente, la location des biens communaux ou le pacte de constitut, comme il est difficile de comprendre comment le magistrat pourrait passer en son propre nom de pareils contrats, le représentant de la cité (p. 533) fait bien encore ces actes en qualité de negotiorum gestor, mais c'est en réalité la cité, le dominus qui est vendeur ou bailleur. Le curator s'effaçait ici. Ce n'était plus en son nom personnel qu'il exigeait le prix de la vente ou du bail, c'était uniquement comme *administrateur de la fortune municipale*. Et pourtant cette dérogation aux principes ne fut pas admise avec toutes ses conséquences... Il se produisit ici ce que nous rencontrerons à chaque instant dès que nous nous trouverons en présence des expédients inventés par le Préteur et les jurisconsultes pour tourner une difficulté de droit strict. Le contrat de bail a lieu entre la cité et le preneur et pourtant le « curator reipublicæ »

répond des loyers, même après être sorti de charge, si son successeur
n'a pas pris pour lui le contrat en l'approuvant.

6° (P. 538). « La règle c'est que tous les actes de gestion du patrimoine municipal se font aux risques et périls des administrateurs.

7° D'une manière générale les fonctionnaires doivent les intérêts
des sommes appartenant à la cité qu'ils ont entre les mains, soit qu'ils
se trouvent obligés de les remettre à la Caisse municipale en leur rendant leurs comptes, soit qu'ils les détiennent pour en faire au nom de
la ville un emploi quelconque.

8° (P. 545). Toutes les obligations des fonctionnaires envers la cité
passent à leurs héritiers, avec cette différence que ces derniers ne sont
pas tenus des obligations purement pénales et qu'ils sont libérés par
un moindre laps de temps. »

Telle est la responsabilité directe des fonctionnaires; tels sont « les
effets juridiques, comme dit M. Houdoy, des actes passés par les fonctionnaires en ce qui concerne les rapports de ceux-ci avec la cité. »

Mais leur responsabilité, nous l'avons dit, ne se borne pas à la
responsabilité des actes où ils ont directement figuré eux-mêmes. Par
un phénomène étrange qui pourrait surprendre toute personne,
venue à l'étude de cette société par une autre voie que nous, ils se
trouvent répondre des actes de leurs successeurs.

Depuis une époque qu'il est difficile de déterminer, mais qui paraît
assez reculée, le magistrat nomme son successeur : c'est ce qu'on
appelle *jus nominandi potiorem ;* et le nommant, répond de sa gestion.
Le code l. 2, xi, 33, pose le principe de la responsabilité des *nomina-
tores :* De periculo nominatorum. — « *Nominati successoris* duntaxat
quisque *periculum* suscipere compellitur, nec ad nominatoris nominatorem manus jure porrigi possunt. » De son côté le Digeste 17, § 15,
D. L. 1, précise cette responsabilité: « Qui magistratus suo periculo
nominant pœnalibus actionibus non adstringuntur, in quas inciderunt
hi pro quibus intervenerunt ; eos enim damnum reipublicæ præstare
satis est, quod promitti videtur. » Le *nominator* répond civilement du
tort que la gestion de son successeur a pu faire à la cité ; il n'encourt
aucune responsabilité criminelle. Le texte du code, que nous avons
cité, restreint d'autre part la responsabilité du nominator à la gestion
du successeur nommé immédiat, sans l'étendre à celle du successeur
du successeur, et ajoute à la fin: Si successoris tui successor non idoneum loco suo magistratum denominaverit, administrationis ejus periculum ad tuam personam spectare nequaquam potest. »

M. Houdoy veut voir dans cette responsabilité excessive et directe
des magistrats pour leurs propres actes et ceux de leurs successeurs
la seule conséquence des raideurs du droit de l'époque et de sa répugnance à laisser naître des droits et des obligations directes au profit
ou contre un corps comme la civitas, incapable d'avoir proprement
une volonté et de la manifester : une universitas n'a pas de volonté ;
elle ne peut consentir (p. 529). La thèse, sans être peut-être complètement fausse, est à coup sûr incomplète. Si la rigueur formaliste du
droit a pu contribuer à l'attribution au magistrat de cette responsabilité redoutable, nous sommes d'avis que cette explication ne suffit
pas et qu'il faut faire intervenir les exigences du droit public. Si la
pression du droit public ne s'était exercée dans le même sens que le
formalisme juridique, les *actions utiles* (p. 530) que le Préteur donna
à la cité et celles qu'il donna aux tiers pour leur permettre de réclamer
directement à la ville ce dont celle-ci se trouvait débitrice envers son
negotiorum gestor, son magistrat, ces *actions utiles* se seraient sans
doute développées en un système plus complet reléguant à l'arrière-
plan la responsabilité des magistrats. Si ce système des actions utiles
en faveur de la ville et des tiers est resté stationnaire, c'est que le
progrès dont il était susceptible avait contre lui l'action du pouvoir et
les besoins politiquesdu temps.

Cette responsabilité du magistrat résulte surtout, à notre avis, de
la transformation qui s'est accomplie de l'*honor* en *munus*. La fonction
politique étant devenue une charge, l'intérêt de l'État et les nécessités
de la vie politique sont que cette charge soit remplie le mieux possible et par quelques moyens que ce soient. Cela étant, les actes du
magistrat, tout comme ceux du *commissionné* syntriérarque attique,
ne peuvent que lui être propres et engager directement sa responsabilité. Nous avons formulé le principe à propos du droit attique : l'État
a commissionné l'individu pour une tâche ; c'est au commissionné
d'atteindre le but imposé par tous les moyens qui sont en son pouvoir.

Le principe de sa responsabilité pour les actes de son successeur
n'est pas autre. Il reste chargé de sa commission, comme ce pauvre
Apollodore dont on se rappelle l'histoire, tant qu'il n'a pas trouvé pour
le remplacer un individu *idoine* ; et comme c'est à l'user seul qu'on
juge des hommes, il est tout naturel que le magistrat doive répondre
de la gestion de son successeur. Dans la nécessité absolue où il se
trouve de voir remplies les liturgies et les charges fiscales, l'État, une
fois la main mise sur quelqu'un, ne le lâche pas volontiers. C'est là

un ordre de considérations étranger à M. Houdoy qui a le tort de se
cantonner trop exclusivement dans le domaine du droit privé.

La responsabilité du magistrat pour les actes de son collègue
procède du même principe. « Il était de règle générale, comme
on sait, chez les Romains, que toutes les magistratures ordinaires
fussent exercées par deux titulaires, jouissant l'un vis-à-vis de l'autre
d'un droit d'*intercessio*... En négligeant de surveiller les actes de son
collègue et d'interposer au besoin son veto, chaque magistrat engageait sa responsabilité : l. 9, § 8, D. L. 8. De administratione rerum.
Item rescripserunt *curatorem* etiam *nomine collegæ teneri*, si intervenire
et prohibere *non potuit* »; et à cette responsabilité on ne pouvait
échapper par aucune convention particulière: l. 11, D. L. 1, Imperator Titus Antonius Lentulo Vero rescripsit : *magistratuum officium indi-
viduum ac periculum esse commune.*—L. 2, D. L. 8. Jus reipublicæ pacto
mutari non potest, quominus magistratus — *collegæ quoque nomine con-
veniantur*, in his speciebus in quibus id fieri pure permissum est....
On arriva, en conséquence, à voir dans chaque collège de magistrats une seule personne, magistratus, parfaitement distincte des divers fonctionnaires qui le composaient; tout comme dans notre
France Coutumière on désignait sous le nom de « *Magistrat* » l'ensemble des fonctionnaires municipaux. Ce collège des magistrats, sans
former proprement une personne civile, présentait au regard de la
ville, en ce qui concerne la responsabilité, différents caractères de la
personne civile, notamment celui-ci qu'il faisait disparaître la personnalité privée de chacun des titulaires. Ulpien nous apprend que c'était
les lois municipales qui avaient donné ce caractère aux magistratures;
et, à défaut de la loi, l'usage qui avait chez les Romains une force
plus grande que dans les législations modernes, conduisit au même
résultat : l. 25, D. L. 1. « Magistratus municipales, cum unum magistratum administrent, etiam *unius hominis vicem* sustinent; et hoc ple-
rumque quidem lege municipali eis datur : verum etsi non sit datum,
dummodo non denegatum moribus competit. »
Mais là encore le caractère liturgique de l'honor, la nécessité pour
l'État d'avoir pour répondant une personne certaine, concrète et non
une personne *fictive*, création artificielle du droit, semble avoir contra-
rié le développement normal de ce concept de cet être collectif appelé
le « Magistrat ». « La personnalité des collèges de magistrat, dits
M. Houdoy (p. 558), est resté un principe assez vague dont les plus
grands juriconsultes, parmi lesquels Papinien, n'ont pas paru saisir

toute la portée : l. 11, § 1, D. L. 1. On n'en vient jamais à décider par exemple que cette responsabilité des deux collègues ne peut jamais les engager eux, ni encore moins leurs héritiers à répondre des conséquences fortuites d'actes passés régulièrement et de bonne foi, conséquences qui se produisent postérieurement à leur sortie de charge ; — que les tiers qui ont traité avec le *magistrat* ont bien pour obligé cet être collectif, mais que les individus qui le composent sont *dégagés* sitôt après être sortis de charge. »

Le caractère embryonnaire de ce concept de l'être collectif appelé le « Magistrat », explique à son tour la double série de règles suivies en matière d' « *honores* » et de « *munera* », lorsqu'il s'agit de mettre en jeu les responsabilités successives. Lorsqu'il s'agit d'*honores* la cité non indemnisée par le titulaire de l'office doit, au lieu d'agir d'abord contre le collègue, discuter : 1° les fidéjusseurs et concurremment le père qui leur est assimilé, 2° le *nominator*, 3° à la dernière extrémité, le collègue. La raison de cet ordre, c'est que le *nominator*, assimilé à un fidéjusseur, est obligé à tenir sa promesse, tandis que le collègue n'a qu'à subir la peine de sa négligence (l. 13, D. L. 1).

« Pour ce qui est des *munera* il faut distinguer. Le *munus* a-t-il été déféré *pro diviso* ou *pro indiviso?* Dans le premier cas, la règle est la même que pour la gestion des *honores ;* le collègue ne sera tenu qu'en dernier lieu. Dans le second cas, où le *munus* a été déféré *pro indiviso*, le collègue est poursuivi avant le *nominator* : l. 2, C. J. xi, 35. Quotiens duobus non separatim sed *pro indiviso* munus injungitur et ita ut *unusquisque eorum periculo soliditatis videatur obstrictus*, manus ad nominatorem, priusquam utrique qui id munus administraverunt, solemniter fuerunt excussi, nullâ ratione porrigi possunt. » L'ordre à suivre est celui qui est déterminé en matière de tutelle. L. 4, C. J. V. 75. On ne manquera pas de remarquer que les règles de solidarité sont les mêmes pour la gestion des *honores* et pour la gestion des *munera* déférés *pro diviso*. L'*honor*, à ce point de vue particulier, se trouve assimilé au *munus* déféré *pro diviso*. C'est là un fait significatif et qui infirme de la manière la plus grave le principe timidement formulé par les juriconsultes que chaque collège de magistrats ne forme qu'une personne juridique parfaitement distincte des divers fonctionnaires qui le composent.

C'est par le même besoin d'avoir des commissionnés *idoines* et cette même assimilation de l'*honor* au *munus* que s'explique aussi la pratique générale d'imposer au magistrat nommé l'obligation de constituer des *fidéjussores* et au père l'obligation de répondre pour son fils, le père étant assimilé à un fidéjusseur (p. 551).

On ne fera pas difficulté de reconnaître dans ces dispositions des dispositions analogues à celles qui régissent en droit attique la matière de la liturgie syntriérarchique. Ici et là ce sont bien les mêmes principes fondamentaux. Les grandes lignes du droit attique se laissent parfaitement entrevoir dans le détail de la réglementation romaine; et il est facile de voir que le trait distinctif du droit romain à cette époque est bien, comme nous l'avons dit, l'envahissement parasite du droit public tout entier par la notion de *liturgie*, l'assimilation de l'*honor* au *munus*.

C'est cette notion du *munus* que l'on retrouve seule dans toute l'étendue du droit public romain. C'est elle qui introduit dans cette société l'immobilité et la mort, en immobilisant en classes distinctes les groupements particuliers formés en vue de la satisfaction des besoins publics, et en plaçant comme clef de voûte de tout l'édifice la classe des curiales à qui incombe la charge suprême d'exercer le pouvoir dans la cité et de répondre pour tous de l'accomplissement fidèle des liturgies.

Comment la curie, l'ancien sénat municipal élu au beau temps de la démocratie par l'assemblée des citoyens libres, en est-elle venue peu à peu à n'être qu'un simple rouage fiscal, qu'une *symmorie* ayant presque pour tâche unique le recouvrement de l'impôt? C'est l'explication qui nous reste à trouver.

§ II.

D'un mot, la cause de cette transformation profonde c'est le fait de la conquête, l'établissement de l'Empire : la cité antique a été prise dans le puissant et brutal engrenage de la domination romaine. Les Romains ne visèrent pas, comme nos états modernes par leurs guerres d'annexion, à s'incorporer des populations nouvelles, à les fondre dans leur empire. Ce qu'ils voulurent, c'est recueillir le fruit matériel et pécuniaire de leurs victoires; leurs conquêtes furent des conquêtes de butin et d'exploitation. Peu leur importait que le vaincu conservât ou non son individualité politique. Ce qu'il fallait, c'était de le contraindre à payer régulièrement le tribut. Ce tribut, comme on le sait,

fut double : le vaincu eut à payer pour sa tête le *tributum capitis ;*
pour la conservation de son sol le *tributum soli.*

Le problème pour le vainqueur était de trouver le moyen commode et sûr de recouvrer ce double tribut ; et ce fut là le principe immédiat des transformations de la cité. Aux liturgies sans nombre incombant déjà à la cité antique vint s'en ajouter une autre la plus importante de toutes, le paiement régulier du tribut au vainqueur. Jusqu'alors les *symmories fiscales* n'avaient répondu du paiement de l'εἰσφορά que vis-à-vis de la cité ; la cité, au mieux des choses et des combinaisons, modifiait sans cesse la composition de ces symmories. Dorénavant il y eut à côté des liturgies proprement municipales les liturgies d'État, ayant pour objet les obligations de la cité vis-à-vis de l'Empire, surtout le paiement du double tribut ; et naturellement ces liturgies devinrent les liturgies par excellence reléguant les autres au second plan. Le rôle principal de la cité fut d'assurer cette prestation exacte des charges d'État, et cela ne put se faire sans entraîner les modifications les plus graves dans sa constitution intérieure.

Voici comment les choses se présentaient. L'établissement de l'Empire eut pour effet, au point de vue politique, de consolider la constitution timocratique qui n'avait pas un seul instant cessé d'être en vigueur à Rome. Le cens resta plus que jamais le principe du classement social et politique. Il y eut une classe sénatoriale à laquelle appartinrent tous ceux dont le cens s'élevait à plus d'un million de sesterces. Il y eut l'*ordre équestre* comprenant les familles possédant un cens d'au moins 400,000 sesterces. Puis il y eut les autres citoyens partagés en trois classes, chacune ayant son cens respectif. L'ordre équestre et l'ordre sénatorien constituent les deux ordres par excellence, *uterqve ordo*, dont les membres portent le nom d'*honestiores* par opposition aux autres citoyens appelés *tenuiores*, *humiliores* ou aussi *ordo plebeius*. La carrière des membres de chacune de ces classes fut enfermée d'avance dans un cercle d'attributions politiques strictement déterminé. Il y eut une carrière sénatorienne, une carrière équestre ; il y eut, si je puis dire, une carrière plébéienne. Les carrières sénatorienne et équestre eurent respectivement pour objet les magistratures anciennes et les magistratures nouvelles. Il se trouva ainsi que la classe sénatoriale et la classe équestre furent proprement des *classes d'Empire ;* absolument distinctes et séparées du reste de la population. Toutes les personnes composant ces classes formèrent d'un bout à l'autre de l'Empire comme un seul et même groupe de population, ayant mêmes charges et mêmes privilèges, dans un rapport tout particulier avec l'État romain. Ce sont elles qui constituent la fraction dirigeante et politiquement *active* de la population de l'Empire. Elles existent proprement dans l'État, pour l'État, et elles n'existent plus, on peut dire, pour la cité provinciale.

En devenant sénateur le citoyen devient, quelle que soit sa patrie d'origine, membre du Sénat de Rome ; il doit avoir une partie de sa fortune en immeubles situés en Italie ; il ne peut plus à partir de son élévation au Sénat visiter ses biens en province sans la permission du prince. Rome est devenue sa mère patrie, tout au moins son vrai domicile (11, D. L, 9; 22, § 6. D. L. 1); et du coup sont tombés pour lui et ses descendants tous les liens qui l'attachaient à sa ville d'origine: l. 22, § 5. « Senatores et eorum filii filiæque quoquo tempore nati natæve itemque nepotes pronepotesve ex filio *origini eximuntur*, licet municipalem retineant dignitatem. » « *Municeps esse desinit* — dit de son côté la loi 23, D. L., 1, senatoriam adeptus dignitatem *quantum ad munera;* quantum vero *ad honorem* retinere creditur originem. » Le provincial sénateur ne peut plus que servir de lustre à son municipe d'origine ; il est perdu pour lui quant aux *munera*, quant aux charges qui lui incombaient. A la rigueur peut-il accepter les magistratures qui sont des *honores*, mais habitant à Rome, il ne lui est guère loisible' (et à la cité guère avantageux) de gérer ces magistratures municipales. Sa nomination comme sénateur doit avoir pour effet certain d'affaiblir les forces fiscales du municipe et de faire retomber une plus grande partie des charges sur les autres habitants.

Or, la classe sénatoriale s'ouvre avec une facilité de plus en plus grande à la classe équestre. Pendant les deux premiers siècles de l'Empire les anciennes magistratures républicaines curiales seules donnent accès au Sénat (consulat, préture, édilité, tribunat, questure); auxquelles sont venues s'adjoindre quelques hautes fonctions d'origine impériale : Préfecture du prétoire, préfecture de la ville, proconsulat, la dignité de consulaire, celle de *legatus prætorius*. Bientôt ce sont aussi les hautes fonctions financières et administratives de la carrière équestre (procuratores Augusti, præfectus annonæ, præfectus Egypti, præfectus classis, vigilum, prætorio). Les chevaliers qui ont parcouru la carrière équestre forment la noblesse équestre, et sont très souvent élevés à la dignité de sénateurs par l'*adlectio impériale.*

Il n'est pas inopportun de citer ici le mot de Lampride : *Alexandre Sévère,* ch. xix. « Seminarium senatorum equestrem locum esse. » — A partir de la réorganisation de l'Empire par Dioclétien, toutes les fonctions nouvelles confèrent la dignité sénatoriale ; et ces fonctions sont sans nombre. Je renvoie pour l'énumération à *Kuhn*, t. I, pages 162 et 178. — La classe sénatoriale et la classe équestre en fait ne font plus qu'un ; il n'y a plus qu'une vaste hiérarchie administrative dont tout membre est, pour ainsi dire, candidat éventuel au Sénat. Le Sénat ne cesse de croître en nombre, au point de compter à Constantinople seul jusqu'à 2,000 membres (Themistius, or. xxxiv, p. 456 ; édition Dindorf) ; et parallèlement croit le nombre de familles sénatoriales.

Ce n'est pas tout. A mesure que l'Empire se transforme et qu'aux anciennes classes dirigeantes se substitue une hiérarchie administrative unique, les *officiales*, les organes de l'administration centrale, les *fonctionnaires* en viennent eux aussi à être considérés comme appartenant exclusivement à l'Empire. Leur dignité, comme le fait la dignité sénatoriale, les enlève à leur cité originaire et en même temps aux charges, aux munera auxquels oblige la qualité de curiale (V. *Kuhn*, p. 168 et s.). Les *officiales* des Præfecti prætorio, proconsules, consulares, correctores, præsides, magistri æquitum, peditum, du comes S. Largitionum et du comes rei privatæ, des vicarii, Præfecti urbi ont généralement droit après 25 ans de service à l'affranchissement de la curie (l. 1, 8, § 1. C. Th., de cohortalibus ; l. 6, C. Th., de re militari ; l. 5, C. Th., de divinis officiis). Même privilège accordé par Constance, Julien et Théodose le jeune aux fonctionnaires de la cour : proximi, agentes in rebus, aux *officiales* des *Largitiones* et de la *Rei privatæ* et à ceux des Præfecti Pretorio après 15 ans de service seulement. On a tout l'ensemble des phénomènes auxquels nous donnons le nom de *centralisation politique*. L'Empire exerce sur tout le monde romain le même effet de succion que nos grands États centralisés modernes exercent sur les sociétés qu'ils régissent. Le Sénat, l'ordre équestre, la hiérarchie administrative absorbent toutes les forces vives de l'Empire. Tout ce qui a activité, talent, fortune s'absorbe plus ou moins tôt dans les classes privilégiées qui sont politiquement les soutiens directs de l'Empire.

Une chose aurait pu enrayer, sinon empêcher ce mouvement d'absorption de toutes les forces de la société par l'État : la coexistence au sein de l'Empire de deux populations politiquement bien distinctes : les vainqueurs et les vaincus ; les citoyens romains et les non citoyens. Cette distinction peu à peu s'efface ; et tout l'effort des empereurs semble tendre à faire cesser cette dualité de population au sein de l'Empire, à faire des uns et des autres un même peuple de sujets. On sait comment l'assimilation commence par les classes les plus élevées des populations pérégrines. Claude ouvre l'accès du Sénat et des hautes fonctions aux membres de la noblesse gauloise (Tacite : *Annales*, xi, 23). Vespasien fait de même pour les autres provinciaux (Suétone : *Vespas*, 9). En même temps, le simple droit de cité ne cesse d'être graduellement accordé aux provinces de l'Empire. La *latinité* est conféré par Vespasien à toute l'Espagne, par Adrien à une grande partie de la Gaule; et tous les Espagnols et Gaulois qui ont géré une magistrature dans leur cité ou ont été nommés décurions reçoivent de droit la civitas romana. Le droit de cité a été directement accordé par Auguste et ses successeurs à de nombreuses cités en Sicile, en Sardaigne, en Espagne, en Syrie, Macédoine, Afrique. On peut dire que bientôt tout ce qu'il y a d'actif, d'intelligent et d'intrigant dans l'Empire, a le bénéfice de la cité romaine. Le fameux édit de Caracalla (211-217) l'accorde sans distinction à tous les libres domiciliés dans l'Empire.

A partir de ce moment le Pouvoir ne trouvera plus d'obstacle qui puisse l'empêcher de pétrir cette société à sa guise et de pousser à son dernier terme ce travail d'absorption à son profit de toutes les forces vives. Tous étant citoyens, il peut par toute la surface de l'Empire prendre et s'attribuer pour sa tâche proprement gouvernementale quiconque a fortune et capacité.

On voit que c'est l'appauvrissement, l'alanguissement fatal de la cité provinciale. Si tous ceux qui sont sa force et son lustre se dérobent, que fera-t-elle au moment où devenue le rouage financier par excellence de l'Empire, son rôle se trouve être prépondérant; au moment où ses charges sont plus lourdes que jamais, puisque c'est à elle de pourvoir, non seulement à ses *munera propres*, mais aux charges d'État issues de la conquête? D'une main l'État ajoute incessamment à son fardeau et il lui dérobe de l'autre ses plus fermes appuis. Il faut à l'État une cité riche et prospère, payant très exactement son tribut; et il semble prendre à tâche de l'affaiblir et de la ruiner lui-même en ne lui laissant que la classe la plus pauvre et la moins active, l'*ordo plebeius*. Quand la cité sera notoirement devenue impuissante, il faudra bien alors que l'État recoure aux expédients et prenne des mesures qui modifieront le plus profondément l'organisation intime de cette dernière.

La révolution qui s'accomplit de ce chef tient tout entière dans le changement radical survenu pour les causes que nous venons de dire dans la situation du Sénat vis-à-vis de la communauté.

Au début de l'Empire, dans toutes les cités, le Sénat est un corps en un sens librement recruté, non héréditaire. Comme autrefois à Athènes et à Rome, la souveraineté réside dans l'assemblée populaire. Le peuple vote les lois, nomme aux magistratures (V. *Kuhn*, p. 230), et d'une manière indirecte ouvre ainsi à tous l'accès du Sénat, qui se recrute exclusivement parmi les magistrats sortis de charge. C'est là l'état que nous fait connaître la table d'Héraclée, et c'est en ce sens que Cicéron rapporte à l'assemblée générale du peuple le choix des Sénateurs romains dans le Pro Sexto, 65-127 « [Majores] cum regum potestatem non tulissent, ita magistratus annuos creaverunt ut consilium senatus reipublicæ proponerent sempiternum; *deligerentur autem in id consilium ab universo populo,* aditusque in illum summun ordinem omnium civium industriæ ac virtuti pateret »; et dans le De Legibus III, XII, 27 : « Ex iis autem qui magistratum ceperunt, quod senatus efficitur, populare est sane neminem *in summun locum nisi per populum* venire sublata cooptatione censoria » (V. encore Pro Cluento, 55, 150 et 56, 153 et Verrines, IV, 11, 25). Cet état de choses subsiste pour les villes de Bythinie au temps de Trajan : Pline, Epistolæ, x, 83. Pompeiâ lege quæ Bythinis data est, ne quis capiat magistratum neve sit in senatu minor annorum XXX; eâdem lege comprehensum est *ut qui ceperint magistratum sint in senatu...* Sequutum est dein edictum divi Augusti quo permisit minores magistratus ab annis duobus et viginti capere. Quœritur ergo an qui minor XXX annorum gessit magistratus possit a censoribus *in senatum legi* ». En dépit de quelques textes et de quelques faits contraires (1) on est en droit, pen-

---

(1) Il est fait mention dans certains textes comme condition préalable pour arriver au Sénat de la possession d'un certain cens. Pline lui-même, Epistolæ, x, 83, témoigne de la pratique constante de choisir parmi les *honesti homines* « quia sit aliquanto melius honestorum hominum liberos quam e plebe in curiam admitti ». Le decretum Tergestinum (Orell, 4040; col. II, v, 5), qui attribue à la colonie romaine de Tergeste les Carni Catali, stipule pour ceux qui ont le *cens voulu* la faculté de pénétrer dans le Sénat de Tergeste et d'acquérir de la sorte la cité romaine. Cicéron dans sa Verrine II, 49, nous montre pour l'époque antérieure le Sénat de la plupart des villes de Sicile recruté exclusivement parmi les personnes ayant un cens déterminé. « ... atque in iis omnibus senatoribus cooptandis non modo suffragia nulla fuisse sed *ne genera quidem* spectata esse, ex quibus in eum ordinem cooptari liceret, neque *census* neque ætates neque cetera Siculorum

dant la période du Haut-Empire, de parler d'une manière générale du caractère encore démocratique des magistratures et du Sénat. Tous ou presque tous peuvent être magistrats; et les magistratures conduisent au Sénat. Kuhn (p. 233) a raison d'admettre que le principe contenu au Digeste, l. 7, § 2, D. L., 2 : is, *qui non sit decurio, duumviralu vel aliis honoribus fungi non potest*, quia decurionum honoribus plebeii fungi prohibentur » est un principe récent, qui va directement à l'encontre de l'ordre de choses antérieur.

Un autre caractère distinctif du Sénat à cette époque c'est d'être un corps purement délibérant et en cette qualité nettement opposé à la magistrature « magistratus », qui représente le pouvoir exécutif. Cette distinction du délibératif et de l'exécutif persiste jusque sous Domitien où nous la retrouvons dans les lois de Salpensa et de Malaga. La fonction de sénateur et de décurion n'a rien encore en ce moment en elle d'un pouvoir exécutif; et dans le Digeste elle se pose comme complètement indépendante de celle de magistrat (l. 12, D. 50. 2 ; l. 5, D. 50. 5.

Puis on constate la disparition des anciennes formes de la vie municipale antique. Tous les droits de l'assemblée populaire relatifs au vote des lois, aux choix des magistrats passent au Sénat, et le Sénat lui-même devient un corps dont les membres, tenus à tour de rôle de remplir les magistratures, se distinguent à peine des magistrats revêtus du pouvoir exécutif.

Comment cela s'est-il fait? On a prétendu qu'il y aurait là un simple phénomène d'imitation : l'ordre de choses existant dans la capitale, la nomination à toutes les magistratures et au Sénat par le prince

---

jura valuisse ». Il rapporte quelques lignes plus bas que les Halesini avaient reçu de C. Claudius en exécution d'un S. C., rendu sur leur demande, une loi « leges » in quibus multa sensit de ætate hominum ne quis minor triginta annis natu; de quæstu quem qui fecisset, ne legeretur [senator]; de *censu*, de ceteris rebus ». Bien longtemps avant (an. 194) T. Quinctius, en même temps le vainqueur et le libérateur de la Grèce, avait établi pour les Thessaliens une constitution timocratique dans laquelle certainement un certains cens était la condition préalable de l'entrée au Sénat : Tite Live xxxiv, ch. 51 : a censu maxime et senatum et judices legit, potentioremque eam partem civitatum fecit, cui salva et tranquilla omnia esse magis expediebat »; Pausanias de son côté dit plus brièvement la même chose : « ἐνταῦθα δημοκρατίας μέν κατέπαυε, καθίστατο δε ἀπὸ τιμημάτων τὰς ἀρχὰς. »

aurait peu à peu gagné la province (Savigny. Geschichte des römis. Rechts I, p. 40). Cette raison ne suffit pas. Constatons d'abord que ce transfert au sénat municipal des droits de l'assemblée populaire, dont on sait assez peu la date précise, coïncide justement avec cet autre changement d'importance capitale, qui restreint l'éligibilité aux magistratures aux seuls membres du Sénat. La solution de la seconde question emporte la solution de la première. Le point important est de déterminer le moment précis où les membres du Sénat seuls sont éligibles aux hautes magistratures.

Certaines dispositions de la loi de Malaga permettent de prendre cette transformation sur le fait : ce sont les chapitres 51 et 60. J'en donne la traduction §51 : « Si au jour de clôture de la période de déclaration des candidatures, il ne s'en est produit aucune ou moins qu'il n'en faut pour parfaire le nombre des magistrats à élire; ou si encore c'est le nombre des candidatures à retenir définitivement pour le jour du vote qui se trouve inférieur au nombre des magistrats à élire, il faut que *celui à qui incombe la tâche de tenir les comices affiche* de manière à pouvoir être lue de plein pied *une liste de noms* d'individus légalement éligibles aux fonctions de magistrat, en nombre égal au nombre de candidats manquant du nombre légal et réglementaire.

Ceux dont le nom sera ainsi affiché pourront, s'ils le veulent, chacun de leur côté, donner au magistrat chargé de présider les comices *le nom d'un individu de condition sociale égale;* et pareillement ces derniers ainsi nommés pourront, s'ils le veulent, à leur tour donner chacun pour soi au même magistrat le nom d'un autre individu de même condition.

Et le magistrat, auquel auront ainsi été donnés tous ces noms, les affichera de manière qu'on puisse facilement lire la liste de plein pied; et *tous ces noms indistinctement pourront être proposés aux votes des citoyens réunis en assemblée tout comme si déclaration de candidature avait été faite par eux* conformément à la loi en temps opportun et que ce fût de leur plein gré qu'ils eussent pour la première fois sollicité cet honneur et eussent persévéré dans leur demande.

§ 60. Celui qui brigue le duumvirat ou la questure doit *fournir caution pour la gestion des fonds* du municipe. — Ceux qui dans ce municipe brigueront le duumvirat et la questure, ou qui faute de déclarations de candidature en nombre suffisant se trouveront en situation de voir leur nom proposé d'office au choix des électeurs; — chacun de ceux-là, le jour des comices, avant qu'on procède au vote, devra au sentiment du président des comices *fournir caution* à la cité que les

fonds publics dont il aura la gestion ne courront aucun danger entre
ses mains. — Si les cautions produites sont jugées par le président des
comices insuffisantes, qu'il *prenne sûreté sur les biens de l'individu.*

« Et qu'il prenne des sûretés personnelles et réelles sans malengin,
comme il convient pour que les choses soient faites comme elles
doivent l'être. Et si pour quelqu'un des duumvirs ou de ceux qu'il
s'agit de nommer questeurs il ne saurait être produit que des cautions
insuffisantes, le président des comices devra ne pas tenir compte de
cette candidature. »

Ces chapitres de la loi de Malaga donnent bien, si je ne me trompe,
la clef de la situation. On voit que les magistratures, les *honores* par
la responsabilité pécuniaire qui s'y est peu à peu attachée, sont devenues de lourdes charges, des *numera*; et qu'il faut naturellement s'attendre à les voir bientôt soumises aux règles propres aux *numera*. On
n'ose encore, comme pour les *munera* proprement dits, établir un roulement régulier qui rendrait inutile toute élection. Mais, en l'absence
de déclarations de candidature suffisantes, le magistrat qui préside les
comices nomme les candidats d'office; ceux-ci, par une procédure analogue à la procédure introductive de l'action d'ἀντίδοσις, en nomment
d'autres à leur tour, et le corps électoral entre ces deux séries de candidats d'office nomme ceux qu'il estime le plus dignes ou, pour mieux
dire, les plus *idoines*. Les plus aptes devenant chaque jour plus rares,
et les candidats conséquemment restant toujours les mêmes; l'élection
devient une simple formalité, puisque les voix des électeurs ne peuvent
valablement se porter sur d'autres candidats. Le rôle des comices ainsi
s'efface et le choix des magistrats se concentre de plus en plus dans
les mains du magistrat en fonction et de la curie.

Bientôt on en vint à formuler le principe, simple constatation d'une
pratique depuis longtemps existante, que personne autre qu'un décurion ne peut être investi du duumvirat ou tout autre honor; le décu-
rionat de la cité appauvrie, épuisée par les raisons que nous avons
dites, comprenant tous les individus de quelque surface. L'ancienne
constitution démocratique a vécu. A quelle époque exactement la
transformation a-t-elle été complète? Du fait qu'encore, sous Antonin
le Pieux, des plébéiens, voire des pérégrins, ont été nommés magistrats et sont arrivés par là au sénat de Tergeste, Kuhn conclut que
selon toute vraisemblance le corps électoral, à cette époque encore,
n'est pas le sénat lui-même et qu'en conséquence les grands changements qui nous occupent : l'éligibilité aux magistratures des seuls sé-

nateurs et leur droit exclusif de nommer les magistrats, sont postérieurs au règne d'Antonin le Pieux.

Mais le changement accompli emporte l'autre, non moins important, du sénat corps délibérant en corps exécutif. Les décurions seuls
pouvant être magistrats, les magistrats nommant les décurions qui
doivent leur succéder dans leur magistrature, il devient difficile de distinguer entre les décurions et les magistrats. La désignation de « magistratus » se perdit dans celle de « decurionatus », pendant que le corps
des décurions tout entier, étroitement associé à l'administration de la
cité, prenait le caractère et l'allure d'un corps exécutif. Déjà Ulpien
dit du décurion qu'il a la charge de « pecuniam publicam tractare
sive erogandam decernere, vectigalia locare », l. 2, §§ 1 et 4, D. L. 1 ;
toutes choses qui semblent ne pouvoir se dire que des questeurs, des
duumvirs, et plus tard du curator. Voici ce qui a eu lieu : tant que la
cité a été riche et prospère et que les effets de la centralisation administrative ne se sont pas encore fait sentir, le *Magistrat* n'a eu qu'à
tenir la main au bon fonctionnement des institutions fiscales, sans
être lui-même le rouage essentiel. A mesure que la cité se vide
au profit de l'Empire et de la Hiérarchie impériale, les impôts
commencent à rentrer mal. L'Etat est obligé de faire directement
responsable le Magistrat, qui représente extérieurement et politiquement la cité. C'est à ce moment que la magistrature finit de devenir d'*honor* qu'elle était un *munus*, une lourde charge, qui, comme
telle, devrait être remplie à tour de rôle par tous les individus capables. C'est sur cette notion de capacité que se fait la séparation définitive des *Plebeii* et des *décurions*; les décurions, ce sont ceux qui
peuvent supporter les nouvelles charges qui sont venues à la magistrature des conditions nouvelles faites à la cité. Le magistrat est le
décurion qui, de fait, supporte ces charges pour un laps de temps
donné; le décurion est celui qui peut les supporter et les supportera
demain. On voit comment il n'y a plus entre eux de différence
fondamentale. Il n'y a plus de corps délibérant proprement dit. Curie
et magistrat sont devenus un organisme exclusivement fiscal. Il n'y a
plus proprement dans la cité pouvoir délibérant ou pouvoir exécutif ;
il y a une symmorie très fortement constituée, sur laquelle retombe
toute entière la charge des prestations dues à l'Etat vainqueur. Le caractère de liturgie, de curatio, d'ἐπιμελεια s'est communiqué peu à peu
à toutes les fonctions de la cité; et ces fonctions se sont centralisées
dans le corps des décurions. Ce serait le cas de rappeler ici, en le prenant dans un sens assez différent, le mot de Démosthènes à la fin de

la seconde Olynthienne, § 29. πρότερον μὲν γὰρ, ᾧ ἄνδρες Ἀθηναῖοι, εἰσφέρετε κατὰ συμμορίας, νυνὶ δὲ πολιτεύεσθε κατα συμμοριας. C'est l'organisation fiscale, la vieille organisation fiscale, que nous avons vu fonctionner à Athènes et dans les républiques démocratiques qui, par le fait de la conquête et de circonstances imprévues, à conquis la cité reléguant à l'arrière-plan toutes autres institutions. Nous venons de voir comment et pourquoi (1).

---

(1) Cette absorption de l'institution politique par l'institution fiscale, qui fait le fond de l'histoire de l'Empire, se laisse au reste saisir dans certains textes comme un expédient passager employé parfois au cours des conquêtes de la République : nous citerons par exemple le sort fait aux Sénats municipaux des villes qui ont fait défection, au moment de l'invasion d'Annibal : T. L. xxvii, 9 et xxix, 15. — On peut voir des faits analogues mentionnés aux Verrines iii, 28; et dans deux lettres de Cicéron à son ami Atticus, v, 21 et vi, 1, l'histoire du sénat de Salamine, dans l'île de Chypre, rendu responsable d'un emprunt contracté par la cité envers l'homme de paille de M. Junius Brutus, ce répugnant usurier libéràtre.

CONCLUSION

Il nous faut maintenant conclure. Je regrette de ne pouvoir me soustraire à cette obligation. L'époque où nous vivons, toute de vaine agitation, ne comporte guère de la part de l'écrivain de conclusions pratiques. Pour l'entendre, il faudrait un peu de ce qu'on appelait, aux époques plus heureuses que la nôtre qui connaissaient la chose, la *vie intérieure*, emportant la reconnaissance implicite des droits de la vérité à se faire obéir. Et qui donc aujourd'hui, lancé à l'assouvissement de ses convoitises, connaît seulement le nom de la vérité?

I

§ I. — La première constatation à faire et qui ressort, semble-t-il, avec une netteté saisissante, qui a été faite déjà, c'est que toute l'histoire de l'antiquité, avec tous les phénomènes sociaux qu'elle présente, repose en dernière analyse sur l'histoire de la cité. Fustel de Coulange a eu raison d'intituler son histoire de la civilisation antique la « cité antique ». Il eu le tort de croire que la cité antique finit avec l'établissement de l'Empire romain. La cité, nous l'avons vu, reste jusqu'au règne de Justinien, jusqu'à ce qu'il y ait vraiment un Empire Byzantin, le fondement de la vie sociale.

Il est vrai qu'un changement — considérable — a eu lieu. L'ancienne cité, surtout la cité grecque presque partout démocratique, a vu son organisme politique et fiscal détourné de son but propre pour servir un but étranger : le but de l'État vainqueur, de l'État romain, devenu par la suppression graduelle de l'autonomie des cités vaincues simplement l'État. Et du même coup cet organisme fiscal, constitué très anciennement pour servir de défense à la démocratie menacée par l'économie capitaliste et la ploutocratie triomphante, maintenant faussé par sa tâche nouvelle, se retourne contre le peuple, aboutit à la ruine économique des classes inférieures et à l'établissement du colonat, qui marque une des plus sanglantes défaites que le droit politique ait jamais subies. La conquête de Rome, après la victoire de Sparte, avait consommé, dans le monde civilisé, la défaite de la démocratie. La ploutocratie, la finance l'avait emporté : elle put à son aise exploiter le monde jusqu'à ce que l'établissement de l'Empire mît fin à sa domination.

.•.

§ II. — La seconde grande constatation d'un ordre moins exclusivement scientifique et qui peut servir à éclairer le présent, c'est le caractère nettement progressif des charges fiscales, de l'impôt dans l'antiquité. Jusqu'en plein empire byzantin, on peut dire qu'en théorie tout au moins le principe de la progressivité de l'impôt ne souffre pas la moindre atteinte. C'est pour les Anciens, grecs ou romains, en gouvernement démocratique comme en gouvernement aristocratique, une idée toute naturelle, que celui qui peut le plus fasse le plus, et non pas dans le sens d'une proportion simple mais d'une proportion progressive. Nous avons vu que ce principe se trouve à la base de toutes les constitutions antiques ; et nous avons même tenté de mieux comprendre à sa lumière l'institution militaire de Charlemagne. Et cette généralité du fait dans le monde antique a de quoi nous surprendre et prêter à des réflexions singulières.

La raison principale, nous avons tenté de la donner au cours de notre développement : l'impôt à cette époque est encore tout près de la λειτουργία, de la *commission* : il s'agit de venir en aide à l'État le plus efficacement et le plus rapidement possible ; l'obligation n'a d'autre limite que le pouvoir ; et il ne saurait en être autrement. La démocratie grandissante n'a eu qu'à utiliser pour son établissement fiscal ces principes anciens indiscutés ; la progressivité de l'impôt a été un axiome fiscal. Les gouvernements conservateurs eux-mêmes n'ont pas seulement tenté de faire prévaloir le principe contraire. Leurs prétentions les plus grandes n'ont jamais dépassé ceci : s'assurer la prérogative du pouvoir, mais en même temps en assumer toute la responsabilité et les charges; la tendance démocratique, au contraire, est de laisser aux riches les charges les plus lourdes, tout en réservant à la masse l'honneur et les avantages du pouvoir.

Une question des plus graves, à l'examen de laquelle nous ne saurions nous dérober : c'est de savoir comment il se fait que l'opinion courante dans un pays à surface démocratique comme la France se montre aujourd'hui plutôt défavorable à l'impôt progressif. Donner les véritables raisons de cette défaveur, ce serait jeter un jour tout nouveau sur le fond de notre société moderne; et on pardonnera à l'historien cette incursion sur un domaine étranger.

Les doctrinaires, jeunes ou vieux, de notre république ploutocratique, (Discours de Waldeck-Rousseau à Reims, 25 octobre 1897) (Discours de Barthou à Bayonne, 4 octobre 1897) sont unanimes à définir « l'impôt progressif et global sur le revenu » « un impôt égalisateur des fortunes par l'inégalité des charges », « un instrument légal de la lutte des classes », un « moyen de niveler progressivement les fortunes. » Nous venons de voir combien l'histoire dément une semblable théorie. La meilleure preuve que l'impôt progressif n'est pas qu'un expédient révolutionnaire passager, c'est que tous les régimes conservateurs ou progressistes de l'antiquité, sans distinction, ont vu en lui la seule forme légitime d'impôt. M. Waldeck-Rousseau pourrait bien être lui aussi (comme nous tous, hélas !) de « ces personnes qui peuvent savoir un peu ce qu'est l'organisaton sociale si compliquée d'une société et qui *s'imaginent volontiers le savoir beaucoup.* »

Mais la meilleure réponse à faire ce serait de montrer comment, à quelles conditions s'est produit, dans l'esprit des classes dirigeantes, ce changement profond relativement à la conception de l'impôt. La langue ayant été donnée à l'homme et surtout à nos contemporains pour dissimuler leur pensée, c'est moins à ce qu'*on dit* qu'il faut s'attacher qu'à ce qu'*on est.* Mettre en pleine lumière dans le vrai de leur situation les individus et les classes, arracher les masques pour saisir au fond les grands intérêts qui sont les mobiles d'action de la grande majorité des hommes : faire cela dispense de tout le reste; tout ce que peut dire l'adversaire importe peu, on sait d'avance que ce sont fausses raisons.

La véritable et seule raison du changement radical survenu dans les idées relativement à la forme normale et la plus légitime de l'impôt c'est le développement formidable dans les États modernes de la *Dette Publique.* — L'antiquité n'a guère connu la Dette Publique ou plutôt ne l'a pas connue du tout au sens de *Dette Perpétuelle,* d'engagement perpétuel sans terme de remboursement de la part de l'État, rendant invincible pour les peuples la tentation d'emprunter sans fin et ayant pour conséquence de grever le corps des contribuables de charges de plus en plus lourdes. Le tribut imposé par les Romains au monde vaincu pourrait seul évoquer dans l'esprit l'idée de dette d'État, de service d'une sorte de Dette Publique, dont les débiteurs seraient les vaincus et le créancier l'État vainqueur. Mais une différence essentielle, — et qui doit empêcher de les confondre, — c'est que la Dette Publique apparaît nettement dans la science financière moderne comme une dette dont la caractéristique est de ne pouvoir cesser de s'accroître comme automatiquement. Le *tributum* au contraire, outre qu'il ne représente nullement un intérêt, qu'il repose sur le principe tout franc et brutal de la conquête, apparaît tout au moins jusqu'à la réforme dioclétienne comme une charge annuelle fixe. — Une dette perpétuelle ne se conçoit guère dans les démocraties antiques avec leurs magistratures exercées par des commissions presque toujours annuelles, et où la notion d'État, quelque développée qu'elle commence à être, n'a pas le degré de consistance et de solidité que lui communiqueront plus tard de longs siècles d'hérédité monarchique. Il semble bien, en effet, qu'au début les deux conditions nécessaires pour la naissance et le développement de la Dette Publique aient dû être la prédominance dans les institutions politiques du principe monarchique et une pratique très développée du commerce d'argent. Toutes conditions qui ne se sont trouvées réunies qu'au sortir du M. A. dans nos sociétés modernes. L'État s'est alors trouvé confondu avec la Royauté; le recours a été on ne peut plus facile et sûr aux créanciers de l'État contre la famille régnante incarnant le pays. Il ne fallait plus, pour donner naissance à la dette publique, que la pratique générale de l'usure et nous verrons comment cette pratique de l'usure s'est répandue.

La transmission paisible et certaine du pouvoir dans une même famille parait une condition si nécessaire de la constitution de la dette publique que c'est sous Justinien seulement, de longs siècles après l'établissement du gouvernement monarchique, qu'on peut relever pour la première fois des traces d'une véritable Dette publique (V. Zachariæ *Geschichte des griechisch-römischen Rechts*; 3e édit., p. 300; et son mémoire sur I *principii di un debito pubblico nel l'impero bizantino* dans les *Rendiconti del R. Istituto Lombardo*. Série II, vol. XVI, fasc. 18, année 1883.) La dette se présente au reste là sous un jour tout particulier. L'État déguise son emprunt sous forme de ventes de fonctions publiques pour la rémunération annuelle desquelles sont institués certains honoraires (ῥόγαι). Le Pouvoir perçoit le prix d'achat et sert ensuite annuellement sous forme de salaires l'intérêt du capital reçu. Ces ventes de fonctions sont de deux sortes : tantôt elles ont lieu à perpétuité : les charges achetées restent à jamais la chose de l'acheteur qui en dispose comme il l'entend, qui les donne, les vend, les laisse à ses héritiers tout comme il en est de nos jours des rentes perpétuelles sur l'État. Entre les brevets, les titres représentatifs de ces fonctions (ἀξιώματα) et nos valeurs de Bourse il n'y a aucune différence : les honoraires de ces fonctions vénales sont nos coupons de rente. — Tantôt au contraire, ce sont des constitutions de *rentes viagères* assignées également sur des fonctions la vie durant de l'acheteur c'est-à-dire du prêteur. Le placement dans ce cas se trouve fait à fonds perdus. Naturellement le taux de placement est beaucoup plus élevé pour les rentes viagères que pour les rentes perpétuelles. Lorsqu'il s'agit de rentes perpétuelles, d'achats de fonctions transmissibles, Zachariæ calcule que le placement est fait aux taux de 2,50 0/0; lorsqu'il s'agit de rentes viagères, que l'argent placé est perdu pour la famille, le taux est de 10 0/0 : ce qui fait une différence énorme. Il est vrai que ces calculs sont établis d'après des documents se rapportant à l'époque de Léon le Sage et nous viennent du *liber de ceremoniis*, I. 86.

Cet expédient commode pour se procurer de l'argent, une fois trouvé, est loin de disparaître de la pratique gouvernementale. Si nous perdons sa trace en Orient à partir de Constantin VII Porphyrogénète, au Xᵉ siècle, nous le voyons reparaître en Occident au XVᵉ siècle, très répandu, parfaitement organisé; et ce n'est pas un mince sujet d'étonnement de constater qu'il a son principal siège et comme son terrain de prédilection à la Cour des Papes. Rancke a consacré tout un chapitre de son histoire des papes (T. I., l. IV, Finanzen) à l'étude de cette pratique fiscale de la vente de fonctions publiques éminemment en honneur sous les pontificats de Léon X et de ses successeurs. Comment la pratique est-elle passée de Constantinople à Rome? Nous n'avons pas sur ce point de témoignage direct : le fait est indéniable; les principes de l'institution sont ici et là fondamentalement les mêmes. La forte position de la papauté, la transmission régulière du pouvoir, la netteté des règles qui président à l'organisation et au fonctionnement de la cour romaine, ont sans doute joué un rôle dans cette transplantation à la cour romaine des pratiques fiscales de la vieille monarchie byzantine. Les incessants besoins d'argent de la papauté engagée dans sa lutte contre le monde musulman et obligée, pour amener les princes chrétiens à ses vues de politique internationale chrétienne, de payer beaucoup, expliquent amplement le trop fréquent recours des papes à cette façou d'emprunt indirect.

Pendant ce temps les autres États européens en venaient à pratiquer ouvertement l'emprunt direct ; et la Dette Publique se constitue avec ses caractères propres.

Comment cela ? Quels ont été les facteurs de cet événement capital : la transformation du Roi, de l'État en débiteur perpétuel ?

C'est du xIIᵉ au xvIᵉ siècle que se forme. le tempérament fiscal de l'État moderne ; et la circonstance décisive de cette formation, c'est la rencontre de la Royauté et du Juif. Sans la prédominance du principe monarchique pas de Dette Publique ; et sans le Juif pas de Dette Publique non plus. Il a fallu ces deux facteurs, il a fallu leur rencontre pour précipiter l'État moderne dans l'abîme qui l'engloutira. C'est la grande question de l'usure, de la légitimité de l'intérêt de l'argent qui se présente ici à nous, et que nous devons étudier si nous voulons comprendre la formation de la Dette Publique.

* *

L'Église au IIIᵉ et IVᵉ siècle a fait son entrée dans la vie sociale par la proscription absolue de l'usure, d'un intérêt quelconque de l'argent. Tous à l'envi, grecs ou latins, les Pères de l'Église, les Saint Basile, les Saint Jean-Chrysostome, comme les Tertullien, les Saint Jérôme, les Saint Ambroise, tous ceux qui eurent qualité pour parler en son nom et donner la règle de la foi et des mœurs aux fidèles, condamnent l'intérêt de l'argent comme le mal par excellence, la manifestation la plus dangereuse de la cupidité humaine. Un des passages les plus forts, où se marquent le mieux les sentiments et les idées du groupe chrétien, est un passage de Saint-Jérôme qui a trouvé place dans une « Episcoporum ad Illudovicum imperatorem relatio, » de l'année 829 (Capitulaires de *Boretius*, t. II, p. 43, l. 20-25), et que nous reproduirons plus tard.

La grande pensée de l'Église ? la voici : l'assistance de son frère dans l'embarras est pour le chrétien un rigoureux devoir, une obligation stricte. Or, le prêt d'une somme d'argent est, pour celui qui le peut, la plus sûre manière de secourir son frère dans la détresse. Il ne faut donc pas que ce devoir puisse, par la manière dont il est rempli, changer de nature. Si tu prêtes à ton frère pour qu'il te rende non seulement l'argent avancé mais un surplus, si dans l'accomplissement de ton devoir tu vois une affaire, que devient en tout cela l'obligation d'aider ton frère parce qu'il est ton frère? Pour couper court à toute possibilité de tentation pour l'homme d'exploiter son semblable dans le besoin, pour que le grand précepte d'amour du prochain qui est tout le christianisme, ne reste pas un vain mot, un conseil vide de sens, il faut résolument proscrire toute préoccupation de gain dans les relations charitables d'homme à homme. Et à sa gloire, l'Église l'a fait héroïquement. Empruntant au droit romain sa doctrine sur le *mutuum*, elle a en tout temps proclamé, au iv° siècle, au ix°, au xiv° comme au xvi° et au xviii° que le *mutuum* en tant que *mutuum*, sans titre externe, ne saurait donner naissance à des intérêts. Le *mutuum* engendre une action tendant à la restitution exacte de la somme prêtée, rien de plus. Voilà ce que l'Église ne cesse de dire en Orient par les canons des Conciles, par la voix des Canonistes les plus autorisés.

Nous citerons les textes les plus significatifs. Le canon 16 de Nicéphore (Syntagma de Ralli et Potli, t. IV, p. 430) est ainsi conçu : « Il faut éviter de communier ou de manger avec ceux qui prêtent à intérêt et qui s'obstinent dans leur faute. » Ariston, de son côté, commentant le canon 10 du Concile ἐν Τρούλλῳ (Syntagma : Canon des Saints Apôtres, c. 44, p. 59), écrit : « Le clerc dont on sollicite la pitié, s'il en profite pour s'emparer du bien d'autrui par l'usure, doit être suspendu de ses fonctions s'il persiste dans sa faute ». Zonaras sur le canon 14 des *Canones* Magni Basilii explique que le Saint « n'admet les laïques à l'ordination qu'autant qu'ils ont cessé de prêter à intérêt et qu'ils ont restitué, sous forme d'aumônes aux pauvres, l'argent qu'ils ont reçu à titre d'intérêt ». Balsamon, dans son commentaire du même canon écrit ces mots plus significatifs encore : « La loi civile ne punit pas les laïques qui prêtent à intérêt ; elle exciterait plutôt même à prêter à intérêt ; mais s'ils voulaient être admis à l'honneur du sacerdoce on ne les admettrait pas à cause de *cette pratique honteuse de l'usure;* ou bien il leur faut préalablement donner aux pauvres les biens qui leur proviennent du prêt de l'argent à intérêt. » Le principe certain qui se dégage de ces textes, c'est donc que la pratique de l'usure est une souillure que l'Église condamne et qu'elle ne saurait absolument pas tolérer dans la personne des membres de son clergé.

Quant aux laïques, l'Église grecque encore près de l'Arianisme, moins émancipée de la tutelle du pouvoir civil que l'Église d'Occident, n'a

pas été assez forte pour faire triompher à leur endroit la prohibition
absolue du prêt à intérêt. Certains empereurs, pleins de zèle pour la
vérité religieuse tentent d'unifier sur ce point la législation civile et
la législation religieuse. L'Écloga de Léon et de Constantin ne parle
pas du prêt à intérêt. De Nicéphore Generalis il est expressément
témoigné qu'il l'abolit. Basile le Macédonien reprend cette prohibition
de l'usure dans son Procheiron. Mais Léon le Sage, tout en rendant
hommage aux nobles efforts de son prédécesseur et de ceux qui l'ont
devancé dans cette voie, se voit contraint de permettre de nouveau le
prêt à intérêt, convaincu qu'agir ainsi c'est empêcher un mal plus
grand. Les Basiliques en reviennent sur la matière au droit de Justinien. A partir de ce moment la légitimité de l'intérêt est pleinement
admise dans le droit byzantin, à un taux même plus élevé qu'avant.
L'état de l'opinion est resté le même, en Orient, sur la question de
l'intérêt de l'argent jusqu'à nos jours. Le droit coutumier de la Grèce
moderne, si nous en croyons Zachariaë (1), admet le taux de 12 0/0.
En Valachie et en Moldavie le taux légal est de 10 0/0. — Le droit
canon continue à interdire aux ecclésiastiques le prêt à intérêt : l'intérêt
découlant du *mutuun* lui-même, mais non pas naturellement l'intérêt découlant du titre externe (Syntagma canonum, I, p. 204-205).

Les nations jeunes et naïves, qui sont venues s'établir sur le sol de
l'Empire d'Occident, se sont laissées plus profondément empreindre
de l'esprit chrétien. En Occident et en Orient le point de départ est le
même : tolérance de la loi civile pour le prêt à intérêt des laïques ;
défense expresse de recevoir des intérêts aux clercs et aux membres
du clergé supérieur. Mais, tandis qu'après de vains efforts au ixe et
xe siècles pour faire adopter par la loi civile ses rigoureuses doctrines
sur l'usure, l'Église d'Orient abdique et se résigne à abandonner à l'esprit de cupidité la société civile, l'Église d'Occident lutte jusqu'au bout
et parvient à faire de la proscription de l'intérêt la règle absolue de
cette dernière. J'ose dire qu'il n'y a rien de beau et d'émouvant comme
cette lutte de l'Église d'Occident contre la cupidité humaine. Elle commence avec l'établissement des Barbares, les débuts de la royauté franque
pour ne finir qu'avec la fin de la royauté française. Les capitulaires
des Rois mérovingiens et carolingiens sont remplis de prescriptions
sur ce sujet. Pour donner une idée de la force, de la passion, de l'in-
domptable ténacité de l'Église à maintenir sur ce terrain sa doctrine

---

(1) Zachariæ, *Geschichte des griech. rom. Rechts*, 3e édit., p. 310-313.

sociale, je me contenterai de reproduire ici le ch. 54 de l'adresse des évêques, en 829, à ce grand empereur honnête homme, la première esquisse de Saint-Louis, que l'histoire a surnommé le Pieux ou le Débonnaire : Louis, le fils de Charlemagne. Je trouve à ces paroles je ne sais quel accent de sincérité poignante et je ne m'étonne pas que l'écho s'en soit fait entendre au fond de la conscience des peuples. « Parce que donc, dit notre Canon, étant donnée cette multitude d'inventions de l'esprit d'usure, des clercs et des laïques oublieux de la parole du Maître : tu ne *donneras pas de l'argent à intérêt*, tu ne demanderas pas qu'on *te restitue un surplus de fruits*, des clercs et des laïques se sont laissés aller à la fièvre des gains honteux, n'ont pas craint, dans leur cupidité, de recourir à toutes sortes de moyens usuraires pour opprimer les pauvres, les épuiser, réduire les uns à mourir de faim, forcer les autres à délaisser leurs biens pour s'établir sur des terres appartenant à autrui ; parce qu'il en est ainsi nous voulons fermement que cela ne soit plus. Nous prétendons nous opposer à cela de toutes nos forces, ayant dans l'esprit le langage que Dieu tient par la voix de ses législateurs dans l'Exode 22 à 25 : « Si tu prêtes de l'argent à mon peuple, au pauvre qui est avec toi, tu ne seras point à son égard comme un créancier ; tu n'exigeras de lui point d'intérêt» ; — dans le Lévitique, 25, 35-36 : « Si ton frère devient pauvre et que sa main fléchisse près de toi, tu le soutiendras... tu ne tireras de lui ni intérêt ni usure, et la crainte de ton Dieu fera que ton frère puisse vivre avec toi (1) ; — dans le Deutéronome, 15, 7, 8 : « s'il y a chez toi quelque indigent d'entre tes frères dans l'une de tes parts au pays que l'Éternel, ton Dieu, te donne, tu n'endurciras point ton cœur, et tu ne fermeras point ta main devant ton frère indigent. Mais tu lui prêteras de quoi pourvoir à ses besoins. Garde-toi d'être assez méchant pour dire en ton cœur : la septième année, l'année de relâche approche! Garde-toi d'avoir un œil sans pitié pour ton frère indigent et de lui faire un refus : il crierait à l'Eternel contre toi. Tu ouvriras ta main à ton frère, au pauvre, à l'indigent dans ton pays. — De son

---

(1) La Vulgate que suivent les évêques de Louis-le-Pieux donne comme texte : Et susceperis eum quasi advenam et peregrinum et vixerit tecum... Time Deum tuum *ut vivere possit frater tuus apud te...* Le protestant Segond dans sa traduction de la Bible suit le texte hébreu et grec : φοϐηθησῃ τὸν Θιὸν σου· ἐγὼ Κύριος, καὶ ζήσιτχι ὁ ἀδιλφός σου μιτχ σόυ : tu craindras Dieu et ton frère vivra avec toi.

côté, le prophète Amos (8, 4, 6) : « Écoutez ceci, vous qui dévorez l'indigent et qui ruinez les malheureux du pays ! Vous dites : Quand la nouvelle lune sera-t-elle passée afin que nous vendions du blé ? Quand finira le Sabbat, afin que nous vendions les greniers ? Nous diminuerons l'épha ; nous augmenterons le prix ; nous falsifierons les balances pour tromper ; puis nous achèterons les misérables pour de l'argent et le pauvre pour une paire de souliers, et nous vendrons la criblure du froment ». — Saint Jérôme dans son exposition du prophète Daniel (Commentarius in Ezechielem, ch. 18,8. Opera, éd. Bénéd., t. III, coll., 823) : « Certains pensent, dit-il, qu'il ne peut y avoir usure qu'à propos d'argent. Mais l'Ecriture, prévoyant cela, a pris soin de proscrire expressément tout surplus. Tu ne dois pas recevoir plus que tu n'as donné. C'est la coutume à la campagne, qu'il s'agisse de froment, de millet, de vin ou d'huile, d'exiger des intérêts, ou pour parler comme la Sainte Parole, un surplus. Par exemple : au temps de l'hiver nous donnons 5 muids, et nous en recevons 10 au temps de la moisson, c'est-à-dire juste la moitié en plus. L'homme qui se croira le plus juste en recevra au plus le quart. Et tous de raisonner et de dire : J'ai donné un muids lequel semé m'en aurait donné 10 : n'est-il pas juste que je reçoive un demi muids en plus du mien, puisque, grâce à ma libéralité, cet homme jouit de 9 muids qui pourraient me revenir ? — Ne vous trompez pas vous-mêmes ; ne vous abusez point ; *on ne se moque point de Dieu*. Que le prêteur qui a eu la miséricorde de prêter nous réponde d'un mot : est-ce donc à quelqu'un possédant qu'il a prêté ou à quelqu'un ne possédant rien ? A celui qui a, d'une manière générale, il n'aurait pas dû donner, mais il lui a donné justement en tant que n'ayant pas. Pourquoi donc lui demande-t-il un surplus sous prétexte qu'il a ? — D'autres ont coutume de recevoir pour l'argent prêté des cadeaux de différentes sortes ; ils ne comprennent pas qu'il faut appeler *usure* et *surplus* tout ce que tu reçois en plus que ce que tu donnes ». — Voilà le noble et haut langage que l'Eglise n'a cessé de tenir durant tout le Moyen-Age.

Quand le Droit Canon s'est constitué des sources mélangées des Pères, des Conciles, des décrétales des Papes, voilà les passages comme ces mots de Saint-Augustin dans le Décret de Gratien, Canon 2, c. XIV, Question V, qui ont été retenus pour être la loi morale et sociale des peuples chrétiens : « Le Tout-Puissant réprouve les dons des hommes injustes ; il n'a que faire des oblations des méchants et la multitude de vos sacrifices ne saurait l'attendrir sur vos péchés. L'homme qui offre un sacrifice de la substance du pauvre est comme celui qui égorgerait le fils en présence de son père. Le pain des indigents c'est la vie du pauvre. *Celui donc qui dépouille le pauvre est un homme de sang.* Ravir à l'homme le pain gagné à la sueur de son front ,c'est tuer son prochain. *L'homme qui verse le sang et celui qui fait tort au mercenaire sont frères* ». (Saint-Augustin ; in p. 50 Homiliarum, 7). Ces efforts pour proscrire l'usure ne restent pas vains ni confinés à certaines régions. Le Concile général de Latran de 1179 formule un canon immédiatement reçu dans le corps du Droit canonique : Decretales, Gregorii, l. V, T. XIX, c. 2 et 3 d'après lequel, constatant que « presque partout un grand nombre de personnes commettent le crime d'usure en toute sécurité de conscience et sans souci de la double condamnation portée par l'Ancien et le Nouveau-Testament, l'Eglise décide que les personnes convaincues d'usure ne seront pas admises à la Sainte Communion, ne jouiront pas de la sépulture chrétienne, s'ils meurent en état de péché d'usure ; qu'enfin leurs offrandes ne seront reçues par aucun prêtre. Tout clerc convaincu de les avoir reçus à la communion ou de leur avoir donné la sépulture chrétienne devra rendre ce qu'il peut tenir d'eux et sera suspendu de ses fonctions tant qu'il plaira à l'évêque ». — Ces dispositions du Concile de Latran restent fondamentales sur la matière, à chaque instant visées par les Conciles et les Décrétales des Papes. Une décrétale de Grégoire X (1271-1276) qui figure au *Sexte*, L. V., t. 5 : De usuris, c. 1, dit expressément que la Constitution de Latran contre les usuriers doit être appliquée dans toutes ses dispositions.

Le canon 2 du même titre du *Sexte* prescrit les mêmes peines contre les usuriers endurcis, et à la privation de la sépulture chrétienne ajoute encore l'incapacité testamentaire : « Testamenta quoque manifestorum usurariorum aliter facta non valeant, sed sint irrita ipso jure. » Voilà les peines terribles portées par l'Eglise contre l'usure comme contre le plus grand péché. C'est que, sans s'arrêter à la surface et aux semblants, elle a vu le fond de l'abîme de cupidité qui se dissimule sous ce contrat d'apparence bénigne. Il y a, au Décret de Gratien, un texte qui passe comme un éclair, illuminant ces profondeurs : C'est le c. 12, ch. XIV, q. V., un texte de Saint Ambroise dans son commentaire sur le livre de Tobie, ch. 15. Ce texte parle ainsi : « Il faut pratiquer l'usure, exiger des intérêts de celui auquel nous pouvons nuire à bon droit. Celui-là contre qui nous prenons les armes avec raison, si nous ne pouvons pas facilement en triompher par la force des armes, il est légitime de *lui faire la plaie de l'usure.* De celui-là tu peux exiger l'intérêt du 100°. *Contre celui-là que tu peux tuer sans crime, exerce l'usure.* Il pratique le *droit de la guerre* sans qu'il y paraisse, *celui qui pratique l'usure;* sans gloire, il se venge de son ennemi, celui qui se révèle créancier implacable des intérêts dûs. *Là où est le droit de la guerre, là est aussi le droit de l'usure.* »

Voilà ce qu'est fondamentalement pour l'Eglise la pratique de l'usure, la façon dont elle arrive à la faire concevoir et juger par tous.

Dans un commentaire sur le Rituel, paru vers la fin de l'ancien régime, fort répandu, et qui a servi à la formation de plusieurs générations de prêtres : les « Instructions et commentaires de Albert Joly de Chouin, évêque de Toulon, voici comment est rapportée en ses points essentiels, la question de l'usure. T. I, p. 399 « L'usure est condamnée par les païens mêmes; elle est contraire au droit naturel parce qu'elle est un *larcin* et qu'il est contre le droit naturel que quelqu'un reçoive deux fois, c'est-à-dire fasse payer deux fois la même chose : ce qui arrive quand on exige quelque chose par dessus ce qu'on a prêté à raison du prêt : car on reçoit la somme prêtée et de plus on reçoit l'intérêt. Il est contre le droit naturel de vendre ce qui n'est pas : or c'est ce que fait l'usurier : car si l'intérêt qu'il exige est pris pour l'usage de l'argent, il vend une chose qui n'est pas; l'usage de l'argent n'étant pas distingué de l'argent, il n'en peut avoir une différente appréciation. En effet dans les choses qui se consument par l'usage, ou nous échappent des mains quand nous en usons, on ne peut estimer séparément l'usage d'avec la chose. Il répugne au droit naturel et à la raison d'admettre un usage de droit ou de fait séparé de la propriété des choses qui se consument par l'usage. Enfin il est contre le droit naturel de se faire payer de ce qui n'est pas à nous et de profiter du bien d'autrui. Or ce qui a été prêté n'est plus au prêteur, mais à l'emprunteur, qui, par conséquent, doit en profiter seul ». Et le vieil évêque continue : « il est important d'observer que jamais l'église ne s'est relâchée et qu'elle n'est jamais entrée en composition sur ce point. L'usure excessive lui a paru, à la vérité, plus odieuse, mais la plus mitigée n'a pu lui paraître légitime. Elle a condamné les présents ou exigés grossièrement ou attirés par des voies indirectes : étant persuadée que Dieu défend tout, elle a cru toujours n'avoir en cette manière aucune autorité de rien permettre » (p. 408). — Et il ajoute encore (p. 407) : « L'usure ne saurait être nécessaire à la société civile, à l'humanité, au bien public. Car Dieu ne saurait défendre une chose juste en soi et nécessaire aux biens des hommes. Et pour ce qui est du commerce, comment oser dire que l'usure lui est nécessaire? Ne devrait-on pas plutôt avouer qu'elle en est la ruine et le malheur?

« Mari plerique utuntur ad questum, dit St Ambroise (Lib. de Tobia c. 13), foenore nemo utitur nisi ad dispendium; ibi multorum commodum est, hic universorum naufragium ». « On comprend sans peine qu'un marchand qui ne met dans le commerce que son bien et qui, ne voulant pas faire une prompte mais périlleuse fortune, n'emprunte rien ou très peu, fait un gain moins partagé, que ses pertes sont moins faciles à soutenir, et qu'il est moins exposé aux banqueroutes. Il est encore aisé d'entendre qu'un marchand qui n'emprunte que de ceux qui entrent en société avec lui de bonne foi, qui ne veulent point assurer leur gain, ni éviter les risques inséparables du commerce, n'est pas si exposé aux malheurs ordinaires et à ceux de sa profession que s'il emprunte à usure, à des termes fort courts et à des conditions très dures; comme il se pratique tous les jours. L'avarice des marchands et leur luxe en sont les premières causes. Ils veulent devenir riches, trop tôt, et user imprudemment de leurs richesses. L'avarice des usuriers en est une seconde cause. Ils trouvent qu'il est *doux* de prêter à des gens qui paraissent dans l'abondance et qui paient régulièrement. Mais la divine Providence punit souvent les autres dans cette vie et ce qui les menace dans l'autre est infiniment plus terrible ».

Voilà, l'atmosphère morale dans laquelle ont vécu les populations chrétiennes.

Le résultat le voici : En France, le prêt à intérêt est prohibé *en principe* jusqu'au décret du 3 novembre 1789.

En Allemagne, il en est de même jusqu'en ce siècle, comme la démontré d'une manière péremptoire, contre Funck, C. von Vogelsang dans sa vigoureuse brochure : *Zins und Wucher*, Wienn, 1884, p. 82-85. Si la pratique peut avoir été et a été dans une certaine mesure tout autre (1), partout en Occident, jusqu'à notre siècle, dans les pays catholiques la législation civile suivant la législation ecclésiastique a considéré comme coupable d'un vrai délit l'individu prêtant à intérêt. Pour ne pas multiplier inutilement les preuves, nous nous contenterons de citer les *Établissements de Saint-Louis*, éd. « Viollet : L. I, § 91. « De usuriers punis. Quand en la terre au baron a aucun usurier ou en quel que terre que ce soit et il en est provez li meuble si en doivent estre au baron. Et puis doit estre punis par Sainte-Église por lou péchié, car il appartient à Sainte-Église de chastoier chacun péchéor de son péchée, selon le droit escrit en Décrétales de judiciis ». Quant au tribunal compétent, une

---

(1) V. *Opus morale theologicum de Ballerini et Palmieri*. T. III, p. 619-620.

charte de la collection *Housseau*, f° 27, v° acte 844, rapportée par Viollet, apprend qu'un tribunal *mixte* fut formé au xi° siècle en Anjou pour
la répression du crime d'usure.

Au xvii° siècle, un manuel de procédure d'usage courant alors, la
Nouvelle pratique civile et criminelle de Lange (8° édit. publiée par Talon),
Paris, 1699, p. 54, enseigne qu'il faut appliquer contre les usuriers un
Édit de Henri III : États de Blois, art. 202; et les punir la première
fois « d'amende honorable, bannissement et condamnation de grosses
amendes; pour la seconde fois : de confiscation de corps et de biens ».
Denisart, *Répertoire de Droit*, à l'article usurier, cite un arrêt du Parlement de l'an 1777 où est visée toute l'ancienne législation sur l'usure
et qui condamne à la peine de bannissement et de confiscation tout un
groupe d'usuriers d'Orléans.

Telle est dans ses grands traits la glorieuse et féconde lutte de
l'Église contre la cupidité humaine.

Comment, en présence de cette formelle défense du prêt à intérêt de
de la part de l'Église et de la Loi civile, ont pu recevoir satisfaction
dans leur juste mesure les besoins indispensables de la vie? comment
a pu se faire cette communication nécessaire de l'argent de ceux qui
en ont à ceux qui n'en ont pas, qui semble la base de l'économie?

D'abord le prêt, par la doctrine du *quod interest*, du titre *externe*, a
été facilité autant qu'il a été possible sans violer le principe de la gra-
tuité du prêt inhérente à la nature essentielle du *mutuum*. L'obligation de prêter par pur amour du prochain a été maintenue dans sa
pleine intégrité : on n'a pas voulu que les seuls rapports d'homme à
homme pussent être des rapports d'intérêt; on a fait à l'homme un
devoir exprès et quotidien de la bienfaisance. Mais il ne fallait pourtant pas que le bien accompli tournât au détriment du bienfaiteur. On
a admis qu'il était juste, conforme à la loi religieuse, que le dommage
que subirait dans certains cas le prêteur pût être écarté. Toutes les fois
que le prêteur, pour rendre service, se prive d'un bénéfice prochain
assuré, il peut à bon droit se faire indemniser par l'emprunteur de ce
bénéfice sûr que le prêt seul qu'il consent l'empêche de réaliser. C'est
ce qu'on appelle le titre externe du *lucrum cessans*. De même si par la
négligence de l'emprunteur à restituer la somme prêtée pour tel laps
de temps le prêteur a subi quelque préjudice, n'est-il pas juste que
l'emprunteur négligent le prenne à sa charge? C'est ce qu'on appelle
le titre externe du *damnum emergens*. Il y a enfin une troisième raison

pour laquelle le prêteur peut recevoir de l'emprunteur quelque chose en plus que le capital prêté. C'est quand il y a *periculum sortis ;* quand il est *bien sûr* que le prêteur court le risque de perdre le capital prêté. Mais il faut dire ici que les conditions justifiant le paiement d'un inté- rêt se présentent très rarement et doivent s'entendre de la manière la plus stricte. Une lettre de Grégoire IX, Décrétales, L. V, T. 19, c. 19, dit expressement que « doit être considéré comme usurier célui qui prête à un marchand partant pour une foire ou prêt à s'embar- quer et qui en raison des dangers que court son argent, prétend se faire remettre plus qu'il n'a reçu : Naviganti vel ad nundinas certam mutuans pecuniæ quantitatem pro eo quod in se periculum recepturus est, recepit aliquid ultra sortem, usurarius est censendus » ! Et dans les cours de Théologie les plus récents, celui de Scavini, par exemple : *Theologia moralis universa ad mentem Sci Alphonsi de Ligorio;* Mediolani, 1882, T. II, p. 350-51, qui a quelque célébrité, il est encore expliqué que, pour que ce titre soit valable, il faut que le danger de perdre le capital soit *extraordinaire,* et que le prêteur ne puisse se faire consti- tuer des garanties sérieuses : « ut periculum sit extraordinarium amit- tendi sortem vel eam non recuperandi sine expensis atque laboribus... Ut mutuator non recuset sortis assecurationem, si sibi offeratur v. g. per pignus vel per fidejussionem ; hoc enim in casu verum periculum non adessel ».

..

Mais le contrat qui a tenu dans la société chrétienne la place que le prêt à intérêt tient dans la nôtre, qui a permis une certaine circulation de l'argent, tout en préservant le corps social du grand danger de l'exas- pération de l'usure, est le contrat de constitution de rente; celui que les canonistes et les théologiens appellent *contractus census.* (Ballerini et Palmieri, T. III, (p. 732-734). Il importe, si l'on veut comprendre son rôle et avoir quelque sens de la société à cette époque, de bien mettre en lumière ses particularités caractéristiques, sans se laisser égarer par les commentaires et les difficultés auxquels il a donné lieu.

Voici comment s'exprime sur la matière du contrat de constitution de rentes notre *Commentaire sur le Rituel* de Joly de Chouin, que nous avons déjà cité: ce contrat demande deux choses: « que le revenu annuel s'achète selon le taux du Prince; et que le vendeur du revenu ait la liberté de le racheter et qu'il n'y soit pas contraint ». Si nous étudions la matière dans le grand ouvrage de *Théologie Morale* de Bal- lerini et Palmieri, les points litigieux que les auteurs relèvent et développent avec une abondance presque fastidieuse serviront à nous mieux faire saisir les grandes articulations de l'institution juridique.

Voyons d'abord la définition du contrat. C'est un « contrat par lequel on achète, moyennant cession de quelque immeuble ou paiement d'une certaine somme que le cédant s'oblige à ne jamais redemander, le droit de percevoir de celui qui reçoit l'argent ou l'immeuble une certaine somme : contractus quo emitur jus percipiendi pensionem annuam, — mediante cessione alicujus immobilis vel pecuniœ solutione, quam cedens se obligat ad nunquam repetendum ». Selon que le contrat est constitué par la cession à titre gracieux par le censualiste d'un immeuble propre, sur lequel il se réserve une certaine pension annuelle, ou au contraire que le censualiste, pour s'assurer le paiement de cette pension est obligé de consigner une somme entre les mains du censier, on dit que le cens est *réservatif* ou *consignatif* (reservativus aut consignativus).

Il ne semble pas qu'il puisse y avoir difficulté quand il s'agit de *cens réservatif* : le contrat de cens est alors, envisagé historiquement, le simple contrat de précaire. Le *censualiste* qui est riche et qui veut bienfaire, donne au censier pour un laps de temps indéfini, pour aussi longtemps qu'il voudra, ou pourra payer la rente, la jouissance de l'immeuble (1). Le « census reservativus » c'est ce que les canonistes et les théologiens appellent avec raison rente foncière : census fundiarius, rendita fundiaria; c'est sans doute, de notre point de vue, d'après ce type qu'il faut concevoir la censive, la tenure à cens qui a tenu une si grande place dans les rapports terriens du M. A.

Il n'en est plus de même du *census consignativus*. Or c'est en cette qualité que le *census* a joué le grand rôle qui nous le fait étudier ici; la rente porte alors le nom de *rente constituée*; et les difficultés s'accumulent.

Au point de vue de l'assiette de la rente, on peut distinguer trois sortes de rentes : 1° la rente *réelle,* celle qui est constituée et hypothéquée sur une chose fructueuse; une maison, un champ, dont une partie des fruits sert ainsi au paiment de la rente : en quelques mains que passe la chose, la charge de la rente la suit et passe avec elle ; 2° la rente *personnelle* qui est constituée sur la personne même considérée comme frugifère, comme produisant des fruits par son activité et son industrie, comme ayant des biens en fait ou en

____

(1) *Form. Alsaticæ*, 1, 2.

espérance qui pourront servir au paiement de la rente. (Ballerini et Palmieri : census constitutus super personâ quœ suâ operâ et industriâ utilis sit et fructum aliquem pariat, vel bona in spe vel re habeat, unde pensio duci possit) ; 3° Enfin la *rente mixte* qui est assise à la fois sur la chose et la personne : c'est un *census personalis* avec hypothèque, en sorte que la chose venant à disparaître, la personne reste encore obligée et qu'au cas où la chose hypothéquée vient à passer en d'autres mains, le nouveau propriétaire n'a pas à répondre immédiatement du paiement du cens, mais peut exiger qu'on discute d'abord le premier propriétaire, le censier, et qu'on les fasse préalablement, lui et ses héritiers, déclarer insolvables.

Telles sont les trois espèces sous lesquelles peut se présenter le contrat de cens consignatif. La question qui se pose est celle-ci : ces trois espèces sont-elles également licites? Réalisent-elles toutes également la nature essentielle du contrat? Ou faut-il distinguer du type des formes dérivées et accessoires qui en ont laissé tomber des éléments essentiels ?

De son origine même le *census reservativus*, nous l'avons vu, garde toujours le caractère d'un *contrat bienfaisant*, auquel le censier ne souscrit que parce qu'il le juge tel et qu'il y trouve d'une manière non équivoque son avantage.

Sur le *census consignativus* on remarquera que tout d'abord l'espèce que nous avons appelée *census personalis* occupe visiblement dans la doctrine une situation toute particulière. Toujours la question s'est posée, si ce census personalis était permis; et par la plupart des docteurs il a été répondu dans le sens de la négative. Ballerini et Palmieri (p. 741), distinguent les deux cas où ce cens est rachetable de la part de l'acheteur seulement et de la part du vendeur et de l'acheteur et sont obligés de constater que, dans l'un et l'autre cas, *Lugo :* Disput. 27, n° 22-32, et bien d'autres estiment que le contrat est illicite. — Les théologiens de notre siècle seraient plutôt d'un avis contraire.

Les « *Compendiosæ institutiones theologicæ* de Ant. J. de Clermont-Tonnerre,* juxtà adnimadvertiones a nonnullis theologis romanis propositas emendatœ », un des cours les plus répandus dans les séminaires français pendant les quarante premières années de ce siècle, affirment elles aussi le caractère licite du contrat. Mais il est remarquable que pour tous la chose fait question ; et les « Institutiones » de J. de Clermont pour justifier leur solution sont obligées de se rabattre sur cet argument : que la bulle *cum onus* de Pie V qui manifestement condamne le contrat « n'a pas été reçue en Gaule, en Espagne, en Belgique, pas même dans les États Romains ». Quant à *Ballerini* et *Palmieri* (p. 741), leur principale raison d'être pour l'affirmative c'est que « le travail et le gain du vendeur de cens qui en résulte, sont quelque chose aussi, une *res*, au même titre que le bien, le *praedium*, la *domus*, sur laquelle est constitué le *census realis* et qu'on ne voit pas pourquoi ce qui est permis dans un cas ne le serait pas dans l'autre : « Et sane posito quod etiam in censu personali *aliquid sit, cui census innitatur*, opera nempe seu lucrum venditoris, non apparet cur quod in reali licet, in personali non liceat ». Le cens personnel, ajoutent-ils, est le *droit acquis par achat* de percevoir une rente annuelle sur les gains de quelqu'un, et nul ne nie la légitimité du contrat par lequel sur une personne exerçant une industrie on constitue l'obligation de payer une partie de ses gains annuels du fait de cette industrie ; c'est ainsi au reste qu'on trouve constituées des *dimes personnelles* et qu'on paie des tributs de cette nature au magistrat (1).

Ce sont là des raisons plus spécieuses que solides. La solution de la question dépend de la réponse qu'on fait à celle de la véritable nature de la *rente réelle*, du *census consignativus realis*. En quoi ce census diffère-t-il de l'*usura*, de l'intérêt ? En ce que, répond-on d'habitude, il y a vente, une vente dont l'objet n'est pas précisément la rente elle-même, mais le *droit à* percevoir la rente. « C'est une véritable vente, dit le Rituel de Monseigneur de Chouin, et un véritable achat où on donne une somme payée en une fois pour le droit d'en recevoir une rente ; d'où il s'ensuit qu'il ne se fait point une double compensation d'une même chose. L'intérêt compense le principal, mais jamais le principal ne compense le principal. Quand on reçoit cette rente elle n'est pas le fruit d'un argent et d'un usage, qui ne nous appartiennent plus comme dans le prêt, mais c'est une *chose achetée qui appartient* à l'acheteur et qui se paie petit à petit : car telle est la nature de cet échange ».

La véritable réponse à mon sens n'est pas celle-ci : elle est dans *Lugo* D. 27. s. 2, n° 20. Ce qui distingue vraiment le *census* de l'*usura* c'est que ce qu'achète le *censualiste* ce n'est pas la rente, ni le *droit*

---

(1) « Census personalis est jus emptione comparatum percipiendi redditus annuos ex lucris alicujus personæ : atqui nemo negat super persona industri constitui posse obligationem solvendi partem aliquam annuorum lucrorum ; nam ita decimæ personales constituebantur... ita tributa quæ magistratui penduntur ».

à la rente, ni les fruits, mais plutôt une *partie* de l'*usufruit* de tel ou tel champ, de telle ou telle maison sur lesquels la rente est constituée, en sorte que tout le domaine direct du champ, de la maison reste aux mains du vendeur, tandis que le domaine utile ou le droit d'usufruit est *en partie* vendu : « non emi pensiones neque *jus ad illas* neque fructus, sed potius *partem usufructûs* talis prœdii super quo census constituitur; ita ut dominium totum directum prœdii maneat apud venditorem, dominium vero utile seu jus usufructus ex *parte* vendatur ». (V. Ballerini et Palmieri). — D'après cela il est essentiel que la rente ne représente qu'une *partie de l'usufruit*; que la constitution de cens, *loin d'être onéreuse au censier*, lui soit toujours *un bienfait* et le laisse dans une situation sensiblement supérieure à ce que serait sa situation sans cela. Cela fait donc une *difficulté véritable* que le census au lieu d'être constitué sur une chose de soi fructifère, un immeuble toujours et en tout état de cause capable de produire des fruits, soit constitué sur la personne, sur les forces humaines si fragiles, soumises à toutes sortes de chances de destruction. Lugo et bien d'autres avec lui concluent de cette raison décisive que le cens purement personnel doit être considéré, selon toute probabilité, comme illicite. (Lugo. D. 37. S. 225, n° 25).

L'histoire, non moins que la plus vieille construction dogmatique, donne raison à ces derniers. Les plus anciens textes juridiques ne font mention que de cens constitués sur des immeubles. Beaumanoir : Coutumes de Beauvaisis : ed. Beugnot : T. I, p. 349, C. xxiv, § 20. « Si comme il ont vendu à un preud'homme sor lor *manoirs* deniers de rente ou sor lor héritage, et si ne demeure pas por ce que li droit cens n'en soit paiés à autrui ». — Le *Grand Coutumier* de Charles VI (édit. Laboulaye et Dareste) de son côté, p. 264 ch. 23, parle de saisine en censive secundum consuetudinem Franciæ en vente d'héritage ou du cens ou de *rentes à perpétuité sor maisons ou héritages*. Dans les Olim il n'est pas impossible de trouver des espèces où il soit question de rentes constituées.

Mais le texte fondamental est la constitution de Martin V (1425), qui figure au *Corpus juris canonici* parmi les *extravagantes communes*. L. III. V. ch. 1, et qui semble prétendre fixer d'une manière définitive les points essentiels du contrat. Cette constitution pose nettement le principe que le census peut seulement être constitué sur un immeuble. Elle dit le fait d'abord : « par tout le diocèse de Breslau, de temps immémorial toutes les classes de la population : le puissant baron, le noble, le citoyen des villes, l'habitant des petites localités (baro,

miles, civis sive oppidanus), ont vendu sur leurs immeubles : dominia, oppida, terræ, agri, prædia, domus, hœreditates, donc sur les
immeubles de toutes les catégories, des rentes annuelles à un taux variant de 10 à 14 0/0, suivant l'époque et les conventions intervenues
entre les parties. Ces achats de rentes constituées sont faits surtout
par le clergé qui a trouvé là pour ses fonds un mode de placement
tout à fait convenable, en sorte que les bénéfices ecclésiastiques, dont
le plus clair des revenus consiste ainsi en rentes constituées, se montent
à plus de 2,000 (beneficia ecclesiastica, collegia, canonicatus et pro-
bendæ, dignitates, personatus et officia, vicariæ, altariæ). — Puis le
pape formule le droit, la forme obligée du contrat : le prix d'achat de
la rente devra être versé intégralement entre les mains du vendeur, et
seront expressément mentionnés au contrat les biens affectés perpé-
tuellement comme garantie au paiement du cens annuel. « pro ipsius
census annui exsolutione in perpetuum obligatis ». La rente doit donc
être essentiellement constituée sur un immeuble déterminé. La bulle
de Callixte V (1455) qui ne fait guère que reproduire les dispositions
de celle de Martin V, après avoir donné une énumération analogue des immeubles sur lesquels peuvent se constituer ces rentes :
super eorum bonis, domibus, agris, prodiis, possessionibus et hæreditatibus, définit le contrat un véritable achat de rente, « où chacun est respectivement vendeur et acheteur, le censualiste vendant
son argent, le débi-censier son cens, sous cette condition expresse que
la rente à payer chaque année sera, dans le contrat de constitution de
rente, assignée sur un bien déterminé, dont les revenus seront spécialement affectés au paiement de la rente (1) qui ne doit forcément représenter jamais qu'une *part du revenu*. Une autre condition qui fait partie essentielle du contrat, c'est que le cens soit toujours rachetable de
la part du vendeur en tout ou par partie ; et quand le débi-censier
restitue une partie du capital, le cens ou la rente se trouve par le fait
réduit à proportion. « Toujours, dans ces contrats, dit la bulle de
Martin, il est expressément stipulé en faveur des vendeurs la faculté
de racheter la rente en tout ou en partie, moyennant restitution à l'a-
cheteur de l'argent que l'emprunteur a reçu, et cela en tout moment,
quand cela leur fera plaisir, sans que personne puisse leur en faire

---

(1) « Et recipere soliti fuere illa ex domibus, terris, agris, prædiis, possessionibus et hæreditatibus prædictis qui in hujusmodi contractibus expressi
fuerunt, prædictorum solutione redituum et censuum efficaciter obligantes »

obligation ou au contraire les en empêcher : dans le cas de paiement partiel, le cens à payer diminuant en proportion de la somme restituée ».

Le cens ne sera jamais rachetable de la part du *censualiste*. « les vendeurs, disent nos deux bulles de Martin et de Callixte, ne pourront jamais être contraints par les acheteurs à restituer la somme empruntée ». Callixte va plus loin : même « au cas où les possessions et biens qui sont affectés au paiement de la rente, viennent à disparaître ou à subir une destruction presque totale, les emprunteurs ne sont pas tenus à restitution de la somme prêtée : sed iidem ementes, etiam si bona, domus, terræ, agri, possessiones, et hæreditates hujusmodi processu temporis ad omnimodæ destructionis sive desolationis reducerentur opprobrium, *pecuniam suam agendo repetere non valerent.* »

Tels sont les éléments essentiels du contrat de cens *consignatif réel*, tel qu'il se présente en droit canon et dans la doctrine pontificale. Visiblement il est, autant que possible, *en faveur du censier*. Toutes ces dispositions fondamentales : la faculté de rachat du cens à tout moment de la part du censier, l'impossibilité pour le crédi-rentier de répéter la restitution de la somme, la *complète libération de l'emprunteur par le fait même de la perte* ou destruction de la chose engagée, l'obligation d'asseoir la rente sur un immeuble, une chose fructifère dont les revenus dépassent sensiblement le montant de cette rente : autant de dispositions qu'une pensée de pitié et de miséricorde en faveur de l'emprunteur a seule pu faire passer dans la législation d'une époque chrétienne. Il faudra bien se garder de voir une simple phrase de style dans ces mots de la bulle de Martin V : « Princeps, baro, miles, civis, sive oppidamus... cum hoc expedire videbatur, melius pro tunc *non valentes sibi consulere* » et dans ceux-ci de la bulle de Callixte : ipsi habitatores et incolæ... quibus id pro suis statu et indemnitatibus expedire visum est. » Il s'agit de venir en aide à des personnes momentanément en butte à de grandes difficultés ; on ne peut faire que ce qui est ne soit pas. Mais on fait tout ce qu'on peut pour les sauver des expédients redoutables dont la ruine complète est le dernier terme. Le contrat de rente tel qu'il est arrêté dans ses grandes lignes par les bulles de Martin et de Callixte se présente bien à nous comme une création de l'esprit chrétien, de l'esprit de pitié et de charité pour nos semblables. — Au siècle suivant, au moment où le mouvement général de révolte éclate de toutes parts contre la vieille discipline ecclésiastique, le contrat se développe dans son sens primitif ; et deux grandes bulles ; la bulle *cum onus* de Pie V du 29 janvier 1569, et la bullé *detestabilis* de Sixte V (1586) viennent confirmer ses grandes lignes. Tout d'abord la bulle de Pie V (Magnum Bullarium auctore *Cherubini* : Lugduni, 1655; t. II. p. 1568) pose nettement le principe abstrait « qu'un cens ou une rente annuelle ne pourra être constituée que sur un immeuble ou un droit considéré comme tel, frugifère de sa nature et nominativement désigné. » § I. — Statuimus censum nec redditum annuum creari, constitui nullo modo posse nisi in re immobili ant quœ pro immobili habeatur, de suf natura fructiferâ et quœ nominatim certis finibus designata fuerit ». Le § 8 explique toute la signification et la portée des mots « une chose immobilière et frugifère de sa nature » en ajoutant qu'il sera défendu d'*accroître le cens*, ou d'en créer un nouveau en faveur de la même personne ou d'une autre agissant pour lui, en raison des arrérages dûs ou des cens à devoir dans l'avenir : immò *et censum augeri et novum creari super eâdem re in favorem ejusdem aut personœ per eum suppositœ pro censibus temporis vel prœteriti vel futuri... omninò prohibemus.* » Le but de la disposition est évidemment d'empêcher la perception d'intérêts des intérêts, de cens de cens et de faire que la situation du débi-censier n'empire pas. Il faut que la chose reste frugifère entre ses mains : la légitimité du contrat est subordonnée à cette condition. Les dispositions du § 7 portant que le débi-rentier négligent ne pourra être tenu de l'*interesse lucri cessantis* ou privé en tout ou en partie de l'immeuble sujet à cens, procèdent des mêmes vues : « pacta continentia morosum censûs débitorem teneri ad *interesse lucri cessantis* vel ad cambium seu certas expensas aut ad salaria seu expensas medio juramento creditoris liquidandos, — aut rem censui subjectam sive aliquam ejus partem amittere, — ex toto irrita sint. » La conséquence extrême de ces principes est que l'obligation de payer le cens étant une obligation *propter rem* doit décroître ou cesser dans la même proportion que les qualités frugifères de l'immeuble entre les mains du débi-rentier.

Cette conséquence, nous venons de voir que Martin V la formule du premier coup comme un principe fondamental de la constitution du contrat de rente : pour lui, le cens décroît ou s'éteint, suivant que décroît ou disparaît totalement la valeur de l'immeuble engagé. Et la pratique relâchée d'aujourd'hui ne peut écarter complètement ces rigoureux principes : Ballerini et Palmieri (p. 732, n° XCIII) enseignent que comme dans le contrat de vente la chose passe au risque de l'acheteur, dans le contrat de cens c'est encore l'acheteur qui supporte les risques de la chose sur laquelle est constitué le cens : que la chose vienne à périr ou qu'elle devienne *infructifère*, sans qu'il y ait de la faute du vendeur, le cens périt; l'acheteur ou censualiste ne peut rien retirer parce que celui qui achète achète à ses risques et périls.

Les théologiens comme Lugo, qui sont plus près de la pratique ancienne, qui ont le sens dogmatique et historique du contrat, disent d'un mot : (Ballerini et Palm. p. 734) « realis census, qui super re aliquâ constituitur cui adhœret et quâ pereunte ipse perit », mettant ainsi en lumière le caractère *réel* de l'obligation, son étroite dépendance du maintien en bon état de la chose.

Ce vrai cens du contrat de rente constituée n'est pas absent de la pratique juridique du xviie siècle : « le contrat de rente, dit le *Praticien français* de Lange (p. 275), est un contrat par lequel celui qui emprunte de l'argent vend et constitue sur soy une rente au profit de celui qui lui preste, laquelle rente est rachetable, moyennant la restitution du sort principal c'est-à-dire de la somme qui a été prêtée. Le Pape Pie V avait ordonné le 14 février 1568 que l'on ne pouvait constituer aucune rente si elle n'était assignée sur un fonds certain, *lequel venant à périr ou à diminuer la rente serait éteinte ou diminuée à proportion*. Le pape Innocent IV sur le chapitre in civitate. Extrav. *de Usuris* est aussi du même sentiment. Cette constitution est fondée *en grande justice* pour empêcher que les *rentes n'excèdent le fonds* et en effet nous voyons que les anciennes coutumes de ce royaume, entre autres celles de Senlis n'autorisaient les rentes que par assignat et en se *désaisissant de son fonds jusqu'à la valeur d'autant*. »

Jusqu'à la fin, jusqu'au moment où sous la pression des besoins nouveaux alla s'abolissant peu à peu le sens de la tradition chrétienne, ce contrat de constitution de rente reste dans la conscience de tous, pour employer l'expression de Dumoulin, un contrat *libéral*, un contrat visant moins l'intérêt du créancier que celui du débiteur.

On ne peut s'empêcher de le rapprocher de ces contrats et combinaisons tournant tous autour du contrat de société, que l'ingéniosité canoniste trouve pour permettre au capitaliste de placer son argent en sécurité de conscience et dont la grande bulle de Sixte V pose les principes essentiels. Il était difficile à l'Église de ne pas faire sa place, à côté du *mutuum* emportant une prohibition absolue de l'intérêt, à d'autres contrats plus larges et plus simples que la constitution de rente et répondant à d'autres besoins. La prohibition absolue de l'intérêt se comprend en cas d'emprunts de nécessité, pour ce qu'on appelle le prêt de consommation; lorsque l'argent prêté sert au prêteur à sus-

tenter sa vie. C'est alors un devoir de charité pour l'homme, qui peut
le faire, de prêter à son frère dans sa détresse et de recevoir sans surplus
la restitution de la somme avancée. La question n'est plus la même
lorsqu'il s'agit de mettre l'emprunteur à même de s'enrichir. Rien,
sauf son propre intérêt, ne peut contraindre quelqu'un à travailler à
l'enrichissement d'autrui. C'est alors le prêt de production; et il
semble bien ne pas y avoir ici les mêmes raisons de proscrire absolument toute rénumération du service rendu par le prêteur à l'emprunteur. Cette distinction du prêt de consommation et du prêt de production ne semble cependant pas avoir reçu droit de cité dans la doctrine canoniste. Le prêt resta toujours pour l'Église par excellence le
prêt de consommation; le prêt de consommation fut pour elle le type
même du prêt.

Elle ne voulut pas en reconnaître d'autre. Elle estima avec raison
qu'entre l'emprunteur d'une somme destinée à l'enrichir et son prêteur
bénévole il n'y avait pas vraiment contrat de mutuum. Il y avait contrat de société. Le prêteur qui a l'argent, l'emprunteur qui a l'intelligence, la force, le travail sont essentiellement des associés. Concevoir
leurs rapports sur le type du prêt, voilà du coup une grande injustice
qui consiste en ce que prêteur et emprunteur sont par la force des
choses des associés; et par l'arbitraire de la classification juridique,
contrairement à toute justice, toutes les chances de gain sont mises
d'un côté, toutes les chances de perte de l'autre. Le capitaliste est
assuré non seulement de la conservation contre toute éventualité
de son capital, mais d'un gain fixé d'avance, nonobstant les chances
et les hasards du commerce. L'emprunteur voit rejeter sur lui le service obligé de l'intérêt consenti et la restitution du capital disparu
peut être dans un cas de force majeure. Pour qu'il y ait justice, il
faut qu'il y ait association loyale. Il faut que le *mutuum,* avec son
inflexible obligation de restituer le capital et l'exécution toujours
imminente de l'emprunteur, cède la place au contrat d'association qui
laisse au capitaliste le risque du capital et à l'emprunteur le risque de
sa peine.

Notre constitution de rente, qui laisse au risque du crédi-rentier la
perte du capital prêté et, dans le cas de perte partielle, diminue d'autant la rente à fournir; qui suppose tout au moins au début un immeuble d'une valeur supérieure au prix de constitution avec un revenu supérieur au montant de la rente; notre contrat de constitution
de rente, dis-je, me semble bien participer de la nature de ce contrat
d'association formé dans le cas de prêt de production entre le prêteur

et l'emprunteur, et se caractérise encore plus nettement de ce point de vue comme une œuvre de miséricorde.

Le *contractus censûs consignativi* parait d'autre part n'avoir jamais perdu toute attache avec le *contractus censûs reservativi*, œuvre de pure bienfaisance. Toujours il est resté voisin du dernier, influencé par lui, tiraillé en vain par les besoins de la cupidité moderne, sans aller jamais jusqu'à n'être qu'un simple succédané du *mutuum*. Ce n'est pas ici le lieu de suivre jusqu'au bout l'histoire de ce contrat.

Il faudrait sans doute *formellement* le rattacher tout droit aux fondations alimentaires de Trajan (tabulae alimentariæ), aux fondations privées dont parle Pline, qui, outre leur destination finale, renferment encore comme but accessoire une pensée de bienveillance et un avantage positif en faveur de ceux à qui remise est faite des capitaux.

Telle a été ce qu'on pourrait appeler l'armature économique et sociale de l'Europe chrétienne : les institutions inspirées par l'esprit chrétien, destinées à brider, à contenir dans ses limites nécessaires l'instinct incoërcible de cupidité humaine qui tend constamment à faire de la vie sociale la lutte de tous contre tous. Au bas, supportant l'organisme fondamental de ce monde : la seigneurie, — le *census realis reservativus* qui s'appelle la *censive*, et qui venant du précaire est essentiellement un contrat de bienfaisance; — pour lier les censitaires l'un à l'autre et avec leur seigneur l'obligation morale d'aider son semblable dans la détresse, obligation se fortifiant de la prohibition absolue de l'usure; — lorsque l'homme est par des circonstances plus fortes que sa volonté forcé de déchoir, le contrat de constitution de rente : *census realis consignativus* qui lui procure la ressource monnayée dont il a besoin et lui laisse cependant la possibilité de vivre et même plus tard, par le rachat du cens, de reconquérir sa situation ancienne; — puis encore, lorsque le commerce et l'industrie ont pris leur essor, le contrat de société entre le prêteur et l'emprunteur, qui réalise d'emblée cet accord, si vainement cherché de nos jours du capital et du travail; — partout la pensée charitable de protéger l'individu contre les conséquences extrêmes de la défaite économique, de le sauver de la misère, du malheur irrémédiable : voilà l'esprit général de l'institution sociale de l'Europe chrétienne jusqu'au XVI⁰ siècle, tout l'opposé de l'esprit des institutions de nos jours qui semblent n'avoir pour objectif que de surexciter les cupidités individuelles et de faire de la vie de société la lutte sans merci de tous contre tous.

Comment sont tombées successivement les pièces de cette admirable armature?

C'est le Protestantisme, qui a été sinon la cause première, du moins l'instrument de la démolition.

Pendant que les princes dépouillent l'Eglise de ses riches possessions, les bourgeois commerçants et industriels entendent pouvoir librement accumuler les richesses et faire tout à leur aise leur trafic d'argent. Pour cela, il faut s'attaquer à la discipline sociale de l'Église.

Luther, qui a proclamé la légitimité du divorce c'est-à-dire la nécessité de faire sa part dans l'ordre social aux caprices de la chair, n'est pas loin de se faire aussi le théoricien du droit de la cupidité humaine à se donner carrière. S'il laisse à ses disciples et imitateurs, Bucer et Calvin, à proclamer expressement que l'usure n'est pas défendue par la loi nouvelle, dans sa « Commonefactio de usuris taxandis ad pastores ecclesiarum » de 1624, (Opera omnia, Witeberg, 1558 per Thomam Klug; T. 7., p. 426, v°), il entrouve sûrement la porte à la théorie nouvelle. La lettre circulaire, dans son ensemble, est un violent diatribe contre l'usure, un commentaire véhément de la doctrine du droit canon et de l'Église sur le sujet, sans rien tout d'abord qui trahisse l'hérésie. Mais l'esprit de révolte ne tarde pas à faire sentir ses effets : la superstition du Prince, la préférence secrète, donnée tout au fond du cœur à la loi civile sur la loi religieuse, va l'induire en tentation. Si pour certaines raisons, qu'il appartient à lui seul d'apprécier, le Prince jugeait à propos de permettre l'usure, une usure modérée « usurulam quæ non multum aliis damni afferet », le pourrait-il? Justinien l'a fait. · · Oui, le Prince le pourrait : toute enveloppée que soit sa réponse, on ne saurait se méprendre, à une lecture attentive du passage, sur ses vrais sentiments. L' « usura coacta duro necessitatis telo extorta, usurula talis quam imposuerit urgens necessitas, quæ pene esset semiopus misericordiæ pro tenuioribus et egentibus qui aliàs non haberent unde viverent » n'est plus de l'usure. A plus forte raison si les personnes, au secours desquelles il s'agit de venir par un sage relâchement des lois sur l'usure, sont des personnes « magni et honesti tamen loci, qui nihil didicissent unde se alere possent » Il ne saurait y avoir de loi absolue : legem non habet necessitas. Il y a lieu de faire acception des temps et des personnes : fit etiam temporum ac personarum discrimen. — Où ne va-t-on pas? Où s'arrête t-on? La seule règle, la loi vivante, c'est le Prince qui se trouve ainsi érigé en arbitre suprême, en seul interpréto autorisé des règles de la discipline ecclésiastique, qui peut faire à son gré acception des temps et des personnes et réduire à néant la loi religieuse : si in talibus principes implorarentur.

Le père de la Réforme reste donc bien le père de l'hérésie sociale par excellence: la proclamation de la légitimité de l'usure. Bucer, Calvin, Saumaise, Dumoulin, Grotius soutenant que l'usure n'est pas défendue dans la loi nouvelle, n'ont fait que suivre, qu'ouvrir toute grande la porte entrebaillée.

En même temps, comme par un puissant remous, un trouble profond se produit dans la théologie orthodoxe. Dominés par la pratique, obéissant au besoin de ne pas rebuter le pécheur et de flatter le Pouvoir, les docteurs s'acheminaient plus ou moins ouvertement vers la solution du libre commerce de l'argent, vers la reconnaissance du principe très flatteur pour le Magistrat mais complètement opposé à l'esprit de l'Église, que le Pouvoir civil peut modifier, tout au moins suppléer la loi morale et religieuse, créer *un juste titre* à la perception de l'intérêt par la seule considération d'un prétendu intérêt public, dont il serait le juge. Ainsi *Covarruvias* (1512-1517) (V. Ballerini et Palmieri p. 618) admet la légitimité d'une présomption générale de *lucrum cessans* décrétée par le prince, et résultant de l'achat facile et fréquent de rentes annuelles. Emmanuel Sà, professeur à Rome, au Sacré Collège, écrit « qu'une pratique courante et utile à la communauté ne doit pas être condamnée à moins que son illégitimité n'éclate trop aux yeux, puisque l'État ayant pouvoir sur les biens de la communauté doit être considéré comme ayant qualité pour suppléer à ce qui pourrait manquer à un tel contrat. » Enfin Vitus Pichler (1730), professeur successivement à Dollingen, Ingolstadt et Munich (Juris Canonici lib. V t. 19. n° 8), enseigne « que l'*usure lucratoire* (l'intérêt du prêt de production), interdite par le droit naturel et le droit divin, *selon toute probabilité n'a pas été à ce point proscrite qu'elle ne puisse être*, dans certaines circonstances et pour des raisons d'ordre public, *permise par ordonnance du prince*, pourvu toutefois, ajoute-t-il, qu'elle soit *modérée*, et qu'elle ne soit pas contraire à la charité dont le droit naturel et le droit divin nous font un devoir vis de notre prochain. Bien plus dans le Saint Empire Romain, certaines ordonnances du Prince et la coutume permettent un intérêt de 5 0/0 sans qu'il soit besoin d'établir un titre quelconque de *damnum emergens*, de *lucrum cessans* ou *periculum sortis* ».

C'est le renversement, on le voit, de toutes les notions, l'oubli des fermes principes de la discipline catholique. La Réforme a la joie de voir ses pires erreurs reçues comme des vérités dans le camp orthodoxe.

Pendant ce temps, de 1547 à 1580, l'opinion laïque, dont l'importance a singulièrement grandi à la faveur de l'ébranlement causé par la Réforme, se trouve saisie de la question avec une incomparable autorité par un grand jurisconsulte, qui est en même temps un grand esprit, imbu de l'hérésie calviniste, *Dumoulin*, et se déclare de plus en plus nettement en faveur de la pleine liberté de l'intérêt.

Dans ses trois traités : son grand traité qui fait époque sur la matière : Tractatus commerciorum et usurarum reddituumque pecuniâ constitutorum, 1547, 1 vol. in-8°; son traité « de mutatione monetarum », Coloniæ, 1574, in-8°; et son troisième « de commerciis et usuris », Coloniæ, 1577; Dumoulin, qui se montre remarquablement informé des besoins et des prétendues nécessités de la société moderne, poursuit une double démonstration : la légitimité de l'usure et la légitimité des rentes constituées non assignées sur un bien fonds. Ces deux points emportés consacrent, en effet, la pleine déroute de l'esprit social chrétien : personne n'en doutera après ce que nous avons dit de la véritable nature du contrat de rente constituée et l'illégitimité du *contractus census consignativi personalis*. Admettre la légitimité de la rente constituée personnelle, c'est enlever au contrat de rente constituée réelle toute son efficacité protectrice des faibles; et, c'est livrer complètement à l'usure permise l'individu qui peut désormais s'engager personnellement sans mesure. Dumoulin a eu pleinement conscience de l'œuvre poursuivie. Il ne s'est pas montré moins remarquable dans le choix des moyens et dans la conduite de l'œuvre. Il est admirable à quel point les arguments produits restent encore pertinents. On n'a pour s'en convaincre qu'à lire successivement les considérations placées en tête de l'article *Intérêt* du *Dictionnaire du Commerce* et de l'industrie de Guillaumin et la questio 2°, § 78 du *Tractatus commerciorum*. Il est en même temps piquant de voir le parfait mépris, qui ne va pas sans dépit, en lequel l'avocat intéressé du grand commerce et de l'industrie naissante tient tous ces *canonistes et théologâtres* dont les doctrines le gênent. Sous chaque mot on devine la violence des sentiments, l'injure prête à s'échapper; et on est tout étonné de le sentir tout à coup, par l'effet de je ne sais quelle gêne secrète devant ces adversaires représentants d'une tradition qui impose, plaidant les circonstances atténuantes. Mais devant les perspectives indéfinies du gain usuraire la cupidité éveillée du siècle nouveau ne se tient pas, et l'œuvre de Dumoulin donne la nette impression de tout le pharisaïsme cupide de la Réforme.

En même temps, la solidité du livre et la force apparentes des raisons invoquées témoignent qu'il y a quelque chose de changé à la conscience de l'Europe chrétienne, et que des forces nouvelles cherchent à donner le coup de grâce aux vieux modes de penser des théologâtres.

§ III. — Comment s'est produit ce changement dans la conscience de l'Europe chrétienne? Quelle est sa portée? D'où procède-t-il?

Un texte du « Corpus juris canonici » nous donnera la clef du problème.

Le Can. 18, L. V., titre xix des *Décrétales* est ainsi conçu : « Plus les chrétiens se font une loi de s'abstenir de l'usure et plus se donne librement carrière contre eux la perfidie des juifs qui ont bien vite fait d'épuiser toutes les ressources de la population chrétienne. Voulant donc sur ce point venir en aide aux chrétiens, les empêcher d'être cruellement opprimés par les Juifs, nous décrétons en plein synode que si, sous n'importe quel prétexte, les Juifs extorquent des chrétiens des usures sans frein, trop lourdes à porter, ils soient privés de tout commerce avec les chrétiens, jusqu'à ce qu'ils aient donné complète satisfaction sur ce point; et que les chrétiens, si besoin est, soient contraints par censure ecclésiastique de s'abstenir de tout rapport avec eux.

Quant aux princes, nous leur enjoignons qu'ils ne prennent pas prétexte de là pour nuire aux chrétiens, mais qu'ils tâchent plutôt de détourner les Juifs de ces pratiques criminelles. — Nous décidons en même temps que la même peine servira à forcer les Juifs à donner satisfaction aux Églises sur l'article des dîmes et autres obligations qu'elles avaient l'habitude de percevoir sur les maisons et héritages en possession de personnes chrétiennes et qui sont ensuite passés à un titre quelconque entre les mains des Juifs : il importe que les églises soient conservées *indemnes*. (Innocent III, 1198-1216, au concile général de Latran 1212.)

Mêmes dispositions fondamentales dans le canon 12 qui est le fragment d'une lettre du même Innocent III à l'archevêque de Narbonne (1198-?) : « Nous ordonnons que les Juifs soient forcés par les princes et les gouvernements à restituer_les usures extorquées aux chrétiens, etc. »

Le Can. 18 du titre vi du Livre V des Décrétales, un fragment de lettre de Grégoire IX (1227-1241) aux évêques d'Astorga et de Lugo, porte : « Nous vous confions la délicate mission d'amener le roi à ne pas préposer dans les fonctions publiques les Juifs aux chrétiens, comme il a été décrété dans le concile de Latran, sous Innocent III, Can. 69. — Et s'il lui était arrivé de vendre ses revenus aux Juifs et aux Payens, qu'en ce qui concerne les charges à supporter par les clercs et les Églises, il députe un tiers sûr par lequel Juifs ou Sarrasins pourront recouvrer les droits royaux sans *opprimer les chrétiens.* »

Le Can. 16, même titre, une décision d'Innocent III au Concile général de Latran, précise : « Il est contraire à l'ordre que le blasphémateur du Christ l'emporte sur les chrétiens; cela a paru devoir être ainsi au Concile de Tolède; et nous mêmes, considérant l'audace des contempleurs de cette règle, nous défendons qu'on *nomme les Juifs aux emplois publics par la raison que c'est pour eux un prétexte de nuire le plus possible aux chrétiens.* — Si quelqu'un s'avise de leur conférer un emploi de la sorte, qu'il soit puni par le Concile de la province, que nous voulons se tenir chaque année, sévèrement admonesté et puni comme il convient. — Et que le fonctionnaire ainsi nommé soit exclu de tout commerce des chrétiens, soit pour affaire ou autrement, tant qu'il n'aura, conformément aux dispositions de l'évêque, versé à l'usage des chrétiens pauvres tout ce qu'il aura perçu des chrétiens du fait de son office; et qu'il s'empresse de quitter le plus tôt possible en toute honte des fonctions où il s'est indûment glissé ».

Citons encore : Décret de Gratien, C. xviii, q. 4. c.31. « Le Saint Concile a décrété que les juifs ou quelques-uns des leurs ne doivent en aucun cas remplir les offices publics parce qu'ils en prennent prétexte pour opprimer les chrétiens. Que les gouverneurs de province se concertent avec les évêques pour suspendre l'effet des délégations ainsi frauduleusement obtenues à l'encontre de cette loi, et qu'ils ne leur permettent pas de remplir ces offices. Si quelque juge contrevient à cette disposition, qu'il encoure la peine de l'excommunication pour sacrilège, et que celui qui a indûment pris la fonction soit battu de verges. »

Décrétales L. V. 6 : « Si notre bonté de chrétien consent à recevoir parmi nous ceux que leur propre faute condamne à une servitude perpétuelle, et à frayer avec eux, encore ne faut-il pas qu'ils se montrent trop ingrats envers nous, qu'ils rendent aux chrétiens outrages pour bienfaits, et que de la fréquentation provienne le mépris : tous gens qui, bonnement admis dans notre familiarité, nous paient de retour comme le rat dans la besace, le serpent réchauffé dans le sein, le feu dans la poitrine ont accoutumé de payer de retour leurs hôtes. — Nous avons appris que des Juifs prennent des chrétiennes pour nourrices de leurs fils, et qu'il n'est pas d'outrages dont ils ne se rendent coupables contre la foi de ces femmes. Ils commettent contre la foi catholique des abominations, des choses inouïes, et il est à craindre pour les fidèles qu'ils n'encourent l'indignation divine rien qu'à supporter patiemment ces infamies, qui conduisent à la ruine de notre foi. »

Enfin pour terminer un autre texte sur l'usure : *Sexte* : L. V, t. V, De usuris c. 1. (Grégoire X, au concile général de Lyon 1274, c. 26) : « désirant adoucir un peu cette plaie de l'usure qui ronge les âmes et dévore les richesses, nous ordonnons que le décret du concile de Latran soit inviolablement observé, et parce que, en retranchant aux prêteurs quelque chose des commodités du prêt, nous restreignons d'autant la pleine liberté du prêt, nous établissons par une constitution générale que ni un collège, ni un corps quelconque, pas plus qu'une personne privée de quelque dignité qu'elle soit revêtue, à quelque condition ou état qu'elle appartienne, ne pourra louer ni continuer à louer à tout individu, indigène ou non, exerçant publiquement l'usure ou la voulant exercer, de maisons situées sur ses terres, ou même leur permettre de les habiter. Tous les usuriers notables, devront dans le délai de trois mois être expulsés de leurs terres et aucun ne devra jamais y être admis ; à plus forte raison qu'aucun ne leur loue lui-même, pour leur permettre d'exercer leur industrie, sa propre maison. Ceux qui en agiront autrement, si ce sont personnes ecclésiastiques : patriarches, archevêques, évêques, seront suspendus de leurs fonctions ; si ce sont moindres personnes, des individus privés, elles encourront l'excommunication ; s'il s'agit d'une congrégation ou d'une université quelconque, que cette congrégation ou cette université sachent qu'elles encourent *ipso facto* une sentence d'interdit. Si les coupables s'obstinent dans leur péché un mois durant, leurs terres à partir de l'expiration de ce délai seront soumises à l'interdit ecclésiastique. Si les coupables sont des laïques, leurs ordinaires devront par le moyen de la censure ecclésiastique et tout privilège cessant mettre fin à ce scandale. »

De la simple lecture de ces constitutions des papes et décrets des conciles, ne ressort-il pas l'impression nette de ce qu'a été, fondamentalement au point de vue social et économique, la société au Moyen-Age ? D'une part la masse chrétienne à laquelle est rigoureusement interdite la pratique de l'usure, sur laquelle pèse de tout son poids la discipline ecclésiastique et son enseignement : l'âme de nos populations aux xie, xiie et xiiie siècles s'empreint de plus en plus d'esprit chrétien et arrive à sentir véritablement dans l'usure le pire des péchés; la grandeur des peines qui y sont attachées: excommunication, privation de la sépulture, incapacité de tester, est bien faite, il faut en convenir, pour lui enfoncer cette idée dans l'esprit. Puis comme dans les interstices de la société chrétienne et cependant tout à fait séparée d'elle, à la faveur de privilèges accordés dans un réel esprit de bonté, la société juive dont les malheurs comme peuple ont fait une société aigrie, hargneuse, travaillée de toutes sortes de désirs de revanche et de vengeance, voyant partout autour d'elle l'ennemi contre lequel tous les moyens sont bons et surtout cette arme traîtresse et douceureuse de l'usure dont il a été dit au Deutéronome : tu ne prendras pas d'usure de ton frère, mais tu en prendras de *ton ennemi*.

Et alors commence le drame, quelque chose comme le drame de Faust et de Marguerite. Marguerite c'est la population chrétienne, naïve, idéaliste, se croyant déjà au royaume qui n'est pas de ce monde qu'habitent les hommes de bonne volonté, où l'homme n'a rien à craindre de son semblable. Le vieux docteur, l'ami de Méphisto c'est le juif. Depuis des milliers d'années il médite dans la servitude les moyens des revanches implacables, sans rien pour adoucir son esprit ulcéré, et le distraire de la dure réalité : la dispersion de ses misérables débris aux quatre coins du monde.

Et toujours pour affoler par dessus tout sa haine de vaincu le triomphe éclatant, inouï, de celui de ses fils, noble entre tous, qu'il a le plus maltraité, de Jésus crucifié, devenu pour le monde le maître des volontés et des cœurs.

Chose formidable, depuis ces temps lointains où il promène par le monde sa rage impuissante, l'objet de sa méditation est cette chose unique : la puissance de domination de l'or et les merveilleux effets que peut en tirer celui qui la possède. L'admirable alchimiste ! sachant l'or, il sait le secrets des choses, le secret des tentations évoquées sans nombre et irrésistibles.

Pauvre Marguerite ! A quoi bon te défendre ? De la vie tu ne sais rien. Tu n'as appris qu'à marmoter des prières et suivre de ton candide

regard les longues théories de saints et de saintes qui n'ont plus de
sens. Il sait lui que tu es jeune et belle et qu'un vague besoin de vo-
luptés gonfle parfois ton sein. Il sait que le fauve reflet de l'or ferait bien
sur la blancheur de ton bras, aux contours de ta gorge, et que tu te
trouverais belle; et que la sagesse des vieillards n'est pas faite pour
toi. Tu es inexpérimentée, imprévoyante; tes convoitises sont celles de
l'enfant. Comme aujourd'hui le même Faust, directeur de maisons à
crédit, vient dire à tes filles : de beaux meubles, de belles étoffes,
des bracelets, des bijoux, prenez : mon invention et mon génie ont
renversé l'ordre naturel des choses; nous voulons par extraordinaire
philanthropie que vous ayez la jouissance avant l'effort; alors aussi
le vieux docteur rôde autour de la mère pour lui dire : je suis le vrai
sorcier; je donne la jouissance immédiate.

L'église est là avec ses graves paroles : « ne te laisse pas aller aux
entraînements de la convoitise; résiste : si tu es en détresse, emprunte
à ton frère dont c'est le devoir de te prêter; constitue sur tes biens
des rentes modérées et rachetables. Garde-toi surtout du juif usurier. » Ainsi parle l'Eglise; mais le pape, gardien de la discipline, est
loin; la hiérarchie ecclésiastique bien mêlée, travaillée elle aussi,
comme toute chair; la tentation pressante et le séducteur tout près.

Et voilà que, comme si ce n'était asssez de tout cela pour assurer
la chûte, presque dès le premier moment survient au vieux trom-
peur un secours inespéré de quelqu'un dont le strict devoir eût
été de s'opposer de toutes ses forces à l'œuvre infâme : j'ai dit le
secours du Prince, du Roi, de l'Etat moderne naissant.

Notre Michelet l'a bien vu : « L'époque où nous sommes parvenus doit être considérée comme l'avènement de l'or. Philippe le
Bel à peine monté sur le trône exclut les prêtres de ses conseils pour y
faire entrer ses banquiers. Le fisc, ce monstre, ce géant naît altéré,
affamé, endenté. Il crie en naissant comme le Gargantua : à manger,
à boire! L'enfant terrible, dont on ne peut soûler la faim atroce, man-
gera au besoin de la chair et boira du sang... Le seul aliment qui
puisse l'apaiser c'est de l'or. »

Et voilà que sourd aux conseils et aux défenses de l'Église, volontiers payen pour être plus libre, gâté par les basses flatteries du légiste,
affranchi d'hier tout droit venu de la cour empoisonnée des Césars,
tiraillé aussi par des besoins d'argent résultat de besognes nouvelles
qui s'imposent ou qu'il croit s'imposer à lui, contre ses peuples qu'il
a pour devoir de protéger, lui, le prince, il fait alliance, il n'est que
trop vrai, avec l'ennemi de sa foi, l'ennemi de sa race, son propre

ennemi : le Juif. Le fait est certain : l'État moderne à peine né, trahit la civilisation chrétienne, trahit la masse, la livre aux Juifs. Nous en avons eu la preuve dans les canons du Corpus. Ce sont ces princes, ce sont ces rois qui préfèrent pour les fonctions publiques les Juifs aux chrétiens; qui laissent molester ceux-ci par ceux-là; qui louent à l'usurier leurs maisons pour pratiquer l'usure; qui trop souvent se font directement les complices du Juif en lui demandant pour fermer les yeux sur le criminel trafic que l'Église réprouve de partager avec eux ses profits. (Decrétales V. 19. 18.)

Le Juif usurier devient pour l'autorité une source de revenus que se disputent les puissances séculières. Quelques dispositions de l'ordonnance de Saint-Louis de 1230, en partie calquée sur une ordonnance de 1223, sont à ce point de vue particulièrement intéressantes : § 2 : « que personne dans notre royaume ne retienne le juif d'un autre seigneur; partout où quelqu'un retrouvera son juif, il pourra le reprendre comme son serf (tanquam proprium servum), quelque long séjour qu'il ait fait sur les terres d'un autre seigneur. » Le § 6 dit : « que tous les Juifs devront montrer leurs titres de créances au seigneur, leur maître, d'ici à la Toussaint : faute de quoi ces titres seront sans valeur, et les juifs ne pourront pas s'en prévaloir pour recouvrer leurs créances ». — Le § 1, difficile à comprendre, est le plus curieux de tous : il nous apprend que les seigneurs avaient l'habitude de servir d'intermédiaires entre les prêteurs et les Juifs (1). Dans tous ces articles le seigneur, le baron apparaît comme un courtier honnête qui accorde au juif la faculté de séjourner auprès de lui, lui recrute des emprunteurs, scelle les lettres de créance, surveille toutes ses dettes, et en retour, comme il est naturel, partage. Le Nain de Tillemont (Histoire de Saint Louis; t. V. p. 286) nous dit « qu'il y avait au xiiie siècle en France beaucoup de Juifs qui s'y enrichissaient par leurs usures et enrichissaient les seigneurs dont ils dépendaient par les contributions qu'on les obligeait à payer. » Le Juif est dans toute la force du terme le juif du seigneur, son bien; il

---

(1) Statuimus quod nos et Barones nostri nulla [debita] de cœtero contrahenda faciemus haberi. — L'ordonnance de 1223 porte : nec nos nec Barones nostri faciemus de cœtero reddi Judæis usuras, quæ current ab hâc die. — Alberic des Trois Fontaines (Rec. des Hist. de France, t. XXI, p. 603) donne comme texte de notre disposition : Quod jam factum est de christianis usurariis — eodem modo statuimus quod nullas usuras de debitis contrahendis eos faciemus habere nos seu barones nostri.

reste à perpétuité attaché à lui ; à sa mort considéré comme *aubain* ses meubles reviennent à son maître, et il n'est pas étonnant que les autres seigneurs doivent respecter cette propriété comme toute autre (1). A mesure qu'ira grandissant le pouvoir de la Royauté, la protection du Juif sera considérée comme un droit régalien, qui passera du seigneur au roi. Ce changement, qui ne semble pas accompli sous le règne de Saint-Louis, ne tarde pas à l'être (2); et c'est alors que peut bien mieux se conclure cette monstrueuse alliance du prince et du Juif, du fisc et du Juif dont nous avons parlé.

Les Juifs, à partir de ce moment, en dépit des efforts de la Papauté et de l'Église à la fin du xii° siècle et au commencement du xiii°, ont définitivement pris pied dans le pays et sont devenus un indispensable agent de la vie financière. La fin du xiii° et le xiv° siècle semblent avoir été pour eux l'époque bénie ; alors même que le pouvoir, dans des vues de cupidité, prend contre eux des mesures d'expulsion, ce sont surtout les trafiquants de la petite usure qui sont touchés. Les gros Juifs échappent. Le jour de la nativité de Saint-Jean de l'an 1322 les Juifs furent bannis de France par Charles le Bel sous le prétexte d'avoir empoisonné tous les puits et toutes les citernes du pays. On en arrêta plusieurs, on brûla les plus coupables, le reste de la nation fut chassée de France; mais ce fut à l'exception des plus riches qui parurent moins coupables, et qui furent seulement condamnés à une amende de 150,000 livres : ce à quoi tenait par dessus tout le pouvoir. Tolérés, chassés, revenus pour ressortir encore, toujours continuant leur commerce d'argent et, par leurs représentants les plus riches, trouvant bien le moyen d'échapper à l'orage et de ne pas perdre le terrain conquis, les Juifs parviennent ainsi à la fin du xiv° siècle, à la fois persécutés et puissants, profitant de nos désastres du milieu du siècle (Poitiers) et des besoins d'argent de la royauté pour se rendre haïssables et nécessaires.

Mais en même temps se produit contre eux un lent et puissant mouvement de répulsion qui gagne successivement toute l'Europe, et qui a

---

(1) *Établissements de Saint-Louis* (id. Viollet) I. ch. 133 : Et cuisi si li bers avait juif qui se plainsist des hommes au vavassor en la cort au baron et lo vavassor en demandast la cort à avoir, il ne l'en aurait mie; car tuit li mueble au juif sont au baron.

(2) D'après *Brussel*, Traité des fiefs. I. p. 610 c'est en vertu de l'ordonnance du 28 juin 1315 qu'il n'est plus libre au Juif qui n'a pas de seigneur de se donner au seigneur qu'il lui plait, sans consentement préalable du roi.

pour organe le Pouvoir lui-même fatigué de leurs exigences et inquiet
de leurs agissements. L'Angleterre commence et les expulse en 1358;
la France suit par l'Édit du 17 (septembre) 1394 qui leur interdit
d'habiter à jamais le Royaume; puis c'est le Portugal, le Royaume
des deux Siciles, enfin la dernière, l'Espagne qui se décide à les
expulser en 1592. Tous les États centralisés, où le pouvoir a éprouvé
le besoin d'avoir en main étroitement rassemblées toutes les forces
vives du pays, se sont sentis tôt ou tard obligés d'expulser cet élément
étranger. Seuls les pays, composés de principautés indépendantes,
non unifiés par l'action d'une royauté puissante, comme l'Italie (1) et
l'Allemagne, ne prennent pas contre la population juive de mesures
d'expulsion définitive; mais la réaction contre l'importance qu'a prise
l'élément juif et son attitude générale se marque là encore par un
redoublement des mesures de défiance : le xve siècle est le moment où
partout d'un bout de l'Europe à l'autre comme par un commun accord
la population chrétienne relègue la population juive comme un élément contaminé dans un quartier particulier des villes, dans le *ghetto*.
Les pays qui n'ont pas expulsé le Juif, veulent, semble-t-il, par d'autres
moyens arriver au même résultat : l'isolement de l'élément sémite du
reste de la population. Cette excommunication, cette mise à l'écart
dont les avait menacée la Papauté à l'époque de sa plus grande puissance, et qu'elle n'avait jamais en fait tenté sérieusement de réaliser,
le Prince se trouve par la toute puissance de l'instinct populaire contraint par toute l'Europe de la faire passer au même moment
dans le domaine des faits et de la loi civile.

Spectacle curieux et plein d'enseignements. Comment douter après
cela d'incompatibilités fondamentales entre le gros de la population
chrétienne et l'élément juif, entre la civilisation chrétienne et la civilisation sémite?

Une tentative de fusion a été faite avec une sincérité, une candeur
admirable, dans les conditions les plus favorables par notre grand et

---

(1) En Italie au reste, grâce à l'existence de cette multitude de princi-
picules, le juif fut, ce qu'il avait été trop souvent pour le baron féodal du xiie
et xiiie siècle, une éponge qu'on faisait se remplir de l'or des peuples pour la
pressurer ensuite à son profit. Nous avons là dessus le témoignage curieux
et inattendu de Dumoulin : *Sommaire des contrats d'usures, de rentes* etc.,
no 63 et suivants, no 66 : « l'usure était permise à ceux seulement comme
aux juifs avec lesquels des seigneurs ont fait tel cruel monopole pour man
ger et détruire les pauvres sujets. »

saint roi Saint-Louis. Ce prince, en qui les sentiments chrétiens ont aboli l'esprit de fiscalité propre au prince, n'a cédé à aucun degré, on peut dire, dans ses persécutions contre les Juifs, aux préjugés de son temps ni au goût du lucre. Ce qu'il a poursuivi en eux, ce sont leurs dispositions de malveillance contre la population chrétienne, s'exerçant par la pratique de l'usure. L'ordonnance de 1254 (1), qui marque le point de départ de la persécution la plus systématique et la plus rigoureuse que les Juifs aient eu à déplorer, présente cette naïveté, singulière et admirable, de les faire pour ainsi dire juges de leur destinée, de leur laisser le choix entre leur propre réformation, l'abandon de leurs vices nationaux : la pratique de l'usure et le prosélytisme anti-chrétien, et leur expulsion du royaume. Il leur est défendu « de prêter aucun argent à usure, et il leur est enjoint de *pourvoir à leur subsistance du seul travail de leurs mains ou du juste profit qu'apporte un commerce légitime.* » L'ordonnance porte encore qu'ils ne devront pas blasphèmer et se servir de caractères et autres sortilèges et que leur Talmud et tous leurs autres livres où se trouveront des blasphèmes seront brûlez. Les Juifs qui refuseront d'obéir à cette ordonnance seront forcez de le faire ou puniz selon la rigueur des lois. » Naturellement l'ordonnance de 1254 ne changea rien à la situation : les Juifs continuèrent plutôt que de « travailler de leurs mains et d'exercer un commerce légitime » à trafiquer d'usure; les dispositions de l'ordonnance furent rigoureusement appliquées contre eux; et le règne de ce grand honnête homme épris de justice, que fut Saint-Louis, resta dans les annales de leur race une des époques les plus néfastes de leur histoire (2). L'opposition irréductible d'esprit et de race ressortissait d'autant plus nettement.

Mais c'était sur un autre théâtre que se montrait pleinement, de manière à ne permettre le doute sur ce point à aucun esprit réfléchi, l'implacable hostilité du Judaïsme contre la civilisation chrétienne. Deux princes dominent le XIIIᵉ siècle : le roi de France, le roi très chrétien, la conscience droite en qui le christianisme porte tous ses fruits, en qui la foi aboutit tout naturellement à l'action, qui, contre l'avis de tous, à une époque déjà très pratique, entreprend deux croisades et y laisse la vie : Saint-Louis; l'autre est un prince allemand

____

(1) Ordonnances des Rois de France I. p. 75, nᵒ 32. (Mansi : Concilia XXIII, p. 882.

(2) Graetz, Geschichte der Juden, Leipzig, 1894, t. VII, p. 107.

de la maison des Hohenstaufen, le petit-fils de ce rude Frédéric Barbe-
rousse, le vainqueur des cités italiennes et l'adversaire souvent suspect d'hérésie de la papauté ; qui semble avoir pris à tâche de faire
revivre en lui avec plus d'éclat et d'intelligente poésie les capacités et
les fortes rancunes du grand-père : Frédéric II. En 1157, le grand-père
a rendu un édit en faveur des Juifs (Pertz, p. 226, n° 163), dont on
peut dire qu'il établit dans l'empire la parfaite égalité juridique des
Juifs et des chrétiens. L'adversaire de l'Église, instruit sans doute par
le sort de ses prédécesseurs, sent le besoin de chercher ailleurs que
dans la population catholique un appui contre les prétentions de la
papauté : et c'est tout naturellement l'élément juif qui s'offre à
lui pour cela. Frédéric II, marchant sur les traces de son grand-
père, confirme à la date de 1237 le diplôme de 1157, à la suite d'une
accusation de meurtre rituel portée contre les Juifs et après en-
quête faite. A partir de ce moment, on trouve en Frédéric un
prince tout juif, acquis d'avance à tout ce qui n'est pas le dogme et
la philosophie chrétiennes. Retiré en Sicile, à deux pas du monde musulman dont la brillante vie intellectuelle le fascine, entouré de docteurs juifs par qui il se fait traduire les livres les plus remarquables
de la culture arabe, l'empereur, aux antipodes de son contemporain
Saint-Louis, n'a presque plus rien d'un prince chrétien. Sa cour devient un foyer de culture arabe et juive. Le fin et pénétrant critique
qu'est M. Renan a parfaitement senti l'importance et la signification
véritable de ce brillant mouvement de la cour du Hohenstaufen. Nous
ne saurions mieux faire, pour le but que nous nous proposons, que de
reproduire les conclusions du beau chapitre sur « l'incrédulité au Moyen-
Age et l'influence des Hohenstaufen », de son livre sur Averroès. « La
cour de Frédéric, et plus tard celle de Manfred, devinrent un centre
actif de culture arabe et d'indifférence religieuse. L'empereur savait
l'arabe et avait appris la dialectique d'un musulman de Sicile. Le car-
dinal Ubaldini, ami de Frédéric, professait ouvertement le matérialisme. L'orthodoxie de Michel Scot et de Pierre des Vignes était fort
soupçonnée. Les gens de mauvais aloi affluaient à cette cour. On y
voyait des eunuques, un harem, des astrologues de Bagdad, avec de
longues robes, et des Juifs, richement pensionnés par l'empereur pour
traduire les ouvrages de science arabe (p. 292) ». Or, « la position que
l'islamisme prit tout d'abord, au milieu des religions plus anciennement établies, était une sorte d'appel à la comparaison et provoquait
naturellement cette pensée que chaque religion n'a qu'une vérité relative et doit être jugée par les effets moraux qu'elle produit. Natu-

rellement, c'est par leurs prétendues impostures, et non par leur commune origine céleste qu'on rapproche les cultes divers. Cette pensée poursuit, comme un rêve pénible, tout le xiii⁰ siècle; elle est le fruit des études arabes et le résultat de l'esprit de la cour des Hohenstaufen. Mais la philosophie arabe n'a été prise au sérieux que par les Juifs (p. 173). Toute la culture littéraire des Juifs au M. A. n'a été qu'un reflet de la culture musulmane, bien *plus analogue à leur génie* que la civilisation chrétienne. Persécutés par les Wisigoths, les Juifs avaient accueilli les Arabes comme des libérateurs. On sait même, si l'on en croit certains historiens, qu'ils auraient joué dans la conquête un rôle plus actif, et auraient, dans plusieurs circonstances, trahi les rois chrétiens au profit de leurs envahisseurs... La science et le goût des mêmes études achevèrent d'opérer la fusion des deux races. Plus tard, sous la haute recommandation de Maimonide, Averroës (Ibn-Rosch) devient, chez les Juifs, la première autorité philosophique. Les théologiens juifs font bien un certain temps une certaine opposition. Finalement, le triomphe du péripatétisme dans la synagogue se trouve assuré; et ce triomphe de la philosophie sur les théologiens a pour résultat de *faire du peuple juif le principal représentant du rationalisme durant la seconde moitié du Moyen-Age.* Durant cette période, la philosophie juive revêt trait pour trait la physionomie de celle des Arabes. Les œuvres d'Aristote, accompagnées du grand commentaire d'Averroès, sont désormais la base exclusive de la philosophie juive.

« Dès le premier quart du xiii⁰ siècle, Michel Scot, qui représente à la cour de Frédéric II l'esprit arabe, et qui ouvre cette série d'hommes mal pensants, qui, depuis le xiii⁰ siècle jusqu'à Vanini, déguisèrent leur mécréance sous le nom d'Averroès, donne, avec Hermann l'Allemand, attaché lui aussi à la maison d'Hohenstaufen, la traduction des principaux traités d'Averroès. Ainsi se répandait, dans la scholastique, pour n'en plus disparaître, le péripatétisme arabe. Averroès devenait d'un côté le grand interprète d'Aristote, autorisé et respecté comme un maître; et de l'autre le fondateur d'une damn᠎᠎le doctrine, *le représentant du matérialisme et de l'impiété,* un hérésiaque (p. 292) ». « Le mouvement hétérodoxe du Moyen-Age se divise en deux courants bien distincts : l'un, caractérisé par l'Evangile éternel, comprend les tendances mystiques et communistes qui, partant de Joachim de Flore, après avoir rempli le xii⁰ et xiii⁰ siècle, se continuent au xiv⁰ siècle par les mystiques allemands; et l'autre, se résumant dans le blasphème des trois imposteurs, *représente l'incrédulité matérialiste,* provenant de l'étude des Arabes, se couvrant du nom d' « Averroës » et répandu par les Juifs ».

Faut-il s'étonner, après cela, que les papes, et particulièrement Grégoire IX, aient combattu Frédéric II avec acharnement? Les adversaires de Frédéric ne calomnient pas beaucoup ce prince à faire de lui le précurseur de l'Antechrist; Grégoire n'a pas tout à fait tort d'écrire : « Ce roi de pestilence assure que l'univers a été trompé par trois imposteurs... Il ose mentir au point de dire que tous ceux-là sont des sots qui croient qu'un Dieu créateur du monde et tout-puissant, est né d'une vierge. Il ajoute qu'on ne doit absolument croire que ce qui est prouvé par les lois des choses et par la raison naturelle ».

Il est bien certain que le christianisme court danger; que l'élément qui le menace est l'élément juif, représentant de la culture arabe; que la lutte, comme autrefois sur les champs de bataille de Poitiers, est entre la civilisation chrétienne des peuples indo-aryens et la civilisation sémite. On se trouve en présence de deux éléments étrangers, hostiles et irréductibles; de deux esprits qui n'ont rien de commun, l'esprit d'amour et de liberté, qui ne se résigne pas aux lois mauvaises et cruelles des choses, et prétend les vaincre par les miracles de l'amour; et l'esprit de fatalité, qui se résigne à la haine dans le monde, pour qui seul la loi existe, le Dieu impersonnel et abstrait qui ignore les individus, les laissant se débattre en vain contre l'étreinte des choses et du destin.

. .

Que l'organisme chrétien, après avoir montré une longue patience, s'efforce enfin d'éliminer comme un poison mortel cet élément étranger; nul, ce me semble, ne saurait songer à s'en étonner. Seules, les personnes intéressées ou naïves, n'ayant aucun sens de l'histoire et des nécessités sociales, peuvent le trouver mauvais.

N'est-il pas trop tard pour cette élimination bienfaisante? Le virus n'a-t-il pas déjà complètement contaminé l'organisme? Nous sommes, nous, les historiens du xixᵉ siècle, obligés de répondre : oui. Le mal n'a cessé de faire dans l'organisme de sourds ravages; et il est difficile de ne pas voir, dans l'action de l'esprit juif, la cause première du trouble et de la désorganisation profonde des nations modernes.

Le Juif, en se retirant, a laissé enfoncé dans la chair des nations chrétiennes le trait de l'usure juive. L'usure juive n'a pas cessé, le Juif parti. Les manipulations financières, dont il avait donné le goût et le besoin au monde gouvernant, l'esprit de fiscalité, de rapacité

malhonnête, l'esprit de gloriole, de vanité, d'amour du paraître, de
faste dans les dépenses, qui n'ont cessé de faire des gouvernements des
besogneux prêts toujours à l'injustice, tous ces vices qui se sont développés à son contact et par lui, parmi la population chrétienne, ont,
lui parti, sévi de plus belle. Le prince, qui, comme nous l'avons dit
trop souvent au début, consentit à se faire son complice, est resté irré-
missiblement souillé. Même lorsque, obéissant à la pression de l'É-
glise et de l'opinion, le prince se fut résigné à se séparer du Juif, il
semble lui avoir gardé tout au fond du cœur, comme à un vice favori,
une tendresse. Puis la séparation ne fut pas tellement complète et définitive qu'on ne vit maintes fois le tentateur rôdant autour du prince
et lui dérobant une fois de plus ses faveurs. En Angleterre, après
l'expulsion définitive de 1358, quelques Juifs restent à Londres, et
dans les autres villes du royaume, continuant leurs affaires d'argent
sous la dénomination de Lombards. Bientôt, on permit à un petit
nombre de revenir. Jusqu'au xvɪɪᵉ siècle, il subsiste à Londres une
maison de convertis. Même état de choses en France. Sous mille dé-
guisements divers, en qualité de médecins, d'astrologues, de financiers, les Juifs savent se glisser, s'insinuer auprès des grands. A la fin
du xvɪᵉ siècle, à la suite de l'expulsion générale des Juifs d'Espagne et
de Portugal, un grand nombre affluent à Bayonne et à Bordeaux, où ils
se font une des places les plus honorables dans le commerce en qualité de nouveaux convertis. Déjà, parmi les financiers italiens qui en-
tourent Catherine de Médicis, et avec lesquels elle est en incessants
rapports d'argent (1), se dissimulent certainement bien des Juifs. Au
commencement du xvɪɪᵉ siècle, un témoignage bien inattendu, celui de
notre poète Malherbe, nous dévoile tout un coin de l'opinion à leur
endroit, en nous faisant toucher du doigt le terrain qu'ils ont recon-
quis en France, en dépit de la législation et des prohibitions officielles. Je
cite tout au long ce curieux témoignage. On sait que le fils de Malherbe
succomba le 13 juillet 1627 dans une sorte de guet-apens. Le père, voulant tirer vengeance des meurtriers de son fils, se heurta à de hautes
influences. C'est à ces démêlés judiciaires qu'il fait allusion dans une
lettre adressée à un destinataire inconnu (Collection des grands écri-
vains de la librairie Hachette : *Œuvres de Malherbe*, t. IV, p. 130;
nᵒ 607), où nous trouvons le passage suivant :

« Tout ce que je demande, c'est qu'on nous baille un Parlement.

---

(1) Vührer. *Histoire de la dette publique en France*, 1886, p. 32 et 33.

Les assassins disent qu'ils ne veulent point de Grenoble. De ce
côté-là, nous sommes d'accord. *Je* me doute qu'*ils voudraient
Paris*, mais je ne le veux pas. L*e judaïsme s'est étendu jusque sur la
Seine.* Il serait à souhaiter qu'il fût demeuré sur le Jourdain, et que
cette canaille ne fut *point mêlée* comme elle est parmi les gens de bien.
Il y a un remède. Ma cause est bonne : je combattrai partout et vain-
crai, avec l'aide de Dieu, fût-ce dans Jérusalem et devant les douze
lignées d'Israël (1) ».

Dans les villes du Midi, surtout le comtat Venaissin, les Juifs sont
restés à peu près comme chez eux. Le Saint- Siège lui-même, obéré
de dettes, les a non seulement tolérés, mais constamment employés
aux tâches financières, et, au cours du xvi⁰ siècle, par exemple, où la
papauté et le catholicisme subissent un si rude assaut, on compte
presque autant de papes amis des Juifs que de papes qui leur sont
plutôt défavorables. L'Italie du Nord, avec ses multiples principautés
reste naturellement la grande pépinière.

On comprend, après cela, qu'en dépit des arrêtés officiels d'expulsion, l'influence juive ait pu, après comme avant, s'exercer dans la société, et que ceux qui s'occupent de l'histoire intérieure des États
européens depuis le xv⁰ et xvi⁰ siècle, surtout de l'histoire financière,
soient en droit de parler d'esprit juif, de pratiques juives, de judaïsa-
tion graduelle de la société. La société et surtout le prince restent
infectés de judaïsme. L'envahissement graduel de la société chrétienne
par l'esprit nouveau se marque par l'abandon sur tous les domaines,
le domaine privé et le domaine public et fiscal, des fermes et sages
principes sur l'usure et sur le légitime usage de l'argent, qui avaient
régi la société ancienne. Et cet abandon aboutit aussitôt à l'apparition
du phénomène caractéristique de toutes les sociétés modernes judaï-
santes : la dette publique s'accroissant automatiquement et précipitant
les États dans un gouffre sans fond.

.˙.

§ IV. — Le droit public du Moyen-Age était, nous l'avons dit, bien
plus favorable à la naissance et au développement d'une dette pu-

---

(1) Je dois l'indication de ce curieux passage à l'obligeance de mon ami et
ancien maître, M. le professeur Cosme.

blique que le droit publique antique. Le principe de l'hérédité des fonctions assurait au prêteur l'avantage d'avoir toujours un débiteur certain et solvable. L'apparition de la dette publique ne comportait plus de la part du titulaire du pouvoir que la volonté d'emprunter et l'existence d'un prêteur. Or le prêteur existait, c'était le juif, insinuant et souple, aux tentations duquel il était difficile de résister; l'emprunteur, le Prince, jeune, inexpérimenté ne demandait pas mieux que d'emprunter pour jouir. C'était peu de la sagesse de l'Eglise pour conjurer les dangers de cette double complicité. Le Prince emprunta, d'abord quand l'usurier était encore là, quand il partageait avec lui les bénéfices de l'usure extorquée de son peuple qu'il eut dû défendre. Il continua d'emprunter le juif parti; et, du commun accord de l'emprunteur et du prêteur, toutes les précautions dont l'Eglise avait entouré le commerce d'argent et cette dangereuse opération du prêt furent successivement écartées. C'est là tout l'intérêt de l'histoire de la dette publique que nous allons esquisser dans ses principaux traits. Pour donner à notre argumentation une base plus solide, nous ne nous occuperons que de la dette publique de la France.

La dette publique, en France, est plus ancienne qu'on ne croit. M. Vührer en a écrit l'histoire tout au long et non sans intérêt dans les deux volumes de son « Histoire de la dette publique en France, Paris, 1886 ». C'est à ce livre que nous renvoyons le lecteur curieux du détail.

A la page 4 de son livre M. Vührer écrit que dès 1316 il existait déjà une *dette perpétuelle et viagère* à la charge du trésor royal; et à la lecture de l'ordonnance de Philippe V le Long du 28 août 1316. (Ord. Louvre, I, p. 626), il est difficile de ne pas l'admettre ainsi : « considerantes maxima debitorum onera quibus thesaurus regius est tam ad vitam quam perpetuo oneratus », dit le texte. Mais, à lire la suite du document, nous constatons précisément que l'emprunt a été fait dans les conditions et sous forme d'un véritable contrat de constitution de rente. Le crédi-rentier achète au prix d'une certaine somme la faculté de toucher annuellement une rente fixe et cette rente à payer est assise, constituée sur un *gage spécial* qui doit être et qui est frugifère de nature. Le texte nous montre justement comment le contrat n'atteint sa perfection que par cette assignation et cette assiette spéciale de la rente sur un objet déterminé. Il semble que tout d'abord les rentes en question aient été assignées d'une manière générale sur le trésor : personis habentibus redditus perpetuos vel ad vitam *super* thesauro predicto.....; puis que, pour se conformer davantage aux idées du temps et aux exigences du droit, on ait jugé bon de remplacer cette assiette des rentes sur les ressources du trésor *en général* par leur assiette sur un revenu particulier : le fonds des confiscations et des amendes : « vobis mandamus quatenus *predictas forifacturas* bonorum hereditariorum seu immobilium.... personis in dicto thesauro redditus habentibus religionis vel aliis, prout faciendum fuerit et vobis expedire noveritis... *assignetis in exonerationem et solutionem* perpetuam reddituum eorumdem, de cujusmodi assignationibus dictis personis vestras literas concedatis — suas antiquas supradictis redditibus capiendis in dicto thesauro confectas literas et eas quantocius concellantes. » Le texte indique en même temps qu'à chaque mode d'assignation correspond un titre particulier : « Vous retiendrez et bâtonnerez immédiatement les anciens titres et vous en délivrerez de nouveaux portant assignation des susdites rentes sur les revenus en question ». — Les revenus sont assignés tout à la fois, dans la mesure de leur importance, pour le service des arrérages et la restitution du capital. De quel capital ? du capital des rentes *perpétuelles* évidemment. Il ne saurait être question de remboursement du capital des rentes viagères. Notre texte semble donc bien contenir l'indication du principe de la *rachetabilité* des rentes perpétuelles à toute époque par le débiteur.

A ce moment donc, — et c'est la conclusion qui nous importe — l'emprunt public, l'emprunt royal ne se distingue pas *formellement* de l'emprunt privé ; l'un et l'autre, conformément aux prescriptions du droit canonique, prennent la forme d'un contrat de constitution de rente ; c'est-à-dire que le contrat n'est légitime et parfait qu'autant que la rente est assignée sur une *chose frugifère déterminée*, spéciale et que la chose frugifère suffit *et plus* à payer les arrérages. Il faut qu'au lieu d'être funeste à l'emprunteur, le contrat reste bienfaisant et lui laisse des chances sérieuses de racheter sa rente. Je rappelle que plus tard il sera expressément décidé que la rente varie proportionnellement aux variations de valeur de la chose assignée. — Nous trouvons donc appliqué au commencement du xiv° siècle le principe fondamental en la matière, celui dont on ne saurait s'écarter, au point de vue du droit canon, sans jeter le trouble dans l'économie sociale.

Malheureusement ces véritables et sains principes ne tardent pas à tomber dans l'oubli.

Pendant presque tout le xiv° siècle, sous les règnes de Philippe de Valois, Jean le Bon, Charles V, le régime des emprunts garde une honnêteté relative qui a fait dire à M. Vuitry (Études sur le Régime financier de la France avant la Révolution : Nouvelle série : Les trois premiers

Valois), avec au reste une inexactitude manifeste, que le « caractère des emprunts de l'époque est d'être un expédient de trésorerie limité et temporaire. Le Trésor reste débiteur et ordinairement à court terme du capital qu'il avait emprunté sans qu'il y eut encore aucune stipulation d'intérêt ».

Mais déjà dans la dernière moitié on voit apparaître une autre forme de l'emprunt qui deviendra la forme prépondérante jusqu'à la Révolution, et dont la commodité permettra trop facilement au pouvoir de s'endetter sans mesure : je veux dire l'emprunt forcé par le moyen des hôtels-de-ville déclarés directement responsables vis-à-vis des prêteurs, avec assignation aux susdits hôtels-de-ville à titre de gage et pour assurer le service de la rente de revenus royaux déterminés.

Après une vaine tentative dans le même sens le 27 juillet 1365 (1), en 1370, quelques jours après le 5 octobre, le roi charge ses conseillers de « se rendre à la hâte à Rouen et dans d'autres villes fermées et leur donne pouvoir de faire assembler, comme bon leur semblera, *gens d'Église, nobles et autres habitants* et de leur exposer en son nom ses intentions; de les requérir que chacun, *suivant ses facultés*, veuille promptement remettre somme d'argent ou faire paye de gens d'armes pour 6 semaines, par *manière de prêt*, comme l'ont fait ceux de Paris... Le prêt que chacun d'eux fera pour le terme susdit *sera rembousé* au temps à venir *sur les aydes qui sont ordonnées* pour la guerre en ville et diocèse de Rouen. » On a conservé avec ce document un état nominatif des habitants de Rouen qui ont contribué à l'emprunt. Cet état est du 1er décembre 1370. « Le 9 décembre suivant ayant plusieurs habitants de Rouen encore à payer des sommes sur eux imposées à cause de prêt consenti, bien qu'ils en aient été plusieurs fois requis, considérant qu'il y a grand et urgent besoin d'avoir finance et que les dits emprunts doivent être remboursés sur le produit des aides ayant cours à Rouen; le roi mande au sergent d'armes J. d'Artois de se transporter à Rouen et de contraindre vigoureusement les habitants à payer les sommes qu'ils s'étaient engagés à prêter. »

Que manque-t-il pour qu'on ait là parfaitement caractérisé le type d'emprunt de plus tard en rentes constituées sur les hôtels-de-ville? Une seule chose. Au lieu de taxer individuellement chacun, gens d'Église, nobles et autres habitants, il faudrait que le fisc ne voulût avoir affaire qu'au corps représentant la cité, imposât aux membres

---

(1) Vuitry p. 215.

de ce corps l'obligation de faire le prêt en leur délégant sa créance
contre les contribuables, et les forçât à se substituer à lui vis-
à-vis de ces derniers et à substituer léur gage au sien, en leur assi-
gnant à eux-mêmes, pour garantir sa dette vis-à-vis d'eux, un revenu spécial du trésor ou tout autre gage fructifère.

Ce nouveau mécanisme de l'emprunt paraît parfaitement fonctionner
dès les premières années du règne de François Ier. A l'année 1522 la
longue série des emprunts du règne commence; et c'est précisément
sous la forme que nous venons de dire que nous trouvons le premier
emprunt réalisé. Les ordonnances royales qui lui sont relatives nous
ont été conservées aux Archives Nationales. 1er vol. k., f° 402 et 382
et sont reproduites par *Vührer* comme appendice au t. I de son histoire de la dette publique. L'une est du 2 septembre, l'autre du 10 octobre 1522; la seconde ne fait guère que corriger certaines dispositions
de la première en donnant satisfaction sur ces points aux réclamations
des habitans de Paris. N'ayant pas abouti dans une première tentative
de placer son emprunt à des conditions librement débattues auprès
de « plusieurs de ses officiers, bourgeois, manants et habitants de
nostre ville et cité de Paris », le roy a fait faire plusieurs assemblées
en l'ostel commnn de la ville et cité de Paris... et notamment dans la
seconde assemblée qui fut la plus grande de toutes les assemblées faites,
et où estaient le prévôt des marchands et eschevins, conseillers et
quarteniers, et gros nombre de notables bourgeois de chacun des seize
quartiers de la ville *faisant et représentant le corps et la plus saine partie*
de la commune d'icelle notre dicte ville de Paris, et alors ses députez...
offrent au nom du roi de vendre à ceux qui voudraient bailler la somme
de 200,000 livres tournois le *revenu des estaux et bancs* de la grande
boucherie du pié fourché vendu en la dite ville et la taxe sur le vin
vendu en détail et les poissons aussi vendus et autres membres et
portion de nos domaines, aydes, impositions et gabelles de la charge
d'outre Seine ou partie desdites choses *à perpétuel rachapt et réméré*,
jusqu'à la somme de 25,000 livres tournois de rente ». La Royauté
aurait été bien aise de traiter individuellement et de gré à gré du
placement de son emprunt avec les membres les plus importants de
la cité. Mais les meneurs de la municipalité parisienne, qui paraissent
obéir à un sentiment de défiance marquée vis-à-vis du pouvoir, ne
l'entendent pas ainsi. Ils proposent et obtiennent « que certaines fermes et aydes seraient *prises par achapt par la communauté et corps uni-*
versel de la dicte cité représentée par le prévôt des marchands et eschevins jusqu'à la concurrence de la dite somme de 200,000 livres

— 255 —

tournois environ pour après estre *par iceulx prévôt des marchands et esche-*
vins constitué rente particulière à chacun de ceux qui nous bailleront
partie ou porcion de la dite somme de 200,000 livres tournois selon
la qualité des deniers qu'ils en fourniront et de la *taxe qui sur eux en*
sera faite ». En même temps il est stipulé dans le second document
contrairement aux dispositions du premier (Vührer, p. 435 ad finem)
« que les dites aydes, impositions et gabelles ainsi vendues et baillées
par lesdits commissaires du roy, — ladicte ville de Paris en jouisse
comme de *sa propre chose et héritage* par *ses* mains ou les mains de *ses fer-*
miers ou commis sans que les officiers de par le roy s'en entremettent au-
cunement ». — L'opération de l'emprunt comprend deux opérations bien distinctes : une première par laquelle le roy vend en
bloc « aux prévôt des marchands et eschevins présent et à venir,
représentant le corps universel d'icelle ville de Paris », une certaine somme de rentes, assignées sur tels ou tels immeubles fructifères; et les acheteurs pour être plus sûrs de rentrer dans leurs créances
exigent la remise en leurs mains des droits engagés. L'assignation des
rentes à payer sur les immeubles fructifères se présente ici comme
une véritable vente à réméré. — Puis le corps de ville, devenu acquéreur de tout le montant de la rente, répartit par voie d'autorité entre
tous les contribuables au *prorata* des facultés de chacun les titres de
rentes ainsi acquis. L'opération garde dans son ensemble le caractère
d'emprunt forcé. — Il est remarquable que le corps de ville n'accepte
de se porter acquéreur de toutes les rentes à placer qu'à condition que
l'emprunt conservera par devers les sous-acquéreurs ce caractère d'emprunt forcé : p. 435. « Mais pour ce que la dite somme ne se pourrait
bonnement fournir *sans être particulièrement tauxée sur chacun des manans*
et habitants puissans de nous ayder ». Et un peu plus loin « p. 536 :
plusieurs faisaient difficulté de nous bailler les sommes esquelles ils
étaient *tauxés et imposés.* »

Les garanties du prévôt et des échevins sont ainsi de deux sortes :
d'abord, pour le service sûr et régulier des rentes, l'assiette sur le domaine et les revenus qu'on leur livre en mains propres pour leur
permettre de se payer eux-mêmes; puis cette action qui leur est cédée
par le fisc pour se faire rembourser, s'ils veulent, par les contribuables directement taxés à une certaine somme, une partie des avances
faites. Il n'a pas moins fallu pour décider le corps de ville à jouer
de bonne grâce le rôle d'intermédiaire et de banquier.

Ce rôle à certains égards ne diffère pas beaucoup de celui de la
curia romaine et des προεισφέροντες athéniens. Toute la différence vient

de ce qu'il s'agit dans les sociétés modernes d'*emprunts forcés*, il est vrai,
mais d'emprunts; tandis que dans l'antiquité, sûrement à Rome et
presque toujours à Athènes, c'est d'un véritable impôt qu'il faut faire
les avances à l'État. La constitution encore féodale de la société répugne à la notion et à la pratique de l'impôt telle que l'ont connue les
sociétés antiques. Le Roi, le seigneur le plus riche et le plus puissant
de son royaume, ne peut prendre avec la fortune de ses fidèles la
même liberté que prend avec les biens des citoyens une assemblée
démocratique où tous décident sur le parti le meilleur à prendre pour
tous et sur l'étendue des sacrifices de chacun. Le seigneur dans la
peine a droit à l'aide de ses sujets; il n'a pas directement la disposition de leurs biens. De là, le ton curieux et touchant de certaines
ordonnances : « Comme il est notoire que les Anglais, Flamands,
Espagnols et autres nations se sont elevez et bandez contre nous... et
que telles forces et armées que nous avons, ne se puent conduire sans
grands deniers et finances, pour lesquels recouvrer nous-mêmes en
personne avons *prié et requis nos* bons et loyaux subjects... les bourgeois, marchands et habitants de notre bonne ville et cité de Paris,
tant en *général que en particulier*, qu'ils nous voulzissent *ayder et secourir de leurs deniers selon leurs facultés*... »

De là, le recours de la royauté plus volontiers à la voie de l'emprunt pour se procurer les ressources nécessaires. Peu importe que
l'emprunt soit forcé. Du point de vue du droit public tout se passe
de la manière la plus correcte entre le Roi et le sujet. Le Roi
emprunte au sujet les sommes dont il a besoin; et l'emprunt, conformément aux idées du temps, prend naturellement la forme d'un contrat de constitution de rentes. Un trait seul marque une défiance nouvelle, inconnue de la vieille société féodale, la double garantie que
les prêteurs réclament. Les rentes ne sont pas seulement constituées
sur le domaine du roi; le corps de ville est directement déclaré responsable vis-à-vis de ceux à qui il rétrocède les titres et doit réassi-
gner ces rentes sur ses propres biens, p. 435 : « Nous avons donné et
donnons plein povoir auctorité et mandement spécial de constituer
les dites rentes et au surplus de *faire* et promettre et *obliger au dit
nom les biens de la dite ville.* » Les biens de la ville deviennent ainsi en
première ligne le gage des créanciers du roi (1).

-----

(1) Voici comment le Dictionnaire des Finances de L. Say définit le rôle
de l'Hôtel-de-ville : « Entre les deux parties, comme garants de leurs droits
respectifs, comme tuteurs des créanciers de l'État, fonctionnent le prévôt

Tout correct que reste encore le rapport au point de vue des idées du temps, il y a quelque chose d'inquiétant dans ces complications nouvelles : c'est la facilité pour la royauté de faire retomber sur les diverses cités du royaume l'oblignation d'assigner aux rentes constituées un gage suffisant, et, par là, la possibilité de se soustraire elle-même à l'obligation, stricte en droit canon et en saine économie, de constituer ces rentes sur fonds spécial. La porte est ouverte par là aux emprunts sans fin; les propriétaires d'argent ayant la garantie des municipalités ne feront plus assez difficulté de prêter au roi, ou même, pour trouver un placement avantageux de leurs fonds, sauront provoquer l'emprunt. Enfin, quand le montant de la dette royale excédera sensiblement la valeur des biens des cités donnés en gages, on aura perdu de vue les principes essentiels du contrat de constitution de rentes. Les rentes constituant la dette nationale n'auront plus rien de *rentes réelles* constituées sur gage spécial; ce seront des rentes *personnelles* sans gage certain et comme telles susceptibles d'accroissement indéfini. La dette moderne sera alors véritablement née. La vieille économie chrétienne aura vécu. Tout le monde convient que la seconde moitié du xvi⁰ siècle fait faire à la dette publique un progrès décisif dans ce sens.

Sous le règne de François I⁰ʳ, presque toutes les cités importantes sont mises à contribution par la Royauté pour constituer sur leurs propres biens des rentes dont elle touche le capital d'achat : Orléans, Troyes, Toulouse, Rouen, Lyon, Albi, Paris, se voient condamnés à rendre à la Royauté le même service jusqu'à la fin.

Sous Henry II, le mal empire singulièrement. L'esprit de fiscalité déborde; les combinaisons financières les plus invraisemblables se font jour; les anciens principes, qui jusqu'ici ont opposé une digue au torrent, sont emportés. L'opération qui inaugure le régime nouveau est celle de 1553 (1), relative au rachat des rentes foncières.

Le point de départ de cette mesure, ce sont d'anciennes ordon-

---

des marchands et les échevins. Ces magistrats étaient même investis sous ce rapport de fonctions quasi-judiciaires. Car les procès qu'on appelait alors les fonctions de rentes étaient soumis au premier degré de juridiction au « Bureau de la Ville »... « Le service des intérêts fut si exactement fait aux porteurs de ces rentes que dès 1536, les bourgeois de Paris offraient *spontanément* au roi une nouvelle somme de 100,000 livres contre 8,333 livres de rentes. »

(1) Isambert, t. XIII, p. 323.

nances des rois du xv° siècle et principalement de Charles VII (Novembre 1441), déclarant « rachetables tous gros cenz, rentes foncières, droits seigneuriaux des maisons, manoirs, édifices, jardins et marais et places vides dans les villes et citez de notre royaume pour le plus grand bien, profit et utilité du public ». Henri II se réclame de ces ordonnances et décide que tous ces « mêmes cenz, rentes foncières et autres droits seigneuriaux, etc., seront rachetables *dedans trois mois prochainement* venans à commencer du jour de la publication de ces présentes à toutes personnes de quelque état, qualité, condition ou dignité qu'ils soient pour le prix et au feur du denier vingt ». Les vieilles ordonnances avaient stipulé pour les débi-rentiers la *faculté* du rachat; celle de Henri II en fait une *obligation* et une obligation dont ils doivent s'acquitter dans le court délai de trois mois. Seuls les cens et rentes de moins de 12 deniers, ayant le caractère de titre recognitif, n'y sont pas soumis.

Cette prétention de la royauté ne laisse pas d'être, on l'avouera, exorbitante de tout droit. Mais dans quelle but cette violence, cette entreprise monstrueuse sur le droit privé?

Le législateur n'en fait pas mystère: « § 5 : considérant que nous pouvons tirer *desdits rachapts une bonne grosse somme de deniers* », ordonnons § 2 : « que les deniers desdits rachapts seront mis ès mains des *receveurs des deniers communs* desdites villes et citez de notre royaume en la *ville et juridiction* desquelles lesdites maisons, manoirs, édifices, seront assis; et ès citez où il n'y aura *receveur* desdits deniers communs ès mains de celuy qui sera par la plus saine partie desdites villes pour ce faire élu;

§ 5. — Et ces deniers desdits rachapts seront par lesdits receveurs..., mis ès mains des receveurs généraux de nos finances..., pour estre par eux mis ès mains du trésorier de notre épargne. » Ces deniers ainsi réunis seront ensuite employés d'office à acheter pour les créanciers remboursés les rentes que l'Etat a décidé de vendre. Le gouvernement a besoin de preneurs pour ses rentes; il ne trouve rien de mieux, s'ingérant indûment dans l'exécution d'un contrat d'ordre strictement privé, que de faire apparaître des fonds disponibles et de se les approprier à titre d'emprunt forcé contre délivrance des titres des rentes en question. Au reste, § 6, les « rentiers reçoivent en gage de leurs créances en premier lieu bonne et seure assignation *des prévôts, maires, majeurs, jurats, eschevins et consuls desdites villes* pour lesdits cenz, rentes, et droictz de ceux à qui ilz seront deuz »; en second lieu « une assignation sur le revenu de nos dites aydes, greniers et gabelles ou autre

membre et revenu de notre domaine..., jusqu'à ce que nous *ayons assi-*
gné terres, cenz, rentes et revenus, immeubles de pareille valeur que sont
de présent lesdits cens, rentes et droitz aux villes qui pour nous se
seront obligées par iceulz ».

Il n'est que juste de reconnaître que la royauté n'était pas arrivée
d'emblée à prendre de semblables mesures ; et que ce n'est que, faute
d'autres expédients plus doux et également efficaces, qu'elle avait eu
recours à celui-ci. Par une ordonnance du 19 janvier 1552, le roi
« mandait et commettait aux prévôts des marchands et eschevins
de Paris, qu'ils fassent itératives et expresses inhibitions de par lui à
tous *les notaires de notre Chatelet* de Paris, qu'ils ayent à *recevoir aucuns*
contrats de constitutions de rentes jusqu'à la concurrence de la somme de
dix livres tournois de rente et au-dessus et ce par provision *jusqu'à*
ce que la somme de 490,000 *livres tournois ait été fournie et reçue — sur*
peine quant aux parties *de nullité des contrats et perditions de leurs deniers*
qu'il auront pour ce baillés, — et, aux notaires de privation de leurs
estats et offices ; ainz que les notaires, après qu'aucuns..., les auront
appelez pour recevoir aucuns des contrats, ils aient incontinent et sans
délai *à dénoncer* ceux qui auront voulu et voudront acquérir lesdites
rentes — pour *estre pris les deniers et leur estre constituées rentes au denier*
douze. » La Royauté commence, on le voit par prétendre se réserver
comme une sorte de droit de banalité le monopole de la constitution
de rentes.

Nous ne suivrons pas après cela dans le détail l'histoire des emprunts
de la Royauté française. La nature des expédients, que nous venons
d'indiquer, montre assez à quelles extrémités est capable de se porter
la monarchie, de plus en plus étrangère aux saines pratiques des gouvernements honnêtes. D'autant plus qu'à partir de ce moment elle vit
dans un continuel besoin d'argent et dans une recherche anxieuse des
moyens de s'en procurer. Nous avons vu comment elle a commencé
presque dès les premiers jours à faire gager sa dette sur les Hôtels de
Ville, sur les biens communaux. Bientôt il ne suffit plus de la caution
des cités ; les grands corps du royaume sont mis à contribution. Depuis
le colloque de Poissy (1562), une partie qui ne fait que s'accroître de
la dette royale est rejetée sur le clergé et ses biens. « Quand, outre les
sommes nécessaires pour parer aux besoins ordinaires du royaume,
et que le clergé contribue à alimenter par ce qu'on appelle le *décime*, il
en faut d'autres pour parer aux difficultés extraordinaires, on a alors
recours aux emprunts ; et dès la fin du xvi° siècle il arrive fréquemment qu'on fait un emprunt au nom du clergé de la somme qui doit

être portée dans les coffres du roi. On impose ensuite sur les bénéfi-
ciers une somme plus forte que celle qui serait nécessaire pour acquitter les rentes constituées, afin d'employer le surplus au remboursement des capitaux... Permettons, dit la formule de l'emprunt du
12 avril 1710, permettons qu'il soit fait au nom du clergé un emprunt
au denier douze à constitution de rente de 24,000,000 de livres et
qu'il soit passé des contrats de constitution de rentes au denier douze
à ceux qui fourniront ladite somme, par lesquels ils *obligeront les biens
ecclésiastiques du général* et des particuliers du clergé solidairement,
sans discussion, division ni fidejussion. » — Au milieu du xviiie siècle,
pour faire face aux dépenses de la guerre de sept ans (1741-48),
Orry et après lui Machaud durent s'ingénier à trouver pour les futurs
emprunts des gages nouveaux. On s'adressa alors au patriotisme des
grandes provinces de Bretagne, de Bourgogne, de Provence et de
Languedoc, dont les États généraux firent au roi l'avance de capitaux
considérables en échange de rentes au denier vingt qui leurs furent
constituées.

Ainsi jusqu'à la Révolution la dette royale ne cesse de s'accroître.
La Royauté pour allécher les prêteurs par des sûretés plus grandes
s'ingéniait chaque jour à trouver des cautions nouvelles et des ressources non encore engagées. Quand la Révolution éclate, la dette publique se trouve fractionnée et comme déguisée en un certain nombre
de dettes particulières : dettes du clergé, dettes de la noblesse, rentes
sur les Hôtels-de-Ville. Mais le caractère public et national de chacune
de ces dettes particulières est présent à la pensée de tous et l'expression
s'en rencontre partout dans les cahiers des États généraux. Dans le
cahier du clergé de la sénéchaussée d'Angoumois nous trouvons par
exemple; (Archives Parlementaires II, p. 2, § 36) : « Enfin le dit ordre
du clergé en considération du sacrifice de ses privilèges pécuniaires
demande que la *dette nationale du clergé*, qui n'a été faite que pour le
bien de l'État fasse partie de la *dette nationale.* » Le clergé de Bordeaux
dit de même dans son cahier : (Arch. P. II p. 392, § 2) : « Ils demanderont
que la dette du clergé contractée pour l'État soit réputée et reconnue
dette de l'État, et que l'on y comprenne les *dettes des diocèses* qui ont la
même origine. » De même le clergé de Beauvais : « le clergé n'a fait que
prêter son nom et son crédit au roi, dit celui-ci, dans les moments les
plus pressants, comme ont fait *toutes les provinces et les pays d'États.* » Et
ainsi de bien d'autres localités : Mantes, Saintes, Paris, etc... La
noblesse, dans les cahiers d'Artois, (A. P. II, p. 81, § 6) prend sur ce
point la décision suivante : « nos députés demandent que les États

généraux prononcent sur la dette du clergé et ne reconnaissent comme *nationale* que la portion qui en aurait été employée au service de l'État et qui n'est pas représentative de quelque impôt dont le clergé était exempt. » Le Tiers-État de Clermont-en-Beauvaisis (II, p. 751-752) dit de son côté que « les motifs qui déterminent la nation à reconnaître la *dette actuelle du roi* doivent l'engager à reconnaître cette partie de la *dette du clergé* qui n'est pas autre chose… » Quant à la « dette actuelle du roi, est-il ajouté, les prêts faits au roi que diverses circonstances ont rendus nécessaires et qui ont tous aggravé la dette, lui ont été faits comme à celui qui avait sans contradiction aucune la direction de la finance de la nation et qui la représentait. »

Les meilleurs esprits de la Constituante n'envisagent pas la question autrement. Malouet dans son discours du 17 septembre 1790 sur le système de liquidation de la dette publique (A. P. t. XIX, p. 27-32) distingue parmi les créanciers de la dette exigible les créanciers du clergé, — ceux des corps et communautés, — et tous les propriétaires des contrats à intérêt. Quel est pour lui le gage commun de cette dette si diverse dans la personne de ses titulaires et par ses multiples origines ? — Les biens nationaux. « Les biens nationaux sont le gage de la dette exigible. »

Ainsi à la faveur de la grande crise qui ébranlait jusque dans ses fondements l'ancienne société, l'unité de la dette publique, dette royale ou nationale, quelle qu'en fut la forme, apparaissait de nouveau au jour, et en même temps la nécessité absolue d'asseoir ce chiffre formidable de rentes sur un gage certain et suffisant. Cette idée, que l'État comme le particulier ne doit pas emprunter plus qu'il n'a, que tout emprunt auquel ne correspond pas de gage est un emprunt téméraire et malhonnête, semble reprendre possession des consciences. Mirabeau dans son discours du 27 septembre 1790 sur les assignats (A. P. 10, p. 269) prête à ces idées le secours de son éloquence contre certains qui tentent de faire prévaloir la théorie contraire : « on vous dit que c'est une erreur en politique de vouloir qu'un État acquitte sa dette, que les intérêts de cette dette sont un suc nourricier et productif qui fait fleurir et prospérer la société. » Non dit-il. « Un gouvernement vampirique a depuis plus d'un siècle sucé le sang des peuples, pour s'environner de faste et de profusion… Mais le prodigieux mouvement qui en résultait dans la capitale pour fournir à des *emprunts immodérés et aux jeux* forcenés qui en sont la suite n'a jamais été qu'une circulation stérile et désastreuse. La pléthore était au centre de l'empire : le marasme, la langueur aux extrémités. » « Il faut

que la nation s'acquitte et c'est un spectacle bien singulier que l'attitude du ministre des finances, M. Necker » « cet administrateur qui
redoute les assignats qui *paient la dette publique* et qui craint moins
ceux qui ne la paient pas; qui permet que le capital de la nation se
ronge, se détruise pour acquitter tant bien que mal les intérêts qu'elle
doit... et qui décrie comme désastreuse l'opération qui nous libère
par les assignats et prépare pour le Trésor public les moyens de
diminuer à l'avenir ces recours extraordinaires. »

Ces idées malheureusement, ce réveil du bon sens et de l'honnêteté
chrétienne n'ont pas prévalu, et la France contemporaine n'a pas tardé
à suivre les errements de l'Ancien Régime. On sait qu'aujourd'hui la
dette publique française monte au modeste chiffre de 31 ou 32 *milliards
sans compter la dette des communes...* » C'est la complète défaite du bon
sens. La dette publique est devenue partie intégrante de l'idée qu'on
se fait d'un État civilisé. Dette publique et progrès sont dans la
phraséologie économique et politique du temps des termes identiques.
La dette publique, proclamée d'une nature toute différente de celle de
la dette privée, n'apparaît plus comme un expédient passager auquel
on met fin le plus tôt qu'on peut, mais prend toute l'importance d'une
institution normale de haute culture.

Il ne vient aujourdhui à l'esprit de personne de se demander si
l'importance du gage répond à l'immensité de la dette. Il n'est plus
besoin que la dette soit gagée. Un État, nous l'avons dit, dans les
idées qui ont cours, n'est pas comme un individu : encore aujour-
d'hui on admet que les dettes de l'individu ne doivent pas
dépasser son actif. Le gage, en ce qui concerne la dette de l'État, de
réel est devenu personnel, fictif; le gage c'est la bonne foi de la France.
C'est le triomphe complet dans l'ordre public du principe de droit privé
que travailla à faire prévaloir Dumoulin, de la légitimité des *rentes constituées personnelles*. La Royauté, en multipliant les gages, avait laissé
s'affaiblir peu à peu, tomber dans l'oubli le bienfaisant principe de la
spécialité du gage; la société moderne fait mieux : elle l'a banni
tout à fait; l'hétérodoxie du xvi° siècle, le protestantisme, le judaïsme
ont vaincu. La dette publique, contrairement aux prescriptions de la
morale et de l'économie ancienne, a reposé tout entière sur le Crédit :
le crédit, ce Dieu de l'économie politique moderne, qui fait quelque
chose de rien, douceureux au début, bienfaisant aux forts, aboutissant
toujours à l'écrasement des faibles.

On pense bien que le créancier, pour prêter son argent dans ces
conditions nouvelles, n'entend pas être dupe; et que, s'il a laissé substi

tuer aux anciens principes des principes nouveaux, c'est qu'il y trouve son compte et qu'il sait le moyen de se faire payer quand même ses coupons de rentes.

Et c'est en effet un fait indiscutable que de tout temps les titres de rentes ont été extrêmement recherchés, et qu'on les cote d'autant plus haut que la dette est plus démesurée et parait plus difficilement remboursable. L'explication du phénomène est celle-ci : si le créancier de l'État n'a plus de gage spécial ou général, il a trouvé dans le développement même de cette dette le moyen de devenir le maître absolu de l'État. L'État semble ne plus fonctionner que pour assurer le paiement de ses coupons ou consentir à son profit d'autres constitutions de rente. Il y a eu main mise du créancier de l'État sur toutes les forces du pays : à partir de ce moment il n'y a plus eu à proprement parler de vie de l'État, d'intérêt public et national. Ce qui a prédominé ce sont les intérêts des porteurs de titres, les convenances de la Finance et de la spéculation. Toutes les manifestations de la vie politique ont témoigné d'un sourd et implacable effort des forces financières pour détruire les autres forces du pays, intellectuelles ou morales, les vieilles traditions nationales, tout ce qui ne procède pas d'elles. Les pouvoirs héréditaires ou simplement trop stables ont été généralement écartés; le Pouvoir tend à passser insensiblement aux mains de politiciens, simples hommes de paille de la finance, exécuteurs de ses basses œuvres. La population s'est trouvée partagée en deux groupes : ceux qui travaillent pour payer la rente; et ceux qui la touchent. Les premiers, en vertu de ce pouvoir d'accroissement automatique de la dette publique, de plus en plus écrasés d'impôts; les autres de plus en plus puissants dans le pays jouissant tranquillement de leur œuvre *d'usure*. Car ces créanciers de l'État, au point de vue des principes anciens, sont bien des *usuriers*. Leurs avances à l'État n'ont rien du vieux contrat de constitution de rente. Il y a prêt d'une somme contre un intérêt fixe que l'État, *en tout état de cause*, doit rigoureusement servir. On n'a pas tort de qualifier ce système de *juif*, de judaïsant : puisque, nous l'avons vu, l'usure est *juive* d'origine. — Durant de Mende dans son « *Speculum juris*, Veneliis, 1602. f° » p. 502. L. IV, partie 4. De usuris n° 4, pose l'espèce : une personne prête à l'État dans la détresse (communitas) une somme d'argent. Il est convenu entre le prêteur et l'État emprunteur que, tant que l'État ne sera pas libéré de sa dette, le prêteur ne paiera aucune redevance publique, ne sera compris dans aucune répartition d'impôt. — Durant répond : il y a usure. Les impositions qu'il ne paie pas tiennent lieu des intérêts qu'il se serait fait payer; c'est exactement comme s'il avait touché à titre d'intérêt une somme égale au montant de ses impositions et qu'il l'eut ensuite versée à titre d'impôt dans la caisse d'État. Il y a intérêt, c'est-à-dire usure. Et du point de vue du vieux droit il est impossible de conclure autrement. Le créancier de l'État, le détenteur de titre de la dette publique moderne est un *usurier*. — Au commencement du xviii° siècle, des théologiens restés orthodoxes mais complaisants, ont essayé d'avance de laver de cette accusation d'usure les prêts faits à l'État, en joignant aux causes légitimes d'intérêt un titre nouveau : un *titulus legis*. Entre particuliers l'État pour des raisons d'intérêt général peut autoriser la perception d'un intérêt qu'il fixe lui-même. A plus forte raison peut-il le faire pour les contrats de prêts intervenus entre lui et ses créanciers.

Pichler est resté presque seul; son titre nouveau : le *titulus legis* est venu échouer contre le roc de cette grande doctrine de l'usure, qui a été de tous temps celle de l'Église; et quiconque veut se rendre compte de l'irrémédiable faiblesse des arguments invoqués par lui n'a qu'à lire le chapitre que consacre à la réfutation de sa thèse le dominicain *Concina* dans son beau livre « Dissertationes de usurâ contractus trini adversus mollioris Ethices Casuistas, Rome, 1746, 4°.

§ V. — Ce qui nous intéresse dans ce développement extraordinaire de la dette publique et son changement de nature, c'est le droit fiscal nouveau qui en découle et qui a pris peu à peu possession de la conscience des peuples. Dès que la dette a cessé d'être ce qu'elle devait pour revêtir son caractère moderne, elle a immédiatement développé une fiscalité particulière qu'il nous faut étudier de près, si nous voulons répondre comme il convient à la question posée : comment se sont formées, d'où viennent les idées qui ont aujourd'hui cours sur l'impôt?

Un homme, dès la fin du xviii° siècle et au commencement du xviii°, a eu de la situation faite au pays par l'accroissement démesuré de la dette publique et le nouveau système fiscal et de leurs conséquences sur la vie économique une intuition merveilleuse. Nous ne saurions mieux faire pour prendre conscience de la situation nouvelle et des principes de cette fiscalité inconnue aux âges précédents que d'analyser son œuvre. Cet homme c'est le français Boisguillebert. Ce fut un grand honnête honmme, une âme droite, bonne, sincèrement préoccupée du bien public; un grand honnête homme comme son contemporain Vauban, qui s'occupa, lui aussi, de projets de réforme fiscale et comme l'Ancien Régime en a produit beaucoup : consciences fermes, solides, d'excellents chrétiens. Il remplissait les fonctions relativement modestes de lieutenant général au bailliage de Rouen. Saint-Simon, toujours aux aguets des choses intéressantes et bien informé en parle; racontant comme quoi « Boisguillebert revenu à Rouen d'un voyage à Paris, fait tout exprès pour entretenir Pontchartrain de ses plans de réforme financière et où le ministre lui avait tourné le dos, ne se rebuta point du mauvais succès de son voyage; et n'en travailla que plus infailliblement à son projet, qui était à peu près le même que celui de Vauban, sans se connaître l'un l'autre. » C'est dans le « Détail de la France » et le « Factum de la France » qui n'est qu'une refonte du premier, que se trouvent exposées les idées de Boisguillebert sur le régime fiscal et la pratique des impôts.

Pour Boisguillebert, l'histoire financière de la France comprend deux périodes bien distinctes : une première période, qui s'étend jusqu'au règne de Henri II, représente pour lui la période saine, normale, où le mécanisme fiscal n'est pas encore faussé; et une seconde période, commençant avec le règne de Henri II, dont les traits distinctifs s'accusent tout particulièrement à partir du règne personnel de Louis XIV.

Ce qui caractérise la première, c'est tout d'abord ceci : « les rois vivaient et subsistaient magnifiquement de leurs seuls domaines, hors les occasions extraordinaires, comme des guerres qui pourraient survenir, que leurs sujets donnaient tous les secours nécessaires par les voies de *dixième* ou de *cheminées* ». Puis (p. 291, édit. de la *Collection des Économistes*, de Guillaumin) : « le domaine diminuant, les rois furent obligés, pour subvenir aux dépenses nouvelles, de s'ouvrir de nouvelles voies de revenu : mais les *impôts se réduisirent à trois ou quatre genres*, et ils présentèrent ceci de particulier qu'ils étaient justement répartis et qu'ils passaient droit des mains des peuples en celles du prince. Les tailles qui se percevaient par les peuples, par aucun ministère étranger, n'étaient pas perpétuelles, mais suivant et à proportion des occasions. — On y ajouta ensuite les *Aydes*, dans les villes franches, pour y tenir lieu de tailles dont la perception se faisait également par les peuples, presque uniquement sur les cabarets. — La gabelle ou l'impôt sur le sel vint ensuite.

« Un autre trait, c'est qu'il n'y a pas de classe de gens de finance, de personnel fiscal. La cour des Aydes se ramène à quatre officiers, les trésoriers de France à deux, et l'Election de même, qui étaient plutôt des directeurs que des juges de procès qui ne pouvaient jamais naître. Cent ou cent vingt personnes, au plus, payées par le prince, suffisaient à percevoir ces quatre genres de tributs. Il n'y avait point de juges parce qu'il n'y avait point de procès. » — « Par ce moyen, sans accabler en rien le pays sous les charges fiscales, François Ier avait pu, avec la plus grande facilité, lever jusqu'à 16 millions de tribut réglé dans son royaume, quoiqu'il possédât un cinquième moins d'Etats que ne fait à présent le grand monarque qui y règne ; et que ces 16 millions « fournissent au roi sur le pied de 240 millions aujourd'hui ». « Ce régime n'a pas été, du reste, propre à la France ; c'est encore celui de l'Angleterre et de la Hollande (p. 289). »

Les traits de la seconde période sont : 1° Les anticipations et emprunts. « Autrefois (p. 298), chaque année portait nécessairement ses charges, parce que chaque fonds avait sa destination à laquelle on ne touchait jamais, et la levée était plus ou moins grande au pied de la lettre, suivant les besoins de l'État. »

« Il n'y avait pas de renvoi de la charge d'une année sur l'autre... Cette mauvaise pratique s'introduisit alors, et c'est ce qui a fait depuis une confusion effroyable, parce que ces renvois d'une année sur l'autre, tout en étant consommé souvent deux ou trois ans avant qu'il soit dû et échu, et survenant des besoins nécessaires et inopinés, il fallut avoir recours à des manières ruineuses pour le prince et pour ses peuples, comme des emprunts à gros intérêts et autres choses plus désolantes ».

2° Ce système d'anticipation des revenus entraîne, par une conséquence toute naturelle, la préférence donnée aux *Affaires extraordinaires* sur les *tributs réglés*, passant droit des mains des peuples en celles du prince. C'est qu'en effet, comme le dit expressément dans sa harangue M. Amelot, premier président de la Cour des Aydes de Paris (p. 305), l'on ne *peut rien prendre sur les tributs réglés* sans qu'on s'en aperçoive..., tandis que les affaires extraordinaires et les partisans n'ont été inventés et mis en pratique que pour ruiner le roi et le peuple, et former des profits indirects aux ministres.

3° Une autre conséquence du changement opéré dans le système des impôts, c'est la *préférence* systématiquement donnée *aux impôts indi-*

rects sur les impôts directs et la multiplication indéfinie des premiers. (P. 309). « On voit les tributs réglés comme les tailles, qui est l'impôt direct de beaucoup le principal et le plus important (p. 290), passant droit des mains des peuples en celles du prince, très négligés; et les Aydes et tributs de toute sorte se multiplièrent indéfiniment (p. 290), il n'y eut pas moins de 10,000 (*sic*) genres de tributs, y en ayant plus de 150 dans la seule administration de la justice. Aucune denrée ne devint exempte d'*ayde;* nul passage ne se put plus rencontrer sur une route qu'il ne fallut donner des déclarations et payer des redevances qui n'étaient que le résultat des pratiques usitées par des commis pour tout faire consommer en frais encore trois fois plus ruineux que les sommes mêmes. »

4° Enfin la multiplication indéfinie des gens de finance, des personnes intéressées à un titre quelconque à la perception de tous ces impôts. P. 290 : Comme il n'y a peut-être pas moins de 10,000 genres de tributs, il y a 10,000 juges pareillement, au moins, qui n'ont d'autres fonctions que de décider les procès inséparables de pareilles matières, et 100,000 hommes employés à la perception et aux poursuites qu'elle entraîne, se payant presque tous par leurs mains, avec la libéralité que tout le monde connaît, c'est-à-dire que le dernier des hommes croit pouvoir faire lég'timement, et fait pour l'ordinaire une fortune de prince.

5° Le résultat de tout cela est le départ de la population du royaume comme en deux nations bien distinctes : la nation des contribuables, de ceux qui paient, sur qui retombe cette lourde et écrasante masse des impôts de toute sorte; et la nation des partisans, des trafiquants. P. 317 : « D'un côté, en effet, 15 millions d'âmes et le roi à leur tête, qui sont ruinés par les manières des partisans ou gens de finance; de l'autre 4 ou 500 personnes, dont se compose le cortège habituel de ces derniers; dont les manières et la *nation* ont réduit le royaume en l'état où il se trouve; d'une manière d'autant plus déplorable que ceux qui auraient été à portée de signaler au roi et à MM. les Ministres le désordre et ses causes étaient engagés à le maintenir. Et c'était leur méthode, lorsqu'on se déclarait contre ces manières d'une façon sourde et à paroles perdues, de publier que c'étaient des esprits inquiets et visionnaires qui tenaient ce langage et qui voulaient même renverser le royaume, appelant renversement la cessation du plus grand bouleversement qui fut jamais. »

6° L'aboutissant final est, pour le gros de la nation, une misère extrême. Il y a répercussion directe d'un mauvais régime fiscal sur la production, sur toute l'économie du royaume. C'est là une vérité que Boisguillebert a saisie le premier avec beaucoup de force, et dont il a donné maintes fois, dans son œuvre, des formules saisissantes : Il paraît par là, avec raison, comme le véritable créateur de l'économie politique, le prédécesseur direct et génial des physiocrates.

Le résultat du changement opéré dans le régime des impôts, dit il, p. 305, c'est « la perte de la moitié des biens du royaume, en pur anéantissement, n'y ayant point de traité qui n'abîme vingt fois autant de denrées qu'il fait passer de profit dans les coffres du prince ».

Comment cela ? Il se livre, pour l'expliquer, à une analyse de tout l'ensemble des phénomènes de la vie économique, et l'exposition systématique de ses vues formerait un véritable cours.

D'abord ce noble principe, libéral et fécond, p. 410 ; « La nature aime également tous les hommes, et les veut pareillement sans distinction faire subsister. »

Puis une esquisse du phénomène de la circulation, une définition de la richesse sous sa forme concrète : p. 310 : « La richesse consiste dans un échange continuel de ce que l'on a de trop avec un autre, pour prendre en contre-échange les choses dont celui avec qui il traite abonde ; du moment que cette faculté manque, ou plutôt ce commerce, un pays devient aussitôt misérable au milieu de l'abondance. Or, il faut que cette heureuse situation s'arrête, du moment que les proportions sont ôtées, et qu'un commerçant, sans qu'il importe lequel des deux, ne pourrait faire l'échange ou le troc qu'à perte, par rapport aux frais qu'il a fallu faire pour établir le produit qu'il a dessein de vendre. Auquel cas voilà aussitôt le marché rompu, ce qui désole également l'une et l'autre partie et a, incontinent après, une suite effroyable de misère, parce que l'opulence d'un État, surtout de la France, consistant dans le maintien de toutes les professions, au nombre aujourd'hui de 200, leur existence est réciproquement solidaire, se donnant à tous moments, et recevant à tous moments pareillement la vie les uns des autres.

Ce sont les fruits de la terre, et en premier lieu les grains et les liqueurs, qui commencent le mouvement et qui, passant par le canal des maîtres et propriétaires aux mains des ouvriers, font que ceux-ci donnent, en contre-échange, le fruit de leur travail toujours *aux conditions marquées de proportion*, qui permettent à tous de trouver leur compte, *sans quoi le moindre déconcertement devient aussitôt contagieux et corrompt toute la masse* ». — Dans le *Traité des grains*, ch. X (p. 391), on lit : « La richesse consiste dans un commerce continuel, en sorte que ni terre, ni ouvriers, ni ouvrages, ne soient jamais dans un moment de repos ; ce qui produit le même effet à l'égard de l'argent. Cette interruption ou déconcertement ne vient que de leur avilissement, après que l'on a mis un taux aux denrées dans leur hausse, qui ne les *peut point suivre quand ils changent de situation.* »

Que veut dire exactement Boisguillebert? Que faut-il entendre par ces « conditions marquées de proportion qui permettent à tous de trouver leur compte aux échanges », et sans lesquelles il y a « déconcertement », un « déconcertement qui devient aussitôt contagieux et qui corrompt toute la masse? » — On nous l'explique p. 361 : [Pour qu'un État soit prospère], « *chaque particulier doit soutenir sa dépense ordinaire,* sur laquelle les denrées alimentaires ont contracté un prix, lequel venant à baisser, elles deviennent toutes une perte au marchand ou à l'ouvrier ». Qu'est-ce à dire? On constate simplement cette règle d'expérience que le niveau économique atteint par chaque groupe social ne saurait descendre sans qu'il y ait souffrance et malaise dans le groupe, et, par répercussion, dans tous les autres groupes. La production pour chaque groupe de producteurs est impossible en dehors de certaines conditions normales, qui doivent être réalisées sous peine de perte pour le producteur, c'est-à-dire de destruction et ruine sociale P. 417 : « Si, pour une raison quelconque, la vie et la subsistance se trouvent refusées aux producteurs, on voit ces derniers abandonner leur travail et ne plus produire. » P. 401 : « Qui que ce soit ne peut prospérer et payer un sou de tribut ni d'autres redevances que par la vente des denrées qu'il possède et la vente à un prix rémunérateur qui lui permette *de tenir son rang et de faire honneur à ses affaires.* » Voilà le mot lâché! le « maintien du rang », le « maintien de la dépense ordinaire » pour chaque groupe social, pour chaque profession.

Mais ici vient se placer une remarque accessoire, bien importante pourtant : toutes les professions ne doivent pas, au point de vue de l'importance, être placées sur le même pied. *Traité des grains.* Ch. IV, p. 361 : « Toutes les professions n'ont pas une fonction d'égale nécessité et dont le monde ne se puisse pas passer absolument. Les uns fournissent le nécessaire, comme la première et la grossière subsistance, c'est-à-dire le pain et les liqueurs; ceux-ci quelque chose de plus, comme les moindres mets; ceux-là les viandes, entre lesquelles il se rencontre quantité de différents degrés, comme le délicat, le sensuel, le superflu, et enfin le fantasque et absolument inutile, et tous ces degrés divers qui se rencontrent non seulement dans le manger, mais aussi dans les habits, dans les meubles, dans les équipages, dans les spectacles, et enfin dans tout le reste, qui s'appelle magnificence et qui donne l'être à plus de 200 professions et métiers qui se trouvent en France, prennent comme on a dit, leur naissance des fruits de la terre; laquelle, si elle devenait aussi stérile que les sables d'Afrique, congédierait ou ferait périr plus de 170 de ces 200 professions ». P. 361 : « La première grêle tombe sur les choses superflues; après cela, si le désordre continue, on se retranche peu à peu, de degré en degré, suivant l'échelle que l'on vient de marquer. Et, comme c'est l'opulence qui les avait fait naître, qui n'est ordinairement autre que les fruits de la terre, leur chute les entraîne toutes avec elles. Il y a encore une attention à faire, qui est que cette réforme ne s'en tient pas seulement au superflu, et même au « commode et à l'utile, mais qu'elle attaque jusqu'au plus nécessaire de plusieurs conditions ou métiers, par un contre-coup qui devient aussitôt contagieux et embrasse toutes les professions. ...Comme l'ouvrier du superflu et du magnifique n'exerce cet art et cette profession que pour se procurer *le nécessaire*, l'un ne peut être retranché sans que la perte de l'autre ne s'ensuive aussitôt, ce qui cause un nouveau déchet dans l'État. »

Toutes les professions sont donc solidaires; la prospérité des unes suppose celle des autres, et bien que toutes reposent sur l'agriculture, la pleine prospérité de cette dernière dépend de la prospérité de celles qui semblent le plus superflues. Toute richesse se ramenant en effet à des facultés plus ou moins considérables de consommation, plus grande est la masse des produits que donne chaque industrie échangeables contre les produits d'une autre, plus il y a de richesses. Boisguillebert, le premier de tous a vu nettement cette vérité.

Mais les richesses ne s'échangent pas directement entre elles. Elles ont pour cet échange un signe, un substitut qui est l'argent. L'argent, dit ingénieusement et fortement Boisguillebert, (p. 397. Dissertation sur la nature des richesses), c'est la garantie de la livraison future d'une denrée. L'argent touché par le vendeur de la denrée est « une procuration avec garantie que son intention sera effectuée en quelque lieu que se trouve le marchand de la denrée dont il a besoin et cela pour autant et sur un prix courant et proportionné à ce qu'il s'est dessaisi les mains de la denrée dont il était propriétaire ». « ...L'argent doit donc être valet et esclave du commerce uniquement et non son tyran ».

La prospérité d'un état bien réglé consiste donc en ce que chaque groupe, chaque profession reçoive en rémunération de son travail l'argent nécessaire « pour tenir son rang et faire honneur à ses affaires ». Tous les rapports sociaux, toutes les relations économiques se présentent sous un aspect monnayé qui est le plus important.

Il n'y aura pas lieu de s'étonner que le désordre et le bouleversement puissent s'introduire dans la société par cette voie des rapports d'argent. Si d'une façon ou de l'autre il ne revient pas normalement à chaque groupe social sa part légitime d'argent, ce minimum de richesse nécessaire à maintenir le groupe ou l'individu en état de se ivrer à la production, le corps social souffre.

Or, dit Boisguillebert : Traité des richesses, p. 412, « il n'y a continuellement qu'un filet de distance entre la subsistance même assez frugale du producteur véritable de la richesse naturelle et sa destruction entière. Tout roule assez souvent sur un écu, lequel par un renouvellemant continuel leur en produit pour l'ordinaire la consommation de cent pendant le cours de l'année. Que s'ils en sont privés par un coup inopiné, adieu les cent écus de consommation de l'État ». Le fermier ne paie plus son propriétaire, ou les hommes de journées ; les journaliers ne paient et ne cultivent plus les terres ; les maîtres ne peuvent plus faire vivre et entretenir les industries de luxe, p. 127. «Si, pour une raison quelconque, la vie et la subsistance se trouvent refusées aux producteurs, on voit ces derniers abandonner leur travail et ne plus produire. »

Il résulte de tout cela que c'est un principe économique de toute évidence et d'incalculable portée que « p. 401, la *demande d'argent qu'on peut infliger à un producteur quelconque a donc des limites de rigueur données par la nature qui ne peuvent être isolées sans produire un monstre effroyable* ». p. 401. Toutes les fois qu'une cause quelconque soutire au producteur une part des fruits de son travail et que ce tribut prélevé ne reste pas dans les limites de rigueur, il y a ruine du producteur, et par suite ruine de l'État.

La prospérité économique d'un royaume et sa fiscalité sont donc étroitement unies. Un mauvais régime fiscal peut paralyser complètement la production, et faire d'un pays naturellement riche une contrée épuisée et malheureuse.

Or, la fiscalité nouvelle réunit précisément toutes les conditions voulues pour produire ces mauvais effets : développement excessif de la dette publique, mauvaise institution des impôts caractérisée par la préférence donnée aux impôts indirects, aux Aydes et Gabelles sur les impôts directs ou, comme dit Boisguillebert, les *tributs réglés* ; mau-

vaise répartition des impôts directs : tout est réuni. « p. 421 : Au lieu
que les impôts personnels soient par *rapport aux facultés* GÉNÉRALES DE
CHAQUE SUJET et se répandent et se partagent par toute la masse et fassent
l'impartition de la charge au sou la livre pour chaque denrée, — qui
est absolument nécessaire pour le commun maintien », au lieu de cela,
dis-je, « p. 419 » la malheureuse coutume du royaume est que la
quantité de facultés est une sauvegarde contre les impôts dûs au prince,
qui ne doivent être exigés ou payés que par ceux qui s'en trouvent et
en doivent être accablés. »

Quant aux impôts indirects, ils ruinent le commerce, font que les
produits ne peuvent passer d'une province dans l'autre, et que tandis
que le vin se perd dans la vallée de la Loire, les Normands sont réduits à boire de l'eau. « Nul passage ne se pût plus rencontrer sur une
route qu'il ne fallut donner des déclarations et payer des redevances
qui n'étaient que le résultat des pratiques usitées par des commis pour
tout faire consommer en frais encore trois fois plus ruineux que les
sommes mêmes ». Le résultat c'est qu'en certains endroits on arrache
les vignes ne pouvant vendre le vin.

A chaque instant, donc, l'esprit de fiscalité viole ces proportions et
cet équilibre qui doivent exister dans la situation respective de chaque
individu et de chaque groupe de population, pour faire la prospérité
d'un état; et cet écu nécessaire pour maintenir le producteur en état
de produire, dont parle Boisguillebert, lui est constamment enlevé
par le fisc.

D'où viennent ces déplorables pratiques fiscales, cause de tant de
maux, que nous venons d'analyser ? Boisguillebert répond sans hésiter dans son « Détail de la France », et surtout son « Factum de la
France », ch. VII, p. 297 que « les inventeurs de ces mauvaises mé-
thodes ce sont les *traitants italiens*, ceux qu'il appelle les *Italiens* tout
court. » « C'est sous le règne de Henri II, dit-il, que les premiers fondements de ces mauvaises pratiques furent jetés; et les inventeurs de ce
mauvais art de la fiscalité ce furent MM. les *Italiens* que Catherine de
Médicis, princesse italienne de sang et plus encore d'esprit et de tendance, amena avec elle et implanta pour toujours à la Cour do
France..., p. 299. Elle eut le degré d'autorité nécessaire pour changer
l'état de choses. Les italiens qui étaient à sa cour et dont quelques-uns
étaient ses propres parents lui offrirent leurs services pour ce sujet,
c'est-à-dire d'avancer de l'argent sur de nouveaux impôts en création
traitant à forfait d'une nouvelle affaire dont ils savaient bien que le
roi aurait la moindre partie et eux le reste, qu'ils partageraient avec

elle. Ce fut là la première graine d'une semence qui a tant provigné dans la suite... Après la mort d'Henri II, sous ses fils ce fut la même chose, sinon pis. Les Guise écartés des affaires, ce fut la reine et les siens qui conservent la haute main, et les Affaires extraordinaires purent se donner libre carrière par le moyen de MM. les Italiens, jusqu'aux réformes de Sully, pour reprendre de plus belle sous le règne d'Anne d'Autriche, assistée et conseillée de M. de Mazarin devenu tout puissant et à la Cour et sur le cœur de la reine et qui venu sans un sou, laisse en mourant une fortune de plus de 100 millions. » Il est vrai que M. Fouquet, dit Boisguillebert, au cours de son procès démontra que le ministre dont lui, Fouquet, n'était que le commis *avait eu part* dans toutes affaires extraordinaires qui s'étaient faites de son temps, qu'il avait une pension de 40,000 écus sur les Fermes générales, et, que dans toutes affaires particulières, qui que ce soit ne lui en avait proposé aucune que l'argent à la main ou par avance ou dans la suite, qu'il en nomma quelques-unes dont ce ministre s'était fait seul Traitant. « Tout ceci de notoriété publique et consigné tout au long dans les imprimés relatifs au procès Fouquet. »

Que faut-il entendre au juste par ces MM. les Italiens auxquels B. attribue sur les destinées de nos finances une influence prépondérante ? Il ne nous le dit pas. — Ces Italiens apparaissent nettement dans l'œuvre de Boisguillebert comme les maîtres d'une science particulière, dont les secrets sont connus d'eux seuls. Quand Henri IV prétend confier à Sully, âgé de 38 ans, ayant passé toute sa vie dans la guerre, la gestion de ses finances, les membres de son Conseil considèrent comme folie de confier une administration si compliquée et si difficile à quelqu'un « n'ayant jamais eu l'occasion de s'initier aux *secrets de l'art*, » A quoi le roi répond avec sa malice accoutumée que les « gens sages et très forts en finance l'ayant ruiné, il voulait voir si les fous ne l'enrichiraient pas ». — Cette science particulière, spéciale, que MM. les Italiens détiennent, d'où leur vient-elle? Ces *spécialistes* dans l'art de la finance, qui sont-ils, historiquement parlant ? Il paraît difficile de ne pas répondre en rappelant qu'autrefois MM. les Italiens, comme dit Boisguillebert, avaient déjà joué un rôle considérable aux XIIᵉ, XIIIᵉ, XIVᵉ siècles presque dans tous les pays, — nous pourrions citer tout spécialement l'Angleterre, — sous le nom de *Cahorsins*. Il semble bien qu'il faille dépouiller notre bonne capitale du Quercy de la réputation douteuse d'avoir été au Moyen Age un centre important de l'usure pour restituer cette gloire à MM. les Italiens, et tout spécialement aux habitants de la petite ville de *Caorsa*, près

Plaisance. D'autre part, il ne faut pas oublier que l'Italie a été, à presque toutes les époques, la terre privilégiée des Juifs. Depuis le commencement du ixe siècle, où leur importance et leur rôle néfaste forcent à prendre contre eux les mesures les plus sévères, ils n'ont cessé de rester établis et de prospérer par toutes les petites républiques qui couvrent le pays. La secrète et naturelle affinité des mœurs du commerce e de l'usure leur ont fait donner droit de cité dans la plupart de ces cités commerçantes. Les papes eux-mêmes, presque toujours en butte aux plus pressants besoins d'argent, ont eu fréquemment recours à leurs aptitudes financières. Et c'est ainsi que l'art de la finance en honneur en Italie pendant tout le Moyen Age et que, au xvie siècle, la fille des Médicis transplante définitivement en France, est un art proprement *italien* — et juif. Le Juif a représenté, à toutes les époques, contre l'enseignement de l'Église, la légitimité de l'usure ; et le prince italien, le podestat, le tyran, voire la république restée libre, n'ont pas su l'éconduire et, au grand dam des mœurs et de l'esprit national, ont fini par faire leur cet art maudit. Voilà le secret de la finance italienne, fille de la juiverie et de l'hérésie gibeline des Otton et des Hohenstaufen. Du même coup que Frédéric II empruntait à la race ennemie sa science et sa philosophie, ses peuples lui empruntaient sa doctrine de l'usure et sa conception de la vie sociale comme la lutte de tous contre tous. L'art de la finance était fondé, la société était virtuellement partagée entre deux populations ennemies : les financiers et les autres. La constitution de la Dette Publique n'était qu'une affaire de temps : vis monstrueuse faite pour pressurer les peuples jusqu'à la moëlle au profit des usuriers.

Naturellement, une telle pratique fiscale n'est pas sans réagir sur la pratique particulière. L'esprit d'avidité, tenu en bride par la législation sur l'usure, au contact des convoitises fiscales, s'exaspère et se déchaîne dans les relations entre individus. L'argent prend une importance qu'il semble n'avoir pas eu jusque-là dans les relations humaines. P. 399. « D'esclave du commerce, il devient son tyran, par sa trop grande accumulation dans les mêmes mains ». P. 399 « tant que l'innocence du monde dura, c'est-à-dire tant qu'il n'y eut aucune différence de conditions et d'états, chaque sujet était alors son valet et son maître et jouissait des richesses et des trésors de la terre, à proportion qu'il avait le talent de les faire valoir. Mais le crime et la violence se mirent, avec le temps, de la partie. Celui qui fut le plus fort ne voulut rien faire et jouir des fruits du travail du plus faible, en se rebellant entièrement contre les ordres du Créateur. » D'où partout la folle cupidité de l'or ; la cupidité dans le prince et la cupidité dans les sujets ; les uns et les autres également indifférents à la question de savoir si cet or, p. 401, « qu'on lève ainsi sans ménagement et sans considération aucune n'abîme pas ou n'anéantit pas vingt fois davantage qu'ils n'en retirent au moment par ces démarches inconsidérées. » Outre le fléau de l'épuisement des peuples par le fisc, il y a donc encore le fléau de l'accaparement de l'argent par les individus. L'instrument de ce bouleversement, c'est la spéculation, et son complément obligé, la banqueroute : Nature des richesses, ch. 3, p. 400. « Le jeu et la manœuvre des futurs banqueroutiers sont de se servir d'une réputation bien ou mal acquise pour acheter de tous côtés à crédit, à tel prix que l'on veut y mettre, parce qu'ils sont bien assurés qu'ils n'en débourseront jamais rien ; puis ils revendent sur le champ, argent comptant, la moitié ou le tiers moins, et continuent cette fraude jusqu'à l'échéance de leurs billets, qu'ils font cession entière de biens, sous prétexte de prétendues pertes, dont il faut les croire, attendu que la conviction du contraire est un procès éternel, encore plus ruineux envers ceux qui perdent que la banqueroute elle-même. — Cela met la cherté la plus grande à l'argent par ces crues d'usage et fait descendre, en même temps, l'autre côté de la balance, savoir celui des denrées jusqu'aux abîmes ; l'argent prend le prix des pierres précieuses, les denrées ne sont plus que de la poussière par la prodigalité qu'on en fait, afin de parvenir à de coupables desseins. » « Et bien que ces démarches ne se rencontrent qu'en quelques particuliers, elles ne laissent pas d'être contagieuses à toute la masse, parce que toutes choses ayant une solidarité d'intérêt, tant meubles qu'immeubles, la moindre atteinte qui arrive à une partie, soit en bien ou mal, devient aussitôt commune à tout le reste. Les blés ne peuvent hausser ni baisser considérablement en un marché, sans que cette disposition ne gagne aussitôt tous les lieux circonvoisins ; et sa continuation de trois ou quatre semaines seulement, la fait pénétrer d'un bout à l'autre du royaume, de quelque étendue qu'il soit, et même plus loin. Enfin, la gangrène à l'extrémité des membres du corps humain fait périr bientôt tout le sujet, quoique toutes les parties, d'abord très éloignées du mal, paraissent saines et en fort bon état. »

Toutes ces grandes et belles vérités, Boisguillebert fait plus que d'en avoir vaguement conscience ; on les trouve chez lui clairement et parfois très fortement exprimées.

Des deux séries de découvertes qu'il a faites : les lois de la production et la nuisance de la fiscalité moderne, ni l'une ni l'autre ne sont tombées dans l'oubli. Sur la base des premières, l'économie politique a été fondée et développée par les économistes. Et pour ce qui est des secondes, l'influence de plus en plus prépondérante des gens de finance n'a pas empêché que, tout en étant laissées au second plan, elles ne fussent très honorablement recueillies par les maîtres de la science.

Il me suffira, pour l'établir, de faire quelques citations de Hume, de Adam Smith, Ricardo et J.-B. Say.

Hume, d'abord, dans son essai sur le crédit public : *Mélanges d'Economie politique*, collection Guillaumin, t. I, p. 76-77. « 1° Les impôts établis pour payer les arrérages des dettes nationales découragent l'industrie, augmentent le prix de la main-d'œuvre, et réduisent les pauvres à la mendicité.

2° La plus grande partie des fonds publics sont entre les mains des citoyens oisifs, qui ne vivent que de leurs revenus ; ils deviennent par conséquent la récompense de la paresse et de l'oisiveté.

3° Il n'est pas douteux que dans tout état débiteur de sommes considérables et empruntées à intérêt, ce sont les sujets eux-mêmes qui en sont les principaux créanciers. Il est également vrai que la partie débitrice s'acquitte envers la partie créancière en se privant annuellement d'une portion de son revenu, qui passe entre les mains des rentiers. De ces deux propositions, évidentes par elles-mêmes, on en conclut communément que les dettes d'un État ne peuvent jamais contribuer à sa faiblesse dans l'ordre politique, que tout leur effet est de transporter l'argent de la main droite dans la main gauche, ce qui n'augmente et ne diminue la richesse de personne... Mais en employant le même raisonnement et la même comparaison, on pourrait aussi bien soutenir qu'un souverain peut exiger de ses sujets les impôts les plus excessifs, sans crainte de les ruiner ; et que l'État sera toujours également riche et puissant. *Cette proposition serait absurde et extravagante, parce qu'il est nécessaire, dans toute société, de garder des proportions entre la partie industrieuse et la partie oisive ;* mais cette proportion, si essentielle à la conservation du corps politique, ne subsistera plus lorsque tous les impôts existant actuellement se trouvant aliénés et hypothéqués aux créanciers de l'État, le gouvernement sera obligé alors, pour la défense commune, *d'en établir de nouveaux ou d'augmenter les anciens ;* et la masse en sera si considérable et si excessive qu'elle entraînera la ruine et la destruction de la nation.

4° Ajoutons enfin que, « comme tous les étrangers font partie des

créanciers de l'État, ils nous rendent en quelque façon leurs tribu-
taires; et il *pourrait arriver des circonstances où ils nous enlèveraient notre
peuple et notre industrie* ». Une proposition que les événements du xix°
siècle et les cas d'intervention si nombreux des États dits civilisés dans
la vie politique des petits États endettés pour « *protéger les porteurs de la
dette* » illustre suffisamment, et dont le rôle est loin d'être fini. —
Hume ajoute : « Les théologiens reprochent aux hommes leur indifférence sur l'observation de préceptes dont ils connaissent cependant
toute l'importance et toute la nécessité. Les politiques sont dans le
même cas que les théologiens par rapport aux dettes publiques. Les
propriétaires de rentes n'ignorent pas que les ministres actuels ou
leurs successeurs n'auront jamais un *système d'économie assez sévère et
assez suivi pour amortir la plus grande partie de nos dettes*, et que les affaires de l'Europe ne leur donneront jamais le temps de pouvoir exé-
cuter leur projet... Les rentiers ont prévu, dès le premier emprunt,
que les dettes publiques seraient portées au point où elles sont présen-
tement, et ils ne peuvent se dissimuler qu'elle en sera la conséquence.
Il faut, en effet, que *la nation détruise le crédit public, ou que le crédit public détruise la nation*... Il est très vraisemblable que, lorsque les dettes
nationales seront parvenues à leur dernière période, que leur masse
sera *devenue destructive de toute espèce d'industrie*..., le crédit public
commencera pour lors à chanceler, et le moindre mouvement sera suffisant pour le détruire, ainsi qu'il est arrivé en France en 1720... Il
est vraisemblable que les guerres, les défaites, les calamités publiques
et peut-être même les conquêtes et les victoires, seront la cause nécessaire de la chute du crédit public, et forceront les souverains et
les administrateurs à manquer à la foi nationale. La machine du crédit public, déjà chancelante, ne pourra se soutenir : elle tombera
toute entière et écrasera sous ses ruines un millier de citoyens...
Quelque tristes que soient ces événements, on peut en prévoir un
troisième encore plus malheureux. Dans les deux premiers mille citoyens seront sacrifiés pour sauver un million; mais nous *pouvons
craindre de voir le contraire et qu'un million ne soit sacrifié au bonheur
momentané de 1,000 citoyens*. Nos enfants, fatigués par la résistance,
vaincus par leurs créanciers, bien plutôt que par les armes de leurs
ennemis et dans *la crainte de devenir esclaves de leurs concitoyens appelle-
ront un peuple étranger à leur secours et s'abandonneront à la discrétion des
vainqueurs.* »

L'ami et le compatriote de Hume, *Adam Smith*, sans se montrer
dans son livre fondamental de la « Richesse des nations » aussi vive-

ment préoccupé de la redoutable question de la dette publique, n'est pas cependant sans en sentir toute la gravité. Un long chapitre de son ouvrage est consacré aux dettes d'État et bien des remarques intéressantes seraient à glaner. Nous nous contenterons de cueillir au passage quelques aveux de cet économiste positif, pratique et systématiquement éloigné des vues simplement théoriques. « Le progrès sans fin des dettes publiques *opprime quant à présent et à la longue ruinera toutes les grandes nations de l'Europe* », laisse-t-il échapper. Et encore : « la pratique de la consolidation de la dette, la dette perpétuelle est une pratique ruineuse ». « La consolidation de la dette, dit-il ailleurs, a graduellement affaibli tous les États qui s'en sont fait une habitude », et il cite comme exemple les républiques italiennes, parmi lesquelles Gênes et Venise, l'Espagne et les Pays-Bas. « Parvenue à un certain degré, la dette publique affaiblit singulièrement par la multiplication des taxes qu'elle apporte avec elle la capacité d'épargne des populations... C'est un sophisme qui a son principe dans les conceptions du système mercantile de prétendre, comme on le fait, qu'en ce qui touche le paiement des intérêts de la dette ce n'est jamais que la main droite qui paie la main gauche. D'abord la dette publique n'est *pas toute entière entre les mains des indigènes* : les Allemands et les autres nations ont une part considérable dans la possession des fonds publics, et la dette fut-elle tout entière entre les mains des indigènes, son effet sur la prospérité de la nation n'en serait pas moins pernicieux ».

Pour Adam Smith comme pour Boisguillebert ou Hume, il n'est pas indifférent que cette portion de revenu qu'utilise le service de la dette soit dans les mains de tels ou tels. C'est une vérité élémentaire que son rôle n'est pas le même entre les mains du producteur à titre de capital productif ou entre les mains du rentier comme moyen de consommation. A. Smith, tout en ne se faisant aucune illusion sur la grande difficulté pour ne pas dire l'impossibilité pour son pays d'arriver à une extinction complète de la dette publique, sent si bien la nécessité de faire quelque chose dans ce sens, qu'il va jusqu'à rêver comme l'unique moyen de se procurer les ressources nécessaires l'union politiquement plus étroite de toutes les terres anglaises, la constitution de cet Empire britannique, dont M. Chamberlain et ses amis entrevoient à peine aujourd'hui la possibilité dans leurs rêves les plus audacieux. Sa pensée est si bien arrêtée sur ce point que son livre finit sur les deux termes de ce dilemme : l'incorporation complète des colonies emportant la communanté de toutes les charges ou la séparation complète.

Voici maintenant en quels termes, notre J. B. Say (*Cours complet d'Économie politique pratique*, Paris, 1829, t. VI, p. 192), définit la position prise par Ricardo sur cette grave question : « David Ricardo, quoique riche capitaliste lui-même et l'un des traitants qui sont le plus entrés dans les emprunts par souscription, mais en même temps homme d'honneur, savant en économie politique et plus disposé à défendre les intérêts de la vérité que ceux de sa bourse se *prononce formellement pour la ressource de l'impôt préférablement à celle des emprunts...* Sa conclusion est qu'il est fort à désirer que l'Angleterre débarasse sa politique du *système des emprunts.* Il faut surmonter les difficultés à mesure qu'elles se présentent et se trouver *libérés de toutes les dépenses anciennes* dont on ne sent bien le fardeau que lorsqu'il est devenu intolérable ».

J. B. Say écrit, d'autre part, pour son propre compte, *ibidem,* t. VI, p. 142 : « certaines doctrines ont mis à l'aise la conscience des gouvernements emprunteurs ; elles ont puissamment secondé chez les peuples l'amour de la domination et de la guerre ; en facilitant l'accès des dépenses publiques, elles ont favorisé l'insatiable avidité des gens en faveur, l'amour des plaisirs sensuels, et les entreprises du pouvoir. »

Et encore, p. 178 : « les hommes qui gouvernent ont quelquefois *un intérêt différent de celui des nations qui devront payer les rentes de la dette,* et dans tous les cas ils sont beaucoup plus faiblement lésés dans leurs intérêts comme contribuables qu'ils *ne sont favorisés par la disposition* qu'ils se trouvent avoir du capital emprunté.... , p. 180. En même temps que le crédit public est une arme qui n'est guère qu'à l'usage du mauvais sens et du mauvais droit, il entretient des habitudes funestes à l'industrie et à la moralité des nations. Il donne naissance à des fortunes scandaleuses. Il excite une *cupidité générale qui fait ranger au nombre des duperies les conseils de la modération et l'emploi des moyens lents de faire fortune,* les seuls qui ne soient pas préjudiciables aux nations....., p. 182. Quand un grand danger survient un état abonde en ressources d'autant plus sûres qu'il est moins grévé de dettes. Mais si les revenus s'engagent à perpétuité, la nation deviendra incapable d'action au moment du danger.....

« Car (p. 178) ce n'est pas la justice de la cause qui sourit aux traitants ; ils sont du parti de *ceux qui paient le mieux les arrérages ; et c'est le parti qui dispose des forces matérielles....* L'alliance des gens à argent à la tête de ses millions *marche toujours au secours du plus fort* ».

Voilà le sentiment des économistes sérieux du xviii° siècle et du commencement du xix° sur la dette publique et le régime fiscal moderne. Mais bientôt la noble tradition s'efface. A mesure que le pays, sous la conduite de gouvernements de plus en plus imprévoyants et qui se sentent irresponsables, s'enfonce dans le marais de la Dette, les protestations se font plus rares, et la théorie n'est plus que la très humble servante de la pratique. Des hommes de second ordre : hommes de finance, de gouvernement ou d'école prennent la place des vieux maîtres, vigoureux d'esprit et de conscience ; et servent au public, pourri lui aussi d'esprit d'usure une doctrine moyenne, terne et neutre faite de la juxtaposition des affirmations les plus contradictoires où ne se distingue aucune haute vérité.

M. Leroy Beaulieu, par exemple : Traité de la Science des Finances s'exprime ainsi : « p. 195. Un État ne se trouve pas dans la même situation qu'un particulier. Il est plus souvent obligé d'emprunter qu'un particulier aisé et prudent... p. 201. Un particulier qui emprunterait de la façon, dont la France et l'Angleterre empruntent, il n'y a pas un tribunal en Europe qui ne fût disposé à lui donner un conseil judiciaire. Devons-nous conclure que les gouvernements, les pays les plus éclairés sont atteints de folie et d'incapacité? Il y aurait de la témérité et de l'excès à émettre une pareille opinion. . p. 213 : La faculté pour un Etat de contracter des emprunts est un bien, un bien inestimable... Mais, p. 221, les émissions répétées de gros emprunts publics ont pu donner à la longue au crédit une direction mauvaise. p. 243. Le crédit est pour les gouvernements, *comme pour les particuliers*, un instrument très dangereux quoique très utile... p. 222. L'abus des emprunts publics centralise tellement le crédit à la longue, que les entreprises et les associations locales deviennent très difficiles... p. 214. Il y a toute une classe de gens et non la moins influente celle des banquiers et des manieurs d'argent qui par intérêt personnel et préjugé d'éducation est disposé à vanter comme innocent le système des emprunts à outrance ».

M. Cauwès, un esprit consciencieux et prudent, s'exprime ainsi : *Traité d'Economie politique*, T. IV, p. 447, § 1291 : « Sur les dettes consolidées il serait imprudent de porter un jugement absolu, puisqu'elles proviennent de causes les unes désastreuses, les autres profitables à l'avenir économique du pays, mais qui ont pris parmi les nations modernes, un accroissement prodigieux et maintes fois excessif. P. 460: « depuis la Révolution, le crédit public, soumis à la publicité, au contrôle du Parlement ou de l'opinion a été assis sur des bases moins arbitraires. Presque tous les

États ont une dette consolidée. P. 447, § 1291 : de la Prusse seule on peut dire qu'elle n'a pas de dette. Pour un particulier ce serait assurément un avantage... Mais apparemment le crédit des Etats se *mesure d'une autre manière*, car il est hors de doute que plusieurs des nations parmi celles qui depuis longtemps sont grevées de dettes considérables ont joui et continuent de jouir d'une force de crédit que n'a pas possédée la Prusse dont les emprunts n'ont pas toujours été favorablement couverts. Sa dette, avant le développement qu'elle a pris depuis 15 ans, était trop faible pour que le crédit de l'État pût être soutenu par un *ensemble suffisant d'opérations sur les marchés de fonds* publics. C'est qu'en effet le crédit public s'appuie sur des *garanties* autant et peut-être *plus encore morales que* matérielles, § 1295. Au surplus le procédé des emprunts publics offre encore un avantage qu'il ne faut pas omettre.... Une nation qui a une dette publique permanente *jouit d'un crédit connu.* Un pays qui n'aurait pour ainsi dire pas de dette publique, s'il se voyait en temps de crise contraint au crédit public, à faire appel pour la première fois, s'exposerait à un mécompte grave : *peut-être(!) mériterait-il d'autant mieux la confiance du capital* qu'il n'y aurait jamais fait appel, mais la confiance s'affermit par de bonnes traditions financières et l'Etat qui est connu pour avoir fait invariablement honneur à ses engagements obtient la préférence sur celui dont la loyauté n'a pu être encore éprouvée. »

Le développement ne brille pas, il faut l'avouer, par la vigueur et la netteté de la doctrine.

M. Gide, un des économistes français les plus intéressants de l'heure présente, dans la 5e édition de son Précis d'Economie Politique, p. 590, après avoir constaté que entre tous les États endettés la France a le privilège peu enviable d'occuper de beaucoup le premier rang avec une dette publique qu'on peut évaluer à 31 milliards, éprouve subitement le besoin de corriger son pessimisme en constatant que le revenu de la France est évalué à 25 milliards environ et le chiffre total de sa fortune à 200. Or, si l'on suppose qu'un simple particulier, un industriel par exemple gagnant 25,000 francs par an et disposant d'un capital de 200,000 francs ait contracté pour 31,000 francs de dettes, personne ne jugera sa situation désespérée ou même son crédit très compromis.

Ainsi passe et s'établit peu à peu dans les consciences cette idée monstrueuse que ce développement excessif de la dette publique, auquel nous assistons, est un phénomène normal, ne présentant rien de pathologique. M. Gide, estime que la France dont la dette publique ne monte qu'à 31 milliards « n'a pas même son crédit très compromis ». M. Cauwès constate avec satisfaction que le crédit public s'appuie sur des garanties autant et peut-être plus encore *morales que matérielles* et parait n'avoir aucune idée qu'il est peut-être bon qu'une dette soit *gagée*. Pour lui la situation d'un pays n'est prospère et forte qu'autant que sa dette est assez développée pour que le crédit de l'État puisse être soutenu par un *ensemble suffisant d'opérations sur le marchés de fonds publics*. Et quant aux sinistres prédictions de personnages comme Hume, comme Adam Smith, comme Ricardo au xviiie siècle, comme J. B. Say au commencement de celui-ci, nul écho parmi les représentants officiels et prétendus *autorisés* de l'Économie Politique.

Naturellement le principe admis, on ne saurait désavouer les conséquences ; et le droit fiscal qui s'est développé parallèllement au développement de la dette publique paraît ne faire qu'un avec la Raison elle-même.

Ricardo se prononce encore *formellement « pour la ressource de l'impôt préférablement à celle de l'emprunt »*. Boisguillebert avait nettement indiqué, comme le principe du système opposé à notre mauvais régime, que la règle doit être de ne pas faire de renvoi de la charge d'une année sur l'autre, de préférer les tributs réglés aux affaires extraordinaires, et que c'est pour avoir abandonné cette règle que les États modernes ont abouti à l'abîme de la Dette publique.

Où sont les neiges d'antan ? Un « *tribut réglé* », l'impôt voté chaque année pour faire face aux besoins de l'année serait tout près de la liturgie antique, de l'impôt progressif. Quant on a besoin d'argent il faut bien le prendre où il est. Et nos financiers et porteurs de coupons, qui veulent certainement être payés de leurs arrérages, entendent bien qu'il sorte de leurs poches en tant que contribuables le moins d'argent possible. Encaisser et ne pas débourser c'est tout le secret de l'épargne et le moyen de faire les bonnes maisons.

Nos économistes, gens accommodants, trouvent tout simple qu'on préfère aux nouveaux impôts l'emprunt, aux impôts directs qui touchent directement l'homme, qui le font crier, les impôts indirects qui l'*expriment* silencieusement, presque sans qu'il s'en doute, enfin l'impôt proportionnel qui fait payer infiniment plus aux classes pauvres, étant donné leurs facultés contributives, qu'il ne prend aux classes riches. Et voilà comment l'idée vieille comme le monde, que nous avons trouvée dans

le monde grec, dans le monde romain à la base des institutions fiscales
et politiques, que nous retrouvons au Moyen-Age et jusqu'au déve·
loppement de la fiscalité moderne, voilà comment cette idée si simple
de la *progressivité* de l'impôt, qui le laisse tout près de la *liturgie* antique, a peu à peu disparu du droit fiscal et de l'esprit de la portion dirigeante de la nation. A mesure que l'impôt progressif disparaissait des
institutions viciées par le développement de la dette perpétuelle, l'idée
s'en effaçait de l'esprit ; les économistes trouvaient la prétention étrange
de faire payer plus à ceux qui avaient plus ; et c'était des cris d'indignation qu'il faut croire sincères contre les bons citoyens tentant de
reprendre contre les abus du présent la tradition ancienne.

C'est qu'en effet, comme nous l'enseignent les psychologues, il n'y
a jamais dans l'intelligence que ce qu'il y a déjà dans les choses ; et
nous ne pouvons concevoir que ce qui existe ou les moyens de réagir
contre ce qui existe et qui nous blesse. Un développement quelconque
une fois réalisé, le moyen que les unités englobées dans ce développement doutent pour ainsi dire d'elles-mêmes, en doutant de l'organisme dont elles font partie?

La situation fiscale de la masse dans les États modernes est
devenue sensiblement la même que celle de la population vaincue
dans l'empire romain. La finance moderne a conquis l'État et le
pays, comme Rome, par la force brutale, avait conquis la Province. Le tribut antique, c'est aujourd'hui l'intérêt de la dette. La
population est comme dans l'Empire romain, ainsi que l'a parfaitement vu Boisguillebert, partagée en deux groupes : les gens de
finance, ceux qui touchent à un titre quelconque ; et ceux qui paient.
La seule différence entre Rome et la société moderne, c'est qu'ici
l'exploitation se fait d'une façon sournoise, sous le couvert de
grands mots qui ne sont que de grands mensonges. De sa lutte
contre la noblesse et de la nécessité d'amener momentanément
le peuple à ses vues, la bourgeoisie a rapporté un droit abstrait, toute
une phraséologie qu'elle n'a pas encore répudiée parce qu'elle lui a
servi jusqu'ici, mais dont il semble que ses membres les plus intelligents
commencent à sentir le besoin de se débarrasser comme d'une chose
gênante. L'instrument d'exploitation, nous l'avons vu, est l'impôt tel que
nous l'avons défini, proportionnel et surtout indirect. L'instrument, c'est
encore, — une chose dont nous n'avons pas eu occasion de parler et
qu'il nous faut cependant mentionner ici, — l'instrument, c'est encore le *développement excessif* auquel nous assistons de *tous les services
publics.*

Maîtresse de l'impôt, l'établissant à sa guise, sûre toujours de décider en souveraine des incidences et des répercussions dernières, la bourgeoisie financière s'est fait partout un système de développer à outrance les services publics propres à favoriser les intérêts de sa production et de sa spéculation commerciale. C'est là tout le secret du développement des services et des travaux publics de ces soixante dernières années, devant lequel se pâme d'admiration le libéralisme moderne. K. Marx, l'implacable analyste ne s'y est pas trompé ; cette pseudo-philanthropie et ses mensonges intéressés n'ont eu d'autre effet que d'exciter sa verve. « L'instruction obligatoire pour tous ; l'instruction gratuite! s'écrie-t-il, dans sa *Critique du programme de Gotha*, dont nous avons autrefois publié une traduction dans la *Revue d'économie politique ;* mais la première existe même en Allemagne ; la seconde en Suisse, et dans les États-Unis pour les écoles populaires. Si aux États-Unis dans quelques États même les établissements de haute culture sont gratuitement ouverts à tous, cela signifie simplement en fait que ces États rejettent sur la *caisse générale des impôts*, tous les frais d'éducation des *classes supérieures*. Il en est encore de même de cette « administration gratuite de la justice » que l'on revendique sous l'article 5 ». Et Marx continue : « au criminel, la justice est partout gratuite ; la justice civile n'a guère pour objet que des questions de propriété et concerne presque uniquement les *classes possédantes. Soutiendront-elles donc leurs procès aux dépens de la caisse populaire?* » Capitaliste et spéculatrice, la Bourgeoisie libérale a eu pour préoccupation unique, dans sa gestion du pouvoir, de parfaire son outillage économique : choses et hommes. De là, ce merveilleux développement des travaux publics, chemins de fer, canaux, etc., et le développement de l'instruction tendant à substituer à l'homme d'autrefois, sérieux et simple, aux sentiments profonds, un autre homme plus agile d'esprit, de cette demi-intelligence qui s'allie avec une certaine inconsistance de caractère et pas mal de vices. De là encore les efforts faits pour l'instruction de la femme et le développement systématique du mouvement féministe sous l'œil indulgent et presque attendri du capital.

L'arbre se juge à ses fruits ; le résultat de ces merveilleux progrès, le voici : des races physiologiquement dégénérées ; des peuples perdus d'excès de travail, de privations et de vices ; toute une population de crétins et de criminels, s'entassant lentement dans les bas fonds de nos villes ; la moyenne bourgeoisie elle-même, celle qui reste sur la brèche, épuisée par l'excès de travail ; nos enfants devenus avant l'âge des bêtes à concours : toute la belle force et la fleur de la vie tuées par notre civilisation caractérisée par le développement de notre monstrueux régime fiscal et de la production capitaliste, tous les deux étroitement unis, tous les deux les fruits empoisonnés de l'esprit d'usure.

Le remède? c'est ce que nous allons tenter de dire.

II

Naturellement les remèdes et plus encore les médecins ne manquent pas.

§ I. — Le remède aujourd'hui le plus à la mode, et dont on se promet beaucoup, c'est la « *Mutualité* » : mutualité des adultes, mutualité des enfants; conférences par ci, circulaires par là : apostolat s'exerçant par les personnalités les plus diverses; le Pouvoir jetant dans le plateau de la balance tout le poids de son influence et de ses nombreux fonctionnaires : tout pour le moment est à la mutualité. — Qu'est-ce que la « mutualité », le « mutualisme »?

On se convaincra, après réflexion, que la chose est plus vieille que le nom sous lequel on l'exhibe depuis quelques années. La « Mutualité » c'est l'association. Nos aînés de quelques lustres parlaient déjà des *bienfaits*, de la *toute puissance de l'association*. Lamennais écrivait parmi les nobles fièvres de 1848 dans ses *Paroles d'un croyant*, ch. vii : « Celui qui se sépare de ses frères, la crainte le suit quand il marche, s'assied près de lui quand il repose, et ne le quitte pas même durant son sommeil. C'est pourquoi Dieu a commandé aux hommes de s'aimer, afin qu'ils fussent unis et que les faibles ne tombassent point sous l'oppression des forts ». On connaissait aussi les sociétés de secours mutuels contre la maladie.

L'Empire fit beaucoup pour développer ces dernières. En 1852, il leur est constitué une dotation de 10 millions dont le produit doit servir à accorder des subventions à celles d'entre elles qui sont approuvées ou reconnues comme établissements d'utilité publique. On les fait bénéficier des avantages résultant du versement aux caisses d'épargne. Enfin d'autres mesures, ayant un caractère d'exception encore plus prononcé, engagent dès ce moment l'avenir et décident de ce que doit être la mutualité future. La loi du 15 juillet 1850 avait interdit aux sociétés de secours mutuels de servir des pensions de retraite. Le décret du 26 mai 1852, revenant sur cette interdiction, leur reconnait cette faculté, si elles comptent un nombre suffisant de membres honoraires et les admet en même temps à bénéficier collectivement des avantages que fait à ses assurés la Caisse nationale des retraites.Enfin la loi du 11 juillet 1868 relative aux caisses d'assurance en cas d'accidents et de décès leur permet de contracter des assurances collectives au profit de leurs associés et de les faire bénéficier des très sérieux avantages que garantissent à leurs assurés ces deux caisses d'État (t. I, § 7). — La mutualité future, notre présent « Mutualisme » était fondée. Nos gouvernants d'aujourd'hui ne font que reprendre, en la complétant sur différents points, avec moins de prudence et un sentiment affaibli de la grave responsabilité du pouvoir, l'œuvre de législation sociale de l'Empire.

Ce qui caractérise cette œuvre, ce n'est pas, en effet, la sollicitude morale plus ou moins grande du Pouvoir pour les sociétés de secours mutuels, ses efforts pour en provoquer artificiellement le développement par toute la surface du territoire : c'est justement d'avoir engagé pour elles, — d'une manière indéfinie, — la responsabilité financière de l'État en les faisant participer aux avantages pécuniaires si grands des deux caisses qui sont proprement les créations originales de l'Empire : la Caisse nationale des retraites et la Caisse d'assurance en cas d'accidents et de décès. — La Caisse nationale des retraites fut instituée dans un but de haute prévoyance et de conservation sociale par la loi du 10 juin 1850 sous la garantie de l'État pour servir à ses assurés des rentes viagères dont le montant (§ 3) était fixé d'après des tarifs tenant compte entre autres choses pour chaque versement de l'intérêt composé à raison de 5 0/0. L'État engageait sa responsabilité pécuniaire pour servir en tout état de cause à ses assurés de la Caisse des retraites une rente viagère calculée sur un placement des fonds versés à raison de 5 0/0. Les avantages faits aux assurés étaient considérables. Un instant, on put croire que la spéculation allait s'emparer de l'institution tout entière. Le gouvernement eut peur, et par la loi du 12 juin 1861 abaissa l'intérêt d'après lequel devaient s'établir les pensions de retraite à 4 1/2 0/0 (§ 2). « Un instant, on put craindre dit le rapporteur de la loi de 1861, le vicomte Anatole Lemercier, que les capitaux de la spéculation ne prissent la place de ceux de l'épargne et on entrevit un danger pour les finances de l'État dans la gestion d'une caisse dont le taux d'intérêt paraissait trop favorable aux déposants. Ces craintes déterminèrent le gouvernement et le corps législatif à en rendre l'accès plus difficile (lois de 1853 et de 1856). En raison des circonstances, ajoute le rapporteur, il est convenable de maintenir le taux de 4 1/2. Si les choses changent, le taux de l'intérêt n'est pas garanti; il sera changé lui-même. L'État exerce un patronage sur l'épargne des classes pauvres, il ne doit pas *y engager ses finances*, mais il ne doit pas non plus bénéficier sur ces capitaux ».

La Caisse d'assurance en cas d'accidents et de décès est due à la loi du 11 juillet 1868. « C'est une caisse d'assurance ayant pour objet de payer, au décès de chaque assuré, à ses héritiers ou ayants droit une somme déterminée; ou, s'il s'agit d'assurance en cas d'accidents, ayant pour objet de servir des pensions viagères aux personnes assurées qui, dans l'exécution de travaux agricoles ou industriels, seront atteintes de blessures entraînant une incapacité permanente de travail et de donner des secours aux veuves et aux enfants mineurs des personnes assurées qui auront péri. »

T. I, § 4. « Les sommes assurées sur une tête en cas d'assurance pour décès ne peuvent excéder trois mille francs. »

§ 2. « La somme à payer au décès de l'assuré est fixée conformément à des tarifs tenant compte : 1° de l'intérêt composé à *4 0/0 par an des versements effectués; 2°* des chances de mortalité, à raison de l'âge des déposants, calculées d'après la table dite de Deparcieux. — Les primes établies d'après les tarifs sus énoncés *seront augmentées de 6 0/0* ».

Pour ce qui est de la *Caisse d'assurance* en cas d'accidents ses ressources se composent : 1° T. II, § 9 « du montant des cotisations versées par les assurés; 2° d'une *subvention de l'État à inscrire annuellement au budget* et qui, pour la première année, est fixée à *un million;* 3° des dons et legs faits à la Caisse.

§ 11. « La pension viagère due aux assurés est servie par la *caisse des retraites,* moyennant la remise, qui lui est faite par la caisse d'assurance en cas d'accidents, du *capital nécessaire* à la constitution de la dite pension d'après les *tarifs de la caisse des retraites*... — Le montant de la pension correspondant aux cotisations de cinq francs et de trois francs ne peut être inférieur à 200 francs pour la première et à 150 pour la seconde. »

Les traits essentiels de l'œuvre sociale de l'Empire se trouvaient ainsi nettement arrêtés : on développait le plus possible les sociétés de secours mutuels contre la maladie; on se servait de ces dernières comme d'un moyen d'entraîner la plus grande partie de la nation vers un système de prévoyance et d'assurance plus compliqué, embrassant non seulement les cas de maladie mais les cas de mort imprévue, d'accident et même de vieillesse; on faisait des deux grandes caisses d'Etat : la caisse des retraites et celle d'assurance en cas d'accidents et de décès le principal rouage de tout l'organisme; on tentait de faire ce que fera plus tard, sur des bases plus rationnelles peut être, le prince de Bismarck et l'Empire d'Allemagne victorieux.

L'œuvre, conçue comme elle le fut, engageait puissamment l'avenir financier du pays. Les conséquences graves qu'entraînait à ce point de vue l'application du système n'échappèrent pas à la perspicacité vigilante du Pouvoir. Nous avons vu les intérêts des fonds versés à la Caisse des retraites réduits par la loi de 1861 de 5 0/0 à 4 1/2. Au moment de la chute de l'Empire, le système d'institutions que le Pouvoir avait eu l'ambition de réaliser était arrêté dans ses grandes lignes, et l'on pouvait déjà se rendre pleinement compte de ses avantages et de ses inconvénients.

Ce n'est pas autre chose que la Troisième République prétend maintenir et développer sous le nom de *mutualisme*. La base et le moyen d'action restent toujours les sociétés de secours mutuels contre la maladie; le but c'est l'accession de la plus grande partie possible de la population aux opérations d'épargne et de prévoyance, destinées à la mettre à l'abri du besoin, en cas de maladie, de mort imprévue, d'accident et de vieillesse. L'instrument de l'œuvre, c'est encore d'une part la *subvention directe*, et de l'autre les deux Caisses de retraite pour la vieillesse et d'assurance en cas de décès et d'accidents, chargées, à leurs risques et périls, de faire à ceux qui se mettent dans le cas de bénéficier des faveurs de l'institution des avantages déterminés. L'essentiel, le voilà; tout le reste n'étant que l'accessoire. — Le mouvement des Caisses d'épargne est allé se rattachant de plus en plus, comme il fallait s'y attendre, à ce grand mouvement d'assurance et de prévoyance sociales inauguré par l'Empire et continué par la République. L'art. 15 de la loi du 9 avril 1881 ajoute aux nombreuses faveurs, dont jouissent déjà les sociétés de secours mutuels, celle de faire des versements à la caisse d'épargne postale : le compte ouvert à leur crédit pourra atteindre le chiffre de 8,000 francs, et le montant de la rente achetée d'office sera de 100 francs.

Le point capital et délicat dans ce développement par la République du système de prévoyance sociale inauguré par l'Empire, c'était la répercussion sur le budget des charges assumées de ce chef. Nous avons vu l'Empire reculant déjà comme effrayé en 1861, et réduisant l'intérêt des fonds versés à la Caisse des retraites de 5 Q/0 à 4 1/2. Qu'allait faire la République? Elle se trouvera évidemment, et bien plus encore, en butte aux mêmes dangers. En 1872, elle rétablit pour cette Caisse l'intérêt de 5 0/0. Mais la situation est la plus forte : le législateur se voit, à son grand regret, obligé de supprimer par la loi du 20 juillet 1886 pour la Caisse des retraites tout *taux fixe d'intérêt* : art. 12 : « un décret du Président de la République fixe au mois de décembre de chaque année, en tenant compte du taux moyen des placements de fonds en rentes sur l'État effectués par la caisse pendant l'année, celui des tarifs qui doit être appliqué l'année suivante. » Et depuis ce temps la question se pose : les difficultés financières, provenant de l'application du programme mutualiste, détourneront-ils le législateur de la poursuite de son but, modèreront-elles tout au moins son ardeur? ou, au contraire, sans souci des conséquences budgétaires pour l'avenir, ira-t-il de l'avant dans la voie des subventions publiques et des charges fiscales acceptées, de plus en plus considérables?

C'est cette question, pendant longtemps posée et débattue, que vient de trancher la loi récente sur les sociétés de secours mutuels promulguée au *Journal Officiel*, le 5 avril 1898, que les Chambres ont mis près de 17 ans à faire. Le Rapporteur du projet de loi portant fixation du budget général de l'exercice 1898 du Ministère de l'intérieur, M. Lasserre s'exprimait ainsi : P. 4. « Le but poursuivi sous la Troisième République, et particulièrement de 1888 à maintenant, (1897), tel qu'il ressort de l'étude comparative des crédits alloués en 1888 et proposés pour 1897 et de la brutale éloquence des chiffres, a été le développement recherché sans relâche à travers toutes les difficultés de toutes les institutions tendant à *soulager la misère et à atté-*

nuer les inégalités humaines... La vérité du progrès social a paru consister dans le concours à la fois *moral et financier largement accordé* par l'État aux efforts combinés de l'*initiative individuelle et de la libre association*. De là, les subventions annuellement votées pour encourager la mutualité et la prévoyance. »

Quelles sont ces subventions portées au projet de budget pour l'année 1898 en faveur des œuvres mutualistes ?

Ce sont d'après M. Lasserre :

« Ch. 11. Subventions aux sociétés de secours mutuels.   810.000 fr.

Ch. 12. Majoration des pensions de retraite des membres des sociétés de secours mutuels . . . .   900.000 fr.

Ch. 44. Contribution de l'État aux pensions constituées par les départements ou par les communes en faveur des vieillards ou des incurables . . . . . .   590.955 fr.

« Le fonds de dotation des sociétés de secours mutuels constitué par décret du 22 janvier 1852 au capital de 10,000,000 comporte actuellement par suite des acquisitions successives de rentes, un revenu de 510,000 francs. Ce revenu est affecté annuellement aux subventions proportionnelles, accordées aux sociétés qui opèrent des versements à leurs caisses de pensions viagères de retraite. Jusqu'en 1881, ce revenu de 510,000 francs fut suffisant pour subvenir aux subventions. Depuis cette époque, par suite de l'augmentation en nombre et en importance des versements effectués, un crédit supplémentaire est demandé aux Chambres ; il fut au début de 160,000 fr., augmenté ensuite progressivement et est inscrit au budget de 1897 pour un chiffre de 810,000 francs.

« En outre de ce crédit de 810,000 francs, le Parlement a voté depuis 1894, un crédit spécial destiné à majorer, d'après un barème établi, les pensions viagères de retraites inférieures à 360 francs et concédées par les sociétés de secours mutuels ; ce crédit fut de 400,000 fr. en 1894, de 1,200,000 francs en 1895, de 900,000 francs en 1896 et 1897.

« La loi du 20 juillet 1895 sur les caisses d'épargne a attribué par son art. 20 aux sociétés de secours mutuels les 3/5 des comptes abandonnés des caisses d'épargne. La première répartition de cette attribution annuelle aura lieu cette année et se monte à 140,000 francs environ ».

Tous ces chiffres donnent un peu le vertige. Ce qui le donne encore plus, c'est la rapidité d'accroissement du mouvement mutualiste.

Il y avait, toujours d'après M. Lasserre (p. 5 de son rapport) :

Au 31 décembre 1853.

Nombre de sociétés 2.695
Nombre de membres. 318.256
En recettes. . . . .   5.712.453 fr. 21
En dépenses . . . .   4.247.237 fr. »
Actif social. . . . . 12.422.031 fr. 54

Au 31 décembre 1895.

Nombre de sociétés. . . . , ...   10.556
Nombre de membres 1.642.030
En recettes . . . . 33.477.513 fr. 60
En dépenses . . . . 29.042.550 fr. 33
Actif social . . . . 228.744.037 fr. 59

Par suite de la création en 1856 du service des pensions de retraite spécial aux sociétés approuvées ou reconnues, il y avait au 31 décembre 1857 :

Au 31 décembre 1857.

Pensionnaires   45
Montant des pensions. . . . . : . . . .   2.147 fr. »
Total des capitaux employés en pensions . . . 47.577 fr. »
Soldes créditeurs ou disponibles . . . . . . 1.432.626 fr. »
Total de l'actif. . . . . 1.480.203 fr. »

Au 31 décembre 1895.

Pensionnaires 38.894
Montant des pensions . . . . 2.685.566 fr. »
Total des capitaux employés en pensions . . 60.949.983 fr. »
Soldes créditeurs ou disponibles. . . . . . . 51.568.908 fr. »
Total de l'actif . . . . 121.463.035 fr. »

Pour ce qui est des sociétés approuvées et reconnues, voici un tableau (p. 6), qui résume leur mouvement d'ascension :

Au 31 décembre 1853.

Nombre des sociétés approuvées   439
—   — reconnues.   5
Nombre des membres de ces 2 catégories . . . 82.081
Recettes. . . . . . . approximativement. 1.000.000 fr. »
Dépenses . . . . —   700.000 fr. »
Actif social (en y comprenant le fond de retraites). 1.707.154 fr. 35

Au 31 *décembre* 1895.

Nombre des sociétés approuvées 7.680
—   —   reconnues 16
Nombre des membres de ces 2 catégories . . 1.256.030
Recettes . . . . approximativement. 24.277.513 fr. 60
Dépenses. . . . . . .   —   21.642.550 fr. 33
Actif social (en y comprenant le fond de re-
traites). . . . . 188.744.037 fr. 59
Depuis 1871, la progression a été la suivante :

	Nombre des Sociétés.	Membres Honoraires.	Membres Participants.			Total.
			Hommes.	Femmes	Enfants.	
Année 1871.	4.263	96.885	408.054	80.052	»	489.006
Année 1895.	7.696	216.247	834.874	170.574	34.335	1.039.783

Voilà dans quelles conditions, sous la menace de quels dangers, parfaitement définis, certains, est née la loi nouvelle. On ne peut se défendre d'un sentiment d'effroi à voir ainsi, dans les colonnes du budget, chaque année les millions s'ajouter aux millions,

Cela n'a pas effrayé le législateur de 1898. Toutes les prérogatives, tous les avantages conférés aux sociétés de secours mutuels par la législation ancienne leur ont été maintenus dans la loi nouvelle. L'article 26 consacre le principe des subventions annuellement inscrites au budget du ministère de l'intérieur (ch. 11 du budget 1897) et celui des majorations des pensions de retraite (ch. 12).

Mais c'est l'art. 21 qui doit avoir sur le budget la répercussion la plus grave.

Art. 21. « Les sociétés de secours mutuels approuvées sont admises à verser des capitaux à la Caisse des dépôts et consignations : 1° en compte courant disponible; 2° en un compte affecté pour toute la durée de la société à la formation et à l'accroissement d'un fonds commun inaliénable... Le compte courant et le fonds commun de réserve portent intérêt à un taux égal à celui de la *Caisse nationale des retraites* pour la vieillesse. La différence entre le taux fixé par le paragraphe précédent et le taux de 4 1/2 0/0 déterminé par le décret-loi du 26 mars 1852 et le décret du 26 avril 1856, sera versée à titre de bonification à chaque société de secours mutuels approuvée ou reconnue d'utilité publique à raison de son avoir à la Caisse des dépôts et consignations (fonds libres et fonds de retraites), au *moyen d'un crédit inscrit chaque année au budget du Ministère de l'Intérieur. »* Dans la législation antérieure, c'était la Caisse des dépôts et consignations qui avait à sa charge la différence entre le chiffre de 4,50 0/0 et le taux d'intérêt que peut rapporter à la Caisse des dépôts et consignations le placement de ces capitaux, soit 3,50 0/0. D'après la nouvelle loi, cette différence au lieu de rester à la charge de l'administration de la Caisse des dépôts et consignations donne lieu à l'ouverture au budget du Ministère de l'Intérieur d'un crédit correspondant de même somme.

Le résultat financier de l'application de cet article de la nouvelle loi est ainsi formulé par M. Lasserre :

« Au 31 décembre 1896 les Sociétés de secours mutuels approuvées possédaient à la Caisse des dépôts et consignations :

1º En comptes fonds libres ou comptes courants.	44.839.436 fr. 44
2º En comptes fonds de retraite (soldes créditeurs)	51.568.908 fr. 47
Total.	96.408.344 fr. 91
Cette somme au taux de 4 1/2 0/0 produit un intérêt de.	4.338.376 fr. »
Au taux de 3 1/2 0/0 l'intérêt serait de . . .	3.374.292 fr. »
Différence soit	964.084 fr. »

qui aurait constitué le crédit qu'il eût été nécessaire de demander au Parlement si la nouvelle loi avait été appliquée pour l'exercice 1896.

« Les chiffres de 1897 ne peuvent être connus; mais ils accuseront certainement une augmentation sur 1896. Une nouvelle augmentation en 1898 sur l'exercice 1897 est également à prévoir et se fera sentir dans des conditions semblables et peut-être suivant une proportion plus considérable, quoiqu'il y ait lieu de tenir compte des mouvements de fonds (versements, retraits) qui s'opèreront pendant les divers mois de l'année).

La moyenne des augmentations annuelles depuis 5 ans pour les versements effectués par les Sociétés approuvées à la Caisse des dépôts et consignations et appliqués aux deux comptes peut être évaluée à environ 6 millions en chiffres ronds.

Il y aurait donc suivant ces prévisions à la Caisse des dépôts et consignations au 31 décembre 1898 aux comptes fonds libres et fonds de retraites des Sociétés une somme de 108,408,344 francs, se décomposant comme suit :

Au 31 décembre 1896 . . . . 96.408.344 fr. »
Augmentation en 1897. . . . . 6.000.000 fr. »
Augmentation en 1898 . . . . 6.0C0.000 fr. »

Total. . . . . . . 108.408.344 fr. 91

L'intérêt des 12 millions d'augmentation des
versements au taux de 4,50 0/0 est de. . . . 540.000 fr. »
Au taux de 3,50 0/0. . . . . 420.000 fr. »

La différence soit . . . . . . 120.000 fr. »

onstituerait l'augmentation d'intérêt pendant les 2 années 1897 et
1898.

En ajoutant cette somme de. . . . . . . 120.000 fr. »
A celle de. . . . , , ... 964.084 fr. »

visée plus haut, ce serait donc une somme de . 1.084.084 fr. »
qui constituerait au 31 décembre 1898 la différence entre le taux de
4,50 0/0 et celui de 3,50 0/0.

Enfin, avant la promulgation de la récente loi (5 avril 1898), les
sociétés de secours mutuels se voyaient refuser leurs versements par
par la Caisse des dépôts et consignations, sous prétexte que les fonds
réunis dans leurs Caisses ne dépassaient pas 3,000 francs si elles ont
plus de 100 membres, ou 1,000 francs si elles en ont moins. L'art. 21
de la nouvelle loi leur permet aujourd'hui de verser leurs capitaux en
compte courant disponible ou en un compte affecté pour toute la durée
de la société à la formation et à l'accroissement d'un fonds inaliénable, quel que soit l'état de leur caisse, et le « compte courant et
le fonds commun portent également intérêt à un taux égal à celui de
la Caisse nationale des retraites pour la vieillesse ».

C'est de toutes façons, on le voit, un singulier accroissement des
charges publiques. Le danger résultant pour les finances de l'État de
l'application de la loi nouvelle a été nettement signalé dans le rapport
de M. Lourties, fait au nom de la commission du Sénat chargée d'examiner la proposition de loi adoptée par la Chambre des députés
relative aux sociétés de secours mutuels. P. 51. « Ici apparaissent, dit
le rapporteur, dans toute leur acuité la question de la baisse du taux
de l'intérêt; au point de vue de ses répercussions sur les institutions
de prévoyance. On sait que jusqu'en 1883 (sauf une période intermédiaire de 1861 à 1873, pendant laquelle la capitalisation à la Caisse
des retraites s'est faite à 4,50 0/0) la Caisse des retraites a capitalisé
à 5 0/0. Mais aux termes de l'art. 12 de la loi du 20 juillet 1886 la
situation s'est tout à fait modifiée. C'est un décret du Président de la

République qui fixe au mois de décembre de chaque année, en tenant compte du taux moyen des placements de fonds effectués par la Caisse pendant l'année écoulée, le taux d'intérêt qui doit être appliqué l'année suivante, C'est ainsi que depuis 1886 le taux de l'intérêt a été réduit'de 5 à 4 0/0. Le décret du 27 décembre 1891 l'a encore réduit à 3 1/2 0/0 pour 1892. C'est le taux actuel. — Pendant ce temps le taux d'intérêt, alloué par la Caisse des dépôts et consignations aux fonds libres des sociétés de secours mutuels et à leurs fonds de retraite, est resté fixé au contraire à 4 1/2 0/0, comme le prescrivaient les décrets de 1852 et 1856.

« Les Pouvoirs publics ont cherché une compensation à la baisse du taux de l'intérêt des fonds constitutifs des pensions à la Caisse nationale des retraites pour la vieillesse au moyen 1° des majorations accordées sur les crédits spéciaux, 2° des subventions allouées lors de chaque versement au fond de retraites et de sorte que les pensions supérieures à 360 francs étaient exclues de la répartition par le barème établi par la commission de répartition.

« Il est alors arrivé ceci : les sociétés les mieux avisées ont mieux aimé bénéficier du taux d'intérêt de 4,50 0/0 servi aux fonds libres déposés à la Caisse des dépôts et consignations et servir les arrérages de ces pensions sur les intérêts de ces fonds libres, en abandonnant volontairement l'avantage des majorations et des subventions. Les crédits affectés à la majoration des pensions de retraites et destinés à atténuer ainsi les conséquences de la baisse du taux de l'intérêt à 3,50 0/0 ont donné lieu à de très fortes annulations : 862,965 francs en 1895; 563,055 en 1896. Même annulation qu'en 1896 prévue pour 1897.

« Quel parti prendre? Maintenir pour *la Caisse des dépôts et consignations* ce taux de 4,50 0/0 qui est en réalité un taux de faveur, conformément aux engagements pris par le législateur de 1852 et de 1856, ou réduire le taux d'intérêt à 3 1/2 0/0 pour le mettre en équivalence avec celui de la *Caisse nationale des retraites pour la vieillesse*, quitte à chercher une nouvelle compensation dans une augmentation des *subventions annuelles* votées par le Parlement. Là est toute la question. »

Dans les deux cas le danger, dit M. Lourties, est presque le même. P. 54. « Inscrire dans la loi la fixité du taux de l'intérêt servi aux pensions alimentaires pour les membres des sociétés de secours mutuels c'est faire un saut dans l'inconnu, ouvrir la porte à toutes les spéculations, se mettre dans l'impossibilité de calculer la charge de l'exercice suivant, puisque le déficit dépendra du nombre des déposants, de l'importance des dépôts, et de la différence entre le taux réel et le taux fictif de 4 1/2 0/0. C'est compromettre le fonctionnement de la Caisse des dépôts et consignations ; et il pourra fort bien venir un jour où l'aggravation des charges obligera le législateur à se départir de cette formule de la fixité. Témoin ce qui s'est passé pour la Caisse nationale des retraites pour la vieillesse. D'un autre côté, si on préfère au régime de la fixité du taux le régime des subventions, l'État ayant pris des engagements formels à l'égard des sociétés de secours mutuels dans des décrets de 1852 et 1856 en ce qui concerne le taux d'intérêt de 4 1/2 0/0, ce *taux de faveur n'étant que la compensation des obligations particulières que l'approbation entraine pour les sociétés;* les sociétés n'ayant pu librement choisir leur régime financier mais l'ayant subi ; l'État se doit à lui-même et au respect de la bonne foi de voter des subventions aussi élevées que possible.

« Le résultat est le même dans un cas et dans l'autre. Le taux de l'argent peut encore baisser, le nombre des mutualistes et l'importance des dépôts augmenter dans une proportion considérable ; enfin une dernière éventualité, — les sociétés de secours mutuels libres peuvent se faire approuver pour participer aux avantages de toutes sortes qu'on fait à ces dernières.

« Quelle sera alors l'étendue des sacrifices financiers consentis par l'État ? Nul ne saurait le dire. »

M. Lourties, qui a le tempérament optimiste, malgré tout conclut bravement : « avec toutes ces dépenses *prévues ou imprévues,* nous sommes loin, on le voit, des 20, 30, 40 millions et même plus dont on nous menaçait. »

Pour lui, tous les sacrifices que doit entraîner le développement tout nouveau de la mutualité et les progrès étonnants qu'on rêve de lui faire faire, « doivent se borner au maximum à un sacrifice annuel de 2,490,000 francs (p. 62) qui doit subir, il est vrai, une augmentation annuelle de 150,000 francs. »

Que dis-je ?

Sa conclusion définitive est que « il est facile de se rendre compte que la charge nouvelle à imposer au budget se borne en somme à un sacrifice de quelques centaines de mille francs pour le présent et de quelques millions seulement pour l'avenir.»

Et « ces sacrifices ne sont pas de nature à faire reculer le Sénat, pas plus qu'ils n'ont fait reculer la Chambre devant le vote de l'article 21 du Projet de loi. Pénétrée de l'intérêt supérieur qu'il y a pour le pays à faire œuvre de fraternité et de solidarité sociale, de favoriser par

tous les moyens compatibles avec nos ressources financières l'évolution de la mutualité française, la Commission n'a pas hésité à admettre le principe de la fixité du taux de l'intérêt, voté par la Chambre
des députés. Elle a pensé que, même au prix du sacrifice de quelques
millions, l'État ferait une bonne action et une bonne affaire; une
bonne action parce que l'épargne de chaque jour a droit à ses encouragements [pécuniaires], une bonne affaire parce que le sacrifice trouvera une compensation dans la diminution des charges de l'assistance
publique ».

Que les convictions optimistes qui animent le rapporteur de la commission du Sénat, M. Lourties, et le rapporteur du budget du Ministère de l'Intérieur, M. Lasserre, soient d'une manière générale celles
du Gouvernement, et que ce dernier mette les plus grandes espérances
dans ce nouvel essor de la mutualité, c'est ce qui ressort nettement de ses
déclarations et de ses actes. Le symptôme le plus significatif, c'est l'effort
dès maintenant tenté pour recruter jusque sur les bancs de l'école,
les futurs adeptes de la mutualité. « Jusqu'à ces derniers temps, dit
M. Lasserre, les Sociétés de secours mutuels n'existent qu'entre adultes. On a eu l'idée féconde de les appliquer aux enfants. Il est bien à
désirer, en effet, que les travailleurs entrent jeunes dans la mutualité... La prévoyance dans le bas âge fait grandir dans l'esprit de
l'enfant, en même temps qu'il grandit lui-même, l'idée de l'épargne...
Elle le prépare au rôle qu'il est appelé à remplir dans la mutualité, lui
inspire chaque jour le sentiment de sa *dignité personnelle* et en fait plus
tard un homme *indépendant*, c'est-à-dire qui ne devra qu'*à lui-même*, à
la méthode d'économie à laquelle on l'aura habitué, de pouvoir tra-
verser, *sans recourir à la charité*, les mauvais jours de son existence...
Le fonds social de ces sociétés de mutualité scolaire, déduites les
sommes versées à titre de secours fixes par jour de maladie et d'in-
demnité (25 fr. payés en cas de décès de l'enfant aux parents) accru
des souscriptions des membres honoraires est versé, au nom de la Société, après prélèvement des frais généraux, à la Caisse des Dépôts et
Consignations, où il reçoit les subventions proportionnelles de l'État
et constitue un fonds de retraites destiné à servir des pensions, confor-

mément au décret du 26 avril 1856, aux sociétaires parvenus à 55 ans d'âge et ayant 45 années de sociétariat. »

Ce système compliqué et vaste d'institutions de prévoyance, ce n'est pas encore tout le mutualisme tel qu'on le rêve ; ce n'en est que le commencement. A la date du 26 février 1898, le membre le plus autorisé du gouvernement, le Président du Conseil, Ministre de l'Agriculture, M. Méline, à propos de la discussion du budget de l'agriculture, a tenté de faire pénétrer le principe de la mutualité officielle et subventionnée sur un domaine qui lui avait été jusque-là fermé : le domaine des sinistres agricoles. J'emprunte au journal *le Temps* du 27 février quelques mots sur le sens et la portée de cette innovation. « L'innovation, dit l'estimable journal, consiste à transformer le chapitre du budget de l'agriculture consacré jusqu'ici à des secours. Désormais, les fonds votés par le Parlement auront pour but principal d'encourager la constitution d'*assurances mutuelles*. Pendant la période de transition, des secours pourront encore être alloués en cas de sinistres agricoles, mais l'intention du gouvernement est de limiter de plus en plus ces réparations trop souvent dérisoires. Le gouvernement compte arriver naturellement à cette limitation de plus en plus rigoureuse au moyen des progrès qu'il espère de la mutualité ». Après une discussion entre M. Méline et les adversaires de la mutualité, il a été voté qu'un seul chapitre budgétaire comprendra, à l'avenir, tout à la fois les secours et les subventions aux Sociétés d'assurances mutuelles agricoles contre la grêle et la mortalité du bétail. Le ministre ayant le droit de se mouvoir librement dans l'intérieur d'un chapitre budgétaire. M. le Président du Conseil s'est fait ainsi octroyer par ce vote la faculté d'accorder aux Sociétés mutuelles une part croissante de ces crédits. La pensée qui anime le gouvernement c'est que « les secours, en effet, sont bien peu, tout en grevant l'État ; tandis que si celui-ci, avec les mêmes sacrifices, pouvait éveiller l'esprit de prévoyance, stimuler les initiatives locales, faciliter les groupements des agriculteurs, une œuvre économique toute nouvelle apparaîtrait ». « Les masses paysannes, ajoute le rédacteur du *Temps,* n'ont pas encore suffisamment tiré parti des forces latentes qui sont en elles ; mais la coopération, la mutualité les leur révèleront peu à peu à elles-mêmes, pour le plus grand bien du pays. » Et M. Méline, disant toute sa pensée, s'est écrié, s'adressant à la Chambre : « La mutualité, c'est la solution pacifique du problème social », et dans une réplique à Jaurès : « Je vais vous dire pourquoi vous n'aimez pas la mutualité ; nous attirons par elle à nous ces masses que vous essayez de pervertir et d'égarer. » Et le rédacteur du *Temps* de continuer sur un mode encore plus dithyrambique : « La Mutualité, c'est la vie individuelle élargie, c'est la propriété privée affirmée, garantie. »

La conséquence de tout cela, c'est 3 millions que vote la Chambre au lieu de 2 ; c'est une nouvelle entreprise sur la poche des contribuables; toujours des charges nouvelles pour l'avenir et l'accroissement indéfini des impôts. M. le Président du Conseil, qui paraît édifié sur la force d'analyse et la pénétration naturelle de la Chambre, va au-devant de l'objection et fait la déclaration suivante : « Nous n'avons pas à demander d'argent aux contribuables pour subventionner des Sociétés qui font leurs affaires. L'Etat met en mouvement les sociétés, et quand elles marchent avec leurs propres ressources, il les abandonne à elles-mêmes. Voilà comment je comprends le rôle de l'État, je ne le conçois pas autrement. » Et il prend soin de constater que l'expression *encouragements* eut beaucoup mieux rendu sa pensée que celle de *subventions*. En d'autres termes, à son moment, quand pour des raisons multiples dont il est seul juge le besoin s'en fait sentir, le Gouvernement intervient pour faire surgir du sol les mutuelles agricoles; et quand ces mutuelles existent et fonctionnent à la perfection, la main du Dieu qui leur a donné l'existence se retire d'elles et retire ses faveurs.

Il n'est pas téméraire de supposer que M. Méline, sur ce dernier point, ne croit qu'à moitié à ses propres déclarations. Vieux routier de la politique, il n'est pas sans savoir qu'il ne dépend pas des hommes qui sont au pouvoir de continuer ou de suspendre ainsi à leur gré la distribution des faveurs budgétaires. Il faudra continuer rien que parce qu'on aura commencé, tout comme pour les sociétés de secours mutuels.

Les subventions aux mutuelles agricoles ont beau être pour les besoins de la cause baptisées par lui *secours*, c'est bien *subventions* qu'elles restent pour tout homme de bon sens n'ayant pas à ménager les susceptibilités d'une Chambre indécise, et surtout des hostilités extra-parlementaires puissantes qui pourraient faire échec aux projets du ministre. Ces encouragements, c'est bien une partie des ressources de la collectivité mises par la voie de l'impôt pour un temps indéfini à la disposition de quelques-uns.

S'il plaît à M. Méline d'employer des circonlocutions et des euphémismes, c'est qu'il y est contraint par la nécessité. Quand on a le pouvoir et qu'on ne veut pas se laisser réduire à l'impuissance tout en le gardant, il faut atténuer l'expression de sa pensée; et souvent ne pas nommer l'ennemi est le moyen de le forcer lui-même à différer ses attaques. Les déclarations de M. Méline, volontairement vagues, me paraissent manifestement destinées à donner le change et à voiler le plus possible ce que les mesures proposées pourraient avoir d'inquiétant pour de gros intérêts qu'il ne nomme pas. L'organe officieux du capitalisme, le *Temps*, moins discret, nous donne le mot de la situation et nomme ces adversaires que ménage M. le Président du Conseil.

Dans ce même numéro du 27 février 1898, dont nous nous sommes déjà servis, nous trouvons, en effet, cette indication précieuse : « Une question eût pu être posée qui, cependant, est demeurée *dans l'ombre* : Si l'État vient à subventionner les assurances mutuelles, ne découragera-t-il pas, par cela même, les sociétés librement constituées sous une autre forme? N'aura-t-il pas créé, avec l'argent des contribuables, une concurrence à des entreprises dont l'utilité n'est point niable, qu'il est tout le premier à proclamer et dont il s'expose pourtant à détourner la clientèle? » Voilà le point délicat et la raison de la discrétion de M. Méline.

M. Méline parlait en homme d'État averti et avisé.

M. Turrel, Ministre du Commerce, dans la séance du 28 octobre 1897, au cours de la discussion relative à la loi sur les Accidents du travail, avait laissé tomber du haut de la tribune de la Chambre ces très nettes et graves paroles (1) : « Nous n'avons pu nous dissimuler qu'en dépit de nos efforts la loi, même amendée, semblait devoir se heurter à trois écueils particulièrement menaçants : l'obligation de l'assurance, — la solidarité imposée aux assurés des mutuelles corporatives, — et *l'atteinte portée aux sociétés libres d'assurance*. Il aurait été puéril de se dissimuler les *hostilités provoquées dans le monde industriel* par le caractère obligatoire de l'assurance. Nous ne pouvions plus contester que l'organisation des grandes sociétés mutuelles coopératives eût été rendue très difficile par la solidarité des risques. Le sort des compagnies *privées d'assurance qui s'exagéraient certainement les menaces dont elles étaient l'objet* avait assez inquiété en général *l'industrie toute entière des assurances* et ému de si multiples intérêts qu'une opposition ardente aurait pu être *provoquée contre la loi en dehors et en dedans du Parlement.* »

⁂

L'œuvre qui paraît plus particulièrement propre à la Troisième Ré-

---

(1) *J. O.* 29 octobre 1897, p. 1228, c. 2.

publique c'est celle qui vient d'aboutir tout récemment dans la loi du 9 avril 1898 « concernant les responsabilités des accidents dont les ouvriers sont victimes dans leur travail ». Ce qui distingue cette loi c'est qu'elle marque un pas en avant, qui n'avait pas jamais été fait, dans la voie de l'obligation légale en matière d'assurance et de prévoyance sociale ; c'est qu'au cours de la discussion ont été soulevées les questions les plus graves et que plus nettement que jamais les esprits attentifs ont pu noter les tendances opposées, les principes différents qui, en matière d'économie fiscale et sociale, se disputent la société française. Bien mieux encore qu'à propos des assurances mutuelles agricoles, on a pu se rendre compte là des forces d'opposition masquées et toutes puissantes que rencontre et doit nécessairement rencontrer toute œuvre législative qui prétend s'inspirer d'un idéal politique et se tenir en dehors et au-dessus des intérêts immédiats des groupes dominants. Le gouvernement a dû reculer devant ces influences extra-parlementaires, abandonner son projet pour une autre d'une économie toute différente.

La Chambre des députés à une énorme majorité de 351 voix contre 78, avait voté le 10 juillet 1888, le projet de sa commission qui substituait aux règles générales des articles 1382 et suivants du Code civil le principe du risque professionnel.

Au cours de la législature de 1889, dans un projet de loi déposé le 28 juin 1890 par M. Jules Roche, ministre du commerce et de l'industrie du cabinet Freycinet, on vit apparaître pour la première fois le principe de l'*assurance obligatoire* comme conséquence du principe du risque professionnel.

La commission du travail saisie de nouvelles propositions émanant de l'initiative parlementaire fit de ce projet la base de ses délibérations et c'est de cette étude d'ensemble que sortit un beau rapport de l'honorable M. Ricard. L'urgence proclamée, après une discussion qui dura plusieurs séances, la Chambre adopta à une énorme majorité (493 voix contre 4), le 10 juin 1893 le projet de loi présenté par la commission.

Renvoyé au sénat, le projet n'eut pas le bonheur d'obtenir l'assentiment de la Haute Assemblée. Après de très longues discussions, qui eurent pour effet de ne laisser presque rien subsister du projet adopté par la Chambre, le Sénat adopta à son tour le 24 mars 1896 un nouveau projet de loi, qui fut renvoyé à la commission de travail de la Chambre, dont M. Marvéjouls fut le rapporteur. (Impressions de la Chambre, année 1897, n° 2624). C'est finalement sur ce nouveau projet du Sénat et la nouvelle rédaction proposée par le rapporteur M. Marvéjouls que s'engagèrent les discussions dernières et que l'entente put se faire entre le Sénat et la Chambre par les concessions les plus importantes de la part de cette dernière.

C'est sur les articles 23, 24, 25 formant le titre IV des assurances de garantie que portèrent ces concessions ; et ce sont ces articles qu'il faudrait étudier de près si l'on voulait se rendre un compte exact des modifications profondes subies par le projet primitif.

Quel est l'essentiel de ces modifications? Car nous ne pouvons prétendre entrer dans le détail.

M. de Mun, dans la séance du 28 octobre 1897. (*J. O.* du 29 octobre 1897, p. 2228, c. 1) l'a fort bien indiqué :

« Le projet de loi primitif consacrait deux principes essentiels : 1° le risque professionnel et 2° l'obligation de l'assurance qui en est la conséquence. Le risque professionnel admis, il paraissait impossible de se dérober à l'assurance obligatoire ; toute la question résidait dans le mode d'assurance. Les uns voulaient laisser les industriels libres de s'assurer, comme ils l'entendraient, directement ou par l'intermédiaire d'une compagnie d'assurance, sauf à leur demander un cautionnement ou du moins le versement des capitaux nécessaires au payement des indemnités : les autres inclinaient vers l'assurance par une Caisse d'État; quelques-uns enfin voulaient organiser l'assurance par les caisses corporatives... Or je crois que la commission a renoncé à l'obligation de l'assurance ou du moins elle a renoncé à la formuler explicitement. Elle l'a remplacée par une sorte de garantie de solvabilité, assurée par un accroissement de la contribution des patentes c'est-à-dire par l'impôt. *Elle a songé à faire ou du moins à garantir l'assurance par l'impôt...* Or c'est là une innovation très grave, très considérable »... «Pendant les 15 années durant lesquelles nous avons discuté la question, continue M. de Mun (p. 2229, col. 3) un certain nombre de points s'étaient dégagés du travail commun : le *risque professionnel*; l'obligation de l'assurance et pour y faire face l'organisation de la *mutualité industrielle*, la constitution de *mutualités d'industriels...* La plupart d'entre vous, en opposition de sentiment avec moi, ne voulaient pas de mon système de *caisses corporatives* où c'était la *famille professionnelle* et non la collectivité des industriels qui supportait le risque, où les patrons et les ouvriers étaient appelés à concourir à la constitution de l'assurance et qui était en effet dans ma pensée un *commencement d'organisation corporative.*

« Mais le système de l'ancienne commission du travail, exposé dans le rapport de M. Ricard, devenu il y a quatre ans celui de la Chambre elle-même organisait lui aussi la MUTUALITÉ, non plus par des caisses corporatives mais sous forme de grandes corporations régionales, dans lesquels les industriels étaient OBLIGATOIREMENT inscrits... Aujourd'hui tout est renversé : nous nous trouvons en face d'un projet absolument différent. M. le Ministre introduit dans la loi sur les accidents le principe *le plus nettement socialiste* .. M. le Ministre et la commission avec lui offrent de faire de l'État sinon l'assureur direct des ouvriers, au moins le réassureur des industriels... Il n'y a pas d'assurance de l'État, mais il y a l'État garant de la *solvabilité des industriels, et cette garantie, il en trouve le moyen dans l'impôt direct.* Le nouveau système frappe les industriels d'un impôt supplémentaire destiné à garantir leur solvabilité, et avec cet impôt, on constitue une caisse nationale et de réserve qui payera les indemnités dues aux victimes des accidents... Vous vous dérobez à l'accusation de faire du socialisme d'État, en effaçant de la loi l'obligation de l'assurance; mais en pratique vous *organisez l'assurance par l'État*... Il ressort nettement du texte de la loi et des explications de M. le Ministre que l'État, moyennant une aggravation d'impôt consentie par l'ensemble des industriels, va se *porter garant de leur solvabilité. C'est la réassurance par* l'État : c'est la première fois que l'impôt reçoit une telle affectation ».

La réponse de M. le Ministre à M. de Mun (p. 2230. c. 3), est celleci : « au lieu de faire du socialisme d'État, il n'a justement pas voulu mettre en branle cette machine de l'assurance par l'État; les chefs d'industrie doivent rester libres; il ne veut pas de l'assurance obligatoire; le mérite dont il s'applaudit c'est d'avoir fait entrer dans la loi une obligation portant sur une assurance dont la charge générale est 100 ou 140 fois moins lourde que celle de l'assurance obligatoire corporative que préconise M. de Mun. Les chefs d'industrie resteront libres d'être leurs propres assureurs, de s'adresser à des compagnies libres, ou de faire partie de sociétés mutuelles; libres à une seule condition de racheter leur propre liberté par une prestation aussi proportionnelle que possible devant s'élever environ à 720,000 francs ».

Les dispositions législatives visées par le Ministre sont ainsi conçues :

Art. 24. A défaut, soit par les chefs d'entreprise débiteurs, soit par les sociétés d'assurance, à primes fixes ou mutuelles ou les syndicats de garantie liant solidairement tous leurs adhérents, de s'acquitter, au moment de leur exigibilité, des indemnités mises à leurs charges... le paiement en sera assuré aux intéressés par les soins de la *Caisse nationale des retraites pour la vieillesse*, au moyen d'un fonds spécial de garantie.

Art. 25. Pour la constitution du fonds spécial de garantie, il sera ajouté *au principal de la contribution des patentes des industriels visés par* l'article premier *quatre centimes additionnels*. Il sera perçu sur les mines une taxe de 5 centimes par hectare concédé.

Ces taxes pourront suivant les besoins être majorées ou réduites par la loi des finances.

Art. 26. La Caisse nationale des retraites exercera un recours contre les chefs d'entreprise débiteurs, pour le compte desquels des sommes auront été payées par elle conformément aux dispositions qui précèdent. »

Qu'est au juste ce mécanisme dans la pensée du Ministre ? — M. Turrel le caractérise ainsi : « C'est pour cela que, sans décourager les associations privées ou collectives créées, nous avons organisé une sorte de *mutuelle-type* à laquelle l'État prête son organisation d'information, ses organes de perception, mais qui se suffit à elle-même dans des conditions nettement définies par la loi. Moyennant la médiocre somme de 720,000 francs nécessaire pour couvrir ce médiocre risque de l'insolvabilité du chef de l'industrie nous arrivons 1° à ne pas établir l'assurance obligatoire 2° à ne pas établir l'obligation de cautionnement 3° à ne pas supprimer les compagnies d'assurance. »

Quoi qu'en dise M. le Ministre, M. de Mun a raison contre lui. Son système aboutit à deux conséquences également funestes : ménager le plus possible les forces financières, ne rien entreprendre sur leur rôle et leur influence dans la société actuelle ; et en second lieu établir une nouvelle Caisse d'État, ce qui est bien faire du socialisme d'État, qu'on le veuille ou non.

L'une et l'autre conséquences sautent également aux yeux : Mr Turrel l'a expressément avoué lui-même du haut de la tribune : le projet de loi a dû être conçu de manière à ne pas éveiller les craintes du monde de la finance, de « l'industrie des assurances ». M. Thévenet, rapporteur du projet de loi devant le Sénat (Impressions du Sénat. n° 15) constate de son côté que dans le nouveau texte amendé par le Sénat, les articles qui portaient dans le texte de la Chambre les n°° 23, 24, 25, 26, 27, 28, 29 c'est-à-dire tout le titre des assurances de garantie, sauf l'article 30, ont complètement disparu, c'est-à-dire tous les articles relatifs à l'organisation des caisses mutuelles d'assurance régionales facultatives, auxquelles pouvaient avoir recours les patrons et qui, dans la pensée première de M. le Ministre, devaient contribuer à *tenir en bride les* compagnies privées (J. O. p. 2229 c. 1 *ad finen*).

Quant au caractère de caisse d'État qui reste celui de la Caisse nationale des retraites gérant le fonds spécial de garantie et assurant aux intéressés, à défaut des débiteurs eux-mêmes, le payement des indemnités dues à la suite d'accidents, comment le mettre en doute ? L'existence seule de la taxe de 5 centimes par hectare de mine concédé, dont le produit figure dans la constitution du fonds spécial de garantie, et qui est bien un revenu public non une prestation particulière du monde de l'industrie auquel il s'agit de venir en aide, ne suffit-elle pas à démontrer qu'il s'agit bien là d'une caisse publique ? Et quant aux quatre centimes additionnels ajoutés au principal de la contribution des patentes, M. Turrel a beau ne pas vouloir qu'on les qualifie « impôt » mais « prime d'insolvabilité payée par les intéressés eux-mêmes » (c. 2229. c. 2), M. Bourgeois s'obstine à les qualifier « d'impôt spécial pour un objet déterminé » (2231. c. 1) ; et, recouvrés par l'impôt, par le mécanisme de l'impôt, il est bien difficile de ne pas voir en eux un impôt véritable. Tout à l'heure nous constations que dans ce fonds de garantie constitué au profit du monde industriel entrait comme élément essentiel le produit d'un véritable revenu public : une redevance sur les mines. Voici maintenant de plus que la prime d'insolvabilité payée par les industriels intéressés « devra supporter contre toute justice, la responsabilité d'accidents survenus chez les agriculteurs ayant des machines agricoles mues mécaniquement, et ne payant rien puisqu'ils ne sont pas patentés. » (J. O. 2291 c. 2).

Tout cela ne sent-il pas terriblement son impôt pur et simple, sa caisse d'État ?

Pour qui proclame-t-on le principe de la responsabilité solidaire des patrons, de tous les patrons de France ? Pour la plus grande joie de qui M. le Ministre fait-il de l'État, comme l'a très bien dit M. de Mun, sinon l'assureur, au moins le réassureur des industriels ? Pour la plus grande joie de M. Jaurès et de ses amis.

Le fonds de réserve, même exclusivement composé des prestations des intéressés, exclusivement affecté à la garantie d'insolvabilité de ces mêmes intéressés, par le fait seul de passer par l'intermédiaire d'une caisse d'État, d'affecter *formellement* le caractère d'un impôt, prend aussitôt un caractère particulier. Il ne saurait être indifférent à sa nature, comme on affecte de le croire, qu'il se trouve entre les mains de l'État ou qu'il forme le patrimoine de corporations ou de simples mutualités régionales. Une charge plus lourde, comme l'assu-

rance obligatoire par des caisses corporatives peut avoir sur l'économie générale de la société des effets moins funestes qu'une charge moins
lourde en apparence, comme la prime destinée à parer à l'insolvabilité patronale. Et d'autre part, quoi qu'on dise, cette caisse de fonds
de réserve, ainsi comprise et alimentée, doit se transformer fatalement
en caisse subventionnée. Le principe même dont procède l'existence
de cette caisse : la responsabilité solidaire de tous les patrons de
France, ce principe d'une portée indéfinie, semble de nature à favoriser singulièrement cette transformation de la caisse en Caisse nationale d'assurance subventionnée. Comment l'industrie écrasée de
charges, un moment où l'autre, au moment ou le poids qui la grève se
fera particulièrement sentir, ne demanderait-elle pas elle aussi l'aide
de la collectivité? Alors justement qu'autour d'elle toutes les branches
de l'activité nationale se sont fait une douce habitude de la manne
budgétaire ; que cette caisse de subventions, on vient de la créer en
faveur de l'agriculture; qu'un vase réseau de primes d'encourage-
ment et de droits protecteurs fait des industries protégées de toutes
les industries. M. le Ministre l'a reconnu lui-même. (J. O. 1229,
c. 2) :

« Le principe qui sert de base à la présente loi n'est pas introduit
pour la première fois dans la législation. Vous le trouverez dans l'organisation des fonds de non-valeur, dans l'organisation des secours à
l'agriculture. Or si l'on a employé ce moyen pour garantir la gestion
financière de l'État, vous pouvez bien admettre qu'on l'introduise dans
la loi pour garantir la paix sociale [et pour assurer la liberté des différents chefs d'industrie] ».

Cette *bourse commune* provenant des centimes additionnels à la contribution des patentes semble bien se rattacher à la conception générale qui semble à même de prévaloir maintenant de créer pour tous
les départements de l'activité nationale des caisses de subventions
dans la dépendance du gouvernement.

Concluons qu'au fond de tous les projets qui ont préparé la
loi et de la loi elle-même il y a, comme l'a très bien vu M. de Mun,
un socialisme d'État qui n'ose s'avouer, d'autant plus dangereux que
faisant son œuvre d'une manière inconsciente et sournoise, aggravant
sans cesse les charges fiscales déjà si lourdes, son action ne saurait
aboutir qu'à livrer l'État de plus en plus sans défense aux grandes
forces financières.

Plus qu'à n'importe quelle époque la population se trouve partagée en deux grandes classes : ceux qui ont la fortune mobilière, la finance dont l'État a de plus en plus besoin pour la manipulation de sa pratique quotidienne, le très grand nombre de ceux qui dépendent de la finance ou qu'elle sait intéresser à ses bénéfices, assez fortunés déjà pour bénéficier des avantages concédés par l'Etat à ceux qui plaisent et qui remplissent les conditions voulues ; — et la classe des autres, de ceux qui travaillent et qui peinent, le monde des travailleurs qu'on exploite et qui font marcher tout. Cette dualité de population, que Boisguillebert signalait dès le commencement du xviii° siècle comme le grand fléau économique et social de son temps, reste la plaie envenimée, très apparente pour quiconque veut voir, de notre société démocratique. Le fameux programme mutualiste, dont on se promet tant, semble bien ne pouvoir qu'irriter la plaie au lieu de la calmer. Il consiste au fond à endetter toujours plu la collectivité, le grand nombre, ceux dont provient toute richesse, pour faire à quelques uns des avantages particuliers auxquels ils n'ont aucun droit ; il prend à ceux qui n'ont rien pour donner à ceux qui ont déjà. Il n'a rien d'un véritable programme démocratique et social : tout le sophisme des jeunes doctrinaires de la République conservatrice n'y fera rien. Ce n'est qu'un trompe l'œil, si j'ose dire une œuvre de faux conservatisme, un expédient pour gagner du temps de politiciens que préoccupe médiocrement l'avenir. Dans les discussions de la loi relative aux accidents du travail, par exemple, on est bien obligé de reconnaître que la franchise des conceptions, les solutions nettes qui ont une portée lointaine, et peuvent arrêter un pays sur la pente de la décadence ne sont pas du côté des membres du gouvernement. Celui qui représente toutes ces choses qui font partie intégrante d'une politique digne de ce nom, ce n'est pas le Ministre du Commerce avec son habileté qui le ravit d'aise et ravit également le Sénat, les compagnies d'assurance, les industriels ; mais plutôt M. de Mun avec son système de caisses corporatives conçues sur le système allemand.

§ II. — A côté du mauvais socialisme d'État du gouvernement, de la mauvaise solution socialiste, il y a sans doute la bonne qui est celle des socialistes. C'est ce qu'il faut examiner.

Le programme socialiste a l'avantage d'échapper à l'accusation de favoriser une partie de la nation au détriment de l'autre. Il ne connaît pas les « *secours* », les « *subventions* » accordées sous telles ou telles conditions qu'il formule, pour le triomphe plus facile de sa politique au jour le jour. C'est un droit qu'il reconnaît à chaque membre de la collectivité et à chaque groupe d'être secourus par la collectivité même au mieux de l'intérêt général de cette collectivité. Dans ses distributions, il ne consulte — ou ne doit consulter — que le bien, le mieux être de l'ensemble, conçu par lui en dernière analyse comme un état dans lequel tous participent, chacun selon ses aptitudes, dans une proportion sensiblement la même, au travail national, et doivent conséquemment aussi participer de même à la répartition des produits de ce même travail. Au groupement libre il substitue le groupement par voie législative : les membres de chaque groupe liés entre eux par un système de droits et de devoirs réciproques ; et, — ce qui distingue éminemment le collectivisme, — ces groupes, une fois créés, restent soumis à l'action de l'État, dont le contrôle incessant leur rend impossible toute vie propre. — Voilà si je comprends bien, le programme *immédiatement pratique* du parti socialiste. — Résiste-t-il mieux que le programme mutualiste à l'examen du théoricien désintéressé ?

C'est un grand point de la politique socialiste, ce n'est pas douteux, de ne pas faire d'une partie de la population la bénéficiaire exclusive et injuste d'avantages pécuniaires constitués sur la bourse commune. Dans le fait de cette distribution des fonds publics à une catégorie spéciale de citoyens, il est difficile, d'un point de vue supérieur, de ne pas voir la violation certaine des plus indiscutables principes de la justice abstraite. Personne n'a le droit de s'enrichir au détriment d'autrui, et un gouvernement ne peut ainsi disposer de ce qui n'est pas *sien*, de l'argent de ses sujets, au profit d'une catégorie particulière de la population. C'est en vain qu'on allègue l'intérêt supérieur de l'État. À ce point de vue donc, la politique collectiviste, avec son ferme but de faire bénéficier la *masse* de la population des faveurs budgétaires, paraît au premier abord, une politique beaucoup plus correcte. Quand on l'examine de près, sa prétention fondamentale de provoquer par voie fiscale une amélioration indirecte des rapports de répartition, n'est pas sans prêter le flanc à de très sérieuses critiques. Le collectivisme paraît ne pas avoir un sentiment assez vif du rôle funeste qu'a joué le fisc dans l'ensemble du développement économique. K. Marx a bien signalé dans l'action fiscale un des leviers les plus puissants de l'accumulation capitaliste ; ses partisans et ses disciples semblent ne pas tenir suffisamment compte de cette indication, que corroborent si bien les analyses de Boisguillebert et des économistes du siècle dernier. Il s'agit de savoir si le trouble, apporté dans la production par l'exagération des charges publiques résultant d'une extension nouvelle et formidable des subventions gouvernementales, ne doit pas, en dernière analyse, se retourner contre la masse des producteurs qu'on prétend favoriser. Cette politique serait justifiée, s'il était démontré que la somme totale des subventions, ainsi distribuées à titre d'aide, devînt intégralement, entre les mains dès destinataires, capital, instrument de production. Or une telle proposition a contre elle toutes les vraisemblances. Dans l'état présent des choses, les sommes qui ont passé par les mains de l'État et qui arrivent aux mains des bénéficiaires à titre de faveur gratuite ne peuvent guère être que des moyens de consommation. Elles manquent quelque part à la production à titre de capital. La loi, formulée par Boisguillebert le premier, de la funeste répercussion de l'impôt sur la production conserve toute sa valeur. Elle la conserve tout au moins dans la mesure où la France et les autres pays ne sont pas encore exclusivement acquis au mode de production capitaliste. Ce mode de production dominant exclusivement, le système généralisé des subventions ne serait, à la condition que l'impôt affectât la nature d'un impôt direct et fortement progressif, qu'une façon de restitution à la masse des producteurs d'une certaine part de la plus-value appropriée par le capitaliste.

Dans l'état présent du développement économique, tout accroissement de charge fiscale, quelle que soit sa destination, doit être considéré comme funeste à la prospérité du pays. Son effet ne peut être que d'enlever à la petite production des capitaux précieux et de contribuer à accélérer sa ruine au profit de la grande. — Si c'est là le but qu'on poursuit en découvrant le budget et en le livrant sans défense à toutes les convoitises, on ne fait pas fausse route, il faut le reconnaître. Mais il doit rester entendu que l'accélération systématique du mouvement qui emporte la petite production et assure le triomphe exclusif de la production capitaliste ne va pas sans souffrance de la masse pour le présent, et peut être difficilement avouée par une conscience scrupuleuse, qu'inquiéterait à bon droit la perspective d'acheter, au prix d'une aggravation certaine des malheurs présents, la réalisation toujours hypothétique d'une plus grande prospérité future.

Une autre politique, s'inspirant d'un but opposé, consisterait à faire tout le possible pour enrayer le mouvement d'extension de la production capitaliste et conserver le plus longtemps possible ce qui subsiste, — c'est-à-dire beaucoup, — de la petite production individuelle. Les âmes bonnes qui n'aiment pas les moyens violents préconisent l'idée d'un crédit agricole et industriel, et prétendent trouver là le remède pour guérir tous les maux. A la réflexion, il faut singulièrement en rabattre.

Il n'est pas difficile de comprendre qu'un crédit agricole et industriel ne peut être utile qu'aux capitalistes, aux *entrepreneurs d'industrie* agricole ou autre, qui ont, dans la plus-value qu'ils s'approprient, le moyen sûr de payer l'intérêt des capitaux empruntés. Pour le petit producteur, qui ne peut exploiter que lui-même et qui a à supporter la concurrence de la production capitaliste, l'intérêt à servir sera toujours une lourde charge, trop souvent au-dessus de ses forces. Le crédit agricole et industriel serait utile justement à ceux-là qui n'ont pas besoin de la sollicitude particulière des pouvoirs publics parce qu'ils trouvent déjà dans les institutions de banque existantes amplement les moyens d'alimenter leurs spéculations. Comme l'a très bien vu K. Marx : *Das Kapital*, L. III, ch. 36 (T. III, 2° partie, p. 130) : « Le développement du crédit ne signifie ni plus ni moins que la subordination du capital portant intérêt aux conditions et aux besoins du mode de production capitaliste. En somme, le système de crédit moderne, c'est l'adaptation du capital portant intérêt aux conditions de la production capitaliste... Ce qui distingue le capital portant légitime intérêt [sous sa forme moderne], c'est-à-dire fonctionnant comme un élément essentiel de la production capitaliste, du capital usuraire, ce n'est à aucun point la nature ou le caractère de ce capital; ce sont uniquement les conditions nouvelles dans lesquelles il fonctionne, et, par suite, le caractère tout autre de l'emprunteur par rapport au prêteur. Même lorsque l'industriel ou le marchand qui empruntent sont sans ressource aucune, le prêt ne se fait que dans l'assurance que l'emprunteur *se comportera en capitaliste pour s'approprier, avec le capital prêté, du travail non payé!...* Vis-à-vis des personnes et des classes, ou dans les conditions où l'emprunt ne se fait pas et ne peut se faire dans le sens du mode de production capitaliste; où la détresse individuelle est cause de l'emprunt, comme les emprunts aux monts-de-piété; où l'on prête à la richesse jouisseuse pour dissipation; ou bien encore où le producteur n'est pas un producteur capitaliste, — petit cultivateur, artisan; où donc encore, comme producteur immédiat, il est possesseur de ses propres moyens de production; où enfin le producteur capitaliste lui-même opère sur une échelle tellement petite qu'il se rapproche beaucoup du producteur travaillant lui-même ; dans tous ces cas le capital actuel ne se distingue pas du capital ancien ». Page 146 : « Le système de Banque est, quant à son organisation et à sa centralisation formelle, comme il est déjà dit dans l'ouvrage intitulé : *Some Thougths of the interests of England*, la création la plus ingénieuse et la plus savante qu'ait apportée le mode de production capitaliste. De là l'immense pouvoir d'une institution comme la Banque d'Angleterre sur le commerce et l'industrie quoi qu'*il ne soit pas de son fait d'imprimer la première impulsion* et qu'elle n'ait en tout cela qu'*un rôle passif*. On a ainsi, en tout cas, l'illusion d'un inventaire général et d'une répartition à tous les degrés de l'échelle sociale des moyens de production, mais l'*illusion* seulement. Nous avons vu que le profit moyen de chaque capitaliste isolé ou de chaque capital particulier est déterminé non par le *surtravail* que ce capital s'approprie en première main, mais par le *quantum* de *surtravail collectif* que le capital collectif s'approprie et dont chaque capital particulier en sa qualité seule de *partie proportionnelle du capital collectif* tire son dividende. Ce caractère social du capital s'accuse tout d'abord et se réalise complètement par le plein développement du système de banque et de crédit. D'autre part, cela ne s'arrête pas là. La Banque et le Crédit mettent à la disposition des capitalistes industriels et commerçants tout le capital social disponible et même virtuellement disponible non réellement engagé dans la production, de sorte que ni le prêteur ni l'employeur de ce capital n'en sont ni propriétaire ni producteur. Le crédit met donc fin au caractère privé du capital et porte ainsi en soi, mais rien qu'en soi, la fin du capital lui-même. Par la Banque, la répartition du capital, affaire privée ayant cependant le caractère d'une fonction sociale, est en raison de son caractère de fonction sociale enlevée comme affaire particulière à la manipulation des capitalistes privés et des usuriers. »

§ III. — C'est encore à ce point de vue des résultats de l'analyse si pénétrante de Marx qu'il faut se placer pour apprécier, comme il convient, la portée du programme de réforme sociale de certains catholiques autrichiens et allemands, comme le prince de Lichtenstein et C. de

Vogelsang, qui sont unanimes à voir le salut social dans un retour sincère et entier à l'ancienne législation de l'Église sur l'usure.

Répondant à un article des « Historisch politischen Blätter » qui préconisait comme l'unique solution de la question sociale la pratique de la charité chrétienne, M. C. de Vogelsang, dans sa brochure : *Zins und Wucher*, page 28, tient ce noble et vigoureux langage : « Assurer libre accès auprès des familles les plus dépourvues de l'idée de Dieu ? Que faut-il entendre par là ? Les dragonades ? Non. — Qu'on fasse tout ce que veut l'auteur ; qu'on donne pour ce but les innombrables millions que la société chrétienne ne possède pas : on aura fait une grande œuvre, une œuvre *obligée* de charité chrétienne. Mais la *question sociale ne sera pas le moins du monde résolue;* la solution serait, au contraire, rendue encore plus difficile, difficile jusqu'à l'impossibilité parfaite. *Il est inadmissible que toute une c...sse de la société humaine vive d'aumône :* il n'est pas permis de faire de la soupe du mendiant l'unique but du travailleur. Ce dont le travail a besoin, ce qu'il veut et ce qu'il doit vouloir, c'est la justice.

« Cette justice, l'ordre social capitaliste la refuse au travail, et c'est là le principe de notre maladie ; la question sociale est la question de la juste répartition du gain du travail. Et si nous prétendons en finir avec cette question en défrayant le travail avec des soupes de couvent, nous tombons sous le coup de l'impertinente injonction de Rodbertus, que les classes travailleuses devraient bien fonder elles aussi des sociétés pour travailler à l'élévation du niveau moral des classes possédantes.

« Tous, nous savons bien, dans nos grandes villes monstres, que tous les efforts de la charité sont impuissants ; que pour une famille, que nos faibles ressources ont sauvée, dix autres sont replongées par les roues de fer de notre organisme social, mu par l'esprit de Mammon, dans le marais de la misère prolétarienne. Qu'on envoie donc parmi ces désespérés des troupes de sœurs au cœur compatissant ; qu'on envoie des missions, et les unes et les autres trouveront un large champ à leur activité bénie ; mais qu'on n'oublie pas que toute aumône qui se dépense par là, que toute aumône qu'on tend à la porte des couvents au pauvre, *n'est qu'une réduction du salaire à payer pour l'entrepreneur, un accroissement d'intérêt pour le capitaliste.* Tout ce que donne au pauvre la charité chrétienne *tourne au profit des riches,* pour mieux dire au profit des entrepreneurs qui se font concurrence : tout cela est aussitôt absorbé par la concurrence qu'enflèvre l'intérêt du capital. Autant le travailleur reçoit sous forme d'aumône, autant il reçoit en moins sur son salaire de la part de l'entrepreneur ; la concurrence effrénée ayant pour résultat de *réduire le salaire au plus strict minimum* de ce qu'il faut pour vivre. Dans le gouffre sans fond de cette concurrence les entrepreneurs jettent, non seulement la sécurité de leur propre existence, leurs capitaux propres et ceux de leurs créanciers, mais encore la *moelle et le sang de leurs travailleurs* et tout l'avenir de la civilisation chrétienne.

Aussi vous disons-nous : envoyez parmi les pauvres les héroïques phalanges de nos sœurs de charité, établissez de grandes missions pour les misérables et les opprimés, mais n'oubliez pas en même temps de faire *révéler aux classes possédantes les plus graves enseignements de la justice* dont sont remplis l'Ancien et Nouveau Testament, et dont l'Église a fait un système puissant et bien ordonné. Or, le point capital de ce système est la prohibition de l'intérêt. Envoyez des missionnaires qui s'emportent *contre l'interprétation facile du titre externe :* les missionnaires, qui prêchent contre le pouvoir usuraire et la puissance d'accaparement des trésors stériles, se trouveront alors d'eux-mêmes ; et la pratique d'une juste répartition du gain du travail sera infiniment facilitée. Mais les « Historisch-politischen Blätter » feraient bien inutilement profession de se préoccuper de réforme sociale chrétienne, s'ils ne voulaient pas tout au moins tenter de tirer au clair la question du titre externe ». Page 49 : « La question de l'intérêt est le point capital de la réforme. sociale, et l'Église qui, il y a bientôt 2000 ans, a résolu cette question, reste pour toute la suite des siècles le premier champion de la réforme sociale. Qui donc voudrait la priver de cette gloire éclatante par déférence pour l'idole du jour, pour le veau d'or? Ni « le droit civil », ni le « jugement de la vie », ni la « conscience morale moderne », ni « la conscience de la société » ne sauraient altérer d'une manière quelconque les principes fondamentaux du christianisme, dans quelque mesure qu'il faille au reste en tenir compte dans la pratique du gouvernement ecclésiastique. Ce n'est pas de pratique qu'il s'agit. Le laïque n'a rien à voir dans cette pratique du gouvernement ecclésiastique. Il ne saurait être question ici que du *principe social de l'Église* qui a été et restera toujours un seul et même principe. Quelles conséquences il y a à tirer de ces doctrines de l'Église sur la prohibition de l'usure et le titre externe pour le sens et la portée du capitalisme? Cela est évident pour tous. Le capital que l'on dépouille de tout intérêt, qui perd cette abominable fécondité contre laquelle Saint-Jean Chrysostôme s'emporte, devient un trésor stérile, entassé en vain, qui ne peut plus, il s'en faut, exercer sur la vie sociale, économique et politique cette mortelle influence, qu'exerce le *capital portant intérêt, le principe dominant de l'état social actuel.* — Nous savons tous — et cela nous est confirmé par cent témoignages d'im-portance — que la *volonté de Dieu* sur la terre n'est pas qu'*une exécrable fécondité* du capital prive le travail du salaire justement mérité pour en faire la chose de voluptueux fainéants. »

La conclusion de M. de Vogelsang est qu'il faut revenir à la vieille règle de la prohibition de l'usure et que, le capital dépouillé de sa fé-condité, le capitalisme aura vécu. La question sociale se ramène pour lui et son groupe, à une question de réforme morale ou plus exactement religieuse.

Que cette doctrine de M. de Vogelsang et des siens renferme une part de vérité, nous ne voudrions pas y contredire. Mais elle a le tort de reposer sur une analyse imparfaite de la situation économique. Il n'est pas vrai de dire, comme le fait M. de Vogelsang, que la fécondité de l'argent, l'argent portant intérêt, est le « *principe dominant de l'état social actuel* ». L'analyse de Marx est plus précise et plus profonde. Pourquoi l'argent portant intérêt est-il devenu le principe dominant de l'état social actuel? Est-ce simple perversion du sens moral et religieux ac-tuel sur ce point spécial de la doctrine de l'intérêt? Mais on ne com-prendrait guère, même aux pires époques, cette unanimité dans le doute, si la défense théorique de l'Église ne se heurtait à un fait d'ordre général, à des influences pénétrant de toutes parts la cons-cience individuelle et la laissant sans force pour résister.

Ce fait général, c'est évidemment, étant donnés les nouveaux carac-tères de la production, la fécondité toute *nouvelle* de *l'argent.* C'est grâce au capital que l'entrepreneur achète le *surtravail,* la *plus-value.* Le capital est, entre ses mains, infiniment fécond. Comment le posses-seur primitif, le prêteur, celui qu'on appelle improprement le *capita-liste,* n'exigerait-il pas, pour céder l'usage de cette force féconde, tout au moins une part des fruits qu'elle porte en si grande abondance? Vogelsang et son école trouvent le secret de la fécondité du capital dans l'usure même : mais n'est-ce pas expliquer le fait par le fait? Il y a à la fécondité de l'argent, une raison qui n'est pas dans l'argent lui-même, qui est en dehors de lui; et cette raison, nous l'avons vu, c'est la faculté d'acheter du *surtravail.* L'emprunteur paie un intérêt parce que l'argent devenu capital entre ses mains est fécond et lui rapporte plus que l'intérêt payé.

§ IV. M. de Vogelsang et les siens n'ont peut-être pas assez approfondi la doctrine de l'Eglise. Les derniers fondements de cette doctrine diffèrent-ils des derniers résultats de l'analyse de Marx? Pour un esprit attentif et informé, sous des divergences apparentes, serait-ce la même doctrine fondamentale? C'est ce que nous voulons rechercher ici.

L'argument de la scholastique et de l'Église contre la légitimité de l'intérêt est ce passage de la *Politique* d'Aristote, que je donne d'après la traduction latine imprimée à Bâle en l'année 1563, par Jean Hervage I, ch. VII, 2° partie, p. 204. (Cf. Collection Didot : L. I, ch. III, p. 492) : Itaque omnibus a natura tributa est ars ea quaestuaria quæ ex fructibus et animalibus utilitates percipit. Cum autem ejus duo sunt genera, ut dixi, quorum alterum cauponatricis, alterum rei familiaris est : et hoc necessarium est ac laudabile; illud commutandis rebus accommodatum est (1), idemque vituperabile : nec injuria. Non enim natura id genuit, sed *rerum ultro citroque contrahendarum ratio.* Jure quidem optimo in hominum odia incurrit fœneratio quoniam ipsa pecunia fructus ejus est, nec *ad permutandas res, cujus causa comparata est, refertur.* Fœnus autem pecuniam auget et amplificat; ex quo etiam nomen invenit, quoniam quæ procreata sunt similia sunt procreatoribus et fœnus ex pecunia pecuniam parit... »

Pour avoir le véritable sens et juger de la portée du passage, il faut savoir ce que contient tout ce chapitre 3 du L. I de la *Politique.* Voici l'enchaînement des idées : C'est une grosse question que de savoir si l'art de se procurer des richesses est la même chose que celui d'administrer une maison, et dans quels rapports ces deux arts sont entre eux ; si la première de ces choses est partie de la seconde, lui est subordonnée, et dans ce cas si elle met à la disposition de la seconde des matériaux ou des instruments. — Il convient de constater tout d'abord que les richesses sont diverses, et qu'autant il y a de sortes de richesses, autant il y a de manières diverses de se les procurer. L'une de ces manières, qui a pour objet la nourriture, affecte les modes les plus divers parmi les animaux et les hommes, et se trouve le principe d'autant de genres de vie divers. Cette

---

(1) La traduction latine de Didot donne : Illa autem quæ in permutatione numi consistit, merito vituperatur (non enim naturæ consentanea est, sed in eâ alter ab altero lucrum aucupatur. Le texte est : τῆς δὲ μεταβλητικῆς ψεγομένης δικαίως (οὐ γὰρ κατα φύσιν ἀλλ' ἀπ' ἀλλήλων ἐστίν).

industrie, au reste, qui a pour objet la nourriture indispensable à la vie, se trouve le don commun de la nature à tous les hommes. — L'industrie par laquelle l'homme se procure les ressources dont il a besoin se présente sous une double forme : une *forme naturelle et directe, comme l'agriculture, la chasse, la pêche;* l'autre roule sur l'échange; et cet échange lui-même se présente sous une double forme : il y a *échange direct, troc* quand les choses s'échangent entre elles, comme le froment contre la laine, le vin contre l'huile : cet échange procédant de la nécessité; et il y a *l'échange de la chose contre l'argent.* Cet échange lui-même, quand il ne porte que sur des objets *nécessaires à l'entretien et à la commodité de la vie,* s'il ne dépasse pas les proportions du besoin, peut encore, dans cette mesure, être dit *naturel.* Mais il s'étend bien au-delà; il vise le gain inutile aux besoins et à l'ornement de la vie; il devient le commerce. Ce n'est plus alors une chose de nature; c'est du pur artificiel, quelque chose qui n'a plus rien de commun avec l'économique et ne rentre plus dans les attributions du père de famille. Cet art du gain n'existe que par l'argent. C'est à partir du moment où l'argent a été inventé, rendu nécessaire par les besoins de l'échange entre les régions les plus éloignées, c'est à partir de ce moment qu'est né le commerce, l'art commercial, cette science des richesses qui a pour objet unique l'accumulation du gain par tous les moyens et se montre incapable de distinguer entre l'argent et les richesses : Numo igitur ex necessariâ permutatione comparato ac suppeditato, alia species artis pecuniæ quœrendae orta est, mercatura cauponaria : quœ initio quidem fortasse simpliciter factitabatur; postea vero propter usum et peritiam callidius jam atque artificiosius, quum quœreret unde et quomodo permutando plurimum lucri faceret. Quocirca videtur ars quœrendœ et augendœ rei maximè circa numos versari, et ejus esse munus unde maxima vis pecuniœ suppetat, videre ac dispicere posse. Existimatur enim divitiarum et pecuniarum causa efficiens esse. Divitias enim sœpenumero statuunt numorum multitudinem, propterea quod ars pecuniœ quœrendœ et mercatura cauponaria in hâc re versantur. Interdum vero contra nugatorium quidam videtur numus et lege prorsus constare, nullus autem naturâ; quia, ubi qui eo utuntur, eum immutarunt, nihil est neque ad ullam rem necessariam parandam est utilis, et sœpè avenire potest ut is qui numis circumfluit rebus ad victum necessariis egeat. L. I, ch. III, § 95, p. 7 (Traduction Didot, p. 491).

L'art d'entasser des richesses, de l'argent en tant qu'argent, considéré comme constituant la richesse proprement dite, c'est ce qu'on appelle la chrémastistique. La chrémastitique est commerce (καπηλικη) (1). Mais il ne faudrait cependant pas la confondre avec la καπηλικη pure et simple. Elle s'en distingue au contraire nettement : c'est ainsi qu'il faut comprendre ces mots : cauponaria... pecuniæ effectrix *non omni modo* sed *pecuniæ permutatione.* C'est en tant qu'elle gît tout entière dans le trafic de l'argent, qu'elle fait de l'argent avec de l'argent que la καπηλικη est Χρηματιστικη. Pour la καπηλικη Χρηματιστικη l'argent seul existe : hæc videtur in numo versari ; numus elementum et extremum est permutationis. Et c'est parce qu'elle ne connait que l'argent, qu'elle ignore dans les choses la valeur d'usage, qu'elle est une accumulation de l'argent sans fin : hæc igitur divitiæ sunt infinitæ quæ ab hâc pecuniæ quærendæ ratione proficiscuntur. Or il n'est pas difficile de reconnaître dans cette καπηλικη Χρηματιστικη ce que l'économie politique appelle la production capitaliste qui se meut tout entière elle aussi dans le domaine de l'argent et ignore dans les marchandises la valeur d'usage.

L'échange dont « le commencement et la fin n'est pas l'argent » est proprement la καπηλικη ordinaire. Cette καπηλικη elle aussi ne peut se concevoir indépendamment de l'argent, § 16. Καὶ γὰρ τὸν πλοῦτον πολλάκις τιθέασι νομίσματος πλῆθος, διὰ τὸ περὶ τουτο, εἶναι τὴν Χρηματιστικην καὶ τὴν καπηλικήν; mais elle se distingue nettement de la Χρηματιστικη; ou plus exactement elle en marque les premiers degrés. Elle est encore tout près du troc : § 13. Ἡμὲν οὖν τοιαύτη μεταβλητικὴ οὔτε παρὰ φύσιν οὔτε Χρηματιστικῆς ἐστὶν εἶδος ουδεν ; comme le troc elle vise le plus possible l'échange immédiat des marchandises et l'échange de la part des deux parties de contre-prestations absolument équivalentes : § 12, lignes 35 et s. Αὐτὰ γὰρ τὰ Χρήσιμα πρὸς ἀυτα καταλλάτονται, ἐπὶ πλέον δὴ ουθεν, οἷον οἶνον πρὸς σῖτον. Elle s'en distingue

---

(1) P. 491, § 17. Quodcirca quærunt aliud ne sint divitiæ ac pecuniæ quærendæ ratio, recté. Alia enim pecuniæ quærendæ ratio est aliæque divitiæ congruentes. Atque haec quidem ad rationem rei familiaris tuendæ pertinet : alia autem *cauponaria,* quæ pecuniæ effectrix est, non omni modo sed pecuniæ permutatione et *videtur hæc in numo versari.* Numus enim elementum et extremum est permutationis. Hæ igitur divitiæ sunt infinitæ quæ ab hâc pecuniæ quærendæ ratione proficiscuntur : διὸ ζητοῦσιν ἕτερον τι τὸν πλοῦτον καὶ τὴν χρηματιστικην, ὀρθῶς ζητοῦντες. Ἔστι γὰρ ἑτέρα ἡ χρηματιστικὴ καὶ ὁ πλοῦτος, ὁ κατα φύσιν, — καὶ αὕτημὲν οἰκονομικὴ, ἥδε καπηλικὴ ποιητικὴ χρηματων, οὐ πάντως ἀλλ' ἡ διὰ χρημάτων μεταβολῆς.

24

déjà par l'intervention de l'argent comme équivalent immédiat des marchandises : c'est déjà la chrématistique, mais la chrématistique dans l'enfance ; une chrématistique toute autre que ce qu'elle sera plus tard, lorsqu'elle sera devenue plus compliquée, plus artificieuse, avec un caractère de plus en plus mercantile : τὸ καπηλικον — εἶδος τῆς Χρηματιστικῆς τὸ μὲν πρῶτον ἁπλῶς ἴσως γινόμενον, εἶτα δὶ ἐμπειρίας ἤδη τεχνικοτερον. — Son but à partir de ce dernier moment n'est plus la satisfaction légitime et nécessaire des besoins : § 13. εἰς αναπλήρωσιν τῆς κατὰ φύσιν αὐταρκείας ἦν ; mais exclusivement l'accumulation du gain : § 15 aa *finem.* ποθεν καὶ πῶς μεταβαλλόμενον πλεῖστον ποιήσει κέρδος. L'entreprise mercantile — mercatura — καπηλικη Χρηματιστικη se sépare alors de la καπηλικη simple, du commerce qui vise simplement à procurer les objets nécessaires : § 11 *ad finem.* Ἔστι γὰρ ἡ μεταβλητικὴ πάντων, ἀρξαμένη τὸ μὲν πρῶτον ἐκ τοῦ κατα φυσιν, τῷ τάμεν πλείω, τὰ δὲ ἐλάττω τῶν ἱκανῶν ἔχειν τοὺς ἀνθρωπους : § 12. Ἡ καὶ δῆλον ὅτι οὐκ ἐστι φύσει τῆς Χρηματιστικῆς ἡ καπηλικη. Ὅσον γὰρ ἱκανὸν αὐτοῖς, ἀναγκαῖον ἦν ποιεῖσθαι τὴν αλλαγην.

La καπηλικη simple se séparant nettement de la Χρηματιστικη rentre dans l'économique (οικονομικη) : chap. iii (8), §§ 1 et 2 : Ὅτι μὲν οὖν οὐχ ἡ αὐτὴ ἡ οἰκονομικὴ τῇ Χρηματιστικη, δηλον ; et § 8, l. 44 : Ἐν μὲν οὖν εἶδος κτητικῆς κατα φύσιν, — τῆς οἰκονομικῆς μέρος εστίν. ; elle fait partie intégrante de l'économique, de l'art de tenir une maison qui n'est que l'art de vivre, de se procurer les choses indispensables ou utiles à la vie et de s'en servir conformément à la nature (1). En dépit d'un ou deux passages qui sembleraient indiquer le contraire (2), l'économique emporte bien pour Aristote, outre le soin de l'administration et la surveillance du bon usage, — l'acquisition des

---

(1) Ch. 3, § 2, l. 36. τις γὰρ ἔσται ἡ χρησομένη τοῖς κατὰ τὴν οἰκίαν παρὰ τὴν οικονομικήν ; — § 8, l. 44. Ἐν μεν οὖν εἶδος κτητικη; κατὰ φύσιν — τῆς οἰκονομιεη; μέρος ἐστίν. ὃ δεῖ ἤτοι ὑπάρχειν ἢ πορίζειν αὐτὴν ὅπως ὑπαρχη ὧν ἐστι θησαυρισμὸς χρημάτων πρὸς ζωὴν αναγκαίων καὶ χρησίμων εἰς κοινωνιαν πόλεως ἢ οἰκιας. — Ce dernier passage très difficile a donné lieu à bien des interprétations. V. Newman : Politics of Aristotle, t. II, p. 178, note 26. Il me paraît évident malgré l'autorité de savants illustres qu'il faut rattacher κατα φυσιν à κτητικης : dans la mesure où l'acquisition des richesses reste conforme à la nature, dans cette même mesure elle fait partie de l'οικονομικη proprement dite.

(2) Ch. III, § 2, l. 36. τῆς μεν [χρημα ιστικη;] γὰρ τὸ πορισασθαι, τῆς δὲ (οικονομικης) τὸ χρησασθαι : τίς γὰρ ἔσται ἡ χρησομένη τοῖς κατὰ τὴν οἰκιάν — παρά τὴν οικονομικήν.

choses nécessaires. Comme le dit le § 8, l. 44, cette espèce d'acquisition des richesses qui a pour but de se procurer les objets susceptibles
de réserve et d'accumulation nécessaires ou utiles, ou de s'assurer les
moyens de se procurer ces mêmes objets, est une partie, une branche
de l'économique. Et l'économique, avec son minimum de commerce,
sa καπηλικη χρηματιστικη réduite à l'échange des choses vraiment nécessaires aux besoins de la maison et de la cité, se distingue aussi nettement que possible de la χρηματιστικη proprement dite. Elles diffèrent
entre elles par leur domaine propre et leur but dernier. Le but de la
chrémastitique (production capitaliste) est l'accumulation sans fin des
richesses : § 2, l. 39. Εἰ γὰρ ἐστι τοῦ χρηματιστικου θεωρῆσαι πόθεν χρήματα
καὶ κτῆσις εσται... § 10, l. 5 : ἐστι δὲ γένος ἄλλο κτητικῆς ἣν μάλιστα καλοῦσι
καὶ δίκαιον αὐτὸ καλεῖν χρηματιστικήν, δι' ἣν οὐδὲν δοκεῖ πέρας εἶναι
πλούτου καὶ κτήσεως.

Le but de l'économique est la satisfaction des besoins vrais de la famille
et de la cité. Or les besoins ne sont pas sans limite et de même conséquemment : § 9. Ἡ γὰρ τῆς τοιαύτης κτήσεως αὐταρκεια πρὸς ἀγαθὴν ζωὴν
οὐκ ἄπειρός ἐστιν... οὐδὲν γὰρ ὄργανον ἄπειρον οὐδεμίας ἐστὶ τέχνης οὔτε πλήθει
οὔτε μεγεθει, ὁδὲ πλοῦτος ὀργάνων πλῆθος ἐστι οἰκονομικῶν καὶ πολιτικῶν...
les objets propres à les satisfaire, les moyens de les satisfaire
(οργανα) ne sont pas plus sans limite que ces besoins eux-mêmes.
La richesse d'une société n'est que la somme des objets propres à satisfaire ces besoins; la science ou l'art employé à se les procurer est
donc tout aussi limité dans son objet que n'importe quel autre art :
§ 9. Κεῖται [πλούτου] τερμα γὰρ ὥσπερ καὶ ταῖς ἄλλαις τέχναις.

Le domaine de l'économique est justement le domaine de la richesse
ainsi définie : la masse bornée des moyens propres à satisfaire les besoins bornés de la famille et de la cité : Esse igitur genus aliquod
artis possessionis augendæ naturæ congruens, quod pertineat ad oc-
conomos et ad reipublicæ administrandæ peritos et propter quam cau-
sum apparet. Cette richesse est la vraie richesse : § 9. Καὶ ἐοικεν
ὅγε ἀληθινὸς πλοῦτος ἐκ τούτων εἶναι. — Le domaine de la chrématistique
au contraire est celui de la valeur monnayée : § 15, l. 4. Διὸ δοκεῖ ἡ
χρηματιστικὴ μάλιστα περὶ τὸ νομισμα εἶναι ; et la richesse se confond pour
elle avec l'accumulation d'argent et de monnaie : § 16, l. 8 ; § 17, l. 17,
l. 23 : § 17. Διὸ ζητοῦσιν ετερόν τι τὸν πλοῦτον καὶ τὴν χρηματιστικήν,
ὀρθῶς ζητοῦντες. Ἐστι γὰρ ἑτερα ἡ χρηματιστικη καὶ ὁ πλοῦτος ὁ κατὰ φύσιν,
— καὶ αὕτη μεν οἰκονομικη, ἡ δὲ καπηλικὴ ποιητικὴ χρημάτων διὰ χρημάτων
μεταβολῆς. Certains, non sans une apparence de raison, voient dans la
monnaie une invention des hommes pour faciliter les échanges : § 14,

quelque chose d'artificiel, sans réalité propre, n'ayant de consistance que celle qu'elle tient de la volonté de la loi, pouvant tomber du jour au lendemain, par le seul fait du changement de volonté du législateur, au rôle de chose absolument sans valeur (1). Avec les richesses monnayées les plus grandes, on peut manquer de la nourriture nécessaire ; et ne serait-il donc pas insensé de réputer richesse justement cela qui en quantité indéfinie ne saurait empêcher de mourir de faim : § 16 ?

Il en résulte que comme la richesse qui fait l'objet de la chrématistique est une fausse richesse, la chrématistique elle-même est quelque chose d'artificiel, une certaine pratique et rien de plus (ἐμπειρια), qui n'a pas sa racine dans la nature, étant en dehors de la nature, contre la nature ; οὐ φυσει, παρ' φυσει : ch. III, § 10, l. 10 : Εστι δ' ἡ μεν φυσει †δ' ου φυσει αυτων, ἀλλ' δί ἐμπειρίας τινὸς καὶ τέχνης γινεται μᾶλλον. § 15. θάτερον εἶδος τῆς Χρηματιστικῆς ἐγένετο, τὸ καπηλικόν, τὸ μὲν πρῶτον ἁπλῶς ἴσως γινόμενον, εἶτα δί ἐμπειρίας ἤδη τέχνι κώτερον, πόθεν καὶ πῶς μεταβαλλόμενον πλεῖστον ποιήσει κερδος.

On ne saurait donc pas ne pas distinguer quant à leur objet et à leur légimité l'économique proprement dite emportant l'acquisition et l'échange des véritables richesses, en nombre limité, et la chrématistique ou la production mercantile ayant pour but l'accumulation illimitée de l'argent. La première est dans la nature, la seconde contre la nature. La première, légitime, nécessaire, louable se confond avec la faculté d'acquisition des richesses que la nature a dû départir à tous les êtres créés : § 23, l. 30. Διὸ κατὰ φύσιν ἐστὶν ἡ Χρηματιστικὴ πᾶσιν ἀπο τῶν καρπων καὶ τῶν ζῴων, dont il faut rapprocher chap. III, § 6, l. 24. Ἡ μὲν οὖν τοιάυτη κτῆσις ὑπ' αὐτῆς φαινεται τῆς φύσεως διδομένη πᾶσιν, et ch. II, § 4 : ὕυτω καὶ τὸ κτημα οργανον πρὸς ζωήν εστι καὶ ἡ κτῆσις πλῆθος οργανων ἐστι. La seconde, la chrématistique proprement dite, est cette même faculté d'acquisition sortie de ses justes limites, détournée de son but propre, devenue un mercantilisme *blâmable* : § 23. [Χρηματιστικῆς] διπλῆς δ' ὀύσης ἀυτῆς, καὶ τῆς μεν καπηλικῆς, τῆς δ' οἰκονο-

---

(1) § 17. ὅτι παλιν λῆρος εἶναι δοκεῖ τὸ νόμισμα καὶ νόμος παντπαςl, φυσει δ οὐθὲν, ὅτι μεταθεμίνων τε τῶν χρωμένων, — ἐυθενὸς ἄξι ν ἐυδὲ χρησιμον πρὸς οὐδὲν τῶν ἀναγκαίων ἐστι. De même Eth. Nic. V, 5, 1133ᵃ 30. Καὶ διὰ τοῦτο τοῦνομα ἔχει νόμισμα, ὅτι ου φύσει ἀλλὰ νόμῳ ἐστι, καὶ ἐφ' ἡμῖν μεταβαλεῖν καὶ ποιησαι ἄχρηστον : atque is hanc ob causam νόμισμα dicitur, a legis (νομου) vocabulo quià non natura sed lege, estque penè nos eum mutare inutilem reddere. — Cf. Magna Moralia, I, 34 : 1194ᵃ 21-23.

μικῆς καὶ ταύτης μὲν ἀναγκαίας καὶ ἐπαινουμένης, — τῆς δὲ μεταβλητικῆς ψεγομένης δικαίως.

Pourquoi blâmable? Par cela même qu'elle va contre la nature. La nature ne poursuit que la satisfaction de ses besoins. Son but est atteint dès qu'elle a ce qu'il faut de moyens pour les satisfaire « οργανα προς ζωήν », une mesure suffisante de « πλουτος κατα φυσίν ». Ce qui caractérise la chrématistique c'est justement qu'elle a perdu de vue ce but obligé de toute accumulation : la satisfaction des besoins, pour ne voir que l'accumulation même, ou mieux encore non pas l'accumulation des véritables richesses mais de ce qui les représente : l'argent ; et c'est qu'elle ne connaît dans cette accumulation aucune limite : ch. III, § 16, l. 25. Καὶ ἄπειρος δὴ οὗτος ὁ πλοῦτος ὁ ἀπὸ ταύτης χρηματιστικῆς... § 18, l. 32. Τῆς δ' οἰκονομικῆς, ου χρηματιστικῆς ἐστι πέρας.

La chrématistique est un art comme un autre ; et l'art quel qu'il soit poursuit indéfiniment son objet : le médecin en tant que médecin tend sans fin à faire des cures ; et de même tous les autres arts : § 17, l. 26 (1). Mais pour atteindre ce but que l'art poursuit sans cesse, les moyens nécessaires n'ont pas besoin d'être en nombre illimité ; il ne faut jamais de moyens qu'une quantité donnée : § 17. Τῶν δε πρὸς τὸ τέλος — οὐκ εἰς ἄπειρον. Le but atteint, en effet, c'est la fin de l'effort et les moyens inemployés rendus inutiles : πέρας γὰρ τὸ τέλος πάσαις. — Or pour ce qui est de la chrématistique justement les moyens ici ne se distinguent pas du but poursuivi. Quel est le but? l'argent. Les moyens? l'argent. Il arrive alors que, but et moyens se confondant, la chrématistique poursuit son but sans fin. Ibidem : οὕτω καὶ ταύτης τῆς χρηματιστικῆς οὐκ ἔστι τοῦ τέλους πέρας. La fin de la chrématistique est justement l'argent, l'accumulation de l'argent en tant que tel, abstraction faite de tout but ultérieur (2).

La richesse étant un moyen, l'accumulation de la richesse devrait avoir une limite ; et, justement, l'expérience démontre qu'elle n'en a pas. Tous ceux qui pratiquent la chrématistique convoitent sans fin l'argent : § 18, l. 36.

La richesse qui relève de l'économique et celle qui relève de la chrématistique ne se distinguent pas extérieurement ni par leur usage

---

(1) § 17, l. 26.

(2) Ibidem : Τέλος [τῆς χρηματιστικῆς] ὁ τοιοῦτος πλοῦτος καὶ χρημάτων κτῆσις. § 18. Τῆς δ' οἰκονομικῆς, ου χρηματιστικῆς ἐστι πέρας : οὐ γαρ τουτο (ὁ τοιοῦτος πλουτος) τῆς οἰκονομικῆς ἔργον.

immédiat : § 18, l. 39. Τῆς γὰρ αὐτῆς ἐστι χρήσεως κτῆσις ἀλλ' οὐ κατα ταὐτὸν, ἀλλὰ τῆς μὲν ἕτερον τέλος, τῆς δ' ἡ αὔξησις. C'est une même χρήσις de la possession ici et là ; mais cet usage n'a pas le même but dernier : dans la *chrématistique* on se sert de l'argent pour en gagner d'autre (αὔξησις), dans l'*économique* on s'en sert pour la satisfaction légitime des besoins. Mais il arrive alors qu'on oublie ce but dernier qui les distingue et qu'on passe, sans s'en rendre compte, d'un usage à l'autre, de l'usage de l'argent dans la chrématistique à son usage dans l'économique; on les brouille, on les confond : § 18, l. 37. Ἐπαλλάτει γὰρ ἡ χρῆσις του αὐτου, οὖσα εκατερα [ς] τῆς χρηματιστικης (1). L'une et l'autre des deux espèces de chrématistique : la chrématistique légitime qui rentre dans l'économique et la chrématistique proprement dite usent également du même objet : χρῆσις τοῦ αὐτοῦ — οὖσα εκατερὰς τῆς χρηματιστικῆς mais non dans le même but et de la même façon ; selon qu'il s'agit de l'une ou de l'autre le but change : ἐπαλλάτει γὰρ ἡ χρῆσις τοῦ αὐτοῦ.

Il en résulte qu'il y a rien de plus facile que de perdre de vue la différence essentielle existant entre les deux usages et de passer constamment de l'un à l'autre ; le fait, la pratique contredit constamment la théorie et le droit : § 18 (2). Constamment les deux branches de la

---

(1) J'adopte la leçon que Sepulveda paraît avoir trouvée dans quelques manuscrits : V. *Newmann*, Politics of Aristotle, t. II, notes critiques, p. 73 et p. 101, note 38. — 3 manuscrits de la Vetus Interpretatio (b g h) ont *utrique* pecuniativœ, et εκατέρας est la lecture suivie dans sa traduction par Léonard Aretin : Variatur enim usus ejusdem existens — utriusque acquisitionis ; ejusdem enim est usus acquisitio, sed non secundum idem. — Avec l'autre leçon : ἐπαλλάτει γάρ ἡ χρῆσις τοῦ αὐτοῦ οὖσα ἐκατέρα τῆς χρηματιστικῆς, etc..., on arrive du reste à un sens sensiblement le même. Il faut alors comprendre ainsi : qu'on se serve de la chose pour un but ou pour l'autre, on ne sort pas à proprement parler de la chrématistique : εκατερα [χρῆσις] σα οὐ χρηματιστικῆς, on reste dans le même genre ; le tort qu'on a c'est de pas tenir compte, comme il convient, de la différence spécifique, trompé qu'on est par l'identité de genre. — Didot traduit : alternat enim ejusdem rei usus, quum sit utriusque artionis ad pecuniam pertinentis. La traduction de Bâle de 1563, traduit plus nettement : omnes enim sine modo opes augent et pecunias. In causa est earum vicinitas quoniam *alterius usus in alteram transfertur* ; cum in eodem numo utraque pecuniæ quærendæ ratio versetur. Est enim ejusdem usùs pos essio, sed non eàdem ratione.

(2) Διὸ τημεν φαίνεται ἀναγκαῖον εἶναι παντὸς πλούτου πέρας, ἐπὶ δὲ τῶν γενο ενων ὁρῶμεν συμβαῖνον τοὐναντίον.

chrématistique, l'économique et la chrématistique proprement dite sont prises l'une pour l'autre et leur domaine est confondu : § 18, l. 41 (1).

La question est de savoir si la nécessité apparente de la confusion fait disparaître ce qu'elle présente d'anormal? Cette confusion des deux chrématistiques n'est pas quelque chose que la raison puisse avouer. Elle est l'œuvre de l'instinct humain s'efforçant obscurément, d'une manière aveugle et incertaine vers la vie, ne distinguant pas entre le vivre et le bien vivre, entre les manifestations quelconques de la vie et celles d'une vie supérieure : § 19 (2). Ne connaissant pas la vie véritable et voulant éperdûment vivre, l'homme s'empare avidement de tout ce qu'il estime pouvoir lui aider à atteindre ce but : § 19, ligne 45 (3). Mais même ceux à qui n'est pas étrangère cette préoccupation du bien vivre cherchent souvent cette vie supérieure dans les jouissances matérielles. Or ces jouissances étant l'œuvre de la richesse, tout leur souci se concentre sur la chrématistique proprement dite; et l'autre espèce de chrématistique, l'économique, reste complètement négligée. La jouissance matérielle ne connaissant pas de borne, on recherche aussi sans fin l'acquisition des objets à la possession desquels elle est attachée : si la chrématistique n'y suffit pas, on tourne à ce but les facultés et les puissances de l'âme qui semblent y répugner le plus. Le courage, par exemple, a pour but l'audace et non le gain; l'art militaire et la médecine ont pour but, l'un la victoire, l'autre la santé. Et cependant les hommes font de ces arts des dépendances de la chrématistique, comme s'ils n'avaient d'autre but que le gain et qu'elles dussent naturellement tendre là : § 19, l. 46 et s. (4).

Cette chrématistique prend donc pour toutes les raisons susdites

---

(1) ὥστε δοκεῖ τισὶ τοῦτ' εἶναι τῆς οἰκονομικῆς ἔργον, καὶ διατελοῦσιν ἢ σώζειν οἰόμενοι δεῖν ἢ αὔξειν τὴν τοῦ νομίσματος οὐσίαν εἰς ἄπειρον.

(2) Αἴτιον δὲ ταύτης τῆς διαθέσεως τὸ σπουδάζειν περὶ τὸ ζῆν, ἀλλὰ μὴ τὸ εὖ ζῆν.

(3) Εἰς ἄπειρον οὖν ἐκείνης τῆς ἐπιθυμίας οὔσης, καὶ τῶν ποιητικῶν ἀπείρων ἐπιθυμοῦσιν.

(4) Quicumque autem etiam ad bene vivendum curam suam conferunt, quærunt unde suas cupiditates explere et voluptatibus corporis frui possint. Itaque quoniam hoc quoque in bonorum possessione inesse videtur, omnis eorum opera atque adeo tota ætas in pecuniâ quærendâ consumitur, et propter hanc causam altera pecuniæ quærendæ ratio introducta est. Nam quum fruendæ voluptatis nullus sit modus, rationem, quæ efficiat immoderationem voluptatum fruendarum, conquirunt. Quod si per artem pecuniæ quærendæ comparare non possunt, aliâ experiuntur viâ, unâquâque

une importance excessive, qui fait illusion sur sa véritable nature.
Mais pour ceux qui réfléchissent il n'y a pas de confusion possible.
Cette chrématistique reste au point de vue logique *non nécessaire*,
nettement distincte de l'économique qui, elle, est *nécessaire* et selon la
nature : § 20, l. 5 (1).

Mais logiquement illégitime, elle ne saurait ne pas être moralement
condamnable. Étant contre la nature, contre la nature rationelle, elle
est contre la morale et doit être dénoncée aux hommes comme un
mode d'activité qu'il faut fuir. L'homme étant un être raisonnable et
libre, susceptible de faire sa vie, il ne se peut pas que toutes les
grandes disciplines morales, philosophiques ou religieuses, acceptent
sans contrôle les résultats quelconques de l'activité économique et ne
distinguent pas entre les manifestations diverses de l'activité collective,
comme elles distinguent entre les manifestations de l'activité individuelle. Il n'y a de bon et de bien que ce qui est conforme à la nature ;
ce qui est contre la nature est mauvais. Ce n'est pas assez pour être
bonne qu'une chose soit plus ou moins répandue, qu'elle fasse pour
ainsi dire partie intégrante de l'économie d'une nation. Autre chose
est le point de vue du moraliste qui juge et classe et le point de vue
du savant également curieux de toutes les formes de la vie.

C'est une des grandes difficultés de la pensée d'Aristote que le philosophe passe ainsi constamment, sans nous prévenir, d'un point de
vue à l'autre ; et particulièrement pour la question qui nous occupe,
rien de plus instructif que l'examen attentif des contradictions apparentes qui en résultent dans la pensée de l'auteur.

Au ch. iv du l. i, § 2(§ 1258), nous trouvons tout un système de classification des diverses activités économiques. La *chrématistique qui se
rapproche le plus de la nature* a pour principales espèces : l'agriculture,
l'agriculture proprement dite et l'agriculture jointe à l'arboriculture,
enfin l'élevage de tous les animaux, même aquatiles et volatiles, qui
donnent lieu à une industrie de ressource. — Il y a ensuite l'*échange*

---

facultàte ad quæstum abutentes. Fortitudinis enim est non pecuniam confi-
cere, sed fiduciam gignere; neque artis imperatoriæ aut medicinæ : sed
illius quidem victoriam, hujus autem bonam valatudinem efficere. Homines
autem has omnes virtutes ac facultates cogunt questui servire suo, proinde
ac si hic sit finis, ad finem autem omnia referri oporteat.

(1) περὶ μὲν οὖν τῆς τε μὴ ἀναγκαίας χρηματιστικῆς, καὶ τίς, καὶ δι' αἰτίαν τίνα ἐν χρείᾳ
ἐσμὲν αὐτῆς, εἴρηται, καὶ περὶ τῆς ἀναγκαίας ὅτι ἑτέρα μὲν αὐτῆς οἰκονομικὴ δὲ κατὰ φύσιν
ἡ περὶ τὴν τροφήν, οὐχ ὥσπερ αὕτη ἄπειρος, ἀλλ' ἔχουσα ὅρον.

(μεταβλητικη) qui comprend avant tout le commerce, et cette branche du commerce comprend à son tour le grand commerce par mer, le grand commerce par terre, enfin le commerce de détail. — L'échange comprend en second lieu le *commerce de l'argent ;* en troisième lieu les *rapports d'employeur à salariés,* qui se présentent sous deux espèces : la première quand il s'agit de ceux qui s'adonnent aux arts manuels, la seconde lorsqu'il s'agit des hommes de peine, dont la force corporelle est seule utilisée. — La chrématistique comprend enfin une troisième espèce qui tient le milieu entre celles dont on vient de parler et la première; cette nouvelle espèce a quelque chose en effet de la chrématistique conforme à la nature (κατὰ φύσιν) et elle a quelque chose aussi de l'échange (μεταβλητικη) : elle a en effet pour objet la terre et les produits de la terre, et ces produits tout en ne portant pas de fruits ne laissent pas d'être utiles : dans cette catégorie rentrent par exemple l'industrie des bois et des métaux.

En résumé Aristote distingue trois grandes classes de manisfestations de l'activité économique : 1° la chrématistique κατα φυσιν ou Χρηματιστικη οικεια qui est agriculture ou élevage d'animaux domestiques quelconques (depuis les abeilles jusqu'aux poissons) : c'est elle qu'Aristote a déjà visée ch. III, § 22, 1. 22 : Διὸ κατὰ φύσιν ἐστὶν ἡ Χρηματιστικη πᾶσιν ἀπὸ τῶν καρπῶν καὶ τῶν ζώων; qui a pour objet de pourvoir à la nourriture et à l'entretien de l'homme et doit comprendre la culture, l'élevage, toutes les industries alimentaires. — 2° La Χρηματιστικη μεταβλητικη ou chrématistique de l'échange dont la branche principale est le commerce comprenant : a) le commerce de détail παραστασις ; b) le grand commerce de mer ; c) le grand commerce de terre ; qui a pour seconde branche le commerce de l'argent : l'*usure;* et pour troisième la *locatio conductio* du travail moyennant salaire (μισθαρνια), diverse suivant la catégorie diverse des ouvriers. — 3° Une troisième espèce de Χρηματιστικη, c'est celle qui tient le milieu entre la « Χρηματιστικη κατα φυσιν » ou « οικεια » et la « Χρηματιστικη μεταβλητικη » : comme la première elle a pour objet une prise de possession de la nature par l'homme, une appropriation de la terre et des choses de la terre. Mais les choses qu'elle s'approprie ne sont pas des choses fécondes, susceptibles de se reproduire et de se multiplier : ακαρπα, tout en étant utiles ; à cette troisième espèce de chrématistique appartiennent les industries extratives.

Cette classification des activités économiques, on le voit, est toute du point de vue pratique : la Χρηματιστικη μεταβλητικη figure à côté de la chrématistique proprement dite. L'usure même est nommément dési-

gnée comme une branche régulière de la chrématistique d'échange. Mais
cela ne prouve pas que le philosophe approuve également chacune de
ces branches d'activité ; c'est évidemment ailleurs qu'il faut chercher
son véritable sentiment sur chacune d'elles.

Cette Χρηματιστικη μεταβλητικη dont il analyse si froidement les espèces est au ch. 23 dénoncée comme quelque chose de justement
blâmable (ψεγομένης δικαίως). Au lieu de la considérer comme féconde,
comme accroissant la quantité de ressources à la disposition de
l'homme pour son entretien, on la proclame stérile. Elle ne tire pas
en effet du sein de la nature des richesses nouvelles ; par elle l'homme
ne vise qu'à dépouiller son semblable. Dès qu'elle n'a plus pour
objectif unique l'échange entre individus de choses de même valeur
qu'ils possèdent respectivement en plus et en moins : ch. iii, § 12.
Αὐτὰ γὰρ τὰ Χρησίμα πρὸς αὐτὰ καταλλάτονται ἐπὶ πλεονδ', οὐδέν (1), et
que l'objet de l'échange est, au contraire, le gain, la chrématistique n'est plus qu'une guerre de tous contre tous, l'art de se dépouiller réciproquement : οὐ γὰρ κατὰ φύσιν ἀλλ' ἀπ' ἀλλήλων εστιν =
non enim consentanea est sed in eâ alter ab altero lucrum aucupatur.

Cela posé, Aristote ne craint pas de dire que la branche la plus
haïssable de toutes celles dont la réunion constitue la chrématistique blâmable, c'est la seconde, l'usure : ch. iv, § 2. *Optimâ ratione
omnibus in odio est* ratio fœneratoria (ὀβολοστατικὴ) quòd ab ipso numo
quæstus fiat et non ad quam rem paratus est usurpetur. Permutationis enim gratiâ factus est : foenus autem eum auget, multiplicat :
quapropter maxima omnium quærendæ pecuniæ rationum abhorret
hæc a naturâ » (1). Par ὀβολοστατικὴ il faut évidemment entendre l'u-
sure en général, la petite usure et la grande, le prêt à la petite semaine
et les gros placements à intérêt, et non pas seulement l'usure à la
petite semaine, comme le voudrait *Buchsenschütz* (2).

Pourquoi est-elle déclarée la plus haïssable de toutes les branches
de la μεταβλητικη ? ce n'est pas par son essence générique qu'elle est
haïssable. Nous avons vu qu'il peut y avoir une chrématistique d'é-
change (μεταβλητικη) parfaitement légitime : toute chrématistique qui

---

(1) *Newmann*, Politics of Aristotle, comprend qu'il s'agit, par ces mots,
simplement d'exclure tout autre chose qu'un troc : les marchandises s'échangent contre des marchandises, jamais contre de l'argent. Il ne semble pas
que l'idée d'une autre interprétation se soit présentée à lui.

(2) Besitz und Erwerb, p. 501, note 7.

a pour objet l'échange de contreprestations strictement équivalentes
est légitime. C'est la non équivalence des contreprestations qui fait
l'échange blâmable. Si l'usure est la branche la plus blâmable de
toutes les branches de la chrématistique d'échange c'est que cette
non équivalence des prestations appaçaît là plus nettement qu'ailleurs
et constitue l'essence même du contrat, qu'elle est fondamentalement une exploitation contre nature de l'homme par l'homme : ch. iii,
§ 23. οὐ γὰρ κατὰ φύσιν ἀλλ' ἀπ' ἀλλήλων ἐστίν : ea pecuniæ quærendæ ratio, quæ cauponaria, quæ in permutatione numi consistit, non enim
naturæ consentanea est, sed in eâ alter ab altero lucrum aucupatur. »

D'autres passages expriment la même idée plus fortement encore.
Æconomica i, 2, 1343, l. 27 : « Facultatum vero ea cura prima est quæ
naturam sequitur. Naturæ autem ordine prior est agricultura, secun-
dumque locum obtinent quæcumque e terrâ proferunt aliquid, qualis
est metallorum ars, et si qua alia hujusmodi est. Maxime sane agricultura justa est, non enim pendet ab hominibus vel volentibus ut quorum sunt cauponæ et qui mercede operas dant, vel nolentibus qualis
tota res bellica est. Maxime præterea naturalis est. Naturaliter enim
a matre cunctis nutrimentum suppeditatur itaque et hominibus a
terrâ. »

Le sens du passage est celui-ci : La première branche d'acquisition
que nous voyons apparaître est évidemment celle qui est la plus conforme à la nature. Ce sera en premier lieu l'agriculture, puis les autres
branches qui tireront de la terre leurs produits : l'industrie des métaux
par exemple et les autres industries extractives. L'agriculture est de
toutes les industries la plus innocente et la plus conforme à la justice et à
l'équité : car ce ne sont pas les hommes qu'elle met à contribution que ce
soit de leur plein gré comme le font le commerce et les autres branches
d'industrie qui ont pour objet l'exploitation du travail salarié, ou
contre leur gré et en violentant leur volonté comme toutes les professions qui se rapprochent plus ou moins de l'art de la guerre; c'est la
mère commune, la terre que l'agriculture met à contribution ,cette
mère qui assure à tous les êtres la nourriture et forcément à l'homme
comme aux autres. Toutes les autres qui mettent *l'homme* à contribution, qui tirent de lui leur profit : le commerce, l'industrie basée sur le
travail salarié sont plus ou moins entachées d'injustice : seule l'agriculture est innocente. — De même dans sa Rhétorique L. ii, ch. iv,
1381 § 81 (1) Aristote, traitant la question de savoir quels sont ceux

______

(1) Porro eos amant, qui propensi sunt ad alios pecuniâ adjuvandos vel ad

qui se font aimer, place au premier rang les individus qui ne vivent pas des autres, qui vivent de leur propre travail et avant tous ceux qui vivent de l'agriculture ou qui font eux-mêmes œuvre de leurs mains. De ceux-là on ne saurait dire qu'ils vivent des autres ni les uns des autres. — Ces deux derniers textes précisent le sens qu'il convient de donner à la définition de la μεταβλητικὴ χρηματιστικὴ comme l'art de ceux qui prétendent vivre des autres et les uns des autres : οὐ γὰρ κατὰ φύσιν ἀλλ' ἀπ' ἀλλήλων ἐστίν.

Or c'est justement ce que plus qu'aucun autre font les usuriers : en quoi consiste en effet leur industrie ?

En ceci : l'argent est la commune mesure des choses ; argent ou marchandise c'est tout un ; le prix des choses c'est-à-dire la quantité de monnaie correspondante à chaque objet est indépendant des fantaisies individuelles : ch. III, § 23. Donner de l'argent, c'est donner des marchandises. Or la valeur d'une marchandise, toutes choses restant égales sur le marché, ne change pas.

Comment donc l'équivalent d'une certaine quantité de marchandises, une somme d'argent deviendrait-elle autre qu'elle-même ? serait-elle susceptible d'accroissement ? ὁδὲ τόκος αὐτὸ [νόμισμα] ποιεῖ πλέον. Par quelle fécondité mystérieuse l'argent enfante-t-il l'argent ? « διὰ τὸ ἀπ' αὐτοῦ νομίσματος εἶναι τὴν κτῆσιν ». L'argent n'est pas fécond de nature ; il n'y a pas en lui de force et de fécondité naturelle, que l'homme puisse s'approprier. Le surplus qui vient au prêteur ne peut lui venir que de l'exploitation de l'homme ; il faut qu'un élément personnel intervienne. Cet élément personnel ne peut être que la force de production de l'homme confisquée par l'homme et donnant à l'argent une apparence de productivité qu'il n'a pas.

L'analyse d'Aristote aboutissait donc à distinguer deux sortes d'activités économiques : l'une légitime ayant pour résultat un véritable accroissement des richesses, l'appropriation croissante par l'homme des forces multiplicatives de la nature, l'adaptation de plus en plus complète des objets inanimés à ses besoins ; l'autre n'accroissant pas d'une unité les commodités mises à la disposition de l'homme et con

---

eorum salutem defendendam ; quare liberales et fortes viri in honore sunt, itemque justi. Tales autem putant eos qui non ex aliorum opibus victum sibi *parant, cujusmodi sunt operarii, et* ex his qui agros colunt et ex reliquis maxime qui ipsi laborem subeunt.

sistant pour l'individu à faire passer la possession de ces biens des mains de son semblable dans les siennes. L'usure, pour Aristote, est blâmable parce qu'elle rentre justement dans cette dernière chrématistique vivant de l'exploitation de l'homme et dirigée vers l'accumulation sans fin de l'argent.

Le mérite de l'analyse de Marx, venu en pleine période capitalistique, c'est d'avoir mis en lumière, mieux qu'on n'avait fait avant lui et qu'Aristote lui-même, les conditions de cet exploitation de l'homme par l'homme. Aristote s'était contenté de noter parmi les branches d'acquisition illégitimes d'une part *l'usure* et de l'autre les « αἱ κτήσεως ἐπιμελειαι μισθαρνικαι ». Marx a montré dans quels rapports exacts se trouvaient l'un vis-à-vis de l'autre 'l'usure et les « ἐπιμελειαι μισθαρνικαί ». Dans l'ordre de production capitalistique c'est l'emploi du salarié qui est la grande source d'acquisition ; c'est elle qui occupe le premier rang, se subordonnant le commerce et le commerce de l'argent. L'usure, la promesse de l'intérêt, est essentiellement le moyen pour l'entrepreneur capitaliste de faire mettre à sa disposition l'argent avec lequel il achètera la force de travail. Le prêteur et l'emprunteur capitaliste sont des associés ; le prêteur met à même l'emprunteur de gagner beaucoup d'argent. Malheureusement ces associés, qui s'entendent si bien, sont de leur vrai nom des complices, l'un aidant l'autre à dépouiller le malheureux salarié. Marx a d'une manière définitive systématisé tout cela. — Dans un seul cas l'on pourrait, à la rigueur, parler d'une réelle productivité de l'argent : celui où l'argent prêté est employé à l'acquisition d'agents doués d'un pouvoir naturel de reproduction, de multiplication dont l'emprunteur s'approprie les fruits. Il est dans ce cas, grâce à cet argent, fait œuvre *d'économique proprement dite*. Mais s'il arrive alors que le prêteur reçoive de l'emprunteur une part des produits, la part qui lui revient n'est pas un intérêt proprement dit, une *usura ;* il n'y a pas contrat de prêt, il y a association, contrat de société : l'apport de l'emprunteur c'est son travail, condition première de l'appropriation du pouvoir de multiplication des forces naturelles (végétaux et animaux), le prêteur en réalité ne fait que mettre à la disposition de l'emprunteur des forces naturelles dont il conserve la propriété par devers soi. — Quant à ce que nous appelons prêt de consommation, il semble bien que, pour Aristote comme pour Marx, ce prêt ne compte pas ou tienne une place tout à fait secondaire. Ce prêt est le propre des sociétés conservatrices fortement organisées, où le prêt de production est inconnu, tout comme la production capitalisţique elle-même. L'individu consomme plus que ses revenus, il emprunte à ceux qui consomment moins. Ceux-ci en profitent pour le rançonner le plus possible. Ce n'est évidemment qu'un accident susceptible d'apporter le trouble à la surface de la société seulement, un désordre et une injustice individuelle sans conséquence par elle-même. Dans quelle catégorie d'activité économique, légitime ou illégitime, faut-il au reste ranger cette pratique d'argent? Évidemment dans l'espèce illégitime, puisqu'ici il ne saurait être question ici même de fécondité apparente de l'argent. L'argent consommé, c'est-à-dire les marchandises ou les jouissances qu'il a servi à se procurer, il ne reste rien. La condamnation du prêt de consommation comme de tout autre prêt sort donc, pour Aristote, de sa théorie générale de l'activité économique, comme une proposition particulière d'une proposition générale.

Ce qui caractérise la doctrine de l'Église et des Scholastiques c'est qu'en raison des conditions économiques de la société à cette époque, ils n'ont pas su s'assimiler dans son sens et sa portée générale la doctrine d'Aristote; et que, tout en subissant à leur insu l'influence de la doctrine du maître et s'en laissant pénétrer, ils lui ont lui communiqué je ne sais quoi d'étroit et d'imparfait. C'est de cela qu'il faut se rendre compte si l'on veut comprendre à fond la doctrine de l'Église et ses véritables rapports avec l'Aristotélisme économique.

Les faits sociaux qui ont amené cette déformation sont : 1° l'absence de salariés; et 2° l'absence de *prêts de production:* c'est-à-dire les deux conditions fondamentales de la production capitaliste. Le Moyen-Age ne connaît pas de classe de *salariés;* à des titres divers, le producteur et l'instrument de travail sont toujours étroitement unis; la masse vit pauvrement, petitement, mais elle est sûre de vivre, toujours à même d'exercer son industrie. Et du coup c'était tout ce qui a trait, dans Aristote, aux « αἱ ἐπιμέλειαι μισθαρνικαί » qui devenait lettre morte pour les savants et les théoriciens. En même temps, la source de la productivité du capital était tarie; n'y a yant pas de salariés, il ne pouvait y avoir appropriation de plus-value, emprunts de production, intérêts lucratoires enfin. — Restait le prêt de consommation qu'il fallait comprendre et juger moralement.

Comment s'y prendre? La théorie générale d'Aristote sur les deux sortes d'activité économique, on la perdait, pour les raisons que j'ai dites, fatalement de vue. Ce qui en ressortait explicitement c'était en effet surtout la condamnation du prêt de production, de l'usure considérée comme une conséquence et un résultat immédiat de la production capitaliste « αἱ ἐπιμελέται μισθαρνιται. ». Il fallait adapter la doctrine aux conditions économiques nouvelles. — On y parvint en lui faisant perdre de son caractère de généralité économique pour lui donner un tour plus particulièrement juridique. Si l'économie grecque, qui avait donné lieu aux généralisations aristotéliques, était bien loin disparue dans le passé, il n'en était pas de même du droit romain. Le droit canon héritait de son esprit et de ses concepts; dans l'ordre des hautes généralités et de la spéculation pure rien ne semblait être au-dessus. Il fallait donc essayer de formuler de ce point de vue toute une théorie du prêt de consommation, dont les principaux éléments furent empruntés au Corpus juris civilis.

Le texte fondamental sur la matière de l'usure au Moyen-Age est le texte de Saint-Thomas (1). C'est tout simplement et dans son entier la doctrine du droit romain sur le mutuum que nous y trouvons exposée. La doctrine romaine veut que le commodat et le mutuum fassent partie d'une même catégorie des contrats de bienfaisance. « Il y a deux manières de prêter, dit excellemment Domat (2), le prêt à usage et le *mutuum*, et toutes les deux ont leur origine, comme les autres conventions, dans l'ordre de la société; et elles y sont naturelles et essentielles. Car il est de cet ordre où les hommes sont liés par l'amour mutuel et où chacun a pour règle de l'amour qu'il doit aux autres celui qu'il a pour soi, qu'il y ait des manières dont ils puissent s'aider gratuitement et des choses et de leurs personnes. » M. Accarias enseigne de son côté (§ 580 et § 593), « que le *mutuum* et le commodat sont des contrats essentiellement gratuits. Chaque fois, dit-il, que l'usage de la chose, dans le commodat est ou doit être rémunéré par une prestation quelconque, l'opération, de quelque nom qu'on l'ait appelée, se trouve constituée en un louage ou en un contrat innommé (Inst. 2. Quib mod. re contr. — § 2 De loc. III, 24 ». Ce qui fait l'essence du contrat c'est donc le but dernier, la pensée de bienfaisance qu'il réalise. — Pour appartenir de ce point de vue à un même genre, le commodat et le *mutuum* ne laissent pas, au reste, de présenter les différences les plus grandes que semblent avoir pris à tâche de ras-

---

(1) Somme : 2ª 2ᵅ quœstio 78, Art. I, conclusio; un texte qu'il faut connaître.

(2) *Lois civiles*, L. I, t. VI.

sembler les Instituts de Justinien : L. III, t. XIV, § 2: Quibus modis re contrahitur obligatio. Il est expliqué là que, dans le commodat, la chose prêtée reste toujours la chose du bailleur. Conséquemment, les risques aussi restent à sa charge, sauf faute ou négligence de la part du preneur. Dans le *mutuum*, au contraire, le contrat réalise toujours transfert de propriété du prêteur à l'emprunteur; la chose prêtée devient celle de ce dernier, et les risques aussi retombent à sa charge : « et is quidem qui mutuum accepit, si quolibet fortuito casu amiserit quod accepit, veluti incendio, ruinâ, naufragio, aut latronum hostiumve incursu, nihilominus obligatus permanet. »

La raison de ces différences gît dans la nature différente des choses pouvant faire l'objet de l'un et l'autre contrat. Il n'y a *mutuum* que des choses qui se pèsent, se comptent, se mesurent, comme le vin, l'huile, le froment, la monnaie, qui ne peuvent être utilisées qu'à la condition d'être consommées, de disparaître, et n'obligent l'emprunteur qu'à la restitution d'objets du même *genre*, de même qualité et de même quantité.

Le commodat a, au contraire, toujours pour objet une chose non « fongible », qui survit à son utilisation et qui peut conséquemment rester sans inconvénient la propriété du bailleur; tandis que l'emprunteur en a la jouissance.

Il résulte de cette situation du droit de propriété dans le commodat que, pour transformer le contrat en contrat de location, il suffit que, de la part du bailleur, une pensée de gain se substitue à la pensée de bienfaisance, sur laquelle le commodat roule. « Commodata autem res tunc proprie intelligitur, si nullâ mercede acceptâ vel constitutâ, res tibi utenda data est; alloquin mercede interveniente *locatus* tibi usus rei videtur : gratuitum enim debet esse commodatum. »

En est-il de même pour le *mutuum?* voilà la question qui nous regarde. Les textes nous répondent non. Pareille transformation du contrat n'est pas possible avec les choses qui se consomment par l'usage; où, par conséquent, la propriété et l'usufruit ne sauraient être en des mains différentes. Puisque aussitôt le contrat formé la propriété passe à l'emprunteur, comment ce dernier paierait-il un loyer pour l'usage d'une chose devenue sienne? Cela est absolument inconcevable. Là est pour la Scholastique le nœud de toute la question de la légitimité de l'intérêt.

L'argent est une chose fongible. Quel est, en effet, son rôle, son *usage essentiel?* de s'échanger contre la marchandise. Dès qu'il a fait cela, il n'est plus : mais, pour jouer son rôle propre au profit de l'emprunteur, il faut évidemment qu'il soit devenu sa propriété. La propriété suit donc l'usufruit pour tous ceux entre les mains desquels il passe. Et voilà pourquoi il ne saurait y avoir de *loyer* de l'argent, d'intérêt légitime. C'est ainsi que Saint-Thomas pose et résout la question. Tout d'abord il formule le principe général : « quœdam res sunt quarum usus est rerum consumptio, sicut vinum consumimus eo utendo ad potum et trititicum consumimus ad cibum ». — Puis la conséquence : « Unde in talibus non debet seorsum computari usus rei a re ipsâ, sed cuicumque conceditur usus, ex hoc ipso conceditur res. — Et propter hoc in talibus per mutuum transfertur dominium... — Si quis ergó seorsum vellet vendere *vinum* et vellet seorsum vendere *usum vini*, venderet eam rem bis vel *venderet id quod non est*. Pecunia autem secundum Philosophum in 5 Ethicorum et in primo Politiœ, principaliter est inventa ad commutationes faciendas. Et ita *proprius et principalis pecuniœ usus* est ipsius consumptio sive distractio. — Et propter hoc secundum se illicitum est pro usu pecuniœ mutuatœ accipere pretium quod dicitur *usura*. — Quœdam veró sunt quorum usus non est ipsa rei consumptio, sicut usus domûs est inhabitatio. Et ideó in talibus seorsum potest utrumque concedi, puta cum aliquis tradit alteri dominium domûs, reservato sibi usu ad aliquod tempus : vel e converso cum quis concedit alicui usum domûs, — reservato sibi ejus dominio. — Et propter hoc licitè homo potest accipere pretium *pro usu domûs* et proter hoc petere domum accomodatum, sicut patet in conductione et locatione domûs. »

Ainsi donc les choses fongibles ne pouvant faire l'objet d'un contrat de commodat ni d'un contrat de location, le prêt d'argent ne peut porter d'intérêt légitime.

L'argumentation de Saint-Thomas et des scholastiques, qu'ils s'imaginaient être celle d'Aristote, était, en réalité, celle du droit romain. Et elle était tout à fait pertinente aux besoins de l'époque et à l'état de l'économie du moment. Le prêt de consommation était seul connu, il suffisait de démontrer l'illégitimité de l'intérêt dans ce cas, pour aboutir à une condamnation générale de l'usure, qui satisfaisait pleinement au but de l'Église ; et on pouvait sans inconvénient laisser tomber la théorie générale d'Aristote sur les différentes sortes d'activité économique. Mais la société se modifiant, l'économie devenant capitaliste, et l'argent se présentant non plus comme simple instrument d'échange, mais comme moyen d'achat normal du travail productif, toutes choses semblent remises en question.

Ce qu'on appelle la fécondité du capital, la faculté qu'il a de se reproduire en s'accroissant ne l'enlève-t-il pas justement à la classe des
choses consumptibles ou « fongibles », non susceptibles de faire l'objet d'un contrat de location? Ce capital, sûr de se reproduire, semble
bien avoir une individualité propre, être un objet certain dont le propriétaire peut céder l'usage en se réservant la nue propriété; pour
lequel, conséquemment, il peut demander un légitime prix de location. Les catégories du droit romain sur la matière, qui sont celles
des scholastiques, ne trouvent plus emploi; et c'est toute une nouvelle théorie de l'usure à élaborer par l'Église et les successeurs de
saint Thomas.

Cette élaboration d'un système nouveau en harmonie avec le temps
présent est loin d'être terminée. Il n'est pas impossible, cependant,
d'en saisir par ci par là les premiers linéaments.

Les points lumineux de la question, mis hors de contestation par
l'analyse aristotélique reprise et complétée par Marx, — c'est tout
d'abord que cette prétendue fécondité de l'argent n'est que *l'appropriation injuste* de la fécondité véritable, celle du travail s'appliquant
aux agents doués d'un pouvoir naturel d'accroissement. La fécondité
de l'argent dépend de ce que Aristote appelle les « αἱ ἐπιμέλειαι
μισθαρνικαί », les rapports de salariés à employeur; et de la pratique
commerciale, considérée comme le moyen de retirer d'un produit le
plus possible, sans souci de sa valeur véritable. Il ne faut pas perdre
de vue la phrase décisive que nous avons déjà citée : Ἡδὲ γεωργικὴ
μάλιστα ὅτι δικαία. Οὐ γὰρ ἀπ' ἀνθρώπων οὐδ' ἑκόντων ὥσπερ καπηλεία καὶ αἱ
μισθαρνικαὶ οὔτε ἀκόντων ὥσπερ αἱ πολεμικαί. Le philosophe ne craint pas
de mettre sur la même ligne l'emploi des salariés, le commerce et
l'exercice des professions qui ont pour objet la guerre ouverte et
l'hostilité contre l'homme, comme le métier de pirate ou de brigand. L'argent est fructueux, parce que, comme le brigand, il dépouille l'homme.

C'est ensuite que le prêteur en prenant sa part des fruits de cet argent se fait le complice de l'entrepreneur, et rien de plus. — Un troisième point c'est qu'on ne peut parler de fécondité de l'argent, de fécondité avouable et bonne, — qu'au cas où l'argent est employé à s'assurer l'appropriation de la force d'accroissement et de multiplication des
agents naturels. L'activité économique qu'il provoque ainsi est une activité bonne, rentrant dans l' οἰκονομικὴ οἰκεία d'Aristote, dans cette branche

d'acquisition qui a pour objet immédiat la production d'objets destinés
à la satisfaction des besoins humains et l'appropriation, par l'homme,
de forces reproductives et multiplicatives de la nature. Que si le prêteur met à même l'emprunteur par l'argent prêté de s'approprier ces
forces multiplicatrives de la nature, ou il y a bienfait ou il ne peut y
avoir qu'un contrat d'association. Il y a bienfait si le prêteur veut,
renonçant à toute participation aux produits nouveaux que l'emprunteur crée grâce à la somme prêtée. Il y a association si le prêteur
prétend être dédommagé de son bienfait. L'appoint de l'emprunteur
c'est sa force de travail, son activité intelligente, indispensable pour
capter les forces fécondantes de la nature. L'appoint du prêteur c'est
son argent ou, pour mieux dire, ce sont les agents de la nature
qu'il peut mettre, grâce à son argent, à la disposition de son associé.
Il apporte dans la société les choses fructifiantes qui donnent l'illusion
d'une fructification de l'argent. Et naturellement ces choses, en réalité
siennes, restent à ses risques et périls ; comme il est naturel, dans le
contrat de société, pour les corps certains dont l'usage seul a été mis
en commun. L'article 1851 du Code civil décide que « si les choses
dont la *jouissance* seulement a été mise dans la société, sont des corps
certains et déterminés, qui ne se consomment point par l'usage, elles
sont aux risques de l'associé propriétaire ». — Dans tout autre cas
l'argent ne peut que conserver son rôle d'intermédiaire, d'instrument
d'échange, de chose « fongile » et il ne saurait être question d'intérêt,
de « loyer légitime ».

C'est bien dans ce sens que semble s'édifier peu à peu, dans les
milieux imprégnés de christianisme, la théorie économique, adaptée
à l'état de choses nouveau.

En Allemagne, en Autriche, les catholiques qui professent les doctrines sociales les plus avancées, n'hésitent pas à condamner tout le
régime capitaliste moderne avec son système de salaire et cet état
complet de séparation du travailleur et de son instrument de travail.
La reconstitution des corporations qu'ils poursuivent n'est, pour la
plupart, que le moyen le plus sûr de ressusciter l'union étroite dans
les mêmes mains du capital et du travail. Nous venons de voir,
d'autre part, avec quelle force Vogelsang et ses amis, se rattachant
étroitement à la plus pure doctrine de l'Église, rejettent la légitimité
de l'intérêt.

Mais le phénomène le plus curieux et le plus important peut-être théo-

riquement pour l'avenir, c'est l'apparition du système d'économie politique d'*Henry George*, le plus imprégné dans son large optimisme d'esprit
chrétien, s'efforçant de faire prévaloir comme les points caractéristiques de sa doctrine la conception de l'intérêt de l'argent comme
part d'associé, et la conception du salaire comme *part d'associé* aussi.
Le contrat de louage de travail est essentiellement pour lui une association favorable à l'ouvrier, au salarié, réduit sans l'aide du capital
et de la machine à la seule force de son bras. devant se contenter des
fruits d'une productivité incomparablement moindre. Des points fondamentaux de cette doctrine devrait pratiquement découler, comme
loi générale des rapports du capital et du travail, tout un vaste et
compliqué système de participation aux bénéfices.

Malheureusement l'économie de H. George, comme celle des économistes catholiques, reste à l'état de simple rêve, de *pium votum*, taut
que subsistent les conditions sur lesquelles repose la société moderne ,
à savoir la séparation complète du travailleur des moyens de production et l'appropriation privée de ces moyens de travail par le propriétaire capitaliste. L'argent rapporte un *intérêt* parce que le capital engagé dans l'industrie donne un *profit*. Le profit, c'est du *travail impayé*;
cette extortion de travail impayé n'est possible que parce que les moyens
de production ne sont pas à la disposition de tous. On ne saurait évidemment prétendre supprimer les effets en laissant subsister la cause.
Comme au temps d'Aristote, le point important est la distinction si
profonde de la χρηματιστικη οικεια ou économique, reposant toute entière sur l'utilisation des forces de la nature, et de la χρηματιστικη
μεταβλητικη qui comporte toujours l'exploitation de l'homme; et la question pratique tout entière gît dans la substitution de la première à la
seconde. Pratiquement il faut que, d'une façon ou d'une autre, sous
forme de patrimoine corporatif ou de patrimoine national, le travailleur redevienne *propriétaire* de ses moyens de production. C'est là le
but qui s'impose, comme le seul moyen de mettre fin aux terribles abus
de l'économie présente, à tous les réformateurs idéalistes sincères.

Il ne nous paraît pas téméraire de prétendre que, tandis que la doctrine s'élabore dans le sens que nous avons indiqué, l'Enseignement
pratique de l'Eglise, tel qu'il ressort des derniers documents pontifi-
caux et particulièrement de la fameuse encyclique sur la *condition des
ouvriers*, s'inspire du sentiment des mêmes nécessités sociales et poursuit lointainement le même but.

Quand on y regarde de près (1), on se rend compte bien vite que la doctrine du pape et de l'Église est bien moins favorable, qu'on ne se l'imaginerait, à la distribution de la propriété actuelle. Dans l'encyclique, p. 47, nous notons tout d'abord une plainte discrète contre l'énormité des charges fiscales qui constituent de véritables entreprises sur la propriété privée. « Une condition indispensable pour que tous ces avantages de la propriété deviennent des réalités c'est que la propriété *privée ne soit pas épuisée par un excès de charges et d'impôts.* Ce n'est pas des lois humaines, mais de la nature qu'émane le droit de propriété individuelle; l'autorité publique ne peut donc l'abolir; tout ce qu'elle peut, c'est en tempérer l'usage et le concilier avec le bien commun. C'est pourquoi elle agit contre la justice et l'humanité quand, sous le nom d'impôts, elle grève outre mesure les biens des particuliers (2). » Puis ce principe, jeté en passant, qui ne laisse pas d'être important malgré son correctif, que l'autorité peut tempérer l'usage de la propriété individuelle, « *usum ipsius temperare* ». « Il importe, est-il dit ailleurs, p. 45, que les *lois* favorisent l'esprit de propriété, le réveillent et le développent autant qu'il est possible dans les masses populaires »; « il faut que l'on stimule l'industrieuse activité du peuple par la perspective d'une participation à la propriété du sol, et que l'on tâche de combler ainsi peu à peu l'abîme qui sépare l'opulence de la misère et d'opérer le rapprochement des deux classes des riches et des pauvres (3) ». L'état de choses actuel résultat des boule-

---

(1) A première vue certaines déclarations de principe très nettes pourraient faire hésiter. Par exemple celle ci : Encyclique sur la *condition des ouvriers* : traduction officielle, p. 7 et 9 : « Et qu'on n'oppose pas à la légitimité de la propriété privée le fait que Dieu a donné la terre en jouissance *au genre humain tout entier*, car Dieu ne l'a pas livrée aux hommes pour qu'ils la dominassent confusément tous ensemble. Tel n'est pas le sens de cette vérité. Elle signifie uniquement que Dieu n'a assigné de part à aucun homme en particulier, mais a voulu abandonner la délimitation des propriétés à *l'industrie humaine* et *aux institutions des peuples.*

(2) Non tamen ad haec commoda perveniri nisi eâ conditione potest, ut privatus census ne exhauriatur immanitate tributorum et victigalium. Jus enim possidendi privatim bona, cum non sit lege hominum sed naturâ datum, non ipsum abolere, sed *tantummodo ipsius usum temperare* et cum communi bono componere *auctoritas publica potest.* Faciat igitur injuste atque inhumane si de bonis privatorum plus æquo, tributorum nomine, detraxerit.

(3) Quamobrem favere huic juri leges debent, et quoad potest, providere

versements profonds de la société est tout à fait regrettable : « La violence des révolutions politiques a divisé le corps social en deux classes et a creusé entre elles un immense abîme. D'une part, la toute puissance dans l'opulence : une faction qui, maîtresse absolue de l'industrie et du commerce, détourne le cours des richesses et en fait affluer en elles toutes les sources : faction d'ailleurs qui tient en sa main plus d'un ressort de l'administration publique. De l'autre, la faiblesse dans l'indigence : une multitude, l'âme ulcérée, toujours prête au désordre ». L'idéal c'est évidemment que le plus grand nombre des hommes puissent avoir accès à la propriété : à cela doit tendre l'effort du législateur : « Quamobrem favere huic juri leges debent, et quoad potest providere ut plurimi ex multitudine rem habere malint ». De cette façon l'abîme existant aujourd'hui entre la classe des riches et des pauvres sera comblé ; et on ne verra plus comme aujourd'hui de disproportion excessive entre les diverses fractions de la population d'un même pays : « sensim fiet ut alter ordo evadat finitimus alteri, sublato inter summas divitias summamque egestatem discrimine. » Le résultat de cette modification dans la distribution de la propriété ? le voici, au dire du pape. « La terre produira alors, toute chose en plus grande abondance. L'homme est ainsi fait que la pensée de travailler sur un fonds qui est à lui redouble son ardeur et son application. Il en vient à mettre tout son cœur dans une terre qu'il a cultivée lui-même, qui lui promet à lui et aux siens non-seulement le strict nécessaire, mais encore une certaine aisance. Et qui ne voit sans peine les heureux effets de ce redoublement d'activité sur la fécondité de la terre et sur la richesse des nations ? » Voilà finalement le noble rêve de démocratie travailleuse et prospère, pleine de vaillance et de droiture, qui fait battre le cœur du noble pontife.

Le moyen le plus efficace de travailler à la réalisation de cet idéal, c'est le rétablissement des corporations « sodalitia artificum » sur une base appropriée aux besoins des temps ; la reconstitution du patrimoine corporatif (1), toute une orientation nouvelle de la législation

______

ut quamplurimi ex multitudine rem habere malint. Quo facto, præclaræ utilitates consecuturæ sunt : ac primum certe æquior partitio bonorum... Jamvero si plebis excitetur industria in opem adipiscendi quippiam, quod solo contineatur, sensim fiet ut alter ordo evadat finitimus alteri, sublato inter summas divitias summamque egestatem discrimine.

(1) « P. 56 : illud quoque magnopere providendum ut copia operis nullo

s'efforçant de généraliser la petite propriété, de réduire l'importance excessive de la grande, d'opérer un rapprochement nécessaire de classes entre cette petite minorité trop riche : « factio præpotens quia praedives, quæ cum operum et mercaturæ universum genus sola potiatur, facultatem omnem copiarum effectricem ad sua commoda ac rationes trahit » et la grande « masse trop pauvre et trop faible dans un état de misère excessive et imméritée, livrée à la merci de maîtres inhumains et à la cupidité d'une concurrence effrénée, exploitée par une usure dévorante » (1).

L'indiscutable légitimité du droit de propriété, le droit absolu qu'a l'homme de disposer, comme il entend, du fruit de son travail et de le transmettre à ses enfants, ne va pas non plus que tout autre droit sans la correction des abus que son libre exercice peut entraîner. L'homme ne peut exercer son droit de manière à empêcher les autres d'exercer le leur. L'obligation, dont l'encyclique fait un devoir positif au législateur, de généraliser le plus possible la petite propriété comporte certainement des mesures de défiance et de défense contre l'extension oppressive de la grande : quamobrem favere huic juri (dominio) leges debent, et quoad potest providere ut quamplurimi ex multitudine rem habere malint.

Voilà dans sa gravité et sa prudence ce qu'on pourrait appeler la politique sociale du pape.

La base théologique de la doctrine paraît très exactement résumée dans ces mots de M. de Ketteler le grand archevêque de Mayence, le premier évêque qui ait senti l'importance de la question sociale : « C'est à Dieu qu'appartient pour conclure avec les mots mêmes de Saint Thomas la propriété suprème de toutes choses comme à leur

---

tempore deficiat opificem atque *vectigal suppeditet* unde necessitati singulorum subveniatur nec solum in subitis ac fortuitis industriæ casibus sed etiam cum valetudo, ant senectus, aut infortunium quemquam oppressit. »

(1) « P. 4. Pars maxima in miserâ, calamitosâ fortunâ indigne versatur... sensim factum est ut opifices inhumanitati dominorum efrenatæque competitorum cupiditati solitarios atque indefensos tempus tradiderit. Malum auxit usura vorax, quæ non semel Ecclesiæ judicio damnata, tamen ab hominibus avidis et quæstuosis per aliam speciem exercetur eadem : huc accedunt et conductio operum et rerum omnium commercia fere in paucorum redacta potestatem, ita ut opulenti ac prædivites perpauci prope servile jugum infinitæ proletariorum multitudini imposuerit ».

créateur et auteur... Mais il a, dans sa prescience, destiné quelques-
unes de ces choses à l'entretien corporel des hommes, et c'est pourquoi l'homme possède aussi un droit naturel de propriété, à savoir le
droit d'en user... Le droit de propriété des hommes est donc essentiellement le droit dévolu par Dieu aux hommes d'user des biens de la
terre selon l'ordre qu'il a prescrit, dans le dessein que TOUS (1) les
hommes pussent tirer des biens de la terre ce qui est nécessaire à leur
vie (2) ». D'après cela le droit naturel de propriété que l'homme possède sur la nature est donc au fond un droit *d'usufruit*, et non de propriété absolue, qui renferme : 1° un droit d'entretien et de gestion;
2° un droit de jouissance proprement dit; et la légitimité de ce droit
d'usufruit reste subordonnée à la *possibilité pour* TOUS *les hommes de trouver, dans tout* état de société et en tout état de distribution des richesses,
la satisfaction de leurs légitimes besoins.

Si un certain état de la propriété s'opposait à cette légitime satisfaction des besoins, qu'arriverait-il? Il y aurait là bien évidemment
quelque chose d'anormal contre quoi le devoir du législateur serait de
réagir. Ni dans l'Encyclique de Conditione opificum ni dans les œuvres
de M. de Ketteler, nous ne trouvons expressément formulée cette dernière conséquence. Mais l'esprit de la doctrine me paraît bien être
celui-là. Une première preuve c'est le soin tout particulier avec lequel
Léon XIII démontre dans son encyclique (3) : « que, quoique divisée
en propriétés privées, la terre, par une dispensation divine de l'ordre
économique, ne laisse pas de servir à la commune utilité de tous,
attendu qu'il n'est personne parmi les mortels qui ne se nourrisse

---

(1) Dans le *Sermon* prêché le 1ᵉʳ dimanche de l'Avent, 3 décembre 1848,
trad. *Décurtins*, p. 22 et 23, M. de Ketteler répète « que Dieu a dans sa sagesse destiné certains des biens de la terre à l'usage de l'homme et que sa
volonté est que ces biens servent principalement à rendre possible à TOUS les
hommes la satisfaction de leurs besoins matériels.

(2) *Sermon* prêché à Mayence le 19 novembre 1848, trad. de M. *Decurtins*, dans ses *Études sociales catholiques*, p. 9 et 11.

(3) P. 9. Ceterum utcumque inter privatos distributa, inservire communi
omnium utilitati terra non cessat, quoniam nemo est mortalium, quin ala-
tur eo quod agri efferunt. Qui re carent, supplent operâ : ita ut vere affir-
mari possit universam comparandi victûs cultûsque rationem in labore con-
sistere, quem quis vel in fundo insumat suo, vel in arte aliquâ operosâ,
cujus merces tandem non aliunde, quam a multiplici terræ fetu ducitur, cum
eoque permutatur.

du produit des champs. Qui en manque y supplée par le travail, de telle sorte que l'on peut affirmer, en toute vérité, que le travail est le moyen universel de pourvoir aux besoins de la vie, soit qu'on l'exerce dans un fonds propre, ou dans quelque art lucratif dont la rémunération ne se *tire que des produits multiples* de la terre avec lesquels elle est convertissable ». Il y a là évidemment une réponse à la question tacite : comment la terre donnée en jouissance au genre humain tout entier pour fournir à la satisfaction de ses besoins légitimes, peut-elle, objet d'appropriation privée, remplir sa destination?

Cela me paraît plus nettement impliqué encore dans la doctrine de l'Église sur la manière dont l'individu doit user de sa propriété individuelle. L'Encyclique sur la *condition des ouvriers* donne sur ce point une direction très nette : « P. 23. Si l'on demande en quoi il faut faire consister l'usage des biens, l'Église répond sans hésitation : sous ce rapport, l'homme ne doit pas *tenir les choses extérieures pour privées*, mais bien pour *communes*, de telle sorte qu'il en fasse part facilement aux autres dans leurs nécessités. C'est pourquoi l'Apôtre a dit : ordonne aux riches de ce siècle de donner facilement, de communiquer leurs richesses ». Mr de Ketteler écrit de son côté (1) : « Il faut reconnaître aux hommes, pour ce qui concerne la gestion des biens, le droit de propriété individuel; mais au contraire pour ce qui est de la *jouissance de ces biens*, chaque homme doit considérer sa propriété comme un bien commun, et *doit* être prêt, pour remplir la volonté de Dieu, à travailler à ce que chaque homme reçoive *ce qui lui est nécessaire* ».

Mais tout cela semble de simple conseil non de précepte. Si « *devant* veiller à ce que chaque homme reçoive ce qui lui est nécessaire, l'homme riche ne le fait pas, ne *veut* pas le faire » ?

M. de Ketteler répond (2) : « Bien que la théologie défende vigoureusement le *droit de propriété privée*, elle admet cependant qu'il ne peut contredire cette loi supérieure qui soumet tous les hommes à la nécessité de *demander aux biens naturels la satisfaction de leurs besoins;* qu'en conséquence quiconque se trouve dans une extrême nécessité (in extremâ necessitate) est autorisé à y remédier, s'il n'a d'autre moyen, où et comme il le peut ». Et dans sa brochure : « Die Angriffe gegen

---

(1) *Sermon* prêché le 1er dimanche de l'Avent, 3 décembre 1848; trad. de M. *Decurtins*, p. 22 et 23.

(2) La question ouvrière et le christianisme; trad. *Cloes*, p. 71 et suiv.

Gury's Moral-Theologie in der Main-Zeitung und der zweiten Kammer zu Darmstadt », il ne craint pas de faire sienne la doctrine du P. Gury sur l'extrema necessitas. » Le droit d'usufruit de l'individu à sa propriété privée est limité pour lui par le droit des autres hommes à la vie. « Il s'ensuit, dit-il, p. 8 et 9 que la propriété de l'homme est *touiours conditionnelle*, soumise à la propriété de Dieu, et qu'il peut donc se présenter des cas où le droit de propriété de l'homme *doire être complètement suspendu pour ne point empêcher la réalisation de l'intention divine.* »

Et quand au lieu d'un individu ce sont des classes entières, tout un peuple dans sa grande généralité qui par le fait d'un certain état de distribution de la propriété ne peut plus, en travaillant, se procurer la satisfaction de ses légitimes besoins? M. de Ketteler répond pour une espèce identique : « C'est par ce motif que le gouvernement a le droit de contraindre les *communes* à prendre soin de leurs pauvres, comme cela existe partout, c'est-à-dire de contraindre les habitants à céder la *partie de leurs propriétés nécessaire pour* subvenir aux besoins de la vie de ceux-ci » (1).

Dans l'Encyclique de Léon XIII on ne trouve pas à relever de déclaration de cette hardiesse. N'est-il cependant pas significatif que le grand pape ait rendu à sa chaire le curé Mac Glynn, frappé d'interdiction par l'archevêque de New-York, pour avoir défendu à côté d'Henry George la doctrine du retour à la société des valeurs sociales et de l'impôt unique?

Je termine par ces paroles de M. de Ketteler. « Cette doctrine concernant le droit de l'homme [j'ajoute le droit des peuples] en cas d'extrême nécessité nous montre d'une part l'élévation de la morale catholique et l'étroitesse des opinions de nos adversaires. Nous sommes ici en présence d'un des grands principes de la morale catholique qui conduit aux conséquences les plus importantes dans tous les domaines des devoirs de l'homme et qui est en contact intime avec les oppositions les plus profondes qui existent dans la société moderne. Peu nous importe que nos adversaires trouvent dans la doctrine de l'*extrema necessitas* un principe subversif du droit; nous nous faisons une joie de reconnaître de toute notre âme le grand principe proclamé dans la doctrime de l'*extrema necessitas*, d'après lequel Dieu est le propriétaire

______

(1) La question ouvrière et le christianisme, traduction de Cloes, p. 72.

de toutes choses et qui affirme que la moralité des actes a un fondement plus profond que la simple légalité » (1) (2).

N'étions-nous en droit de dire que toutes les doctrines un peu hautes se rencontrent dans une même condamnation de l'économie actuelle et de la pratique fiscale en vigueur.

§ V. Quel programme pratique dégager de ces constatations générales?

Un point me parait ressortir de tout ce que nous venons de dire avec la plus grande force : la nécessité absolue à tous les points de vue de réagir contre le développement excessif de la dette publique et le trouble profond qu'elle porte dans toutes les branches de la vie sociale. La dette publique est, en effet, le type le plus parfait du placement usuraire. L'argent ici enfante l'argent, sans effort, sans risque, sans incommodité aucune de la part du prêteur qui a la facilité de réaliser à chaque instant; et sans que d'autre part il y ait presque jamais la moindre fécondité légitime ou illégitime du capital. Le capital engagé dans l'industrie est générateur de valeurs, de richesses; la dette publique, pour sa plus grande part tout au moins, — ne produit rien : c'est dans toute la force du terme un prêt de consommation qui, chaque fois qu'il se répète, laisse dans une situation plus précaire le peuple assez malheureux pour y avoir recours. La politique, qui s'impose rigoureusement aux peuples sérieux ne voulant pas compromettre irrémédiablement l'avenir, doit être une politique de stricte économie. Toutes les fois que, pour une raison quelconque, on contracte un emprunt impôt nouveau, on rend plus improbable le dénouement pacifique et heureux de nos difficultés multiples. Et du même coup on rend de plus en plus usuraire l'ensemble de l'économie par les répercussions de toutes sortes qu'une mauvaise fiscalité ne saurait manquer d'avoir sur elle. Ce n'est que quand on aura à peu près extirpé l'usure de l'État et de la Police générale qu'on pourra songer sérieusement à l'extirper des rapports entre citoyens.

Pour arriver à ce résultat, le moyen, outre la pratique d'une politique d'économie rigoureuse, est de s'engager nettement dans la voie

---

(1) Die Angriffe gegen Gury's Moral Theologie, p. 5, 8 et 0.

(2) Nous avons emprunté la plupart de nos citations de M. de Keller à la consciencieuse et excellente étude de M. *de Girard* : Ketteler et la question ouvrière. Berne, 1896, in-8°.

de l'impôt progressif. Le double but à atteindre est celui-ci : d'une part soustraire par la voie de l'impôt le moins possible des capitaux disponibles pour la production; et de l'autre réduire le plus possible l'intérêt que les financiers et le grand nombre de personnes aujourd'hui intéressées dans les affaires des traitants peuvent avoir à l'accroissement constant de la Dette Publique. Le bénéfice résultant pour cette partie de la population de l'augmentation des charges fiscales se trouve plus considérable que le détriment subi par elle du chef de la répercussion de ces mêmes charges. Et comme c'est elle qui, en dernière analyse, conduit les affaires dn pays, il n'y a pas à attendre de sérieux efforts d'économie de sa part tant que subsistera son intérêt au maintien de l'état présent. Le seul moyen de supprimer cet intérêt ou le réduire sensiblement, c'est l'établissement d'un impôt fortement progressif portant surtout sur les fonds d'État, frappant plutôt la richesse acquise que la richesse en formation, et éveillant chez les classes riches le vif sentiment, qu'elles n'ont pas assez, de la lourdeur des charges fiscales. La démocratie n'a pas à hésiter sur ce point. Débordée et dominée par l'argent, incapable de se reconnaître dans les difficiles questions de la finance, elle n'a dans sa grande détresse d'autre recours que ce moyen pour modérer ce système d'épuisement systématique par voie fiscale que pratiquent à son égard les classes dirigeantes. Elle doit rejeter avec indignation comme une mauvaise plaisanterie et un outrage à sa misère la théorie de la proportionnalité pure et simple de l'impôt. Et lorsque les politiciens doctrinaires crient à l'abomination de la désolation contre ce qu'ils appellent la « substitution de l'impôt *personnel* à l'impôt *réel* », et dénoncent en cela l'abandon des principes fondamentaux de la Révolution, elle doit leur répondre que ceux justement qui ont préparé la Révolution, qui en représentent la force spéculative et idéaliste et non le plat utilitarisme, les Physiocrates, ne sont pas si loin de concevoir l'impôt comme essentiellement progressif (1); que du reste il est grand temps, pour

---

(1) Je me contenterai de citer ce passage de *Quesnay* : Art. 5 de ses *maximes générales* du gouvernement économique d'un royaume agricole et notes sur ces maximes dans ses *œuvres* Ed. Guillaumin; p. 83 : Impôt non destructeur. Que l'impôt ne soit pas destructif, ou disproportionné à la masse du revenu de la nation; que son augmentation suive l'augmentation du revenu, qu'il soit établi directement sur le *produit net des biens fonds et non sur le salaire des hommes, ni sur les denrées* où il multiplierait les frais de

les hommes doués de quelque sens historique, de voir dans la Révolution ce qu'elle a été : une crise fatale, bienfaisante peut-être, où il ne
faudrait pourtant pas chercher jusqu'à la fin des âges la règle inviolable des sociétés.

Le résultat à atteindre en second lieu c'est de refaire un patrimoine au travailleur dépouillé par le développement progressif de la
société capitaliste. Comment refaire ce patrimoine ? Le refaire individuel ou corporatif ou national ?

Nous répondons sans hésiter : à la fois corporatif et national. Les
socialistes ont raison de montrer dans les grandes associations de travailleurs la cellule sociale et économique de l'avenir. Avec les conquêtes quotidiennes de la science, l'utilisation de plus en plus générale de la machine et des grandes forces de la nature, il semble qu'il
n'y a guère place à l'avenir pour le travailleur isolé utilisant comme
moteur unique la force de ses muscles. Qui donc parmi les personnes
informées n'a le sentiment de cette transformation imminente de la
technique du travail par tout le domaine de l'activité humaine, là même

---

perception, préjudicierait au commerce et détruirait annuellement une partie
des richesses de la nation. Qu'il ne se prenne pas non plus sur les richesses
des fermiers des biens fonds; car les avances de l'agriculture d'un royaume
doivent être envisagées comme un immeuble qu'il faut conserver précieu-
sement pour la production de l'impôt, du *revenu* et de la *subsistance de
toutes les classes de citoyens :* autrement l'impôt dégénère en spoliation et
cause un dépérissement qui ruine promptement un État.

On nous dit encore, note 2, p. 83 : l'impôt bien ordonné, c'est-à-dire l'impôt
qui ne dégénère pas en spoliation par une mauvaise forme d'imposition doit
être regardé comme une partie du revenu détachée du *produit net des biens
fonds* d'une nation agricole... Il ne faut pas oublier que dans tous les cas
l'imposition du tribut ne doit porter que sur le revenu c'est-à-dire sur le produit net annuel des biens fonds et non sur les avances des laboureurs, ni sur
les hommes de travail, ni sur la vente des marchandises, car autrement il
serait destructif, etc... » Je renvoie M. Poincarré, Deschanel et tous les autres
partisans du régime fiscal actuel à l'étude attentive de ces pages. Peut être
trouveront-ils, après lecture attentive, qu'il est difficile de voir dans ces indications l'esquisse de notre régime fiscal... — Rappellerai-je enfin les art. 4 et
5 du titre xii de la constitution Girondine, 1793, dont la déclaration seule
fut votée ? — § 4. Les contributions doivent être également réparties entre tous
les citoyens, en raison de leurs facultés, § 5. Néanmoins la portion du produit de l'industrie et du travail qui sera reconnue nécessaire à chaque *citoyen pour sa subsistance ne peut être assujettie à aucune contribution.*

où l'on s'attendrait le moins à la trouver : dans le travail de la terre. Une seule raison d'ordre plutôt moral suffirait à rendre nécessaire le groupement : je dis l'état actuel de la famille, disloquée, émiettée, comprenant au plus la mère et les enfants et dans l'impossibilité de se suffire comme groupe producteur.

Le patrimoine donc sera corporatif. C'est aux grandes associations de travailleurs, aux grands métiers collectifs, industriels ou agricoles qu'il faudra reconnaître un *certain droit réel* à définir, droit d'usufruit ou de propriété; peu importe. — Et à l'Etat il faudra reconnaître sur les richesses naturelles et les valeurs d'origine sociale, à peu près dans le sens où l'entend Henri George, un droit de domaine éminent qui sera pour lui une source considérable de revenus destinés à rendre le plus possible tout impôt inutile.

Tel sera le patrimoine corporatif et national. Comment faire pour le constituer?

Il faut naturellement tout d'abord constituer le groupement corporatif. Or il n'est pas douteux que l'on ne soit en plein engagé dans cette voie et même beaucoup plus qu'on ne le croit généralement. La loi récente sur les accidents, qu'on sera forcé de modifier dans un avenir prochain, sera certainement l'occasion, comme en Allemagne et en Autriche, de progrès considérables du mouvement corporatif. — Puis les groupes corporatifs constitués, il est tout indiqué qu'on leur accorde la personnalité civile, la faculté de recevoir des dons et des legs avec tout un système de droits de préemption destinés à favoriser la constitution du patrimoine corporatif et, une fois formé, à le maintenir intact; comme cela s'est fait au Bas-Empire. En même temps les lois successorales seront refondues de manière à être mises en harmonie avec l'état nouveau de la famille et les exigences de la nouvelle organisation : l'hérédité sera restreinte aux degrés de parenté les plus rapprochés et le droit successoral du groupe se substituera de plus en plus au droit de la parenté affaiblie. — Parallèlement avec l'accroissement du patrimoine corporatif, et le développement d'une législation qui leur sera systématiquement favorable, — les *droits du travail* proprement dit, des *membres du groupe non propriétaires* — ne cesseront de se développer; et l'entreprise prendra de plus en plus un caractère nettement social.

La question de principe à résoudre immédiatement et sur laquelle doit s'engager la lutte est celle-ci : Pour ce mouvement d'organisation corporative faut-il s'en rapporter à la liberté, à l'initiative privée? ou la loi doit-elle décréter dans certaines circonstances le groupement obligatoire? Faut-il utiliser dans un but social les grou-

pements politiques existants, comme la commune? Notre faux conservatisme se retranche derrière le principe de la pleine liberté comme
quelque chose d'inviolable. Mais ce n'est évidemment là qu'un argument de circonstance et une arme de guerre dont le temps seul et
l'exemple des législations étrangères suffiront à faire justice. Aussi
bien nous l'avons dit, la question n'est plus entière; et ce n'est pas
d'hier que notre législation s'est engagée dans la réglementation par
voie d'autorité. Le système général de protection et de primes à outrance, qu'elle n'a pas craint d'adopter, en témoigne nettement; et il
n'est pas vraisemblable qu'au moment même où la pousse dans ce sens
l'exemple des législations étrangères, elle soit prête à sortir de cette
voie. Les législatures prochaines, quelle que soit leur étiquette politique, se verront contraintes par la force des choses d'abandonner la
voie de la mauvaise solidarité fiscale, qui semble être la politique
avouée aujourd'hui du gouvernement sous le nom de Mutualisme, pour
s'engager résolument comme l'Allemagne, dans le véritable mouvement corporatif. Ce sera alors à la démocratie, consciente de son but,
de faire que ce mouvement ne tourne à son tour contre elle.

La vie à fleur du sol en même temps perçait
Et ce monde maudit, la Terre, commençait...
Elle emporte avec l'homme et l'amour et la haine,
Ensemble ou tour à tour et la joie et la peine;
Combinaison profonde et d'espoir et de crainte,
Et de libre vouloir et de force restreinte,
De loisir, de travail, de gloire, de péril,
De méritoire effort, d'instinct méchant ou vil,
De vertu, de malheur, d'honneur et de martyre !
C'est le mieux combattu sans cesse par le pire.

FIN

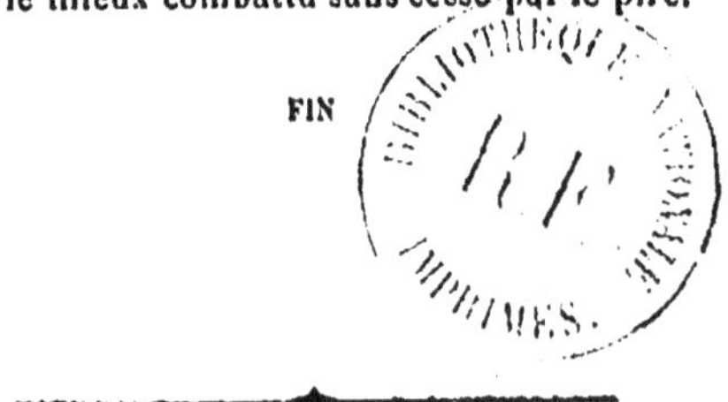

BIBLIOTHÈQUE SOCIALISTE INTERNATIONALE

(SÉRIE IN-18).

I. **Deville (G.).** — **Principes socialistes**, 1895. Un vol. in-18. 3 50
II. **Marx (Karl).** — **Misère de la Philosophie**. Réponse à la
philosophie de la misère de M. Proudhon. 1896. — Un vol. in-18. . 3 50
III. **Labriola (Antonio).** — **Essais sur la conception ma-
térialiste de l'histoire.** 1" série. 1896. — Un vol. in-18. 3 50
IV. **Destrée J. et E. Vandervelde.** — **Le Socialisme en
Belgique**, 1898. Un volume in-18...... .... 3 50
V. **Labriola (Antonio).** — **Socialisme et philosophie.** 1899.
Un volume in-18 .... , ... 2 50

(SÉRIE IN-8).

I. **Webb (Béatrix et Sidney).** — **Histoire du Trad-Unio-
nisme.** 1897. Un volume in-8...... .... 10 »

LE DEVENIR SOCIAL

Revue internationale d'économie, d'histoire et de philosophie
La première année (1895). 1 fort volume gr. in-8, prix : 13 fr. 50
La deuxième année (1896), 1 fort volume gr. in-8, prix : 18 fr.
La troisième année (1897), 1 fort volume gr. in-8, prix : 18 fr.
La quatrième année (1898). 1 très fort. vol. gr. in-8, prix : 18 fr.
Ont été publiés dans cette revue, des articles de :
MM. H. Lagardelle, J. David, Ed. Fortin, Ch. Bonnier, K. Kautsky, Gabriel
Deville, Antonio Labriola, G. Plekhanoff, Paul Lafargue, L. Héritier, A.
Tortori, Ad. Zerboglio, G. Sorel, Bened. Croce, Kovalowsky, Issaieff, Arturo
Labriola, P. Lavroff, G. Platon, G. Salvioli, Conrad Schmidt, E. Bernstein,
E. Vandervelde, Enrico Ferri, Revelin, etc., etc.

Croce (B.) — **Les théories historiques de M. Loria.** 1898.
Une brochure gr. in-8°..................................... 1 »
Croce (B.). — **Essai d'interprétation et de critique de
quelques concepts du Marxisme.** 1898. Une br. gr. in-8 .. 2 »
Einaudi (L.) — **Les formes et les transformations de l'é-
conomie agraire du Piémont.** Une brochure gr. in-8........ 1 50
Einaudi (L.) — **La municipalisation du sol dans les
grandes villes.** 1898. Une broch. gr. in 18............ .... 2 »
Engels (Fr.). — **La force et l'économie dans le déve-
loppement social** — Une broch. gr. in-8 .... 2 50
Ferri (Enrico). — **Socialisme et Science positive** (Darwin,
Spencer, Marx). 1898. Un vol. in-8 .... 4 »
Issaief (A.) — **Aperçus sur le présent et l'avenir de l'é-
tat économique de la Russie.** 1877. Une broch. gr. in-8.... 2 »
Lafargue (P.) — **La fonction économique de la Bourse.**
1897. Une broch. gr. in-8 .... 1 50
Lavroff (P.). — **Le Progrès.** Théorique et pratique, 1895. Une
brochure gr. in-8... 2 »
Lavroff (P.). — **Quelques survivances dans les temps
modernes.** — Une broch. gr. in-8......................... 3 50
Lazare (B.). — **Histoire des doctrines révolutionnaires,**
1896. — Une brochure gr. in-8............................ 0 50
Marx (Karl) et Fr. Engels. — **Manifeste du parti commu-
nisme.** 1897. Une broch. in-8............................ 0 20
Merlino (S.) — **Formes et essence du socialisme** (avec une
préface de G. Sorel). 1898. Un vol. in-18............... 3 50
Platon (G.). — **Le socialisme en Grèce,** 1895. Une br. gr. in-8. 3 50
Rienzi (H. Van Kol). — **Socialisme et liberté.** 1898. Un vol.
in-18 .... 3 »
Salvioli (G.). — **La nationalisation du sol en Allema-
gne.** — Une broch. gr. in-8.............................. 1 »
Sombart (W.) — **Le socialisme et le mouvement social
au XIX° siècle.** 1898. Un vol. in-18...................... 2 »
Vandervelde (E.) — **Législation ouvrière.** La loi belge du
15 juin 1896 sur les règlements d'ateliers. 1897. Une broch. gr. in-8. 1 50
Virgilii (F.) — **La vie agricole en Italie** (Emilio). 1897. Une
broch. gr. in-8 .... 1 »
Virgilii (F.) — **La législation ouvrière en Italie.** 1897. Une
broch. gr. in-8.... .... 1 »

BEAUGENCY. — IMP. J. LAFFRAY